Isländische Antikensagas
Band I

Saga

Bibliothek der altnordischen Literatur

Herausgegeben von Kurt Schier

Unterhaltung und Gelehrsamkeit

Isländische Antikensagas

Band 1

Die Saga von den Trojanern
Die Saga von den britischen Königen
Die Saga von Alexander dem Grossen

Herausgegeben und aus dem Altisländischen übersetzt von Stefanie Würth

Diederichs

Die Deutsche Bibliothek – CIP-Einheitsaufnahme
Isländische Antikensagas / hrsg. und aus dem Altisländ. übers. von Stefanie Würth. – München : Diederichs.
(Saga)
NE: Würth, Stefanie [Hrsg.]
Bd. 1. Die Saga von den Trojanern [u. a.] – 1996
ISBN 3-424-01261-0

Lektorat: Matthias Wolf
Umschlaggestaltung: Zembsch' Werkstatt, München
Produktion: Tillmann Roeder, München
Satz: SatzTeam Berger, Ellenberg
Druck und Bindung: Franz Spiegel Buch GmbH, Ulm
Papier: holzfrei, säurefrei Werkdruck, Schleipen
Printed in Germany

ISBN 3-424-01261-0

Inhalt

Die Saga von Alexander dem Grossen

Zusatz

Vorwort

Der vorliegende Band enthält drei Werke, die isländische Übersetzer Ende des 12. und Mitte des 13. Jahrhunderts nach lateinischen Vorlagen in ihre eigene Sprache übertrugen. Allen drei Texten ist gemeinsam, daß sie im weitesten Sinne historische Themen der nichtisländischen Vergangenheit behandeln. Ihre Vorlagen waren im Mittelalter weitverbreitete Texte über die postulierte gemeinsame Vergangenheit aller europäischer Völker: *De excidio Troiae Historia* des Dares Phrygius, die *Historia Regum Britannie* des Geoffrey of Monmouth und die *Alexandreis* des Walter von Châtillon.

Sowohl formal als auch stilistisch unterscheiden sich die drei lateinischen Werke beträchtlich voneinander: Während der Prosatext des Dares in einer sehr nüchternen und auf jedes überflüssige Detail verzichtendenden Sprache abgefaßt ist, stellt das Versepos des Walter von Châtillon einen der stilistischen Höhepunkte des lateinischen Mittelalters dar. In den isländischen Versionen sind diese Unterschiede nur noch bedingt bemerkbar, da es sich hier unterschiedslos um Prosatexte handelt, die den stilistischen Eigenheiten ihrer Vorlagen nicht in der gleichen Konsequenz folgten, wie dies heute bei Übersetzungen vorausgesetzt wird. Wenn im folgenden für die isländischen Texte dennoch der Begriff »Übersetzung« verwendet wird, dann in einer sehr weit gefaßten Bedeutung dieses Terminus.

Innerhalb der deutschen, französischen und angelsächsischen Mediävistik hat sich für die volkssprachigen Versionen dieser und anderer Texte aus der lateinischen Historiographie die Bezeichnung »Antikenroman« oder »antikisierende Dichtung« eingebürgert, während sie innerhalb der Nordistik in der Regel als »pseudohistorische Übersetzungswerke« firmierten. Um der negativen Konnotation des Begriffes »pseudohistorisch« zu entgehen, lag es nahe, für die isländischen Werke eine Bezeichnung zu suchen, die dem kontinentaleuropäischen »Antikenroman« entspricht, aber dennoch die Besonderheiten der isländischen Erzähltradition zum Ausdruck bringt. Da die kontinentalen Werke als Versromane abgefaßt wurden, während die isländischen Übersetzungen die für den Norden charakteristische Form der Prosaerzählung beibehielten, bot sich daher die Neuschöpfung »Antikensaga« an.

Alle drei in diesem Band vereinigten Antikensagas sind in mehreren Versionen überliefert. Nur im Fall der *Alexanders saga* wurde der deutschen Übersetzung die dem ursprünglichen Wortlaut am nächsten stehende Version zugrunde gelegt. Die *Breta sögur* werden in allen erhaltenen Handschriften zusammen mit einer interpolierten Version der *Trójumanna saga* als Einheit überliefert. Aber nur in einer einzigen Handschrift, der Hauksbók, in der allerdings die Texte stark bearbeitet und gekürzt wurden, sind beide Sagas vollständig erhalten. Um einen Eindruck von der Zusammengehörigkeit der beiden Texte zu geben, wurde deshalb trotzdem der Wortlaut dieser Handschrift der deutschen Übersetzung zugrunde gelegt.

Bei der deutschen Übersetzung der isländischen Übersetzungen lateinischer Texte stellten sich verschiedene Probleme: Zum einen sollte den Lesern, die das Isländische nicht ausreichend beherrschen, der Zugang zu einem Text ermöglicht werden, der vielleicht in seiner lateinischen Version bereits bekannt ist. Andererseits sollten spezifische Charakteristika des isländischen Textes so weit wie möglich beibehalten werden, wobei sich eine ganze Reihe von Besonderheiten ergeben, die vielleicht auf den ersten Blick Befremden erregen. So paßten die isländischen Texte z. B. lateinische Namen einheimischen Formen an, übersetzten Ortsnamen, verwechselten einige Personen oder führten auch ganz neue Personen ein. Daher gibt das Namenregister in kursiver Schrift auch die jeweilige lateinische Namensform an. In Übereinstimmung mit den einheimischen Erzähltraditionen zeichnen sich die Antikensagas durch häufigen Tempuswechsel aus, der auch in der deutschen Übersetzung so weit wie möglich beibehalten wurde. Über diese und andere Fragen wird im Nachwort eine ausführlichere Auskunft gegeben.

Die Kapiteleinteilung und die Überschriften gehen auf die isländischen Handschriften zurück. Lediglich innerhalb der *Alexanders saga* wurde der Beginn eines neuen Buches gemäß der lateinischen Vorlage mit römischen Ziffern gekennzeichnet.

Von den Mitarbeitern des Arnamagnäanischen Institutes in Reykjavík wurde mir bei der Arbeit an diesem Band in vielfacher Weise tatkräftig geholfen. Ihnen wie auch Herrn Prof. Dr. Kurt Schier, der sich lange und geduldig für eine neue Reihe mit Übersetzungen aus dem Altnordischen eingesetzt hat, sei an dieser Stelle herzlich gedankt.

Die Saga von den Trojanern

In den Tagen Josuas, der nach dem Tod des Moses gemäß dem Willen Gottes Anführer des jüdischen Volkes in Jorsalaland war, wurde im Jordanischen Meer auf einer Insel namens Kreta ein Mann namens Saturn geboren, den wir jedoch Freyr nennen. Während der ersten Hälfte seines Lebens war er kein mächtiger, aber doch ein kluger und scharfsinniger Mann. Sein Bruder hieß Titan; er hatte zahlreiche Söhne. Saturn bemerkte, wie sehr sich das Ansehen der Menschen, die ein Vermögen besaßen, von dem derjenigen unterschied, die gar nichts oder nur wenig besaßen. Nun strebt er danach, mit Hilfe seines Verstandes ein Vermögen anzusammeln; er beobachtet das Verhalten der Leute und gewinnt daraus die Erkenntnis, daß es kein Mensch in diesem Land versteht, aus Erz Gold zu gewinnen. Da er aber wußte, daß es unter den Juden Leute gab, die eine derartige Kunst beherrschten und die täglich Gold schmolzen für den Tabernakel des Herrn, ging er heimlich zu ihnen und lernte von ihnen diese Kunst. Dann kehrt er heim und wird bald überaus wohlhabend. Er wird dadurch berühmt und erwirbt großes Ansehen. Er läßt im Land Städte erbauen und macht eine reiche Partie, und die Heiden glauben, daß er keinen Vater habe, weil er alle seine Vorfahren an Ansehen bei weitem übertrifft.

Er hatte drei Söhne: Jupiter, Neptun und Pluto. Jupiter liebte er am meisten von ihnen. Nun war Saturn so wohlhabend geworden, und sein Ansehen war so sehr gewachsen, daß man ihn zum König wählte. Er war beliebt und freigebig und ließ auf der Insel Goldmünzen in Umlauf setzen. Als sich sein Ansehen so rasch mehrte, nannten die Heiden das Gebiet, über das er herrschte, Goldheim. In seinem Reich auf der Insel gab es hundert Städte, die alle er und seine Leute erbauen lassen hatten. Man bezeichnete ihn als Ursprung und Gott dieses Landes. Dieses Lob klang angenehm in seinen Ohren, und er glaubte, was man sagte und dachte, daß er nun mächtiger als alle Könige sei. Es kam so weit, daß er glaubte, er herrsche über die ganze Welt. Auch von der Unterwelt hatte er gehört und nahm sie ebenso in Besitz wie den Himmel.

Er liebte seine Söhne sehr, und als er nun so berühmt geworden war, forderten seine Söhne von ihm Anteil an der Herrschaft. Da richtet er es so ein, daß er Jupiter den Himmel übergibt und spricht: »Da einige den Himmel als Dreiheit bezeichnen, verleihe ich dir zusätzlich zu diesem Reich, daß du über die Blitze herrschen und sie auf deine Feinde schleudern sollst. Schleudere immer drei gleichzeitig, damit alle die Bedeutung der Dreiheit deines Reiches erkennen können. Für Neptun bestimme ich als Gott, daß er über diese Welt herrsche und als Zeichen der Macht den Dreizack erhalte. Damit sollst du als Zeichen deiner Dreiheit alle Dinge an dich ziehen. Pluto soll der Fürst der Unterwelt sein, und anläßlich dieser Herrschaft übergebe ich dir einen Wachhund namens Cerberus, der als Zeichen der Dreiheit drei Köpfe hat.« Die Heiden glaubten, daß auf diese Weise die Welt erschaffen worden sei und daß die drei über die angegebenen Gebiete herrschten.

Jupiter fand das Leben der Bevölkerung zu bequem und das Reich seines Vaters zu groß. Er beneidete ihn darum und bot den Fürsten Geld, damit sie den König stürzten. Sie nehmen das Geld an und ergreifen Partei für Jupiter, der seinen Vater vor die Wahl stellt, entweder auf die Herrschaft zu verzichten oder zu kämpfen. Jupiter hatte sich schon zuvor einen großen Teil des Reiches unterworfen. Saturn meint, seine Söhne seien zu unabhängig gewesen und er habe ihnen zu große Lehen überlassen. Er flieht bis nach Italien und unterweist dort zunächst die Leute im Ackerbau.

Darauf übernimmt Jupiter das gesamte Reich, wird ein berühmter Kriegsheld, schafft die Goldmünzen ab und setzt Silbermünzen in Umlauf. Er heiratet eine Frau namens Iuno und herrscht jetzt über das ganze Reich. Darum beneideten ihn die Söhne Titans, die nicht weniger dazu berechtigt zu sein glaubten. Sie verschaffen sich eine große Streitmacht, verwüsten das Reich und verüben grausame Verbrechen. Der König sammelt ebenfalls ein Heer, um ihnen Widerstand zu leisten, und sie treffen nahe einer Insel aufeinander. Jupiter befahl seinen Leuten, die Gegner gefangenzunehmen, aber nicht zu töten. Dann kämpfen sie, und es endet damit, daß die Söhne Titans fliehen. Wenig später kehren sie jedoch mit einer großen Streitmacht zurück und heeren und brandschatzen. Sie gewinnen so große Macht, daß sie sich eine feste Burg bauen und von dort aus ihre Kriegszüge unternehmen. Als Jupiter davon erfährt, unternimmt er einen Gegenzug, und eines Tages, als die Söhne Titans mit ihrem Heer aus der Burg hinausgeritten sind, sehen sie das Heer Jupiters ziehen. Sie wenden sich sofort zur Burg zurück und verteidigen sie, doch Jupiter greift ohne Unterlaß an, bis sie sich ergeben. Dann läßt er sie festnehmen und im Berg Ätna gefangensetzen. Dort ließ er sie verhungern.

Hierauf bekommt die gesamte Bevölkerung Angst vor ihm. Da es in diesem Berg vulkanische Feuer gibt, glaubten die Heiden, daß er die Söhne Titans in die Unterwelt geschickt habe. Jupiter läßt ein mächtiges Schiff bauen, mit einem geschnitzten Stierkopf auf dem Vordersteven. Das benutzte er auf allen Kriegszügen. Deshalb glaubten die Heiden, daß er in Gestalt eines Stieres über die weiten Meere fahre; und er war in der Tat so zauberkundig, daß er die Gestalt eines Stieres annehmen konnte. Er hatte einen Sohn namens Merkur, dessen Mutter Maia hieß; sie war die Kebse Jupiters. Merkur war ein sehr geschickter und kluger Mann.

Ein Mann hieß Inakus; er war ein mächtiger Mann in Griechenland. Er hatte eine vielversprechende Tochter namens Io, die eine überaus schöne Frau war. Jupiter will diese Frau sehen und bricht von zu Hause auf. Als Inakus von der Reise Jupiters erfährt, zieht er ihm in freundschaftlicher Absicht entgegen. Inakus läßt nach seinen Leuten schicken, und am nächsten Morgen sieht Jupiter Io und stellt fest, daß sie eine überaus schöne Frau ist. Da sprach der mächtige Jupiter: »Inakus,« sagt er, »von deiner Tochter werden großartige Geschichten erzählt, und man hat nicht übertrieben. Du wirst wohl schon von meinem Reich und meiner Macht gehört haben; ich will, daß du mir deine Tochter zur Ehe gibst, uns beiden zur Ehre.« Er antwortet: »Von euerm Reich haben wir erfahren, aber auch, daß ihr bereits eine Frau habt; deshalb wird meine Tochter nicht die eure werden.« Jupiter sagt: »Kommt dir nicht in den Sinn, daß ich mächtig genug sein könnte, sie auch gegen deinen Willen zu bekommen?« Inakus sagt: »Komme es, wie es wolle.« Nun ist die ganze Stadt voller Soldaten, und es besteht keine Möglichkeit, Io fortzubringen.

So verrichteter Dinge kehrt Jupiter heim. Doch kurz darauf bricht Jupiter allein auf einem kleinen Schiff auf und kommt in das Reich des Inakus. Er schließt sich Landstreichern an und trifft einige Sklaven im Wald, die er nach Neuigkeiten fragt, ob der König im Land sei oder worüber man sonst so spreche. Sie sagen, daß der König in Ruhe und Frieden herrsche; es gebe kaum etwas Wichtigeres zu erzählen als wie schändlich sich Kreta-Thor verhalten habe. Er sagt: »Ich habe etwas Silber, das ich euch geben will, wenn ihr Io in den Wald bringt.«

Sie waren so dumm, nahmen das Silber und brachten Io in den Wald. Jupiter aber packte sie und nahm sie mit sich fort. Inakus wird dies gewahr und glaubt, es sei nicht einfach, sie zu verfolgen. Als sie nach Kreta zurückkommen, ist Io in anderen Umständen. Iuno, der Frau Jupiters, mißfällt dies; sie verwandelt Io in eine Kuh und verwünscht sie, so daß sie erst entbinden können soll, wenn sie dorthin komme, wo ein siebenarmiger Fluß ins Meer mündet. Iuno schickt nach der Fliege Onestio, damit sie Io steche, und der Sklave Argus, der hundert Augen hatte – davon sechzig im Nacken, die während der Nacht wachten –, bewachte sie. Io konnte erst entbinden, als Thor seinen Harfenspieler Merkur dorthin schickte, um Argus zum Einschlafen zu bringen. Er brachte den Sklaven zum Einschlafen und tötete ihn dann. Es heißt, als Io entbinden sollte, habe Sif, die Frau Thors, ihre Arme um ihre Knie geschlungen und Zauberformeln gesprochen. Darauf wurden im gleichen Moment der Sklave getötet und ihre Hände von den Knien gerissen; dann wurde Io von Erkules entbunden. Als er in der Wiege lag, hetzte Sif Giftschlangen auf den Knaben, er aber reckte ihnen seine Arme entgegen und erwürgte die Schlangen. Als er herangewachsen war, wurde er ein sehr berühmter Held.

Likaon hieß ein böser und mächtiger Mann in Kreta; viele bezeichneten ihn als Menschenfresser und als Troll. Jupiter sucht ihn unerkannt auf und will wissen, ob es wahr sei, was man über ihn erzähle. Gleich am ersten Abend stellt er fest, daß sich Menschenfleisch in einem Kessel befindet. Jetzt ahnt der Hausherr, wer dieser Gast ist und will ihn überlisten. Als Jupiter dies bemerkt, verschwindet er. Kurz darauf schickt Jupiter Leute nach ihm aus, läßt ihn töten und übernimmt seinen Besitz. Die Heiden glaubten, daß er in einen Wolf verwandelt worden sei.

Ein mächtiger griechischer König mit vielen Untertanen hieß Agenor. Er hatte zwei Kinder: Sein Sohn hieß Kadmus, und Europa die Tochter, eine überaus schöne Frau. Kadmus war ein sehr weiser Mann; er hatte das griechische Alphabet erfunden. Sie war ebenfalls klug und in vielerlei Dingen sehr geschickt. Der König liebte beide sehr. Er erfährt, wie es Inakus ergangen ist, und hält dergleichen auch bei sich nicht für ausgeschlossen; er beauftragt seinen Sohn, Europa zu bewachen. Jupiter erhält davon Kenntnis und fährt über das Meer, bis zu einer verborgenen Bucht; die Einwohner von Kreta behaupten jedoch, daß er über das Meer geschwommen sei, weil er meist so schnell war. Er landet nahe dem Ort, wo sich die Königstochter aufhält.

Eines Morgens, als die Königstochter die Burg verließ, sah sie am Meeresstrand einen Stier liegen, einen so schönen, daß ihr jedes einzelne seiner Haare aus Gold zu sein schien. Sie tritt näher, streichelt die Borsten an seinem Maul, küßt ihn und findet ihn schön. Er aber schläft immer noch. Ihre Begleiterinnen meinen, er sei ein besonderer Schatz. Der Stier springt auf, packt sie, bringt sie zum Schiff und fährt in sein Reich zurück. Dem König, ihrem Vater, mißfällt dies, und er sagt zu seinem Sohn, daß er das Reich nur bekommen werde, wenn er seine Tochter zurückbringe; andernfalls brauche er nie mehr zurückkommen. Kadmus bricht mit einer Mannschaft auf, kommt nach Kreta und sucht Jupiter auf. Sie treffen sich und einigen sich, daß Jupiter die Schwester des Kadmus heiraten solle. Er sagt, er werde Kadmus ein Drittel der Welt überlassen und ihm zu seiner Herrschaft verhelfen. Der Sonnengott Apollo war ein Sohn Jupiters und Europas. Er war sehr zauberkundig und bewirkte viele Sinnestäuschungen und wundersame Erscheinungen. Thor erfährt davon, will aber nicht, daß sich auch andere dazu erdreisten. Er schickt Boten zu ihm und läßt einen Blitz auf ihn schleudern, wodurch Apollo zu Tode kommt.

Salomon hieß ein König, der Jupiter ebenbürtig war. Er hatte einen großen und kostbaren Palast bauen lassen und dazu eine großartige Brücke mit vielerlei besonderen Vorrichtungen und mächtigen Ringen daran. Wenn seine Feinde ihn angriffen, schleuderte er gewöhnlich Blitze auf sie. Jupiter begibt sich dorthin und will sich dies nicht gefallen lassen. Er greift König Salomon mit einem Heer an und schleudert – nach Aussage der Heiden – drei Blitze auf ihn, wodurch Salomon und ein großer Teil seiner Leute ums Leben kommen, was nach Meinung Thors eine verdiente Strafe für ihn ist.

Edelon

Ein Mann hieß Edelon, und seine Tochter Alkonia Ampitrion. Jupiter erfährt davon, will sie besitzen und sinnt auf eine Möglichkeit. Er begibt sich heimlich dorthin, und als sie in ihrer Kammer sitzt, ereignet sich das Wunder, daß es Goldtropfen in ihren Schoß regnet. Sie geht hinaus, sieht eine gewaltige Schauerwolke, aus der es herabregnet, und geht darauf zu; in diesem Moment packt Jupiter sie und bringt sie zum Schiff. Ihr Vater aber befiehlt, sie nicht zu verfolgen, denn er glaubt zu wissen, wer sie entführt hat. Als Jupiter mit ihr zu den Schiffen kommt, bewirkt er, daß zwei Nächte ohne einen Tag dazwischen aufeinanderfolgen.

Peleus hieß ein berühmter und mächtiger König in Pelaponense in Griechenland. Sein Bruder hieß Eson, trug aber keinen Titel. Sein Sohn hieß Jason; er war ein großer und starker Mann, kühn mit den Waffen und kampftüchtig. Er war so beliebt, daß ihm nahezu jeder im Reich untertan sein wollte. Er war viel freigebiger als irgend jemand sonst in dieser Zeit. König Peleus fürchtete, daß Jason ihm bald die Herrschaft streitig machen werde, und faßte den Beschluß, ihn auf eine Reise zu schicken, von der noch keiner zurückgekommen war, der sie unternommen hatte. Daraufhin schickt er Jason eine Botschaft, daß er ihn aufsuchen solle. Als Jason die Nachricht des Königs erhalten hatte, machte er sich sofort zu ihm auf den Weg. Der König begrüßte ihn freundlich, und nachdem sich Jason eine Zeitlang dort aufgehalten hatte, gingen die beiden Verwandten in einen Besprechungsraum. Dann sprach der König: »Mit den meisten anderen Menschen in der Welt, von denen wir erzählen hören, bist du, Neffe, nicht mehr zu vergleichen. Nun wäre es notwendig, daß du nur kurze Zeit zwischen deinen Heldentaten verstreichen ließest, wo du doch im Zenit deiner Jahre und deines Ansehens stehst. Dadurch könnten sich dein Ruhm wie auch unser Reich vergrößern. Zur Zeit scheint das ruhmreichste Vorhaben zu sein, nach Asien zu reisen, an einen Ort namens Kolkos, um von dort ein Vlies zu holen, das vollständig aus Gold gesponnen ist. Aber bisher ist es denjenigen, die sich darum bemüht haben, nicht gut ergangen. Ich vermute, daß sie wohl unklug vorgegangen sind.« Jason erklärte sich zu dieser Reise bereit, denn die Lobesworte des Königs klangen ihm angenehm in den Ohren. Der König verspricht ihm große Ehrenbezeugungen, falls er zurückkäme. Jason findet es auch erstrebenswert, die berühmtesten Orte der Welt aufzusuchen, und willigt in die Reise ein. Der König schickt nach einem Handwerker namens Argus, dem geschicktesten im Reich und vielfach in Büchern erwähnt, damit er mit der größtmöglichen Sorgfalt ein Schiff bauen solle. Als dieses prachtvolle Schiff fertiggestellt war, wurde es Argo genannt. Folgende Männer begaben sich mit Jason auf die Reise: der große Erkules, Sohn des Thor; Kastor und Pollux aus Sparta, die Brüder von Elena – der schönsten Frau Griechenlands, die mit Menelaos verheiratet war –, von Klitimestra und Agamemnon; außerdem begleiteten ihn Nestor der Weise aus Pilus, Telamon aus Salamina und Peleus aus Frigia; weitere Männer werden nicht genannt.

Als sie gerüstet waren, stachen sie in See und gelangten dann in ein Land namens Frigia. Über dieses Reich herrschte damals Lamedon. Sein Sohn war Priamus, und seine Tochter Hesione. Die Frau des Priamus hieß Hekuba. Ihre Söhne waren der berühmte Ektor und der schöne Alexander – dessen zweiter Name Paris war –, Deiphobus, Elenus und Troilus. Ihre Töchter waren Cassandra, Polixena und Troan. Priamus hatte auch uneheliche Söhne. Solange Lamedon lebte, herrschte Priamus nur über Tyrkland.

Als Hekuba in anderen Umständen war, träumte sie einmal, daß eine lodernde Flamme aus ihrem Mund hervorkomme, durch die ihr die ganze Stadt Troja in Brand zu geraten schien. Sie bekam große Angst und erzählte Priamus von ihrem Traum. Die Traumdeuter legten ihn aber dahingehend aus, daß Hekuba einen Sohn gebären werde, durch dessen Verschulden die Stadt Troja vollständig niedergebrannt werde. Als König Priamus von diesen Begebenheiten erfährt, befiehlt er, den Knaben, der nach seiner Geburt Alexander genannt worden war, auszusetzen. Als die Mutter sah, wie schön dieses Kind war, wollte sie es nicht aussetzen lassen. Sie brachte ihn heimlich zu Zieheltern, worauf er Paris genannt wurde. Als er heranwuchs, verehrte er Freyja sehr, und später, nachdem er von seiner Abstammung erfahren hatte und als er mit Thecis Hochzeit feierte, lud er alle Götter dazu ein. Freyja nahm einen goldenen Apfel, auf dem geschrieben stand, daß ihn die schönste besitzen sollte, und der zwischen Freyja, Sif und Gefjon geworfen worden war. Sie wenden sich an Jupiter, damit er entscheide, wer von ihnen die schönste sei. Er aber wollte kein Urteil fällen, denn er fürchtete den Zorn derer, die er nicht als die schönste beurteilte. Er forderte sie auf, daß sie in den Idawald zu einem Hirten namens Alexander gingen. Eines Tages, als Alexander das Vieh hütete, kam ein mächtiger Stier zu ihm, den er noch nie zuvor gesehen hatte, und kämpfte mit einem seiner Stiere, wobei derjenige, der Alexander gehörte, besiegt wurde. Darauf setzte Thor dem Stier eine Krone aus herrlichen Blüten auf den Kopf. Am nächsten Tag kam wieder ein Stier, und es ging wie am vorigen Tag. Am dritten Tag kam derselbe Stier, und zunächst vermochte derjenige, der Alexander gehörte, weniger auszurichten. Da band ihm Alexander eine mächtige Eisenspitze auf die Stirn, wogegen der fremde Stier nichts auszurichten vermochte. Damit war Alexander sehr zufrieden und setzte deshalb dem Stier eine Krone auf den Kopf und ehrte ihn damit für seinen Sieg.

Dieses Ereignis wurde Priamus berichtet, worauf er seine Verwandtschaft mit Alexander anerkannte. Nachdem er in die Sippe aufgenommen worden war, wurde ihm das gleiche Ansehen zuteil wie seinen Brüdern. Er war ein überaus höfischer Mann. Eines Tages, als er in den Idawald ging, wo er immer das Vieh gehütet hatte, kam es ihm im Schlaf so vor, als führe Saturn drei Frauen – Sif, Freyja und Frigg – vor ihn und fordere ihn auf zu sagen, welche von ihnen am schönsten sei. Ihm schien, als neige sich Freyja über ihn und fordere ihn auf zu sagen, daß sie am schönsten sei; sie sagte, sie werde es ihm damit lohnen, indem sie dafür sorge, daß er die schönste Frau in Griechenland bekomme. Dann trat Sif vor ihn und forderte ihn auf, sie als am schönsten zu beurteilen; sie sagte, sie werde ihm ein großes Weltreich und eine angesehene Stellung verschaffen. Als er kein Urteil fällt, tritt Frigg vor ihn und bietet ihm große Weisheit und Sieg im Kampf – sie war die Kriegsgöttin –, falls er sie als am schönsten bezeichnete; er aber spricht kein Urteil. Nun kommt Freyja zu ihm und spricht: »Erinnere dich, was du mir versprochen hast.« Sie entblößte ihren Körper, worauf er sie als die schönste beurteilte. Deshalb war Sif von da an mit den Trojanern verfeindet.

Als Erkules und Jason dort an Land gekommen waren, schickte König Lamedon Boten zu ihnen und forderte sie auf zu verschwinden, weil er sie sonst mit einem Heer vertreiben werde. Als sie diese Botschaft erhielten, schien es ihnen am vernünftigsten abzufahren. Sie unterbrachen ihre Reise erst, als sie nach Kolkos kamen. Dort herrschte damals ein König namens Medius, dessen Tochter Medea hieß; sie war eine überaus schöne und kluge Frau. König Medius lädt Jason und seine Leute zu einem Gastmahl ein, und sie bleiben eine Zeitlang in Kolkos. Jason trägt dem König sein Anliegen vor und erzählt, daß er nach dem Vlies ausgesandt worden sei, das im Tempel des Tyr hänge und um das sich schon viele bemüht hätten. Der König sprach: »Du bist ein prachtvoller Mann und sollst uns willkommen sein. Ich werde dir sagen, welcher Fluch mit der Erwerbung dieses Vlieses verbunden ist: Dann ist nämlich die Herrschaft des hier regierenden Königs beendet. Ihr sollt auch von den Schwierigkeiten erfahren, die bei der Erlangung des Vlieses zu überwinden sind: Ein Sklave namen Argus bewacht den Tempel. Er hat hundert Augen und schläft mit einigen von ihnen, während er mit anderen wacht. Ihn muß man zum Einschlafen bringen und dann töten. Im Tempel befindet sich ein Drache, von dem ihr schon gehört haben werdet; er ist der schrecklichste aller Drachen. Er hat zahlreiche Augen und ist sehr giftig; ihn muß man ebenfalls töten. Zwei aus Erz geschmiedete Ochsen gibt es dort, so wild und fürchterlich, daß Funken aus ihren Nüstern und ihren Mäulern schlagen. Du mußt also den Tempel zerstören und dort mit den Ochsen pflügen, dann die Backenzähne des Drachens ziehen und sie dort aussäen. Anschließend werden sich dort dreimal zwölf Männer erheben, die alle den Drachen rächen wollen. Sie sind groß und stark wie Riesen, und mit ihnen muß man kämpfen. Der Ruhm dessen, der dies zuwege bringt, wird niemals vergehen, solange die Welt besteht.«

Als Jason dies hört, kommen ihm große Bedenken, wie er diese Schwierigkeiten überwinden soll. Der König hat ihn alle Gefahren erkennen lassen, die er um so bemerkenswerter findet, je mehr er darüber weiß. Jason ist nun sehr unglücklich. Medea, die Tochter des Königs, bemerkt, daß Jason bekümmert ist. Er gefällt ihr gut, und sie fände es einen großen Verlust, wenn ein so prachtvoller Mann zu Tode kommen sollte. Sie verstand sich gut auf die Zauberkundigkeit ihres Vaters. So sprach sie zu ihrer Schwester: »Ich wäre sehr traurig, liebe Schwester, wenn dieser prachtvolle Mann umkommen sollte; ich mag davon nichts wissen, solange ich ihm einen Ausweg schaffen kann. Geh und sag ihm, daß ich ihn treffen will. Lieber will ich alle Gefahren auf mich nehmen, als daß dieser Drache ihn umbringe.« Nun ging das Mädchen zu der Halle, in der Jason schlief, und sprach: »Herr, schlaft ihr?« Er sprach: »Wer bist du, junge Frau?« Sie antwortet: »Ich bin die Schwester der vornehmen Königstochter Medea, die mich zu euch schickt und die eure Trübsal teilt. Steh auf und komm mit mir.« Sie geht ihm voraus in einen Wald nahe der Stadt, wo sich bereits die herrliche Medea aufhält. Als sie Jason sieht, steht sie auf und grüßt ihn. Er ist über ihren Anblick sehr erfreut. Sie sprechen miteinander über viele Dinge, und Jason bemerkt schnell, wie klug sie ist. Bald faßt er Zuneigung zu ihr; sie umarmen einander zärtlich, küssen sich inniglich und verlassen den Ort erst, als Jason alle seine Wünsche von ihr erfüllt bekommen hat. Dann sagt Medea, daß er fröhlich und ohne Furcht sein soll, und sie verspricht ihm, daß er seine Aufgabe lösen werde.

Nun geht Jason froh nach Hause, und als die Zeit naht, daß diese Heldentat vollbracht werden soll, kommen eines Nachts die Boten der Königstochter zu Jason. Sie brechen zu zweit zum Tempel auf, wo Medea den Drachen und den Sklaven zum Einschlafen bringt, Jason aber das Schwert zieht und den Sklaven tötet. Wie sie es ihn geheißen hatte, durchbohrt er dann den unteren Schulterteil des Drachens, worauf der schreckliche Drache erwacht und fürchterliches Gift ausschnaubt, das Jason jedoch, wegen des Schutzes durch die Königstochter, keinen Schaden zufügt. Jetzt pfeift die Königstochter den Ochsen, geht zu ihnen, legt ihnen ein Joch auf, spannt sie vor einen Wagen und fährt mit dem ganzen Schatz einschließlich des berühmten Vlieses, das ganz aus Gold zu sein schien, aus dem Tempel hinaus. Nun entfacht sie ihren Zauber, womit sie den Tempel zum Einstürzen bringt. Sie binden die Ochsen zusammen, pflügen über den Tempel, nehmen die Zähne des Drachens und säen sie in die Erde. Dort springen dann viele und kräftige Männer mit Waffen hervor, die Jason große Angst einjagen. Da sprach die Königstochter: »Fürchte dich nicht, Herr, sie sollen sich gegenseitig töten.« Medeas magisches Wissen veranlaßt sie, gegeneinander zu kämpfen und sich gegenseitig umzubringen. Dann kehrt Jason siegreich heim, weckt seine Leute und berichtet ihnen diese Neuigkeiten. Medea aber ging zum Palast ihres Vaters, nahm ihr gesamtes Gold und die herrlichsten Kleider und begab sich dann zu Jasons Schiff. Jason und seine Leute stürmen mit Geschrei und Gebrüll durch die Stadt und töten alles, was ihnen in den Weg kommt. Es endet damit, daß König Medius und der größte Teil seines Heeres fallen. Jason hält sich den Winter über dort auf; die Königstochter aber war schwanger und gebar ihm zwei Söhne.

Als das Frühjahr kam, kehrte Jason mit großem Ruhm nach Griechenland zurück. Eines Abends kamen sie zu einer Insel und lagerten dort über Nacht. Jason, seine Leute und die Königstochter Medea schliefen in einem Zelt an Land. Sie erwachte erst, als alle anderen fort waren. Sie geht auf die Insel hinauf und sieht, daß die anderen mit allen Schiffen von der Insel wegsegeln. Da schrie sie unter heftigem Weinen und sprach: »Ich weiß, daß nicht Jason diesen Beschluß gefaßt haben wird, wo er doch in Kolkos so großen Ruhm errang.« Sie zählte all ihre Kümmernisse auf, aber Jason wollte dennoch fortsegeln, denn er hatte zu Hause eine andere, aus vornehmer Familie stammende Frau. Jetzt kehrt er in seine Heimat zurück, worüber sich jedermann außer König Peleus freute. Durch diese Reise wurde Jason sehr berühmt, und er wurde als Nachfolger von Peleus zum König gewählt.

Als Erkules heimgekehrt war, war er mit seiner Reise sehr unzufrieden wie auch mit der Schmach, die ihm König Lamedon bereitet hatte. Er brach von zu Hause auf, zu einer Insel namens Sparta, um Kastor und Pollux aufzusuchen, die König Lamedon aus dem Land verbannt hatte. Von dort aus fahren sie gemeinsam nach Salamina, um Telamon aufzusuchen; von dort aus fahren sie gemeinsam nach Picia, um Peleus aufzusuchen. Er fuhr mit ihnen nach Pilus, über das Nestor der Weise herrschte. Er fuhr mit ihnen und hatte fünf große Schiffe, für die er die besten Leute ausgewählt hatte. Sie stachen in See und gelangten nachts nach Frigialand. Als sie dort angelegt hatten, ging Erkules in Begleitung von Peleus, Telamon und der Hälfte ihrer Mannschaft von Bord. König Lamedon hielt sich in einer Stadt namens Ilium auf, die später Troja hieß. Sie war damals weder hinsichtlich ihrer Mauern noch ihrer Einwohnerzahl eine bedeutende Stadt. Er ritt aus der Stadt hinaus zu den Schiffen. Dort begann ein Kampf, der nicht lange andauerte, bis die Nachricht von einer Schlacht aus der Stadt kam. Darauf kehrte der König um und wollte den anderen beistehen. Erkules wandte sich jedoch ihm entgegen, und es kam zu einem erbitterten Kampf, der damit endete, daß Erkules König Lamedon und den größten Teil von dessen Mannschaft tötete. Dann raubten sie Hesione, die Tochter des Königs Lamedon, und alles, was irgendeinen Wert besaß. Anschließend kehrten sie siegreich nach Griechenland zurück und waren sehr mit ihrer Reise zufrieden. Telamon bekam Hesione zugesprochen, und beide kehrten heim nach Salamina. In dieser Schlacht waren auch die unehelichen Söhne Lamedons namens Hipsifilus, Voltuntes und Amphiter gefallen.

Erkules

Nach diesen Ereignissen verließ Erkules das Land, um Ruhm zu erwerben. Mit seinen bloßen Händen tötete er einen gewaltigen Löwen. Herculesteus hörte, welch ruhmreiche Geschichten über Erkules erzählt wurden, und begehrte, ihn zu sehen; doch als sie sich trafen, tötete Erkules ihn. An einer Quelle gab es eine Schlange mit zahlreichen Köpfen, und wurde einer davon abgeschlagen, so entstanden statt dessen zwei neue. Erkules tötete diese Schlange; er raubte auch die goldenen Äpfel. Außerdem reiste er nach Spanien und tötete den schrecklichen Gereon; diese Tat wurde weltberühmt. Von dort reiste er in den westlichen Teil der Welt, und es heißt, er sei bis ans Ende der Welt gelangt, wo er mächtige Säulen errichtet habe zum Zeichen, wie weit er herumgekommen war. Dann segelte er durch den Nörvasund zurück nach Italien. Erkules tötete einen mächtigen Kämpen namens Cacus, einen Sohn des Evander. Er reiste weiter bis nach Indien, wo er von den Tieren, die Zentauros heißen, einige tötete, andere aber zähmte. Dort tötete er auch die sehr berühmten Vögel, die Arpine heißen. Anschließend fährt er zurück, und die Heiden erzählen, daß er sich in einen Wildeber verwandelt habe, und daß niemand es wage, ihm ein Haar zu krümmen. Man glaubte, daß er den Himmel trage; deshalb behauptete man, er sei dort aufgenommen worden, und deshalb nannte man einen Stern, der zwischen den beiden Wagen steht, Erkules.

Erkules war mit einer Frau namens Deianira, der Schwester des Meleager, verheiratet gewesen. Er hatte sie verlassen und eine Bauerntochter zur Frau genommen. Deianira schickt Erkules einen Brief folgenden Wortlauts: »Über Deine Heirat, Erkules, ist nun manches zu sagen, was früher als unwahrscheinlich gegolten hätte. Du hast jetzt eine Bauerntochter geheiratet, die nichts anderes kann als Wolle zupfen. Man sagt, daß Du manchmal mit ihr zusammen die Wolle kämmst, und wenn Du sie ihrer Meinung nach nicht gut genug kämmst, dann schlägt sie Dich mit ihrem Spinnwirtel. Das ist nicht derselbe Erkules, der im Garten des Riesen Atlas den Drachen erschlug und dort die beiden goldenen Äpfel raubte. Man erzählte mir auch, daß Du Tag und Nacht Wein trinkst und Hühner und Pfauen ißt; den berühmten Erides hättest Du aber nicht bezwungen, wenn Du Dich damals schon so verhalten hättest. Orpeus hätte auch nicht geglaubt, daß Du einmal so werden würdest, als Du mit ihm in der Unterwelt warst, Cerberus packtest, ihn ans Tageslicht zerrtest und ihm vier Fesseln anlegtest. Damals warst Du nicht in Goldbrokat gekleidet und trugst kein Gold um Deinen Hals. Aber was kümmere ich mich um Dich. Mein Schicksal wird mich ebenso treffen wie meine Verwandten: Mein Vater durchbohrte sich mit dem Schwert, meine Brüder erschlugen sich gegenseitig, meine Schwestern ertranken. Nun sende ich Dir ein Gewand, in meinem Blut gerötet. Damals warst Du nicht in weiches Purpur gekleidet, als Du das Ungeheuer Gorgo tötetest, das vorn ein Löwe, in der Mitte eine Ziege und hinten ein Flugdrache war. Ich erinnere mich daran, daß Du vielmehr einen Wolfspelz trugst, als Du König Gereon in Spanien tötetest und allein über ganz Spanien herrschtest. Sende nun unseren Sohn hierher, damit er mir den letzten Dienst erweise, ich aber schicke Dir dafür dieses blutige Gewand.« Darauf zog sie das Schwert, durchbohrte sich damit und ließ so ihr Leben.

Der Wiederaufbau Trojas

Nun heißt es dort fortsetzen, als König Lamedon getötet, seine Söhne und seine Tochter gefangengenommen, die Stadt zerstört und alles Hab und Gut geraubt worden waren. Priamus war damals nicht dabeigewesen, und als er diese Nachrichten erfuhr, erschrak er sehr. Er zog daraufhin mit seinem ganzen Hab und Gut nach Ilium. Er ließ sofort eine viel stärker befestigte Stadt als es die vorige gewesen war, errichten; sie wurde aber erst wunschgemäß fertiggestellt, als Neptun und der Sonnengott Apollo sie erbauten. Mit viel Geschick leitete man große Gewässer dorthin. Mächtige Kastelle und Türme wurden errichtet. Die Stadttore waren in verschlossenem Zustand nicht leichter anzugreifen als torlose Mauern. Über jedem Stadttor befand sich ein Kastell. Priamus ließ in der Stadt einen großen Tempel erbauen und ihn Thor weihen.

Als all dies vollbracht war, schickte er wegen seiner Schwester einen Boten nach Griechenland. Der brach sofort auf, als er günstigen Fahrtwind bekam, suchte Peleus auf und sagte, er sei von König Priamus gesandt, um mit den Griechen Frieden zu schließen. Er legte dar, welche Buße Priamus zu leisten sei, weil sie seinen Vater und seine Brüder getötet, seine Stadt zerstört, Hab und Gut geraubt, eine Vielzahl an Leuten getötet und weil sie, was Priamus am meisten beklage, seine Schwester entführt hatten. Er forderte Peleus auf, dafür zu sorgen, daß Hesione nach Hause geschickt werde. Peleus verhielt sich ablehnend, behauptete, daß ihnen weniger Leid geschehen sei als sie es verdient hätten, und befahl ihm abzureisen. Der Bote wandte sich dann nach Boecia, landete in der Nähe von Salamina, suchte Telamon auf und forderte, daß er Hesione zu ihrem Bruder Priamus nach Hause schicke. Telamon sagte: »Das geht mich nichts an. Ich habe Priamus nichts getan. Ich habe seinen Vater nicht getötet und seine Schwester nicht entführt. Ich denke aber, daß ich den Lohn, den ich dort für meinen Einsatz erhielt, nicht kampflos hergeben werde«, und er befahl Antenor, so schnell wie möglich zu verschwinden. Der fuhr sofort ab und machte erst Halt, als er zu Priamus zurückkam. Er berichtete Priamus alles über seine Reise und sagte, er habe alle die

Männer aufgesucht, die Priamus Buße zu leisten hätten, und er erklärte, anstelle der Entschädigungen habe er nur Hohn und Drohungen erhalten.

Daraufhin schickt Priamus nach seinen Söhnen und Freunden und sagt ihnen, daß er gegen Griechenland ein Heer aufbieten wolle, »das meine Söhne anführen sollen, denn sie haben sich durch großen Kampfgeist und Tapferkeit ausgezeichnet.« Ektor, der am ältesten und am berühmtesten war, stand auf und sprach: »Gerne würden wir ausziehen, wenn es zu unserer Ehre wäre, doch ich bezweifle, daß wir um so besser abschneiden werden, mit je mehr Leuten wir es zu tun haben. Ich fürchte mich aber nicht, denn ich werde so lange leben, wie es mir vorherbestimmt ist.« Dann sprach Alexander: »Ich schlage vor, daß wir sie eine Zeitlang die Erfahrung machen lassen, wie es ist, uns gegenüber den kürzeren zu ziehen. Ich will mich dazu erbieten, diese Fahrt anzuführen, und es würde mich sehr überraschen, wenn ich vergeblich führe.« Daraufhin erzählte Alexander den Traum, den er im Idawald geträumt hatte: »Ich hoffe, daß er jetzt in Erfüllung gehen wird. Ich werde dabei wohl eher Vergnügen als einen gewaltsamen Tod finden. Alles wird so verlaufen, wie die Götter es vorhergesagt haben, und derjenige, der auszieht, ist dem Tod nicht näher als derjenige, der zu Hause bleibt.« Deiphobus, ein Sohn des Priamus, unterstützte dieses Vorhaben und drängte sehr zu dieser Unternehmung. Dann stand Elenus auf, ein Sohn des Priamus, und sprach: »Hinsichtlich dieser Fahrt sagt mir mein Verstand etwas anderes als meinen Brüdern. Ich glaube, daß sie bestenfalls vergeblich sein wird, daß wir uns aber auf jeden Fall lächerlich machen werden. Ich vermute aber eher, daß wir ausziehen und auch zunächst ausführen werden, was wir vorhaben, dafür aber unser Hab und Gut, unsere Verwandten und zuletzt auch uns selbst einbüßen werden.« Dann stand Troilus auf, der jüngste Sohn des Priamus, den mit Ausnahme Ektors niemand an Stärke übertraf, und drängte sehr zu dieser Fahrt.

Nun läßt der König eine Versammlung einberufen und sagt, daß er beabsichtige, ein Heer aufzubieten und einen Kriegszug nach Griechenland zu unternehmen, den sein Sohn Alexander anführen solle. Er führt die strittigen Punkte an, die er gegen die Griechen vorzubringen hat sowie die Antworten, die Antenor erhalten hatte, als er dorthin gesandt worden war. Nun fordert er jeden einzelnen dazu auf vorzuschlagen, was ihm am aussichtsreichsten scheine, und sagt, daß er den Unkenrufen des Elenus keinen Glauben schenke. Auf seine

Rede antwortet ein Mann namens Pandus, ein Sohn des Eyforbus und Verwandter des Priamus: »Hier könnt ihr einen sehen, der glaubt, daß das Vorhaben ein schlechtes Ende nehmen wird. Denn mein Vater erzählte mir, falls Alexander eine Frau aus Griechenland heirate, werde dies bei uns zu Frevel und Gewalttaten führen«, und er meinte, daß es seiner Natur eher entspreche, in Untätigkeit zu leben als durch Unvorsichtigkeit, Dummheit und Übermut auf schimpfliche Weise zu sterben. Der König behauptete, Angst und Mutlosigkeit veranlaßten ihn zu solchen Worten. Daraufhin drängte die gesamte Bevölkerung zu dieser Unternehmung. Cassandra, eine Tochter des Königs Priamus, war mit diesem Vorhaben äußerst unzufrieden und sagte, dabei würden Troja, das Leben ihres Vaters und ihrer Brüder, das Ansehen fast aller Männer und das Eigentum sehr vieler Menschen aufs Spiel gesetzt. Doch man schenkte ihrer Prophezeiung keine Beachtung.

Dann wurde das Heer gerüstet und Alexander zum Anführer der Fahrt bestimmt. Sie segelten mit der Flotte ab, und Priamus bat die Götter, sie bei ihrer Unternehmung zu unterstützen. Als sie in die Nähe einer Insel namens Cerea kamen, über die Menelaos herrschte, stießen sie auf Menelaos, als der gerade nach Pilus fahren wollte, um Nestor aufzusuchen. Menelaos fragte, wohin Alexander wolle, und der sagte, er sei zu seinem Vergnügen unterwegs. Menelaos lud ihn zu sich ein und sagte, die Königin sei zu Hause, um sie zu empfangen; er bat ihn, sich dort nach Belieben aufzuhalten. Alexander und seine Leute gingen in Cerea an Land. Auf dieser Insel befand sich ein großes Heiligtum, und der Tempel stand nahe der See. Als Elena, die Gattin des Menelaos, erfuhr, daß der berühmte Königssohn dort an Land gekommen sei, ging sie zum Tempel, um die Götter zu ehren. Sie war auch ziemlich neugierig darauf, diese ausländischen Leute zu sehen, über die so viele ruhmreiche Geschichten erzählt wurden. Sie war die schönste Frau auf der ganzen Welt. Man hatte ihr auch erzählt, daß Alexander sie besuchen werde, falls es nicht schon vorher zu einer Begegnung zwischen ihnen käme.

Nachdem man Alexander berichtet hatte, daß Elena zum Tempel gekommen sei, begab er sich mit herrlichen Opfergaben dorthin. Als sie sich sahen, fanden sie Gefallen aneinander, und sie begannen sich zu unterhalten. Alexander warf Elena einen goldenen Apfel in den Schoß, und auf den Apfel waren folgende Worte geschrieben: »Ich schwöre bei den Göttern, daß ich Alexander heiraten und von nun an seine königliche Gattin sein werde.« Sie errötete, als sie all dies laut vorlas, denn niemand wagte zu brechen, was im Tempel gelobt wurde. Sie fand, daß man sie betrogen hatte, und behauptete, man brauche nicht zu halten, was man unwissend und unwillentlich versprochen habe. Alexander aber behauptete, dies sei nach dem Willen und der Fügung der Götter geschehen, wogegen man nichts unternehmen könne. Er sagte, sie werde den Zorn der Götter erregen, falls sie den heiligen Schwur bräche. Dann verließ er den Tempel und ging zu den Schiffen. In der Nacht aber gingen sie zum Tempel, entführten Elena und einige Frauen mit ihr und brachten sie auf die Schiffe. Als die Einwohner der Stadt die Entführung bemerkten, legten sie ihre Rüstungen an und wollten sie verfolgen. Es kam zu einem Kampf, der damit endete, daß die Einheimischen fielen und flohen, Alexander aber den Sieg errang. So verrichteter Dinge reiste er ab und machte erst Halt, als sie nach Troja zurückgekommen waren. König Priamus empfing sie hocherfreut und fand, sie hätten ihre Sache gut gemacht. Er sagte, er nehme an, daß jetzt die Griechen mit ihrem Los nicht zufriedener seien als es vorher die Trojaner gewesen waren: »Ich hoffe, daß sie jetzt meine Schwester Hesione nach Hause schicken werden.« Elena war zunächst lange Zeit traurig, begann aber nach einiger Zeit durch das Zureden des Priamus fröhlicher zu werden. Dann heirateten Elena und Alexander, und sie begannen bald, sich inniglich zu lieben. Cassandra, deren zweiter Name Troan war, regte sich auf, als sie Elena traf, und sagte, daß ihnen allen durch ihre Ankunft Unheil entstehen würde. Priamus wurde über ihre Prophezeiung zornig und befahl, sie in einem Haus einzusperren, und so geschah es.

Der Kriegszug gegen Troja

Nun ist davon zu berichten, was sich in Griechenland ereignete, als Menelaos von der Entführung Elenas erfuhr und von den Morden, die in seinem Heim geschehen waren. Nestor und er sandten König Agamemnon, dem Bruder des Menelaos, eine Botschaft. Als dieser kam, tröstete er seinen Bruder und erklärte, daß er ein Heer gegen Troja schicken werde. Sie bieten sofort eine Mannschaft und Schiffe aus ganz Griechenland zum Kriegszug auf. Nachdem dieses Heer zusammengekommen war, beschlossen sie, an einem Ort namens Delpus das Orakel zu befragen. Der Gott, dem dort geopfert wurde, hieß Apollo; dort durfte man nicht lügen. Zu dieser Fahrt wurden der berühmte Akilles und Patroklus ausersehen. Als sie dorthin kamen, erhielten sie die Auskunft, daß die Griechen den Sieg erringen würden und daß Troja im zehnten Jahr erobert werde. Andererseits schickte König Priamus Calcas, den Sohn des Nestor, zum Orakel nach Delpus. Er erhielt die Antwort, daß er sich der griechischen Mannschaft anschließen solle, wenn er sein Ansehen bewahren wolle. Deshalb schloß er sich der Mannschaft des Akilles an, worauf sie zum Heer zurückkehrten. Priamus aber erhielt keine Nachricht, wie das Orakel lautete. Als die Griechen in einem Hafen namens Athen gerüstet waren, hatten sie elfhundert und elfmal zehn und drei Schiffe. Sie stachen in See und landeten an einem Ort namens Tenedon, wo sie Hab und Gut raubten und die Menschen umbrachten. Agamemnon war der oberste Befehlshaber des griechischen Heeres; außer ihm waren noch folgende Männer sehr berühmt: sein Bruder Menelaos, Akilles, sein Ziehbruder Patroklus, Palamedes, Diomedes, Aiax und Telepus. Ulixes und Nestor waren die weisesten Männer in diesem Heer. Nachdem die Griechen an Land gekommen waren, sandte Agamemnon Diomedes und Ulixes aus, um Priamus aufzusuchen; er forderte, daß Elena freigelassen und anschließend ein Vergleich angestrebt werden solle. Priamus aber lehnte dies strikt ab.

Ein Mann namens Criseus diente einem Gott namens Delpus. König Agamemnon hatte die Tochter des Criseus entführt, und zwar gegen ihren Willen. Criseus liebte sie so sehr, daß er sie nicht entbehren konnte, und daher rief er den Gott an, damit er seine Tochter zurückbringen solle. Deshalb brach eine tödliche Seuche in der Mannschaft der Griechen aus, und zwar in ihrem ganzen Heerlager. Durch diese Seuche entstanden so große Verluste, daß sich in jeder Richtung drei Meilen weit die Feuer erstreckten, in denen man die Leichen der Gefallenen verbrannte, wie es damals Sitte war. Daraufhin wandten sich die Griechen an das Orakel und erhielten Auskunft. Man schickte dann das Mädchen nach Hause, worüber ihr Vater Criseus höchst erfreut war.

Nachdem diejenigen, die man zu Priamus gesandt hatte, zurückgekehrt waren und Bericht erstattet hatten, ließ König Agamemnon im gesamten Heer Signale geben, daß man die Rüstungen anlegen und die Stadt angreifen solle, sobald die Sonne aufgegangen sei; jetzt rückten sie an die Stadt Troja heran. An diesem Morgen bemerkte Priamus, daß es am strahlenden Himmel aussah, als sei ein Regenbogen über der ganzen Stadt zu sehen. Deshalb glaubten sie zu wissen, daß die Griechen aufgebrochen seien, und deshalb ließ er das ganze Heer aus Troja gegen die Griechen zusammenblasen.

Am heftigsten griff Protiselaus die Trojaner an, und die Trojaner gaben Fersengeld, wobei eine große Zahl von ihnen fiel. Dann leistete ihm Ektor Widerstand und setzte ihn unter Druck, worauf die Mannschaft, die ihm gefolgt war, in die Flucht geschlagen wurde. Ektor kehrte zur Stadt zurück, und der Kampf wurde fortgesetzt. Dann kam Akilles mit seiner Schar hinzu, und daraufhin wurde das trojanische Heer in die Flucht geschlagen. Er verfolgte die Flüchtenden bis ganz an die Stadt, worauf die Nacht den Kampf unterbrach.

Am Morgen danach kam König Agamemnon mit dem gesamten Heer heran, stellte sein Heerlager auf einer Ebene nahe der Stadt auf, ließ eine Befestigung errichten und Gräben rundherum ausheben. Dabei bemerkten sie, daß Troja so stark befestigt war, daß keine Hoffnung bestand, es zu erobern, solange es Leute gäbe, um es zu verteidigen. Gleich am nächsten Tag verließ Ektor mit einer in Schlachtreihen aufgestellten Mannschaft die Stadt; König Agamemnon zog ihm mit dem griechischen Heer entgegen, worauf es zu einer erbitterten Schlacht kam. Bald gab es große Verluste. Ektor drang tapfer vor und erschlug die Männer links und rechts. Da leistete ihm Menon Widerstand, und sie kämpften miteinander, wobei Menon fiel. Als Ektor seine Leiche plündern will, kommt in diesem Moment Menesteus hinzu, greift Ektor entschlossen an und verletzt ihn am Bein. Nachdem Ektor verwundet worden war, erregte er sich noch viel mehr und schlug kräftig und hart zu, und er hätte alle Griechen getötet, wäre ihm nicht Aiax entgegengetreten. Sie kämpften lange miteinander, wobei keiner dem anderen eine Wunde beibringen konnte. Nachdem sie eine Zeitlang gekämpft hatten, erkannten sie, daß sie Verwandte waren – und zwar Schwestersöhne. Daraufhin ließ Ektor seine Mannschaft innehalten, die Verwandten tauschten Gaben aus und versicherten sich ihrer Freundschaft. Anschließend forderten die Griechen für zwei Winter einen Waffenstillstand. Die Trojaner willigten ein, und es wurde ein Waffenstillstand vereinbart, der zuverlässig eingehalten wurde. Dann begrub man die Gefallenen.

In dieser Zeit kritisierte Palamedes Agamemnon sehr, weil dieser der oberste Befehlshaber des gesamten griechischen Heeres sein sollte; er behauptete, Agamemnon sei nicht imstande, die Leitung eines solchen Kriegszuges zu übernehmen. Viele meinten jedoch, daß er deshalb so rede, weil er selbst König werden wolle. Da den Leuten nicht an einem Wechsel gelegen war, blieb alles wie zuvor. Nachdem zwei Winter vergangen waren, rückte die Zeit des Kampfes heran, und König Agamemnon ließ das gesamte griechische Heer zusammenblasen. Ihn unterstützten Akilles, Diomedes und Menelaos, während Ektor, Eneas und Troilus das trojanische Heer anführten. Es kam zu einer überaus erbitterten Schlacht mit großen Verlusten. Ektor tötete die Heerführer Boetes, Archilocus und Protenores. Dann setzte die Nacht dem Kampf ein Ende.

In dieser Nacht hielt König Agamemnon eine Versammlung ab. Er drängte das Heer zu energischerem Vorgehen und forderte die Männer auf, vor allem Ektor anzugreifen, und er erzählte, weshalb er sich an ihm rächen wolle. Er sagte, er glaube, daß die ganze Stadt erobert sei, sobald Ektor getötet werde. Menelaos ließ die Nachricht verbreiten, daß er gegen Alexander einen Zweikampf bestreiten wolle. Er sagte, es sei ungerecht, daß so viele Männer für den Streit bezahlten, »den wir miteinander auszutragen haben.« Als Alexander davon erfuhr, wollte er gerne, daß sie aufeinanderträfen, doch Elena riet ihm davon ab und sagte, er sei dem nicht gewachsen, und »außer an Mut wird es dir dabei an allem fehlen«. Am nächsten Tag führten Akilles und Diomedes das griechische Heer gegen die Trojaner an, und ihnen traten Ektor und Eneas entgegen. Es kam zu einem schweren Kampf mit großen Verlusten. Bei diesem Angriff tötete Ektor sieben griechische Heerführer, und Eneas zwei. Akilles tötete vier trojanische Heerführer, und Diomedes zwei. Dann unterbrach König Agamemnon die Schlacht und war höchst unzufrieden, als er die Niederlage seiner Männer feststellte, wohingegen die Trojaner höchst zufrieden waren.

Am nächsten Tag verließen alle Griechen ihr Heerlager. König Agamemnon hetzte seine Leute in großer Erregung auf Ektor und die Trojaner. Ihnen traten die Trojaner entgegen, und diese Schlacht war so hart und grausam, daß sie insgesamt achtzig Tage lang ununterbrochen anhielt. Jede der beiden Parteien rückte beherzt vor, und jeder schützte sich und seine Kameraden so gut er konnte, aber jeden Tag starben viele tausend Mann, und es blieb keine Zeit, um sie zu beerdigen. Dann erkannte König Agamemnon, daß es so nicht weitergehen konnte, und er schickte Ulixes und Diomedes mit einem Friedensangebot zu König Priamus. Hierauf wurde ein Waffenstillstand für drei Jahre vereinbart, währenddessen jeder seine Ausrüstung nach Belieben ergänzen sollte. Sie hielten diesen Waffenstillstand so zuverlässig ein, daß keiner für den anderen eine Gefahr darstellte, auch wenn er dem Mörder seines Vaters begegnete. Sie verhandelten sogar viel miteinander, solange der Frieden anhielt. Jede der beiden Parteien rüstete sich, so gut sie konnte. Nachdem drei Winter vergangen waren, rückte die Zeit des Kampfes heran. Folgende Männer führten das trojanische Heer an: Ektor, Troilus, Eneas und Menon; im Gegenzug leiteten Agamemnon, Menelaos, Akilles und Diomedes das griechische Heer. Dann beginnt ein sehr erbitterter Kampf, und gleich zu Beginn der Schlacht tötete Ektor Philippus, Antippus und Meriones; Akilles tötete Likaon und Eyforbus, und auf beiden Seiten fiel eine große Zahl an Männern. Es wurde dreißig Tage lang ununterbrochen gekämpft. Dann wurde für sechs Monate ein Waffenstillstand vereinbart. Anschließend kam es zwölf Tage lang zu einem erbitterten und verlustreichen Kampf, bei dem auf beiden Seiten zahlreiche Kämpen fielen. Dann forderte Priamus eine Unterbrechung des Kampfes, worauf für dreißig Tage ein Waffenstillstand vereinbart wurde, um die Leichen zu beerdigen und die Wunden der Männer zu verbinden.

Als die Zeit des Kampfes heranrückt, hält König Priamus eine Versammlung ab und bestellt Ektor zum Befehlshaber über das gesamte trojanische Heer, denn er selbst war schon alt. Daraufhin ließ Ektor alle Tore Trojas aufschließen und befahl allen Leuten, die Stadt zu verlassen, und so geschah es. Sie stellten ihr gesamtes Heer in Schlachtreihen auf. Man sagt, daß in heidnischer Zeit kein Soldat in all den Eigenschaften, die einen Mann an Tüchtigkeit auszeichnen sollen, Ektor übertroffen habe. Ihn begleitete Paris Alexander; er war neben Absalon, dem Sohn König Davids, einer der schönsten Männer, die je in dieser Welt erschaffen worden waren. Jetzt standen die griechischen und trojanischen Schlachtreihen auf einer weiten Ebene und waren zum Kampf gerüstet.

Alexander sah in der Schlachtreihe gegenüber Menelaos stehen, mit grimmigem Gesicht und furchterregenden Waffen. Darauf mischte er sich unter seine Leute, als fürchte er sich, wie wenn man eine schreckliche Giftschlange vor sich sieht. Dies bemerkte Ektor und sprach: »Hör doch die ewige Schmach, weil du dich fürchtest und deinen Feinden im Kampf den Rücken zuwendest. Du hast dich noch nie gefürchtet, in das Bett seiner Frau zu steigen, wenn er nicht in der Nähe war. Warum fliehst du jetzt, fürchtest seine Stärke und seine scharfen Waffen? Hier kannst du sehen, wie manch ein tüchtiger Bursche deinetwegen sein Blut vergießt. Es wäre angemessener, wenn du auf den Kampfplatz trätest, er dir entgegenkäme und ihr beide eure

Sache untereinander ausföchtet. Wer von euch beiden fällt, sei bezwungen; wer überlebt, genieße die Liebe Elenas, ohne daß es ihm Griechen oder Trojaner verbieten.« Dem stimmt Alexander zu. Nun gibt Ektor diesen Vorschlag bekannt, alle Heerführer stimmen ihm zu, und beide Könige bekräftigen ihn mit Eiden. Menelaos und Alexander betreten das Schlachtfeld und stürmen unerschrocken aufeinander zu. Alexander warf nach Menelaos einen Speer, der ihn mitten in den Leib traf und ihm den Tod gebracht hätte, wenn ihn nicht seine siebenfache Brünne geschützt hätte. Sie greifen voll Ingrimm an. Menelaos schlägt in großem Zorn mit einem so mächtigen Hieb auf den Helm Alexanders, daß das Schwert in zwei Teile zerspringt. Als die Griechen Menelaos unbewaffnet sahen, glaubten sie, er sei dem Tod geweiht und beklagten dies sehr. Doch obwohl Menelaos sein Schwert verloren hatte, war sein Mut ungebrochen. Er stürmte auf Alexander zu und packte seinen Helm so fest, daß Alexander zu Boden stürzte. Darauf zieht Menelaos Alexander, den er am Helm festhält, in Richtung auf das griechische Heer, bis die Bänder des Helms zerreißen. Dadurch kam Alexander frei und lief zu seinen Leuten. Die Heiden aber glauben, daß Freyja Alexander entführt und ihn zu Elena in die Stadt gebracht habe. Menelaos und König Agamemnon suchen nach Alexander, finden ihn aber nirgends. Nun fordern sie die Trojaner auf, ihr Abkommen und ihre Eide einzuhalten, indem sie in ihre Stadt zurückkehren und Elena an Menelaos ausliefern. Der starke Pandarus schoß nach Menelaos, wodurch dieser schwer und lebensgefährlich verwundet wurde. Man trug ihn in sein Heerlager, und König Agamemnon wurde sehr zornig. Jetzt begann eine der heftigsten und erbittertsten Schlachten, von denen die Menschheit weiß. Dabei kamen viele hundert Mann ums Leben, so daß man sie kaum zählen konnte, und das ganze Schlachtfeld troff von Blut. Sie kämpften den ganzen Tag bis zum Abend, und auf beiden Seiten starben viele Heerführer.

Am nächsten Tag ziehen mit Ausnahme von Akilles sämtliche Heerführer beider Seiten in den Kampf. Er blieb im Heerlager und spielte die Leier zu Ehren der Götter, die er dadurch für einen Sieg gegen die Griechen geneigt stimmen wollte. An diesem Tag kam es zu einem sehr erbitterten Kampf, und man ließ erst am Abend voneinander ab. Während der Nacht halten die Trojaner in der Stadt eine Versammlung ab, und es wird beschlossen, Boten zu den Griechen zu schicken und ihnen anzubieten, daß Elena ihrem Gatten Menelaos zurückgesandt werde sowie die gesamte Kriegsbeute, die Alexander aus Griechenland geraubt hatte – vorausgesetzt, die Griechen verließen daraufhin Frigialand. Als die Griechen dieses Angebot erhalten, lehnt Menelaos es entschieden ab und sagt, sie würden nicht nachlassen, ehe nicht ganz Troja zerstört sei. Das Ergebnis dieser Unterhandlung wird Ektor berichtet. Am nächsten Tag entzünden die Griechen große Feuer und verbrennen wie üblich die Leichen der Gefallenen. Als dieser Tag vergangen war und der nächste anbrach, nahmen sie den Kampf von neuem auf.

Es heißt, daß Ektor so stürmisch in das griechische Heer vorgedrungen sei, daß alle vor ihm flohen, wohin er auch kam; seine Arme sind bis zu den Schultern hinauf blutig. Daraufhin fliehen die Griechen in ihr Heerlager. Sie schicken Akilles eine Nachricht, damit er ihnen zu Hilfe komme und ihnen beistehe, aber Akilles lehnt dies entschieden ab, mit der Begründung, daß König Agamemnon ihm Briseida entführt und gefangengenommen habe. Agamemnon bietet daraufhin an, sie Akilles unbeschadet zurückzugeben, und dazu so viel Geld, wie dieser wolle; doch Akilles erklärt, daß ihn weder Gold noch Silber oder die Liebe zu Briseida zur Unterstützung der Griechen verlocken. Am nächsten Tag nehmen beide Parteien noch einmal den Kampf auf. Ektor stürmt mit seinen Leuten wieder mutig voran, so daß das gesamte griechische Heer erneut flieht und seinem Heerlager zustrebt. Die Trojaner verfolgen sie energisch, töten zweihundert Mann und werfen sie in die Gräben. Daraufhin fliehen die Griechen auf ihre Schiffe, und einige springen ins Wasser. Nun gerät Ektor erneut in große Erregung. Da wirft Aiax Thelamonius, ein Sohn der Hesione, einer Tochter des Priamus, mit einem Stein nach Ektor; er traf ihn so hart, daß er nahezu das Bewußtsein verlor, und als er wieder zu sich kam, wurde er sehr erregt und tötete die Leute zu seiner linken und rechten Seite. Bei diesem Angriff tötete Aiax fünf trojanische Heerführer. Die Trojaner fallen jetzt dicht an dicht, und die Schlacht endet damit, daß König Agamemnon mit seinem Heer auf die Schiffe flieht.

Ein griechischer Heerführer namens Patroklus, Ziehbruder des Akilles und dessen engster Freund, hatte an diesem Tag die Rüstung des berühmten Akilles getragen. Als er die Niederlage der Griechen erkennt sowie die drohende Gefahr, daß die Trojaner ihre Schiffe verbrennen, verfällt er in Raserei und rennt zum Ufer. Er griff die Trojaner hitzig an, und weil er ein mächtiger Kämpe war, fürchteten sich die Trojaner, die glaubten, es sei der berühmte Akilles, und sie flohen.

Als die Griechen dies bemerken, springen sie an Land und verfolgen die Trojaner. Patroklus erschlägt eine ungeheure Zahl an Männern. Er erschlägt auch einen Heerführer namens Sarpedon. Als Ektor die Flucht der Trojaner bemerkt, mischt er sich unter das Heer und spricht in anklagendem Ton: »Du mächtiger Akilles, warum greifst du die kraftlosen Reihen der Trojaner an? Wende dich mir zu und erprobe die Kraft meiner rechten Hand.« Als Patroklus seine Worte hört, dreht er sich zu ihm um, und sie kämpfen. Es endet damit, daß Patroklus fällt und der mächtige Ektor ihn seiner Waffen beraubt. Als Aiax dies sieht, läuft er hinzu und packt die Leiche. Dieses Ereignis feiern die Tyrkir, die Griechen aber beklagen es. Als Akilles vom Fall des Patroklus erfuhr, warf er sich zu Boden, streute Erde auf sein Haupt, riß sich die Kleider vom Leib, küßte die Leiche und sprach: »Du großer und gewaltiger Ektor, der du die Ehre und Zierde ganz Frigialands bist; auch wenn du dich jetzt des Sieges erfreust und von allen Tyrkir gepriesen wirst, so sollst du doch bald einen Rückschlag erleben.« Jetzt ergreift er seine Waffen und stürmt mitten in das Heer hinein. Sofort tritt ihm der berühmte Eneas entgegen. Akilles fügt ihm viele und tiefe Wunden zu; wäre Eneas nicht zurückgewichen, so wäre er nicht der Ahnherr eines trojanisches Geschlechts geworden, und die Kaiser hätten ihre Vorfahren nicht auf ihn zurückführen können. Akilles bewegt sich wie ein Löwe im Schafspelz durch das tyrkische Heer, und jetzt befällt die Tyrkir erneut Furcht. Viele fliehen in die Stadt, lassen sich von den starken Steinmauern beschützen und leisten von dort aus Widerstand; Akilles aber und die Griechen greifen an.

Meister Dares berichtet, daß Andromaka, die Gattin Ektors, von ihrem Traum erzählte, als sie in dieser Nacht erwachte; sie sagte, er deute auf den Tod Ektors voraus, falls dieser sich an dem Tag, der nun angebrochen sei, nicht in acht nehme. Sie meinte, falls er sich an diesem Tag in acht nehmen könne, habe er ein langes Leben vor sich. Ektor sagte, er kümmere sich nicht um ihr Gejammer; er meinte, sein Tod sei ihm an diesem Tag ebenso gewiß wie an einem anderen. Da ging Andromaka zu König Priamus und erzählte ihm von ihrem Traum und von den Antworten Ektors, worauf sich König Priamus und alle höchsten Befehlshaber aufmachten und Ektor baten, sich nur einen Tag lang in acht zu nehmen, wenn die Prophezeiung es fordere, denn dies werde dann viele Jahre lang Wirkung zeigen. Um ihrer Bitten willen sagt er es zu und übergibt seine Waffen seinem Bruder Elenus. Folgende Männer sollten die Trojaner anführen: Alexander, Elenus, Troilus, Eneas und Menon. Ektor blieb dagegen bei seinem Vater. Während dieser Verzögerung waren die Griechen herangekommen, hatten sich in Schlachtreihen aufgestellt und erwarteten die Trojaner. Dann kommen die Trojaner aus der Stadt heraus, und es beginnt eine heftige Schlacht. Bald glauben die Griechen zu bemerken, daß Ektor nicht selbst seine Rüstung trage, und jetzt stürmen sie doppelt so kühn voran. Akilles, Aiax und Diomedes töten viele trojanische Befehlshaber, andere aber fliehen, und daraufhin stoßen die Griechen einen lauten Siegesschrei aus.

Als Ektor den gewaltigen Schlachtruf hört und sieht, daß die Tyrkir fliehen und einige getötet wurden, legt er schnell seine Rüstung an. Nun gelingt es niemandem mehr, ihn aufzuhalten. Er stürmt aus der Stadt hinaus, in die Schlacht, schreit fürchterlich, feuert die Tyrkir an und befiehlt ihnen umzukehren und sich zu verteidigen. Als ihn alle erkennen, wenden sich sämtliche tyrkische Schlachtreihen kühn den Griechen entgegen. Herzog Ektor stand an der Spitze und hieb nach beiden Seiten. Im ersten Ansturm tötete er einen Befehlshaber namens Idoneus und gleich darauf zwei weitere. Innerhalb kurzer Zeit erschlug er eine Unzahl Griechen, und jetzt kämpfen alle Soldaten, sowohl die griechischen als auch die tyrkischen mit großer Hitzigkeit. Akilles bemerkt, was Ektor unternimmt, und will ihn gern zu fassen bekommen. Doch die Schlachtreihen werden in verschiedene Richtungen getrieben, und deshalb kommen sie einander nicht so schnell näher. Dann tötete Ektor einen berühmten Heerführer namens Volucrontes und traf in diesem Moment mit Akilles zusammen. Keiner der beiden läßt es an heftigen Hieben fehlen, und es beginnt der erbittertste Zweikampf, von dem alte Erzählungen zu berichten wissen. Jeder der beiden erweist sich als nahezu unbesiegbar, und sie schlagen und stechen in so dichter Reihenfolge, daß man die einzelnen Hiebe kaum unterscheiden konnte. Nun wollen sowohl die Griechen als auch die Tyrkir ihrem Helden zu Hilfe kommen, wobei auf beiden Seiten Männer fallen. Nachdem sie lange Zeit gekämpft haben, wird Akilles durch Ektors Speer am Bein verletzt. Deshalb wich Akilles als erster zurück und ließ seine Wunde verbinden.

Ektor hatte nun einen Zweikampf mit dem berühmtesten Kämpen der Griechen bestritten und ihn zum Rückzug gezwungen, aber obwohl ihn alle Tyrkir priesen, schonte er sich nicht, teilte Schläge nach beiden Seiten aus und tötete viele griechische Heerführer. Jetzt aber wird er schrecklich müde. Als Akilles seine Wunde verbunden hat, kehrt er in die Schlacht zurück und stellt fest, daß Ektor eine Vielzahl von Leuten getötet hat; da stürmt Akilles auf Ektor zu. Ektor war bereits sehr erschöpft, und plötzlich erschien es vor seinen Augen, als stehe sein Bruder Deiphobus neben ihm und als könne Ektor von ihm Unterstützung erwarten; dieses Gesicht war jedoch eine Art Todeszeichen. Jetzt stürmen sie erneut aufeinander los und kämpfen in wilder Entschlossenheit. Ektor stellt fest, daß ihn die Müdigkeit seiner Kraft beraubt hat und blickt zur Seite, wo er die Unterstützung seines Bruders Deiphobus erwartet, sieht diesen aber nirgends. In diesem Moment durchbohrt ihm Akilles mit dem Schwert die Kehle, wodurch Ektor tödlich verwundet wird. Doch auch wenn alle Menschen in der Welt, die ihn jemals gesehen oder Geschichten über ihn gehört hatten, glaubten, daß er niemals von nur einem einzigen Mann im Zweikampf bezwungen werden könne, so geschah nun mehrerlei gleichzeitig: Erstens kämpfte er gegen den berühmtesten Kämpen des griechischen Heeres; zweitens war er so erschöpft, daß er nicht mehr im Vollbesitz seiner Kräfte war, um sich zu verteidigen; drittens standen ihm seine eigenen hervorragenden Waffen nicht zur Verfügung; viertens – was allein schon ausgereicht hätte – konnte er die Stunde seines Todes nicht aufschieben. Hier konnten nun die Tyrkir die Vernichtung des Verteidigers und Beschützers der Stadt Troja sehen. Die Trojaner weinten darüber, und die Griechen freuten sich. Da sprach Ektor: »Akilles, du hast einen großen Sieg errungen. Verhalte dich nun mannhaft und überlasse meinen Leichnam meinen Verwandten. Als Gegenleistung wirst du großzügige Geschenke in Gold und Silber erhalten.« Darauf sagt der berühmte Akilles: »Auf keinen Fall werde ich deinen Leichnam deinen Verwandten überlassen, denn ich werde vielmehr deinen ganzen Körper in einzelne Stücke zerreißen, und die Geier sollen deine Leiche zerfleddern.« Nach diesen grausamen Worten stirbt Ektor, und alle alten Bücher stimmen darin überein, daß er aufgrund seiner Eigenschaften einer der hervorragendsten Männer gewesen sei. Nach seinem Tod fliehen alle Trojaner in die Stadt und verbarrikadieren sie nach Vermögen. Dann ließ Akilles den Leichnam Ektors holen, an den Wagen seines Pferdes binden und dreimal um die Stadt herumziehen.

Nun trauern die Trojaner über den Tod Ektors, und nicht weniger darüber, daß sie den einstigen Reichtum der Stadt wie auch sich selbst nicht mehr als stark genug einschätzen, um die Griechen und den drohenden Tod der noch Lebenden abzuwehren. Akilles ließ Patroklus ehrenvoll beerdigen und anschließend den Leichnam Ektors um das Grab herumziehen. Dadurch zeigte er allen Griechen, wie er Patroklus gerächt hatte. In Troja herrschte nun so großes Wehklagen, daß das Weinen in der ganzen Stadt zu hören war. Priamus war jedoch von solchem Eifer besessen, daß er den Blick nicht auf seine prachtvollen Söhne zurückwandte und auch keine Angst vor dem Tod hatte, sondern unbewaffnet in das griechische Heerlager ging, ohne die Grausamkeit des Akilles zu fürchten. Sobald die griechischen Befehlshaber dies bemerken, als sie ihn sehen und er vor die griechischen Fürsten tritt, wirft er sich zu Boden, reckt seine Arme zum Himmel und spricht: »Höre Akilles, du Stütze aller Griechen und Feind unseres Reiches, vor dir allein fürchten sich die Kraft und die Stärke der Trojaner. Mein Alter läßt mich erkennen, daß niemand grausamer ist als du. Dennoch bitte ich dich, Mitleid mit meiner Trauer zu haben und Gold und Geschmeide für den Leichnam meines Sohnes Ektor anzunehmen. Willst du deinen Zorn aber weder durch meine Bitten noch durch Geldgeschenke besänftigen lassen, so stähle deine rechte Hand und laß mich dem berühmten Ektor, meinem Sohn, in die Unterwelt folgen.« Nach dieser Klagerede übergab man ihm den Leichnam seines Sohnes, der mit allen Ehren ihren Gebräuchen entsprechend beerdigt wurde.

Nachdem dies geschehen war, forderte Palamedes zum zweiten Mal, König der Griechen zu werden. Er wandte sich an sämtliche Fürsten und behauptete, daß Agamemnon nichts von Kriegführung verstehe. Daraufhin hielt Agamemnon mit den Griechen eine Versammlung ab und forderte sie auf, sich um die Königswahl zu kümmern. Er sagte, es bedeute keine Kränkung für ihn, wenn man einen anderen erproben werde. Dann wurde Palamedes zum König gewählt. Akilles war mit dem Herrscherwechsel unzufrieden und sagte, es werde kein gutes Ende nehmen. Nun begann der Kampf von neuem. Deiphobus führte die Trojaner an. Diese Schlacht dauerte viele Tage lang; es fielen zahlreiche Heerführer, und zwar die meisten aus dem Heer des Priamus. Darauf forderten die Tyrkir eine Kampfpause, und man vereinbarte für zwei Jahre einen Waffenstillstand. Palamedes schickte Agamemnon nach Miscea, um Proviant zu besorgen. Beide Parteien besserten von neuem ihre Befestigungen aus.

Als Akilles am Todestag Ektors Polixena, eine Tochter des Priamus, erblickte, faßte er sofort so große Liebe zu ihr, daß er an nichts anderes mehr denken konnte und sich nicht mehr von seinem Lager erhob. In der nächsten Nacht schickte er zu Hekuba Boten, damit sie für ihn um Polixena freiten; er befahl ihnen, außerdem zu versprechen, daß er heimkehren werde und meine, daß dies dann auch viele andere Fürsten tun würden. Hekuba trug Priamus dieses Anliegen vor, und Priamus sagte, er werde dem Akilles seine Tochter geben, falls Frieden geschlossen werde und alle Griechen verschwänden; er sagte, er werde sie ihm aber nicht während des Krieges geben. Als Akilles dies erfuhr, redete er den Griechen zu, daß sie heimkehren sollten; sie hätten schon so viel wegen einer einzigen Frau erlitten, und viele tausend Männer seien schon gefallen. Dennoch kam es nicht so weit, daß sie abreisen wollten. Nachdem die Zeit des Waffenstillstands vergangen war, führte Palamedes die Griechen in die Schlacht, und im Gegenzug führte Deiphobus das tyrkische Heer an. Akilles zog nicht in den Kampf. Die Anführer der Heere griffen am heftigsten an, und es endete damit, daß Deiphobus von Palamedes getötet wurde und auf beiden Seiten viele Tausende fielen. Palamedes tötete außerdem noch einen Heerführer namens Sarpedon; im gleichen Moment schoß Alexander dem Palamedes in die Kehle, worauf dieser starb. Daraufhin griffen die Trojaner stürmisch an. Die Griechen flohen in ihr Heerlager, aber die Trojaner verfolgten sie bis ins Heerlager hinein und verbrannten viele ihrer Schiffe. Dann bereitete die Nacht dem Kampf ein Ende.

Inzwischen war Agamemnon zurückgekehrt, und nun faßten alle Griechen den Beschluß, ihn zum König zu wählen, und so geschah es. Am nächsten Tag führt König Agamemnon das gesamte Heer in den Kampf. Troilus leistete den Griechen entschlossen Widerstand und tötete viele ihrer Befehlshaber. Die Schlacht dauerte sieben Tage und verlief ungünstig für die Griechen. Dann wurde für zwei Monate ein Waffenstillstand vereinbart. Agamemnon schickte Ulixes und Nestor zu Akilles, um ihm darzulegen, wie erbärmlich es für einen Helden wie ihn sei, nicht in den Kampf zu ziehen und dadurch Schande auf sich zu laden. Doch als sie ihm dies erklärt hatten, weigerte er sich, in den Kampf zu ziehen und erklärte ihnen, wie dumm es von ihnen sei, nur wegen einer einzigen Frau zu kämpfen. Nachdem Agamemnon seine Antwort erfahren hatte, fragte er die Griechen um Rat, ob man den Worten des Akilles Beachtung schenken solle. Menelaos antwortete, indem er forderte, den Kampf nicht zu unterbrechen, auch wenn Akilles nicht teilnehmen wolle. Er meinte, kein anderer sei mehr so kampftüchtig wie Ektor. Ulixes drängte hingegen auf Frieden und meinte, Troilus sei nicht weniger stark als Ektor; er sagte, es sei nicht erwiesen, welche der Parteien den Sieg erringen werde. Der Seher Calcas riet von einem Friedensschluß ab und meinte, sie würden siegen, auch wenn die Trojaner im Moment im Vorteil seien. Nachdem die Zeit des Kampfes herangerückt war, führten Agamemnon, Menelaos, Aiax und Diomedes das griechische Heer an, und es begann eine erbitterte Schlacht. Troilus verwundete Menelaos und schlug die Griechen in die Flucht. Dann setzte die Nacht dem Kampf ein Ende. Am nächsten Tag kämpften sie, und Troilus verwundete Agamemnon und Diomedes und tötete eine große Zahl von Griechen. Der heftige Kampf dauerte einige Tage lang an. Dann wurde erneut für sechs Monate ein Waffenstillstand vereinbart.

Agamemnon und Nestor suchten Akilles auf und baten ihn, mit ihnen in den Kampf zu ziehen. Er lehnte dies jedoch ab und drängte auf einen Friedensschluß, versprach aber, daß seine Reiter ausziehen sollten. Nachdem die Zeit des Kampfes herangerückt war, begann eine erbitterte Schlacht. Troilus stürmte entschlossen auf die Griechen zu, und zwar am heftigsten auf die Reiter des Akilles, die man Mirmidones nannte. Die Griechen flohen, doch Aiax war der einzige, dessen Troilus nicht habhaft werden konnte. Danach wurde viele Tage lang gekämpft; es gab große Verluste, und zwar größere auf seiten der Griechen. Daraufhin forderte Agamemnon für dreißig Tage einen Waffenstillstand. Nachdem diese Zeit vergangen war, begann ein großes Sterben, denn Troilus war überaus erregt und griff vor allem die Leute des Akilles so lange an, bis sie flohen. Als Akilles die Niederlage seiner Leute erkannte, sprang er auf, ergriff seine Waffen und zog unter lauten Anfeuerungsrufen in den Kampf. Da wurde das Pferd des Troilus tödlich verwundet. Akilles stürmt auf Troilus zu, sie schlagen in großer Erregung aufeinander ein, und es endet damit, daß Troilus fällt und Akilles schwer verwundet wird. Dann kam Menon hinzu, verwundete Akilles und entriß ihm den Leichnam des Troilus. Menon und Akilles stürmten viele Tage lang aufeinander los; Menon wurde tödlich verletzt und starb daran. Dann flohen alle Trojaner in die Stadt und befanden sich dort in Sicherheit.

Hekuba wurde wegen der Ermordung ihrer beider Söhne Ektor und Troilus von Feindseligkeit gegen Akilles erfüllt. Daraufhin plante sie, ihn mit Hilfe ihres Sohnes Alexander zu überlisten. Sie schickte Akilles heimlich eine Botschaft, daß er in derselben Nacht zum Tempel des Sonnengottes kommen solle, der außerhalb der Stadt stand, falls ihm immer noch so viel daran gelegen sei, Polixena zu heiraten, wie er zuvor behauptet habe. Dann würden sie sich über diese Angelegenheit verständigen und Frieden miteinander schließen. Akilles kam zu diesem Treffen. Alexander befand sich mit vielen, schwerbewaffneten Männern im Tempel und versteckte sich dort. Zum vereinbarten Zeitpunkt betreten Akilles und Antelokus, ein Sohn Nestors des Weisen, den Tempel, ohne Schilde und mit Schwertern in der Hand. Sofort griffen Alexander und seine Leute sie an, aber Akilles und Antelokus wickelten die Mäntel um ihren linken Arm, um sich damit zu schützen, und schlugen mit den Schwertern zu. Akilles und Antelokus töteten viele Männer, wurden aber dennoch überwältigt und starben beide. Alexander, der den Tod des Akilles verursacht hatte, befahl, dessen Leichnam den Tieren und Vögeln vorzuwerfen, doch sein Bruder Elenus war damit nicht einverstanden. Deshalb wurde der Leichnam den Griechen übergeben, und Agamemnon ließ ein ehrenvolles Begräbnis ausrichten. Dann schickte man eine Nachricht an Neoptulemus, einen Sohn des Akilles, der mit anderem Namen Pirus hieß, damit er komme und seinen Vater räche.

Als die Zeit des Waffenstillstands vorüber war, begann der Kampf von neuem. Aiax hielt sich ohne Schild in der vorderen Schlachtreihe auf und brachte manchem Mann Verderben. Alexander verletzte ihn durch einen Schuß in die Seite, aber nachdem Aiax verletzt worden war, griff er Alexander mit großer Hitzigkeit an und ließ erst ab, als er ihn getötet hatte. Aiax wurde ebenfalls verwundet ins Heerlager getragen, wo er starb, als man ihm den Pfeil aus der Wunde zog. Alexander wurde tot in die Stadt gebracht, und Priamus ließ ihn ehrenvoll beerdigen. Dann flohen alle trojanischen Schlachtreihen in die Stadt und verschlossen sie hinter sich. Elena trauerte ihr ganzes Leben lang über Alexanders Tod. Am nächsten Tag zog König Agamemnon mit dem griechischen Heer bis dicht vor die Stadt und drängte die Trojaner, in den Kampf zu ziehen, aber niemand kam heraus. In der Stadt rüsteten sie sich noch einmal, so gut sie es vermochten.

Verrat an Troja

Zu dieser Zeit schloß sich eine Frau namens Pentisilea mit einer großen Truppe Priamus an. Sie kämpfte wie ein Mann. Eine Vielzahl von Frauen, die man Amazonen nannte, begleitete sie. Nachdem sie hinzugekommen war, zog Priamus aus der Stadt hinaus, und es wurde erneut einige Tage lang gekämpft. Für die Griechen lief es schlecht, und sie mußten oft fliehen. Die Trojaner konnten einen Teil des Heerlagers erobern und einige Schiffe verbrennen. Zu dieser Zeit kam Neoptulemus den Griechen zu Hilfe und übernahm in großer Trauer die Waffen seines Vaters Akilles. Nachdem er hinzugekommen war, gab es einige Tage lang einen heftigen Kampf, und es entstanden große Verluste. Pirus und Pentisilea griffen einander mit großer Entschlossenheit an; er tötete sie, wurde aber am Arm verletzt. Daraufhin flohen die Trojaner und gelangten mit knapper Not in die Stadt. Die Griechen belagerten die Stadt und ließen niemanden hinaus.

In der Stadt hielten die Fürsten eine Versammlung ab, und Priamus forderte alle auf vorzutragen, was ihnen am aussichtsreichsten schien, denn so konnte es nicht länger weitergehen. Da sprach Antenor: »Unter unseren Helfern sind große Lücken entstanden: Ektor und andere unserer Helden sind gefallen, so daß wir nun nicht mehr ihresgleichen haben. Im gegnerischen Heer sind jedoch noch fast alle der stärksten übrig. Wir sind eingeschlossen und können bald nicht mehr selbst über uns bestimmen. Nachdem Alexander gefallen ist, scheint es uns geraten, daß Elena in griechische Gewalt gegeben werde. Dann könnte es Frieden geben.« Dann stand Amphimachus auf, ein junger Sohn des Priamus und voller Eifer. Er tadelte Antenor und alle diejenigen, die auf Frieden drängten, und meinte, Feigheit habe sie dazu veranlaßt. Er sagte, er beurteile Sieg und Tod als gleichermaßen gut; er forderte die Leute auf hinauszugehen und bis zum Untergang zu kämpfen. Dann stand Eneas auf und drängte auf Frieden. Nachdem jeder der Fürsten nach seinem Belieben gesprochen hatte, stand Priamus auf und sprach erfüllt von tiefem Schmerz. Er tadelte Antenor, Eneas und alle diejenigen, die auf Frieden drängten, sehr und meinte, Antenor werden seine Worte im Hals steckenbleiben, »so sehr, wie er zu der Fahrt nach Griechenland gedrängt hatte. Er hat Alexander begleitet, Elena entführt und war zu jeglichem Raub- und Kriegszug bereit. Jetzt aber will er um Frieden betteln bei unseren Feinden, denen wir doch das ganze Übel zu verdanken haben.« Er beendete seine

Rede damit, indem er sagte, solange er lebe werde er niemals Frieden schließen; er befahl allen, bereit zu sein, um aus der Stadt hinauszuziehen. Er sagte, diese Schlacht solle damit enden, indem er entweder den Sieg erringe oder in allen Ehren falle. Dann wurde die Versammlung aufgelöst.

König Priamus bestellte seinen Sohn Amphimachus zu einer Unterredung und sagte, er hege schweren Verdacht gegen die Männer, die am meisten auf Frieden drängten, daß sie ihn verraten würden, wenn nicht nach ihrem Wunsch ein Friedensvertrag zustande komme. Er sagte, er werde am nächsten Tag alle zum Essen und zu Gesprächen in seinen Palast einladen. Dann solle Amphimachus mit einer Mannschaft herbeikommen und sie festnehmen. Doch am selben Tag hielten folgende Männer ein geheimes Treffen ab: Antenor, Polidamas, Delon, Eneas und weitere Fürsten. Zuerst beschrieb Antenor, welche Halsstarrigkeit der König an den Tag legte, indem er keines Menschen Rat befolgen und lieber selbst zusammen mit seiner gesamten Truppe sterben wolle, als mit den Griechen Frieden zu schließen; »er ist hochfahrend und herrisch, und mir kommt der Gedanke, daß er uns überlisten will, weil er uns nicht mehr vollständig vertraut. Findet nun ihr einen Ausweg für uns. Haltet ihr es für richtig abzuwarten, was geschehen wird? Das wird meiner Meinung nach nicht lange dauern. Oder wollt ihr nach einer anderen Lösung suchen, so daß wir nicht den kürzeren ziehen werden?« Dem stimmten die übrigen Heerführer zu. Sie glaubten vorauszusehen, welches Ende es nehmen würde, folgte man nur dem einen Beschluß, wie Priamus es den anderen angedroht hatte, nämlich aus der Stadt hinauszuziehen, sich zu schlagen und die Leute kämpfen zu lassen, solange die Kräfte reichten. Darauf trafen sie die feste Vereinbarung, daß keiner wider den Beschluß der anderen handeln oder ihn öffentlich kundtun solle. Sie schickten sofort Polidamas zu einem heimlichen Treffen mit König Agamemnon, um ihm zu berichten, wie die Dinge lagen: daß sie glaubten, ihr Leben schützen zu müssen, und daß sie bereit seien, ein Geschäft mit ihm abzuschließen und sich um des Friedens und ihres eigenen Schutzes willen mit der Stadt zu ergeben. Als er König Agamemnon traf, berichtete er ihm von seinem Auftrag. Daraufhin rief der König seine Heerführer zusammen und fragte, ob man seinen Worten Vertrauen schenken solle. Man faßte den Beschluß, einen Mann namens Sinon mit Polidamas zusammen loszuschicken, um Eneas und Antenor aufzusuchen und zu erkunden, ob ihm das Angebot aufrichtig gemeint zu sein scheine. Nachdem Sinon in die Stadt gekommen war und Antenor und Eneas getroffen hatte, stellte er fest, daß sie alles ehrlich und aufrichtig meinten, was man ihm vorgetragen hatte, und sie bekräftigten erneut diesen Plan. Sie vereinbarten untereinander Zeichen, zu welcher Zeit in der Nacht man die Stadt aufsuchen und welches Tor man aufsperren solle. Dann kehrte Sinon zu den Griechen zurück und berichtete König Agamemnon das Ergebnis seiner Bemühungen, daß alles mit Eiden bekräftigt worden sei, was sie vereinbart hatten. In derselben Nacht zogen die Griechen vor die Stadt; Antenor und seine Leute sperrten die Stadttore auf, leiteten das ganze Heer in die Stadt und leuchteten den Griechen, bis sie unerwartet in den Palast des Königs Priamus eindrangen. Dort hielt sich bereits der größte Teil der Leute auf, die die Stadt verteidigen wollten. Nachdem die Griechen in den Palast gelangt waren, machten sie Gebrauch von der Kraft ihrer Arme, und keiner war hitziger als Neoptulemus Pirus. Zuerst erschlug er König Priamus vor dem Altar Thors, und dann einen nach dem andern. Die meisten Leute hätten wohl vermutet, daß er kein menschliches Wesen sei, als er von oben bis unten voller Blut durch den Palast stürmte und mit einer mächtigen Breitaxt nach beiden Seiten schlug. Während der Nacht zogen die Griechen vollbewaffnet durch die Stadt und töteten die Menschen, wohin sie kamen, und raubten Hab und Gut. Königin Hekuba bat Eneas, Polixena vor den Feinden zu verstecken. Er übergab sie dem Anhice, der sie eine Zeitlang versteckte. Cassandra und Andromaka aber versteckten sich im Tempel der Frigg.

Nach Tagesanbruch hielten die Griechen eine Versammlung ab. Da sprach König Agamemnon und dankte zuerst den Göttern für den Sieg, den sie errungen hatten, und dann den Heerführern, den rüstigen Rittern und allen Soldaten, die diese Reihen geschlossen hatten, »uns zur Ehre und sich selbst zum Ruhm. Es ist meine Pflicht, euch nach meinem Vermögen alles Gute zu erweisen. Ich wünsche, euern Rat zu hören, welche Friedensbedingungen den Leuten gestellt werden sollen, die uns die Stadt ergegeben haben.« Alle setzten sich dafür ein, daß denjenigen das Leben geschenkt werden solle, die sich durch Eide gebunden hatten. Daraufhin wurden alle begnadigt, und alle erhielten ihr Hab und Gut zurück. Antenor bat um Gnade für die Geschwister Elenus und Cassandra, worauf man sie begnadigte. Auch Hekuba, Andromaka und Cassandra wurden begnadigt. Die Griechen teilten die gesamte Kriegsbeute gerecht untereinander auf.

Dann wurde ganz Troja vernichtet und verbrannt. Anschließend wollte Agamemnon mit seinem Heer nach Griechenland zurückkehren, aber wegen widriger Winde konnten sie nicht aufbrechen. Daraufhin opferten sie den Göttern der Unterwelt um günstigen Fahrtwind. Neoptulemus begann nach Polixena zu suchen, fand sie aber nicht. Verschiedene andere Leute fingen an, nach ihr zu suchen, fanden sie aber nicht. Er beklagte sich bei Agamemnon darüber, denn er glaubte, sie habe den Tod seines Vaters verursacht; er bat um Männer, um nach ihr zu suchen. Dies tat er, fand sie aber dennoch nicht. Dann befahl Agamemnon dem Antenor, nach Polixena zu suchen, bis sie gefunden werde, denn sonst werde der Waffenstillstand gebrochen. Antenor unterrichtete Eneas davon, worauf er und seine Leute nicht wagten, sich zu widersetzen. Daraufhin fand man sie, und sie wurde zu Agamemnon gebracht, der sie in die Gewalt des Neoptulemus Pirus übergab. Er ging mit ihr zum Grab seines Vaters Akilles und schlug ihr dort den Kopf ab. Agamemnon geriet in Zorn über Eneas, weil dieser Polixena geschützt hatte; Agamemnon sagte, Eneas müsse deshalb seine Heimat verlassen. Daraufhin bereitete er sofort seine Abreise vor. Er hatte diejenigen Schiffe, mit denen Alexander nach Griechenland gefahren war; 3 400 kampffähige Männer begleiteten ihn in die Fremde, während 2 500 Mann bei Antenor zurückblieben. Hierauf reiste König Agamemnon mit seinem ganzen restlichen Heer endgültig von Troja ab. Menelaos erhielt seine überaus traurige Gattin Elena zurück, und sie kehrten zusammen heim nach Griechenland. Elenus, Hekuba, Cassandra und Andromaka fuhren mit 1 200 Mann nach Ceronensis.

Meister Dares berichtet, daß die Griechen Troja zehn Winter, sechs Monate und zwölf Tage lang belagert hätten. Von den Griechen fielen 886 000 Mann, und von den Trojanern fielen 676 000 Mann, ehe die Stadt erobert wurde; keiner kennt jedoch die Zahl derer, die die Griechen in der Nacht töteten, als sie die Stadt eroberten. Die Fürsten vollbrachten folgende Heldentaten: Ektor tötete Protiselaus, Patroklus, Meriones, Archesilaus, Oleopenones, Donus, Polixenes, Philippus, Antippus, Diomeneus, Polamones, Epistropus, Askedius – sie waren alle Herzöge gewesen. Eneas tötete Amphimacus und Nereus; Alexander tötete Palamedes, Akilles, Antelokus und Aiax; Aiax wiederum tötete Alexander. Nun ist von den Heldentaten der griechischen Heerführer zu berichten: Akilles tötete Euphemus, Hippotus, Phileus, Asterius, Likaon, Eyforbus, Ektor, Troilus und Menon; Diomedes tötete Zantippus, Nestes und Protenores; Palamedes tötete Deiphobus und Sarpedon; Neoptulemus Pirus tötete Pentisilea, Priamus und Polixena.

Hiermit endet die Geschichte, wie sie Dares berichtete. Diese Geschichte scheint sehr glaubwürdig zu sein, denn er war dort dabeigewesen und wußte genau Bescheid. Die anderen aber, die diese Geschichte erzählt haben, stammen von Eneas ab; sie entlasten diesen vom Betrug und den Plänen gegen seine Verwandten, was ihm übel anstand. Den meisten gelehrten Leuten scheinen diese Berichte unglaubwürdig, denn man weiß, daß das vornehmste Geschlecht der Welt von ihm und von Creusa, einer Tochter des Priamus, abstammt: nämlich die Kaiser, die die ganze Welt beherrschen.

Die römische Geschichte berichtet, daß, nachdem Pirus Pentisilea getötet hatte und die Tyrkir in die Stadt geflohen und durch keinerlei Drängen zum Verlassen zu bewegen waren, König Agamemnon eine Versammlung abgehalten habe. Er erklärte den Leuten, daß er meine, die Stadt sei schwer anzugreifen; er glaube, ohne List könne sie niemals erobert werden; sie könnten nur dann den Sieg erringen, wenn sich die Trojaner nicht im Schutz der Stadt befänden. Er sagte, er finde es ratsam, daß man nach Griechenland zurückkehre; er meinte, König Priamus werde sich trotzdem daran erinnern, daß die Griechen nach Troja gekommen seien. Nachdem er zu sprechen aufgehört hatte, gab es viele, die abreisen wollten, doch diejenigen, die hier Verwandte oder Verbündete verloren hatten, wollten lieber hier sterben als wegfahren. Dann sprach Ulixes, der lange geschwiegen hatte, so daß viele Tage lang niemand ein Wort aus ihm herausbekommen hatte: »Mir scheint es unvernünftig, gerade jetzt umzukehren, denn nun ist der Zeitpunkt gekommen, für den uns die Götter den Sieg verheißen haben.« Sofort wollten alle seinen Rat befolgen. Er ließ sofort damit beginnen, ein Pferd von beispielloser Größe zu bauen. Es war so beschaffen, daß sich in ihm eine große Anzahl von Männern mit ihren Rüstungen aufhalten konnte. Auf seiner Unterseite waren viele und große Räder angebracht, und man konnte es mit Hilfe vieler Leute lenken, wohin man wollte. Als es fertiggestellt war, vergingen einige Tage, bis König Agamemnon mit den Griechen eine Versammlung abhielt, und zwar so nahe der Stadt, daß die Trojaner hören konnten, worüber sie sprachen. König Agamemnon gab seine Abreise bekannt und dankte den Leuten für ihre Unterstützung und ihren Einsatz. Dann gab er allen die Erlaubnis, in ihre Heimat zurückzukehren. Damit beendeten sie die Versammlung. Dann lösten sie ihr ganzes Heerlager auf, brachen noch in derselben Nacht auf und ankerten mit ihren Schiffen vor einer kleinen Insel, die nicht weit entfernt lag. Sie war hoch und fiel steil ins Meer ab, so daß man die Schiffe von der Stadt aus nicht sehen konnte. Das Pferd blieb jedoch in der Nähe der Stadt zurück. In diesem Pferd befand sich Ulixes mit einer Vielzahl bewaffneter Soldaten.

Wenige Tage später bemerkten die Trojaner, daß vom Strand ein Mann in Richtung auf die Stadt zulief. Er war spärlich bekleidet, und seine Hände waren auf dem Rücken gefesselt. Über den Augen hatte er eine Binde, die etwas heruntergerutscht war. Dieser Mann zeigte große Furcht und rannte immer geradeaus. Die Stadtbewohner nahmen ihn gefangen und fragten, wer er sei. »Ich schwöre bei Pallas«, sagt er, »daß nicht gelogen ist, was ich euch so schnell wie möglich erzählen werde. Ich bin Grieche, wie ihr sehen könnt, und heiße Sinon. Ich bin ein Verwandter von Ulixes dem Weisen, und ich rechne hier bei euch nicht auf Begnadigung.« Sie fragten, warum es ihm so ergangen sei und wessen er sich schuldig gemacht habe. »Was nützt es mir, euch zu sagen, ich fliehe vor dem Tod, wenn ich glaube, nicht mehr weit von ihm entfernt zu sein.« Sie antworteten, daß es für ihn am aussichtsreichsten sei, sein Leben zu erwirken, indem er ihnen sagte, was sie wissen wollten. »Zunächst«, sagt Sinon, »bestellte der höchste Befehlshaber Wachen über unsere Truppe; mir aber mißfiel dies und ich widersprach. Ulixes ist jedoch hochfahrend und nachtragend, wie ich nun erfahren habe. Zuerst tat er, als sei nichts zwischen uns gewesen, aber ich bemerkte seither trotzdem immer öfter, daß er mich eher in eine lebensgefährliche als in eine ehrenvolle Lage brachte. Als wir zur Abreise gerüstet waren, aber widrigen Wind bekamen und Calcas laut aussprach, was eigentlich Ulixes beschlossen hatte: nämlich daß man dem Gott der Unterwelt für günstigen Fahrtwind opfern sollte, behauptete Ulixes, daß nur ein Menschenopfer angenommen würde. Man solle einen Mann als Opfer auslosen und ihm zu Ehren des Gottes den Kopf abschlagen. Als man dies tat, fiel nach dem Beschluß des Ulixes das Los auf mich. Er tat, als mißfalle ihm dies, erklärte aber dennoch, er wolle die Gesetze nicht brechen, auch wenn sein eigenes Leben auf dem Spiel stünde. Dann wurde ich an Land gebracht und so zur Hinrichtung vorbereitet, wie ihr es jetzt sehen könnt. Mir erging es aber, wie es in dem Sprichwort heißt, daß jeder auch unter Feinden einen Freund hat: ein Mann zerschnitt das Band, mit dem ich gefesselt war. Wie ihr seht, ist hier noch ein Rest des Bandes. Dann rannte ich immer geradeaus, wobei mir die Binde von den Augen rutschte. Als ich mich in diese Richtung wandte, wagten sie nicht, mich zu verfolgen. Mir erscheint es zwar ehrenvoller, wenn ihr mich tötet, als wenn es Freunde oder nahe Verwandte tun, aber es ist doch nur geringer Ruhm zu erwerben, wenn man mich gefesselt und als einzigen tötet. Es besteht keine Gefahr der Rache, denn sie werden es als freudiges Ereignis betrachten, wenn sie von meinem Tod erfahren.«

Dann traten die weisesten Männer zusammen, und allen schien es ratsam, daß er zum Tode verurteilt werde; sie meinten, sie hätten es mit Betrug zu tun. Da antwortet König Priamus: »Ich bin schon alt und werde nur noch kurze Zeit meines Lebens vor mir haben, aber ich finde es keine Ruhmestat, ihn zu töten. Er wird vertrieben worden sein, weil sie glaubten, er sei unser Freund. Ich werde ihn begnadigen.« Der Mann dankt ihm für die Begnadigung. Dann sprach Priamus: »Mich interessiert, warum sie nicht das Pferd, einen so kostbaren Gegenstand, verbrannten.« »Sie wagten es nicht, Herr, der Götter wegen. Wenn man das Pferd in die Stadt hereinbringt, wird sie niemals erobert werden.« Der König fragte, warum sie dieses Pferd gebaut hätten. »Ulixes hatte den Göttern geopfert, und die Götter bedeuteten ihm, daß das Pferd genau auf diese Weise gebaut werden solle, wie es auch geschah; es werde von Siegen begleitet werden, wohin es auch komme. Sie beabsichtigen auch, ein zweites Mal zum Pferd zurückzukommen, um es in die Stadt zu bringen – entweder mit Hilfe von Zauberei oder mit List.«

Nachdem Sinon dies berichtet hatte, versammelten sich die Fürsten und meinten, wenn diese Geschichte wahr sei, gezieme es sich für sie, die ersten zu sein, das Pferd in die Stadt zu bringen und sich selbst den Sieg zu sichern. Darauf antwortet ein Opferpriester, daß ihnen daraus großes Unglück entstehen werde, wenn es in die Stadt gebracht werde, aber der Pöbel stürmte voran und wollte das Pferd in die Stadt bringen. Sie befestigen Ketten daran und ziehen es mit Hilfe von Winden an die Stadt heran. Dabei entstand so lautes Geschrei, daß keiner hörte, was der andere sagte. Daraufhin ging der Opferpriester zum Tempel und wollte das Orakel befragen. Zwei Schlangen schlängelten sich unter dem Altar hervor und töteten seine Söhne. Dies schien ihm ein schlimmes Omen zu sein, und er meinte, daß noch Schlimmeres folgen würde. Er ging umher unter lautem Rufen, daß sie das Pferd nicht in die Stadt bringen sollten, weil Soldaten im Pferd seien. Die anderen schrien dagegen und sagten, es werde ihm nichts nützen; sie führten ihr Vorhaben durch. Als sie mit dem Pferd ans Stadttor kamen, konnte man es nur in die Stadt hineinbringen, indem man das Tor zerstörte. Dies geschah auch, doch der Schaden wurde nicht wieder behoben. Sie stellten das Pferd dort auf, wo sich die höchste Anhöhe in der Stadt befand und wo man es von überall sehen konnte. Sie frohlockten darüber und fanden, gute Arbeit geleistet zu haben. Am Abend gingen sie sehr betrunken schlafen und waren sich keiner Gefahr bewußt. Diejenigen aber, die sich im Pferd befanden, zündeten ein Leuchtfeuer an, wie sie es untereinander vereinbart hatten. Die Griechen brachten sofort ihr ganzes Heer an Land und zogen in Schlachtordnung vor das offene Stadttor, das die anderen wegen des Pferdes selbst zerstört hatten. Als das gesamte griechische Heer in die Stadt eingedrungen und Ulixes mit seinen Leuten aus dem Pferd herausgekommen war, ertönten im ganzen Heer die Signalhörner. Nun beginnen sie, Häuser zu verbrennen und Leute zu töten.

Eneas erwacht, weil in der ganzen Stadt Häuser in Flammen stehen. Er ergreift sofort seine Waffen und will dorthin, wo sich der König aufhält. Da bemerkt er einen schrecklichen Angriff auf Ilium, den kostbarsten Ort der Stadt, von dem die ganze Stadt ihre Pracht bezog. Er sieht, wo Pirus vordringt und Ilium angreift. Er hatte eine Breitaxt, und Eneas erzählte, daß er dem Teufel ähnlicher als einem Menschen gewesen sei. Er springt von Körper zu Körper und schlägt nach beiden Seiten. Er ist von oben bis unten voller Blut. Er gelangt zu dem Altar, an dem Thor verehrt wird, und erschlägt dort alles, was seine furchterregende Axt trifft. Er erschlug Polidamas, einen Sohn des Priamus, und gleich darauf Priamus vor dem Altar Thors. Als Eneas sah, daß Priamus gefallen war, wollte er lieber dort sterben als entkommen, doch er erinnerte sich der Prophezeiung, daß er nach Italien fahren solle und daß von ihm sehr mächtige Männer abstammen sollten, die in der Welt nicht ihresgleichen hatten. Deshalb machte er sich mit seinem Vater und seinem Sohn davon. Nachdem die Stadt erobert war, fuhren die Griechen ab, gerieten aber in einen so heftigen Seesturm, daß gemäß dem Bericht Theoduls die meisten untergingen und keiner von ihnen später zu großem Ansehen gelangte. Hierin stimmt diese Geschichte mit der überein, die Dares berichtet hat; dies scheint auch allen sehr glaubwürdig zu sein.

Nachdem der Kampf beendet und jeder in seine Heimat abgefahren war, heiratete Neoptulemus Pirus Andromaka, die zuvor mit Ektor verheiratet gewesen war. Dann fuhren sie nach Epirus, und Elenus begleitete sie dorthin. Pirus war in vielerlei Hinsicht ein überaus unbeherrschter Mann. Nachdem er noch nicht lange mit Andromaka verheiratet gewesen war, wollte er sie verlassen und Hermone heiraten, eine Tochter des Menelaos und der schönen Elena. Er behauptete, Menelaos habe sie mit ihm verlobt, als sie Troja belagerten; er sagte, er werde sie zu sich holen. Elenus riet ihm jedoch nachdrücklich davon ab und sagte, er halte ihre Verwandten für nicht besonders vom Glück begünstigte Menschen. Er glaube, daß es wahrscheinlich üble Folgen haben werde, wenn dieses Vorhaben ausgeführt werde. Nun kam dies Orestes, einem Sohn Agamemnons, zu Ohren. Er wurde sehr zornig und sagte, Hermone sei von ihrem Ziehvater Tindarus mit ihm verlobt worden. Er erklärte, er werde entweder diese Heirat verhindern oder sterben. Orestes belauert Pirus ständig, und nach einiger Zeit ist es soweit, daß er ihn mit einem Pfeil treffen kann. Pirus wurde noch lebend nach Hause geschafft, wo er Elenus Andromaka und dazu die gesamte Herrschaft über Epirus übertrug; dann starb er. Sie aber übernahmen die Herrschaft und bauten dort eine große Stadt nach dem Vorbild Trojas. Dort wuchsen die Söhne Andromakas und Ektors auf, die groß und stark und vielversprechende Fürsten waren.

Nach dem Trojanischen Krieg wurden nahezu alle Verwandten des Königs Priamus aus dem Land vertrieben und ließen sich an verschiedenen Orten nieder. Viele von ihnen zogen planlos umher, so daß sie sich nirgends wohl fühlten, solange sie lebten. Als die Griechen abfuhren, blieb Antenor, wie bereits gesagt, in der Stadt Troja zurück. Sie säuberten die Stadt, bauten sie später wieder auf und lebten dort einige Zeit lang mit der Erlaubnis des Königs Agamemnon. Doch die Stadt nahm nur einen geringen Aufschwung, obwohl das Land sofort nach dem Friedensschluß wieder fruchtbar geworden war, so daß es denen, die dort lebten, an nichts mangelte. Als die Söhne Ektors erwachsen waren und erfahren hatten, was in Troja, das sie als ihre Heimat betrachteten, geschehen war: nämlich daß dort Leute lebten, die nicht mit ihnen verwandt waren, da forderten sie, daß Elenus ihnen ein Heer und Schiffe zur Verfügung stellen, mit ihnen nach Troja fahren, die Leute, die dort lebten, vertreiben, sich die Stadt unterwerfen und sich dort niederlassen solle. Elenus fügte sich ihrem Willen, und sie brachen mit einem Heer nach Troja auf. Als die Einwohner der Stadt feststellten, daß Elenus und die Söhne Ektors gekommen waren, und daß sie eher mit Spieß und Speer die Stadt angreifen als verschwinden würden, sahen sie keine Möglichkeit zum Widerstand und ergaben sich und die Stadt ganz in ihre Gewalt. Elenus siedelte dort seine Neffen an und verhalf ihnen zur Herrschaft. Sie blieben ihr Leben lang dort, wo später auch alle ihre Nachkommen lebten. Die Anhängerschaft und Familie Antenors zog jedoch ab und lebte von da an nicht mehr dort. Elenus kehrte nach Epirus zurück und blieb in diesem Reich, solange er lebte.

Hiermit haben wir die gesamte Geschichte behandelt, die in heidnischer Zeit eine der bedeutendsten in der ganzen Welt war, wie alle klugen Leute meinen, die sich am besten in Geschichten auskennen. Anschließend beginnt nun die Geschichte von Eneas und denen, die Bretland besiedelten.

Die Saga von den britischen Königen

Von Eneas dem Milden ist zu erzählen, daß er lange Zeit auf dem Meer umhergetrieben wurde, nachdem er von Troja aufgebrochen war. Nach einiger Zeit gelangte er nach Sizilien, wo sich bereits Erikneus und Acestes aufhielten, mächtige Fürsten und Freunde der Trojaner. Sie empfingen Eneas hocherfreut, und er blieb den Winter über dort. Als das Frühjahr kam, rüstete er sich zur Abreise und stach in See, doch sie gerieten in einen so heftigen Sturm, daß einige der Schiffe sanken. Nachdem sie schon seit einigen Tagen ohne Nahrung gewesen waren, wurden sie endlich an Land getrieben. Eneas sieht einen großen Hirsch und erschießt ihn, worauf das Tier als Mahlzeit zubereitet wird. Dann erblicken sie ein großes und schönes Land mit vielen Städten, wo sie einen guten Hafen entdecken. In seiner Nähe erkennen sie eine sehr mächtige und große Stadt, auf deren Mauern der Untergang Trojas dargestellt war. Dort konnte Eneas sehen, wie Troilus getötet worden war: dies war so dargestellt, daß man einen Stock in sein Haar gedreht hatte. Dieser Anblick bekümmerte ihn sehr.

Über die Stadt herrschte eine überaus mächtige Königin namens Dido. Als sie von der Ankunft des Eneas erfährt, geht sie ihm persönlich entgegen und lädt ihn zu sich ein, was er auch annimmt. Sie ließ ihn mit allerlei Spielen und Vergnügungen unterhalten, doch er war stets unglücklich. Als dies die Königin bemerkte, sprach sie: »Du milder Eneas, mögen dir die Götter ein so frohes Herz und so großen Ruhm schenken, wie es dir aufgrund deiner Geburt zusteht. Euch und euern Männern soll so große Ehre zuteil werden, wie in unserer Macht steht.« Eneas antwortet: »Meine Dame, ich kann nicht froh sein, denn mein Kummer wurde jetzt wieder aufgefrischt, weil auf eurer Stadtmauer vor meinen Augen der Untergang meiner Verwandten abgebildet ist.« Die Königin bat ihn, ihr von den bedeutenden Ereignissen zu erzählen, die damals geschehen waren; und so geschah es. Dann ließ die Königin ein großes Gastmahl ausrichten und allerhand Spiele veranstalten. Eneas fand keinen großen Gefallen daran, und als die Königin dies bemerkte, bat sie ihn, ihr Gastmahl mit seinem eigenen Spiel zu verschönern. Er erfüllt die Bitte der Königin und spielt die Leier mit größerer Kunst als es je ein Mensch gehört hat. Die Königin erweist ihm größere Ehren als jedem anderen und schenkt ihm ihre ganze Zuneigung, denn sie schätzt ihn mehr als alle anderen Männer; es kommt so weit, daß er sie heiratet. Er ist mit seiner Partie sehr zufrieden und bleibt einige Jahre lang dort. Eines Tages träumte Eneas, daß Freyja zu ihm kommt und sagt: »Begib dich nach Italien und laß dir dort die große Ehre zuteil werden, die dir die Götter zugedacht haben.« Daraufhin rüstete er seine Schiffe im verborgenen, denn er wußte, daß er nicht abreisen könnte, wenn die Königin es bemerkte, und er brach heimlich auf. Als sie bemerkt, daß er fort ist, schickt sie Eneas Boten nach und läßt ihm mitteilen:

»Dido, Königin der Stadt Karthago, sendet ihrem Herrn Eneas die Grüße der Götter und ihre Liebe. Diese bedeutendste Stadt der Welt, die Dir zu Deiner Macht verhalf, ist Deines Beistandes überaus bedürftig. Wir werden Dir wieder die gleichen Ehrenbezeugungen gewähren, wie sie Dir bereits bei uns zuteil geworden sind. Du wirst dich wohl noch daran erinnern, wie Du zu uns kamst und Deine Leute keine Unterstützung von Dir erwarten konnten, ich Dich aber prunkvoll aufnahm. Ich ließ Dich mit allen Ehren in meinen Palast fahren, setzte Dich auf meinen Thron, und meine Leute erhoben sich und waren Dir und Deinen Leuten zu Diensten. Deinen Leuten schenkte ich Gold, Silber und allerlei Kostbarkeiten, Dir aber das ganze Reich. Ich überließ Dir sogar das, woran mir am meisten lag, nämlich mich selbst; und Du schworst bei Deinen wie auch bei unseren Göttern, daß Du mein sein solltest, wo immer Du Dich befändest. Jetzt aber hast Du mich ebenso verraten wie die Götter. Ihnen übertrage ich nun meine ganze Angelegenheit, damit sie mich an Dir rächen. Paß auf, daß dieses Dein Tun nicht einmal so beurteilt werde, daß Du sowohl mich ums Leben brachtest als auch den Sohn, den ich seit Deinem Besuch in mir trage. Sobald ich weiß, daß Du nicht in unser Reich zurückkehren willst, wirst Du erfahren, daß mein Tod beschlossene Sache ist, wie auch der des Kindes, das ich trage. Auch wenn Du mir zu meinen Lebzeiten nicht mehr begegnen willst, bitte, so laß doch aus Menschlichkeit mein Grab bedecken und eine Totenfeier für mich veranstalten, denn dies ist für mich von großer Bedeutung. Vale.«

Nachdem sie als sicher erfahren hatte, daß er nicht mehr zu ihr zurückkommen wollte, tötete sie sich selbst. Dies wollte König Hannibal an den Römern rächen, als er Rom eroberte und in einem steinernen Palast so viele Fürsten tötete, daß er mit dem Blut der Römer Lehm anfeuchten und daraus Mörtel für die Stadt machen ließ. Außerdem schickte er achtzig Eimer heim nach Karthago, gefüllt mit den Ringen derjenigen Römer, die er in diesem Krieg bezwungen hatte.

Eneas und Latinus

Über Italien herrschte ein König namens Latinus, dessen Tochter Latina hieß. Sie erfand das lateinische Alphabet, und nach ihrem Namen werden alle, die dieser Sprache mächtig sind, Latiner genannt. Latein war die Hauptsprache der Römer, solange ihr Reich bestand, und nicht nur bei ihnen, sondern in der ganzen Welt. Die Gattin des Latinus verehrte Sif. Latinus residierte in einem Ort, der heute Rimini heißt. Eines Tages erschien Sif der Königin im Traum und sprach: »Seid vor Eneas auf der Hut, damit er dieses Reich nicht überfalle, nachdem er aus seiner Heimat und auch von anderen Völkern vertrieben wurde.«

Eneas setzt seine Reise fort, bis er nach Italien kommt und dort an Land geht, wo jetzt der Tiber ins Meer mündet. Ihm wurde offenbart, daß er mit König Evander Frieden halten solle: »Er regiert dort, wo du eine Stadt gründen sollst. Sie wird die Hauptstadt von Italien werden, denn du sollst die Herrschaft über ganz Italien übernehmen. Damit du dies glaubst, gebe ich dir dieses Zeichen: Wenn du deinen Weg fortsetzt, wirst du unter einem Baum namens Ulex einen weißen Eber und dreißig ganz weiße Schweine finden. An diesem Ort sollst du eine Stadt gründen und sie Albansburg nennen.« Alles geschieht, wie es vorhergesagt worden war: Eneas gründet an dem Ort, der ihm bestimmt worden war, eine Stadt nach dem Vorbild der Stadt Karthago, die Königin Dido erbauen lassen hatte. Sie war stärker befestigt als irgendeine andere Stadt in Italien. Sie war auch mit gewaltigen Kämpen besetzt. Eneas war in vielen Ländern berühmt, und auch alle Leute, die aus Troja gekommen waren, standen in hohem Ansehen.

Turnus

In Tuskania regierte ein König namens Damius. Sein Sohn namens Turnus war einer der berühmtesten Kämpen in Italien. Er erfährt, daß Eneas zu König Latinus Boten geschickt hat, damit sie um dessen Tochter Latina freiten, um die zuvor schon Turnus gefreit hatte. Darüber wurde er sehr zornig. Der König erklärt, er wolle seine Tochter nicht mit einem ausländischen Mann verheiraten, der aus seiner Heimat geflohen sei, sondern er wolle sie lieber mit Turnus verheiraten, einem der bedeutendsten Kämpen, der ein Einheimischer sei und von äußerst vornehmen Königsgeschlechtern abstamme. Er meinte, es sei ihm lieber, daß Turnus Herrscher dieses Reiches werde als ein Ausländer, »denn wer sie heiratet, wird Herrscher des Reiches.« Er schloß seine Rede damit, indem er alle seine Leuten aufforderte, Turnus zu Diensten zu sein, und diesem seine Tochter versprach. Hierauf sammelt Turnus ein riesiges Heer, und folgende Kämpen schließen sich ihm an: Mesapor und Numanus, der Schwager des Turnus; König Rampurias, Sesrapnus und viele andere Fürsten.

In der Stadt hielten sich bei Eneas folgende Fürsten auf: Bissa, Pandacus, Silvanus, Menesteus, Seresteus und Tupidus, der Ziehvater des Askanius. Nachdem Eneas die Neuigkeiten erfahren hat, hält er mit seinen Leuten eine Besprechung ab und erstattet ihnen Bericht. Er erklärt, daß er König Evander und dessen Sohn Pallas aufsuchen wolle, um von ihnen Streitkräfte zur Verfügung gestellt zu bekommen. Als Anführer über die Stadt setzte er seinen Sohn Askanius ein: »Ergebt euch keinesfalls mit der Stadt, ehe ich zurückkomme.« Dann bricht er von der Stadt auf zu Evander und dessen Sohn, die ihn freundlich empfangen. Er trägt ihnen sein Anliegen vor, und sie versprechen ihm ihre Unterstützung. Pallas war der drittgrößte und drittstärkste Mann im Land.

Der Tod des Königssohnes Pallas

Nachdem König Latinus und Turnus erfahren haben, daß Eneas aufgebrochen ist, sammeln sie ein Heer. Sie ziehen vor die Stadt des Eneas, um sie zu belagern und stellen fest, wie schwer sie anzugreifen ist. Darauf spricht Turnus zu den Leuten und sagt: »Euch ist bekannt, welche Pflicht uns dazu treibt, diese Leute loszuwerden, die sich in unser Reich hineingedrängt haben. Ihr kennt ihren Charakter, daß sie hier wie auch sonst erst dann nachgeben werden, wenn sie erreicht haben, was sie wollen. Sie sind fast um die ganze Welt geirrt, denn niemand wollte solche Übergriffe dulden, wie sie sich bereits damals erlaubt hatten, als die Griechen sie vertrieben. Außerdem hat Eneas um die Frau gefreit, die zuvor schon mir versprochen worden war.« Er befiehlt seinen Leuten, damit zu beginnen, die Schiffe des Eneas zu verbrennen, die unterhalb der Stadt lagen. Turnus und seine Leute greifen die Stadt mit allen Mitteln an, aber die Einwohner wehren sich tapfer. Nachdem sie die Stadt lange Zeit angegriffen hatten, faßten die Einwohner der Stadt einen Beschluß: In der Stadt lebten zwei Männer namens Nisus und Eruleus, überaus umsichtige und herausragende Kämpen in der Mannschaft des Eneas. Sie werden dazu ausersehen, aus der Stadt hinauszureiten, um Eneas von dem Angriff zu unterrichten. Sie legen ihre Rüstungen an und verlassen heimlich die Stadt. Als sie das gegnerische Heer erreichten, waren dort viele vom Wein betrunken und eingeschlafen. Da zieht Nisus sein Schwert und schlägt nach beiden Seiten, und Eruleus tut genau das gleiche. Sie erschlagen eine große Zahl von Soldaten und entfernen sich dann vom Heer. Sie hatten so viele Männer getötet, daß sie selbst deren Zahl nicht kannten, und nun waren sie so erschöpft, daß sie kaum mehr aufrecht gehen konnten. Der Sieg, den sie dort errangen, wird in Büchern vielfach lobend erwähnt.

Nachdem sie sich vom Heer entfernt hatten, als es zu tagen begann und hell geworden war, und als die Morgensonne auf die Helme schien, sahen sie ein riesiges Heer auf sich zureiten. Es wurde von einem Heerführer namens Volcens angeführt, der Turnus zu Hilfe kommen wollte. Er bemerkt die beiden Soldaten und erkennt an ihren Waffen, daß sie Trojaner sind. Nisus rennt in den Wald davon, aber Eruleus ist nicht gut zu Fuß. Seine Gegner gelangen zwischen ihn und den Wald und greifen ihn von allen Seiten an. Er wehrt sich tüchtig, aber sie töten ihn, denn gegen eine Übermacht kann man nichts ausrichten. Als Nisus dies sieht, stürmt er aus dem Wald heraus und schlägt nach beiden Seiten, ohne daß ihn etwas aufhalten könnte. Er bahnt sich einen Weg zu ihrem Anführer Volcens und duchbohrt ihn mit dem Schwert. Seine Arme sind bis zu den Schultern hinauf voller Blut. Vor Anstrengung und wegen der Verwundungen wird sein Körper von Erschöpfung befallen, so daß Nisus kaum mehr aufrecht stehen kann. Er gelangt dorthin, wo sein Kamerad gefallen war, wirft sich auf ihn und spricht: »Eruleus, mein guter Freund, an gleicher Stelle werden wir den Tod erleiden.« Dann wurde er erschlagen.

Man nahm ihre Köpfe, brachte sie an Stangen befestigt zu Turnus und berichtete ihm von diesen Ereignissen, über die er sehr erfreut wurde. Er läßt das gesamte Heer vor der Stadt zusammenblasen, wobei man die Köpfe als Feldzeichen benutzt. Nun greifen sie so heftig an, daß Turnus die Stadtmauern durchbrechen kann. Er war so toll, daß er nicht auf seine Leute wartete, in die Stadt hineinstürmte, sofort zwei Fürsten erschlug, drei andere packte und ihnen den Hals umdrehte. Von den städtischen Fürsten wirft einer namens Cuspidus mit einer Laterne nach Turnus, der dadurch in solchen Zorn gerät, daß er nach beiden Seiten zuschlägt. Herzog Bissa tritt ihm als erster entgegen und schlägt so fest auf den Schild des Turnus ein, daß er selbst sich nach vorn beugen mußte. Als Turnus merkt, daß Bissas Schild zur Seite gleitet, sticht er ihm mit dem Speer in die Eingeweide, und sofort darauf durchbohrt er Bissas Kameraden Pelagius mit dem Schwert. Dies sieht Menesteus, beklagt es sehr und spricht: »Welch ewigliche Schande, zu erdulden, daß ein einziger Mann all dies vollbringt.« Dann stürmten die beiden Kämpen Seresteus und Menenus auf Turnus zu, doch er erschlug sie beide.

Die Einwohner bemerken, daß nur eine kleine Schar in die Stadt eingedrungen ist. Daraufhin schließen sie alle Stadttore und greifen Turnus von allen Seiten an, aber er verteidigt sich, so daß sie ihm keine Wunde zufügen können. Als es dunkel wurde, ging es ihm wie anderen Menschen auch, daß seine Kräfte wegen der Erschöpfung abnahmen. Er wich ans Flußufer zurück und war bereits so ermattet, daß er sich in den Fluß fallen ließ. Unterhalb von ihm lag ein Boot, in dem er landete. Im Schutz der Dunkelheit fuhr er den Fluß hinauf, tauchte unter der Mauer hindurch und gelangte so zu seinen Leuten. Er drängt sie, sofort die Stadt anzugreifen und sagt, daß sie so gut wie erobert sei. Da sprach einer der Soldaten des Turnus: »Ihr dummen und einfältigen Leute, ergebt eure Stadt und euch selbst in die Gewalt des Turnus. Ihr wißt genau, daß ihr mehr an Luxus und Vergnügen, an Spiel, Trank und zärtliche Umarmungen gewöhnt seid als an Kampf und Krieg. Ihr habt wohl auch vernommen, daß kein Volk härter ist als die Saxen; deshalb wurden sie auch nach einem Stein benannt. Ihr seid sehr dumm, wenn ihr gegen uns kämpfen wollt.« Da antwortete der junge Askanius, ein Sohn des Eneas, indem er sprach: »Guter Mann, es ist nicht wahr, daß unsere Landsleute nichts vom

Krieg verstehen. Hier kannst du ein Andenken haben, daß noch einige Trojaner übrig sind.« Er schoß nach ihm mit einen Speer, der ihn durchbohrte, und der Soldat fiel tot zu Boden.

Nun beginnt erneut die Schlacht. In diesem Augenblick kommen Eneas, König Tarton, Alrestus und Mecencius mit einem großen Heer hinzu. Unter ihnen war auch Pallas, ein Sohn des Königs Evander. Das war die zweitberühmteste Schlacht der Trojaner. Alle fürchteten sich vor Pallas und seiner furchterregenden Kraft. Er war noch nie auf einem Kriegszug dabeigewesen. Weder Schutzwaffen noch Pferde konnten ihm standhalten. Er stürmt schreiend durch das Heer und sucht nach Turnus. Als Turnus feststellt, welch großen Schaden Pallas anrichtet und wie schrecklich er ist, reitet er auf ihn zu. Als Pallas dies bemerkt, schießt er mit einem Speer nach ihm. Der Speer trifft Turnus unter dem Arm, dringt durch die dreifache Brünne, streift die Rippen und durchbohrt ihn. Nachdem Turnus verwundet worden ist, wirft er nach Pallas mit einem Speer, dessen Schaft nicht dünner ist als der dickste Balken. Er traf Pallas in der Mitte und verursachte dadurch seinen Tod. Dann setzt die Nacht dem Kampf ein Ende.

Eneas ließ den Leichnam des Pallas mit großen Ehren beerdigen; er ließ ihn auch mit Kräutern einbalsamieren, damit er nicht verwesen solle. Als man in den Tagen König Sigurds Jorsalafari und Kaiser Heinrichs des Zweiten in Rom den Grundstein zu einem Gebäude legte, fand man diesen seinen Leichnam unverwest in einem Steinsarg. In der Körpermitte wies er eine tödliche Wunde auf, die vier Fuß lang und eine Hand breit war. Er übertraf sogar die Mauern Roms an Höhe. Zu seinem Haupt stand ein loderndes Licht, das weder mit Wasser noch mit Wind gelöscht werden konnte; man konnte es weder schmelzen noch zerstören. Doch nachdem man mit einem Stahl ein Loch unterhalb der Flamme gebohrt hatte, erlosch das Licht wegen der durch das eben erwähnte Loch eingeströmten Luft und des zwischen Flamme und Lampe entstandenen Luftzugs. Am Fußende des Steinsarges stand folgendes geschrieben: »Hier liegt entsprechend seinem Brauch und seiner Sitte Pallas, der Sohn des Königs Evander, den der Speer des Soldaten Turnus tötete. Man wird ihn in den Tagen Kaiser Heinrichs des Zweiten auffinden.«

Der Tod des berühmten Turnus

Als die Zeit des Kampfes heranrückt, kommen Mesencius und sein Sohn Lassus dem berühmten Turnus zu Hilfe. Sie schlagen sich erbittert: Turnus tötet eine Vielzahl von Männern, und Eneas erschlägt drei Fürsten. Dann tritt ihm der höfische Lassus entgegen, und nachdem sie eine Zeitlang gekämpft haben, spricht Eneas: »Lassus, nimm Rücksicht auf deine Jugend und miß dich nicht mit mir.« Lassus erregt sich aber um so mehr und wird kurz darauf von Eneas getötet. Eneas und das gesamte Heer beklagten dies sehr. Dann wurde zwischen den Gegnern für einige Zeit ein Waffenstillstand vereinbart. Als die Zeit des Kampfes heranrückte, stellten sie ihre Schlachtreihen auf, und im ganzen Heer ertönten die Luren. Turnus stürmt so energisch voran, daß alle vor ihm fliehen, wohin er auch kommt, und er erschlägt viele Kämpen. Genau das gleiche tut Eneas, der auf den mächtigen Mesencius trifft. Sie kämpfen lange, und es endet damit, daß Mesencius fällt. Nun ist die erbittertste Schlacht im Gang, und die Leute fallen zu Hunderten, so daß niemand mehr sie zählen kann; doch die größeren Verluste gab es in den Reihen des Turnus. Als er das bemerkt, versucht er, auf Eneas zu treffen, doch in diesem Moment ergreifen seine Leute die Flucht. Deshalb war er zum Rückzug gezwungen und hielt sich eine Zeitlang außerhalb des Reiches auf. Nun unterwirft sich Eneas das Reich.

Während der Abwesenheit des Turnus begaben sich viele und wichtige Ereignisse in den Beziehungen zwischen Eneas und König Latinus, wobei Eneas immer im Vorteil war. Der König schickte Nestor dem Weisen eine Nachricht, damit dieser sich Eneas widersetzen solle, und er bot ihm dafür große Kostbarkeiten. Nachdem Nestor die Botschaft erhalten hatte, sprach er: »In Troja sah ich, wie Eneas seine Kriegszüge führt, so daß ich nicht gegen ihn in den Kampf ziehen werde. Nur wenige Leute wissen besser als ich, was für Menschen die Trojaner waren. Ich werde nicht kommen.«

Nun begibt es sich, daß Turnus mit einem riesigen Heer in das Land zurückkehrt und die Schwäger Latinus und Turnus mit einem unüberwindlichen Heer gegen Eneas ziehen. Der sammelt im Gegenzug ebenfalls ein Heer, und zwischen ihnen kommt es zu einem äußerst erbitterten Kampf, bei dem die Leute des Eneas im Vorteil waren. Turnus erkennt, daß Eneas siegen wird, falls es so weitergeht. Er weiß auch, daß Eneas so milde sein wird, daß er sein Leben behalten wird, sofern er seine Waffen streckt. Genau das beabsichtigt auch Eneas, doch als er Turnus mit dem kostbaren Gürtel sieht, den dieser Pallas abgenommen hatte, da geht dies Eneas so nahe, daß der Zorn in ihm aufwallt. Sie stürmen aufeinander zu und kämpfen so erbittert, daß niemand diesseits des Griechischen Meeres jemals dergleichen erlebt hatte. Man konnte viele und heftige Hiebe sehen, und es endete damit, daß Turnus fiel. Nach dieser Schlacht heiratet Eneas Latina, die Tochter des Königs Latinus, die mit Turnus verheiratet gewesen war. Dann unterwarf er sich ihr ganzes Reich und herrschte dort bis zu seinem Tod; er wurde von einem Blitz tödlich getroffen.

Die Söhne des Eneas; Brutus

Nach Eneas übernahm sein Sohn Askanius die Herrschaft. Er ließ Albansburg am Tiber vergrößern, wo heute die Stadt Rom liegt. Eneas herrschte drei Winter über Italien, und sein Sohn Askanius 37 Winter. Askanius hatte einen Sohn namens Silvius, der sich jung vermählte und eine Frau namens Lavina heiratete. Als Silvius erfuhr, daß seine Frau guter Hoffnung war, schickte er nach Weissagern und fragte, ob sie einen Sohn oder eine Tochter bekommen werde. Sie erklärten, daß Lavina einen Sohn gebären werde, der ein sehr bedeutender Mann werden und viel Böses tun werde: Er werde seinen Vater und seine Mutter töten, aber dennoch lange leben und berühmt werden. Dies ging alles in Erfüllung, denn seine Mutter starb, als sie ihn gebar. Man nannte ihn Brutus, und er wuchs bei seinem Vater auf, bis er fünfzehn Winter alt war, und lernte allerlei Fertigkeiten. Eines Tages, als er mit seinem Vater auf die Jagd zog, sah er einen Hirsch und schoß nach ihm. Doch als man nachsah, hatte der Pfeil seinen Vater Silvius durchbohrt. Als dies bekannt wurde, vertrieb man ihn aus Italien. Er begab sich zuerst zu seinen Verwandten, die aus Troja stammten und in Griechenland versklavt worden waren. Er wurde zu ihrem Anführer bestimmt und löste sie alle aus. Bald wurde er ein mächtiger und ehrgeiziger Fürst; er war ein überaus großzügiger Mensch. Nun schloß sich ihm eine so große Mannschaft an, daß er nahezu siebentausend Mann hatte, Frauen und Kinder nicht eingerechnet.

In Griechenland lebte ein Mann namens Assirius, der väterlicherseits Grieche und mütterlicherseits Trojaner war. Dieser Mann unterstützt Brutus mit Geld und einer Mannschaft; sie roden die Wälder und bauen sich Burgen und starke Befestigungsanlagen. Als sie glaubten, ausreichend gesichert zu sein, schickten sie dem griechischen König einen Brief mit folgendem Wortlaut:

»Brutus, der geächtete Fürst aus trojanischem Geschlecht, schickt Pandrasus, dem König der Griechen, seine Grüße. Ihr verhaltet Euch merkwürdig, indem Ihr den Menschen trojanischer Abstammung strenge Gesetze erlaßt, die sie zwingen, in der Wüste zu leben und sich von den Wurzeln der Gräser und dem Fleisch wilder Tiere zu ernähren, während Ihr Euch jeglichen Wohlstandes erfreut und alles habt, was das Herz begehrt. Laßt uns nun diesem Elend bald ein Ende bereiten, indem Ihr entweder Frieden mit ihnen schließt oder sie für die schweren Verbrechen entschädigt, die Ihr an ihnen begangen habt; oder schenkt ihnen als dritte Möglichkeit die Freiheit wegzuziehen und stellt ihnen dazu alles zur Verfügung, was sie benötigen.«

Nachdem der König den Brief gelesen hatte, wurde er sehr zornig, sammelte ein Heer und zog gegen die Trojaner. Brutus bemerkt dies und zieht mit sechstausend Mann aus der Burg heraus in den Wald, den der König durchqueren sollte. Er überfällt ihn in der Nacht und tötet eine Vielzahl von Leuten. Nun fliehen der König und seine Leute über einen Fluß namens Callon, wobei eine große Zahl von Leuten umkommt; einige werden erschlagen, andere fliehen hierhin und dorthin. In dieser Mannschaft befand sich auch Antigonus, ein Bruder des Königs. Er leistet zusammen mit seinen Leuten Gegenwehr, und es kommt zu einem erbitterten Kampf. Es dauerte nicht lange, bis der größte Teil seiner Leute getötet, er selbst aber gefangen und zusammen mit einem Mann namens Anakletus in Ketten gelegt worden war.

Brutus hatte tausend Mann zurückgelassen, um die Burg zu bewachen. Jetzt sammelt sich ein riesiges Heer um den König, der glaubte, Brutus sei in die Burg zurückgekehrt. Er belagerte die Burg und griff sie mit allerhand strategischen Mitteln an, doch die Bewohner wehrten sich tapfer und mannhaft und überschütteten ihre Gegner mit siedendem Pech und glühendheißem Geröll. Als Brutus von diesen Ereignissen erfuhr, ließ er Anakletus vorführen. Er zieht sein Schwert und spricht: »Nach dem, was ich vom König und unseren Männern erfahren habe, sollst du nun entweder dein Leben erkaufen oder unverzüglich sterben.« Anakletus antwortet: »Warum sollte ich nicht mir und meinen Leuten das Leben erkaufen, wenn die Möglichkeit dazu besteht?« Brutus sprach: »Du sollst mich und mein Heer in das Heerlager des Königs Pandrasus bringen; ich werde den Plan dazu entwerfen.« Anakletus antwortet: »Ich werde keinen Anschlag auf das Leben des Königs ausführen, um mein Leben zu retten.« Brutus arbeitete einen Plan aus. Anakletus geht los und trifft die Wachen des Königs. Als sie ihn erkannten, fragten sie, wo Antigonus, der Bruder des Königs, sei. Er erklärte, daß er sie beide aus dem Kerker befreit habe, aber er behauptete, er habe ihn nicht von seinen Fesseln befreien können. Er sagte, Antigonus befinde sich im Wald, ganz in ihrer Nähe. Dann gingen sie mit ihm in den Wald, wo sich bereits Brutus aufhielt; einige wurden getötet, andere aber gefangengenommen.

Dann zieht Brutus mit seiner Truppe in das Heerlager des Königs, wo man sie erst bemerkt, als man die Luren des Brutus hört. Als die Leute des Königs betrunken erwachten, wurden sie von Furcht erfüllt, und kaum einer von ihnen gelangte an seine Waffen. Der größte Teil des Königsheeres wurde getötet, der König selbst aber gefangengenommen und vor Brutus geführt. Da sprach Brutus zum König: »Du hast zwei Möglichkeiten: Entweder wirst du hier auf der Stelle getötet oder du vermählst mich mit deiner Tochter Innogen, erlaubst allen, die aus trojanischem Geschlecht stammen, mit mir das Reich zu verlassen, und stellst uns Schiffe zur Verfügung wie auch alle anderen Dinge, die wir benötigen.« Der König antwortet: »Jetzt erkenne ich, daß mir die Götter sehr zürnen, wenn zuerst mein Bruder und dann ich selbst gefangengenommen wurde. Da ich außerdem den größten Teil meiner Mannschaft verloren habe, bin ich jetzt kaum mehr imstande, so wie früher Entscheidungen zu treffen, als ich noch heil und unversehrt über mein Reich herrschte. Aber auch wenn mein Leben nicht auf dem Spiel stünde, so würdest du, Brutus, dennoch ein berühmter, besonnener und siegreicher Mann werden, so daß ich in der ganzen Welt kaum jemanden kenne, für den es eine Erniedrigung wäre, sich mit dir zu verschwägern. Deshalb werde ich mich wohl dazu entscheiden, freudig auf deine Bedingungen einzugehen. Außerdem nehme ich an, daß der Name des Brutus wie auch der seines Geschlechts lange in der Welt fortleben wird. Vielleicht werden sogar einmal Geschichten über unsere Beziehungen verfaßt werden. Ich glaube, daß es am meisten Ruhm verspricht, dich entsprechend meinem Vermögen mit allem auszustatten und diese Hochzeit zu beschließen. Ich hoffe, daß einmal viele vornehme Männer ihre Abstammung auf dich zurückführen werden, und dann werde ich nur ein Glied weit von ihrem Stammbaum entfernt sein. Nun möchte ich, daß du wählst, ob du als Mitgift meiner Tochter Innogen ein Drittel meines gesamten Reiches haben willst oder daß ich eure Abreise nach deinen Wünschen ausrüste. Ich werde als Geisel bei euch bleiben, bis alles so ausgeführt wurde, wie ich euch versprochen habe.« Darauf schloß er mit Brutus Frieden, und Innogen wurde mit Brutus vermählt. Anschließend rüstet sich Brutus zur Abreise. Der König stellte ihm 324 Schiffe zur Verfügung, wie auch alles andere, was er ihm zugesagt hatte.

Als der Wind günstig steht, segelt Brutus ab. Innogen ging die Abreise so nahe, daß sie fast von Sinnen war, aber Brutus tröstete sie. Sie waren sechs Tage auf dem Meer unterwegs, bis sie an einer Insel namens Liogocia anlegten. Sie war einst dicht besiedelt gewesen, wurde später aber wegen räuberischer Überfälle verlassen. Brutus ließ die Insel erforschen, doch in den Wäldern entdeckten sie keine Menschen, sondern nur viele Tiere, von denen sie etliche fingen. Sie stießen auch auf einen alten und großen Tempel, in dem sich Statuen von Gefjon, Saturn und Jupiter befanden. Sie berichteten Brutus davon und forderten ihn auf, an Land zu gehen, worauf er mit zwölf Männern loszog. Ihn begleitete auch ein Weissager namens Geron, der nach Brutus der zweitvornehmste Mann war. Sie hatten Kopfbinden um die Stirn geschlungen, und als sie in den Tempel kamen, entfachten sie drei Feuer: eines für Odin, ein zweites für Thor, das dritte für Gefjon. Dann trat Brutus vor den Altar der Gefjon, hatte ein Gefäß mit Wein und dem Blut einer weißen Hirschkuh darin in der Hand und sprach: »Du, die Du das Geschehen im Himmel wie auch die Beschaffenheit der ganzen Welt kennst und auch über die Unterwelt Bescheid weißt, verkünde mir mein Schicksal: Wo soll ich mich nach Euerm Beschluß niederlassen und wo soll ich Dich, Du göttliche Jungfrau, für alle Ewigkeit verehren lassen?« So sprach er neunmal, schritt viermal um den Altar herum und goß aus dem Gefäß etwas ins Feuer. Dann wurde die Haut einer Hirschkuh vor dem Altar ausgebreitet, Brutus legte sich darauf und schlief ein. Da glaubte er, Gefjon vor sich zu sehen, die sprach: »Im westlichen Teil der Welt, nahe Gallien, liegt draußen im Meer eine unbewohnte Insel, die einst Riesen bewohnten. Dort solltest du mit deiner Mannschaft für alle Ewigkeit leben, und dein Geschlecht wird Macht über die ganze Welt gewinnen.«

Als er erwachte, erzählte er seinen Leuten von seinem Traum. Sie waren darüber erfreut, gingen zu den Schiffen, und sobald es günstigen Wind gab, segelten sie ab nach Afrika. Von dort segelten sie zum

Tempel Philiastea und von dort zum Grab Salmacum. Von dort fuhren sie nach Mauretanien, und von dort zu den Säulen des Erkules. Von dort fuhren sie zu einem Meer namens Tirenus. Dort entdeckten sie viertausend Trojaner, die mit Antenor zusammen geflohen waren. Ihr Anführer war Corineus, der im täglichen Leben sehr umgänglich, im Kampf jedoch äußerst kühn war und so stark, daß er einen Riesen wie ein Kind in die Luft schleuderte. Als Brutus und er sich trafen, schlossen sie Freundschaft. Anschließend fuhren sie weiter, bis sie nach Aquitanien kamen, wo ein König namens Gofarius regierte.

Corineus hatte mit dreihundert Mann die Schiffe verlassen, um auf die Jagd zu gehen. Die Leute des Königs entdeckten sie und erklärten, daß der König niemandem erlaube, hier zu jagen. Da kam Corineus hinzu und sprach: »Wir werden tun, was wir uns vorgenommen haben, egal was er sagt.« Der Anführer der königlichen Mannschaft spannt seinen Bogen und will auf Corineus schießen. Der aber packt ihn, zerbricht den Bogen, reißt dem Mann die Arme ab und zerstükkelt ihn. Als seine Kumpane das sehen, fliehen sie und berichten dem König davon. Er wurde sehr zornig und sammelte eine große Truppe. Brutus erfährt davon und geht mit seiner Mannschaft an Land, um dem König Widerstand zu leisten. Es beginnt eine erbitterte Schlacht mit großen Verlusten. Corineus drängt durch die Schlachtreihen des Königs und schlägt nach beiden Seiten. In diesem Moment ergreifen die Leute des Königs die Flucht, doch Corineus stürmt ihnen mit gezogenem Schwert hinterher, schreit sie an und spricht: »Kehrt um, ihr Schwächlinge! Schämt ihr euch nicht, daß ihr zu Tausenden vor mir allein flieht?« In diesem Moment trat ihm ein Kämpe namens Svardus mit sechshundert Soldaten entgegen. Als er Corineus sieht, schlägt er nach ihm, doch Corineus hält den Schild dagegen und schlägt Svardus in der Mitte entzwei. Da kommt Brutus mit hundert Soldaten hinzu; sie töteten fast jedes Menschenkind, das nicht floh, und konnten sich eines herrlichen Sieges und reicher Beute preisen.

Brutus und Corineus

Zu dieser Zeit herrschten über Gallien zwölf Könige. König Gofarius sucht bei ihnen Schutz, und sie versprechen, ihn wieder in seine Herrschaft einzusetzen und die anderen zu vertreiben. Brutus und Corineus unterwarfen sich fast ganz Aquitanien, brannten Städte nieder, töteten die Menschen und raubten Hab und Gut. Sie kamen auch an den Ort, wo heute Turonsburg steht, das Brutus erbauen ließ. Dort verschanzten sie sich, denn sie rechneten mit einem baldigen Kriegszug gegen sich. Die zwölf Könige schlossen sich dem Heer des Königs Gofarius an und zogen Tag und Nacht, bis sie auf Brutus und Corineus stießen. Beide Parteien stellten ihre Schlachtreihen auf, und es begann ein sehr erbitterter Kampf, bei dem im ersten Ansturm zweitausend Mann des Königs Gofarius fielen. Darauf geraten die Leute in Furcht, und der König flieht mit seiner Truppe. In diesem Moment kamen die Könige mit ihren Schlachtreihen hinzu, worauf alle zusammen Widerstand leisteten. Der Unterschied in der Truppenstärke war so groß, daß die Gallier vier zu eins in der Überzahl waren. Die Trojaner unterlagen der Übermacht und gaben Fersengeld, erreichten aber dennoch ihr Heerlager. Nun belagern die Könige das Heerlager und beabsichtigen, die Trojaner dort zu Tode zu quälen.

In dieser Nacht begab sich Corineus mit dreitausend Mann heimlich in den Wald. Als der Morgen anbrach, ritt Brutus mit aufgestelltem Heer aus dem Heerlager heraus, die Gallier stürmten ihm entgegen, und es begann ein harter Kampf mit großen Verlusten auf beiden Seiten. Neben Corineus war der größte Kämpe unter den Leuten des Brutus ein Mann namens Turnus, ein Schwestersohn des Brutus. Von allen Männern griff er am heftigsten an. Er tötete mit seinen bloßen Händen sechshundert Mann und fiel dann selbst wegen seiner Verwundungen und seiner Erschöpfung. Als der Kampf am erbittertsten ist, fällt Corineus mit seiner Mannschaft dem König in den Rücken, worauf sich die Verluste schnell auf die Seite des Landheeres verlagern. Sie stießen einen Schrei aus und erklärten, ein ungeheures Heer überfalle sie von hinten. Darauf gerieten die Leute in Angst, und alle flohen, doch die Trojaner setzten ihnen nach und töteten sie zu Tausenden. Dann kehrten sie siegreich in ihr Heerlager zurück. Obwohl Brutus einen großen Sieg und reiche Beute errungen hatte, schien ihm dies doch von geringem Wert zu sein, weil er seinen Verwandten Turnus verloren hatte. Er beerdigte ihn dort, und deshalb wurde die Burg, die seither Turonsburg heißt, nach ihm benannt.

Brutus sprach: »Wir haben hier unter unseren Leuten große Verluste erlitten. Es wird schwer für uns werden, dies wiedergutzumachen, denn das Landheer erhält jeden Tag zahlreichen Zulauf. Ich schlage deshalb vor, mit unserer errungenen Beute abzuziehen und unser Schicksal und die Länder zu erkunden, wie es uns die Götter vorausbestimmt haben.« Dem stimmten alle zu. Dann begaben sie sich mit ihrem ungeheuren Reichtum zu den Schiffen und segelten zu der Insel, die ihnen vorherbestimmt worden war; sie landeten an einem Ort namens Nesio. Die Insel, die damals Albio hieß, wurde nur von einigen Riesen bewohnt. Sie glaubten, noch nie ein Land gesehen zu haben, das schöner oder besser zum Siedeln geeignet wäre. Jeder Fluß war voller Fische und allerlei Leckerbissen. Brutus läßt das Land roden und Häuser errichten, die Riesen aber fliehen auf Berge und in Höhlen. Dann änderte man den Namen des Brutus, der nun Britus hieß. Daraufhin wurde nach ihm das Land Britannien genannt.

Corineus zog weiter nach Norden und siedelte in dem Teil des Landes, das heute Kornbretaland heißt; dort gab es die meisten Riesen. Einer der Riesen namens Goemagog war überaus groß und stark; er war fünfzehn Ellen groß. Die Leute hatten beobachtet, wie er hohe Bäume mit den Wurzeln herausriß, als seien es kleine Zweige. Als Britus zu Ehren seiner Götter ein Fest veranstaltete, kam dieser Riese mit zwanzig anderen hinzu und tötete viele von den Leuten des Britus. Darauf sammelte Britus eine Mannschaft, um ihnen Widerstand zu leisten. Man tötete zwanzig der Riesen, nahm Goemagog gefangen und hielt ihn fest, bis Corineus käme, denn Britus wollte einen Ringkampf zwischen ihm und dem Riesen sehen. Als Corineus kam, freute er sich, daß er sich mit ihm messen sollte. Nun greifen sie an und schwenken einander heftig herum. Der Riese packte Corineus so fest, daß diesem drei Rippen zerbrachen. Daraufhin wurde Corineus zornig und bot seine ganze Kraft auf. Er hebt den Riesen hoch, drückt ihn an seine Brust, läuft dann mit ihm auf eine Felsenklippe hinaus und wirft ihn dort hinunter, so daß alle Knochen des Riesen zerbrechen; dieser Ort heißt noch heute Riesenfall.

Britus ließ nach dem Vorbild Trojas eine Stadt erbauen, die an einem Fluß errichtet wurde, in der Nähe weiter Ebenen und nicht weit vom Meer entfernt. Er nannte die Stadt das Neue Troja. Später wurde sie noch mehrmals umbenannt, jeweils nach den Ereignissen, die sich dort begaben; lange Zeit hieß sie Enouantum, dann Carelud, und heute heißt sie London. Zu dieser Zeit lebte in Jorsalaland der Hohe Priester Heli, der von den Philistern gefangengenommen wurde. Die Söhne Ektors herrschten in Troja, und Silvius, der Enkel des Eneas und Mutterbruder des Britus, herrschte in Italien.

Britus hatte mit seiner Frau Innogen drei Söhne: Der älteste hieß Locrinus, der zweite Albanactus und der dritte Kambran. Als sie erwachsen waren, befiel Britus eine Krankheit, worauf er das Reich unter seinen Söhnen aufteilte; diese Einteilung behielt man fortan bei. Nachdem Britus 24 Jahre lang in Bretland gelebt hatte, starb er an seiner Krankheit. Seine Söhne richteten ihm ein würdiges Begräbnis in der Stadt aus, die er selbst hatte erbauen lassen. Er wurde von seinen Leuten und dem ganzen Volk sehr betrauert.

Die britischen Könige

Nach seinem Vaters übernahm Locrinus das Reich, das ihm zugesprochen worden war; dieser Teil des Reiches wurde nach ihm Loegria benannt. Kambran übernahm den Teil, der an einem Fluß namens Sabrin-Egvalia liegt; später nannte man den Fluß Kambra. Albanactus übernahm das Reich, das nach ihm Albania genannt wurde und heute Schottland heißt. Über Hunaland herrschte ein König namens Humbus, der hartherzig und böswillig war. Er unternimmt einen Kriegszug gegen Albanactus und fordert ihn zum Kampf heraus. In dieser Schlacht fiel Albanactus, worauf sich die Leute, die entkommen konnten, an Locrinus wandten und ihm von diesen Ereignissen berichteten. Er sucht seinen Bruder Kambran auf, und sie sammeln ein Heer. Die Truppen treffen an einem Fluß namens Humra aufeinander, und es beginnt ein erbitterter Kampf mit großen Verlusten. Die Briten griffen beherzt an, so daß die Hunnen zurückwichen. Es gab für sie nur die eine Möglichkeit, in den Fluß hinaus zu fliehen, der sowohl tief als auch reißend war. König Humbus und seine Leute stürzten sich in den Fluß und gingen dort zugrunde. Deshalb nennt man das Land, das dort liegt, Nordhumbraland.

Die Brüder machten dort reiche Kriegsbeute. Locrinus entführte drei Jungfrauen, unter denen eine namens Estrildes überaus schön war; ihre Haut war weiß wie Schnee oder Elfenbein. Locrinus wurde von so großer Liebe zu ihr ergriffen, daß er sie sofort geheiratet hätte, wenn er es gewagt hätte. Er war bereits mit Gwendoleona, der Tochter des vorher erwähnten Königs Corineus von Kornbretaland verlobt, wollte nun aber lieber die andere heiraten. Als Corineus davon erfuhr, wurde er sehr zornig, suchte sofort Locrinus auf, trat mit gezogenem Schwert in seine Halle und sprach: »Locrinus, du tust mir große Schmach an, wenn du deinen Willen durchsetzt. Du erinnerst dich wohl kaum noch daran, wie oft deines Vaters wegen meine

Hände blutig wurden und wie viele wunderbare Siege ich ihm ermöglicht habe. Manchen Riesen habe ich ihm zu Füßen gelegt, doch du willst jetzt die Verlobung mit meiner Tochter lösen. Wenn dir das gelingen sollte, müßte ich schon sehr alt und gebrechlich sein«, und er wollte auf ihn losgehen. Man trat jedoch dazwischen und konnte zwischen ihnen Frieden stiften, indem Locrinus Gwendoleona heiraten sollte, wie vorher vereinbart worden war. Er heiratete sie, konnte aber seine Liebe zu Estrildes nicht vergessen. Sieben Jahre lang ließ er sie heimlich in London unterbringen, so daß nur wenige davon wußten. Er besuchte sie häufig im verborgenen, doch seine Frau Gwendoleona schöpfte Verdacht und fragte, wo er sich aufhalte, wenn niemand darüber Bescheid wußte. Er behauptete, er opfere dann heimlich seinen Göttern, und erklärte, nur die allein erhielten Gutes von ihnen, die dies taten. Damit gab sie sich zufrieden.

Es heißt, Estrildes habe eine so schöne Tochter geboren, daß jeder, der sie zu sehen bekam, ihre Schönheit bewunderte. Man gab ihr einen Namen und nannte sie Habren. Sie wurde heimlich aufgezogen, damit jetzt noch weniger als zuvor Verdacht erregt werde. Kurz darauf gebar Gwendoleona einen Sohn, den Locrinus gezeugt hatte und den man Maddan nannte. Er kam zu Corineus, seinem Großvater mütterlicherseits, und wuchs dort auf. Corineus lebte aber nicht mehr lange. Sein Tod wurde sehr beklagt, und seine Leute glaubten, sie würden nie mehr seinesgleichen bekommen. Als Locrinus vom Tod des Corineus erfuhr, verließ er seine Gattin Gwendoleona und feierte in aller Pracht Hochzeit mit Estrildes, die er als Königin über sein ganzes Reich einsetzte. Daraufhin zog Gwendoleona nach Kornbretaland, ließ sich auf ihrem väterlichen Erbe nieder, war mit ihrem Los höchst unzufrieden und dachte ständig darüber nach, wie sie ihre Schmach rächen könnte. Sie ließ das Reich des Locrinus überfallen, das Land mit Feuersbrünsten überziehen, Hab und Gut rauben und die Menschen ermorden. Als Locrinus davon erfährt, sammelt er ein Heer und beabsichtigt, in seinem Reich Frieden zu schaffen und sich mit Gwendoleona zu vergleichen. Als sie davon Kundschaft erhielt, sammelte sie ein Heer und teilte ihren Leuten mit, daß sie auf kein Friedensangebot eingehen wolle, sondern sie erklärte, sie wolle entweder selbst sterben oder beide Reiche ihrem Sohn unterwerfen. Die beiden Heere trafen an einem Ort namens Struan aufeinander, und es kam zu einem äußerst erbitterten Kampf. Nachdem man kurze Zeit gekämpft hatte, wurde Locrinus von einem Pfeil tödlich durchbohrt. Da war er zehn Jahre lang König gewesen. Als der König gefallen war, ergaben sich seine Leute, und Gwendoleona unterwarf sich und ihrem Sohn das ganze Reich. Sie übernahm die Herrschaft, solange Maddan noch ein Kind war. Sie war grausam und hochfahrend; sie ließ Estrildes und deren Tochter Habren gefangennehmen und in einem Fluß namens Sabrina ertränken, der heute nach dem Namen des Mädchens Habren heißt.

Maddan

Nachdem Gwendoleona fünfzehn Jahre lang das Reich regiert hatte, übertrug sie ihrem Sohn Maddan sein Vatererbe. Sie selbst herrschte bis zu ihrem Tod über Kornbretaland. Zu dieser Zeit lebte im Land der Juden der Prophet Samuel, und bis zu dieser Zeit hatte Silvius gelebt, der Sohn des Eneas und der Bruder des Askanius. Zu dieser Zeit lebte auch der Dichter Homer.

Maddan war umgänglich und beliebt, aber über ihn wurde keine Geschichte verfaßt. Er heiratete eine Frau und hatte mit ihr zwei Söhne namens Inpricius und Malun. Als ihr Vater Maddan starb, waren beide schon erwachsen. Nachdem er verschieden war, wollte jeder von beiden das ganze Reich, und keiner wollte dem anderen einen ebenbürtigen Anteil gönnen. Man hatte eine Zeitlang ein Auge auf sie, damit sie nicht miteinander in Streit gerieten und keiner den anderen betrügen konnte. Dann schickt Inpricius seinem Bruder Malun eine Botschaft, daß sie sich treffen und Frieden und Freundschaft schließen sollten. Er meinte, es sei unnatürlich, daß sie einen niedrigeren Rang als ihre Untergebenen einnähmen. Dies findet Maluns Beifall, die Brüder treffen sich und begeben sich mit Einwilligung der anderen zu einer Unterredung unter vier Augen. In der Nähe hielten sich jedoch Leute des Inpricius verborgen, die gemäß seinem Plan hervorstürmten und Malun töteten. Nach dessen Tod unterwirft sich Inpricius das gesamte Reich, überzieht das ganze Land mit einem Heer und tötet fast alle der vornehmsten und angesehensten Leute des Landes, denn er war der Ansicht, sie hätten lange genug den Missetaten, die er vollbringen lassen hatte, Widerstand geleistet. Er wußte, daß sie am wenigsten von allen von seinen Übeltaten überrascht wären. Er löschte auch fast seine ganze Familie aus, denn er wußte selbst am besten, daß es nicht lange dauern werde, bis jeder seiner Verwandten überzeugt sei, selbst mehr als er dazu geeignet zu sein, die Herrschaft zu übernehmen und den Königstitel zu tragen. Statt dessen verlieh er große Besitztümer und Ehrentitel an diejenigen Männer, die zuvor gering geachtet worden waren, sich aber alles wohl gefallen ließen, was er wollte. Er war besser verheiratet als es ihm geziemte, denn seine Frau zeichnete sich in jeder Hinsicht aus. Sie hatten einen Sohn namens Ebraucus, der größte und stärkste von allen Männern seines Alters. Was sein Gemüt anging, war er seinem Vater unähnlich und folgte eher den wohlmeinenden Ratschlägen seiner Mutter als den verwerflichen seines Vaters. Er war allgemein beliebt. Als Ebraucus noch ein Kind war, verließ Inpricius seine Frau und setzte dann alle in Erstaunen: Er fing Liebesverhältnisse mit Männern an, mit denen er Unzucht trieb. Seine Gefolgsleute waren damit einverstanden, denn sie glaubten, ihm mit ihrem Einverständnis die großen Ehren und reichen Geschenke zu vergelten. Nachdem er zwanzig Jahre lang den Königstitel getragen hatte, begab er sich eines Tages mit seinem Gefolge auf die Jagd. Er wird von seinen Leuten getrennt und bleibt allein zurück. Dann gelangt er in ein Tal, wo ein großes Wolfsrudel auf ihn zustürzt, das ihn sofort angreift und ihn vollständig in Stücke reißt. Es war angemessen, daß er einen schlimmen und schmählichen Tod erlitt, denn er hatte ein schlimmes Leben geführt. Seine Herrschaft hatte mit Verbrechen begonnen, wurde mit Schande weitergeführt und endete mit Schmach. Zu dieser Zeit herrschte König Saul über das jüdische Volk.

Nach seinem Tod übernahm sein Sohn Ebraucus das Reich, setzte zuerst einheimische Männer in hohe Ämter ein und vermittelte allen seinen Verwandten gehobene und ehrenvolle Stellungen. Nachdem er die Herrschaft nach seinem Willen geordnet hatte, erinnerte er sich daran, daß seine Vorfahren einen Kriegszug nach Gallien unternommen, dort enge Freunde und Verwandte verloren hatten und selbst nur knapp entkommen waren. Er betrachtete es als seine Pflicht, sie zu rächen, und zog mit einem Heer nach Gallien. Dort schlug er viele Schlachten, errang einen großartigen Sieg, machte reiche Beute und kehrte siegreich und mit reichlich Hab und Gut zurück. Nachdem er noch nicht lange zu Hause gewesen war, ließ er eine große Stadt erbauen, die nach ihm Ebraicum genannt wurde; heute heißt sie York, und dort befindet sich eines der Erzbistümer. Er ließ auch viele andere große Städte erbauen. In Schottland ließ er eine Festung errichten, die er Meyde-Kloster nannte. Damals regierte König David in Jorsalaland, Silvius Latinus in Italien, und es lebten die Propheten Gathnathan und Osaphat.

Ebraucus hatte zwanzig Frauen und mit ihnen zwanzig Söhne und zwanzig Töchter. Folgende seiner Söhne werden namentlich erwähnt: Brutus Grænskiold, Margadud, Silvius, Regin, Murvid, Bladud, Gayl, Dandan, Eldad, Asarat und Bruach; weitere werden nicht genannt. Seine Töchter waren Glorigin, Innogen, Dudas, Gvenban, Ragau, Stadad, Gladiad, Agaes und Stadiael, die das schönste aller Mädchen in Bretland war. Ebraucus schickte alle seine Töchter nach Süden über die Berge nach Italien zu Silvius, dem Sohn des Albanus, der dort herrschte, und bat ihn, sie dort zu verheiraten. Silvius verheiratete sie mit vornehmen Männern trojanischer Abstammung, die über Macht und Besitz verfügten. Seine Söhne schickte Ebraucus nach Saxland, um es zu erobern, und er setzte Herzog Assarakus als Anführer der Brüder ein. Sie fuhren in Begleitung einer Streitmacht des Silvinus Albrusius nach Saxland, konnten es vollständig erobern und regierten seither dieses Reich. Brutus blieb zu Hause bei seinem Vater. Als Ebraucus 29 Jahre lang regiert hatte, starb er, und Brutus Grænskiold richtete ihm ein ehrenvolles Begräbnis aus. Er übernahm nach dem Tod des Ebraucus die Herrschaft, aber über ihn wurde keine Geschichte verfaßt.

Brutus hatte einen Sohn namens Leil, der nach ihm die Herrschaft übernahm. Er ließ im nördlichen Britannien eine Stadt erbauen, die nach ihm Kaerleil genannt wurde. Zu dieser Zeit regierte in Jorsalaland Salomon der Weise, den die Königin Saba aufsuchte, und damals wurde auch das Templum Domini erbaut. Leil regierte 25 Jahre lang. Nach ihm übernahm sein Sohn namens Lud Hudibras die Herrschaft. Er ließ die großen Städte Canterbury und Gvitonia bauen sowie ein Kastell, das er Baladyr nannte. Nachdem die Mauern des Kastells aufgeführt worden waren, hörte man einen Adler sprechen, worauf jedoch nichts erfolgte, was von Bedeutung gewesen wäre. Lud Hudibras ließ auch eine Stadt erbauen, die er Bado nannte. Er regierte 39 Jahre lang. Damals lebte im Land der Juden der Prophet Elias, der Gott darum bat, daß es nicht regnen solle, und Gott erfüllte ihm seine Bitte, indem es dreieinhalb Jahre nicht regnete.

Nach Lud Hudibras übernahm die Herrschaft sein Sohn namens Bladud. Er war sehr zauberkundig, und viele Leute gingen dortzulande bei ihm in die Lehre. Nachdem er zwanzig Jahre lang König gewesen war, ließ er sich ein Federkleid anfertigen, weil er fliegen und sein Reich überblicken wollte. Er glaubte, dann könne ihn nichts mehr überraschen. Doch als er in dem Gewand abfliegen wollte, ging es entzwei. Er stürzte über London ab, landete im größten Tempel des Landes und zerschellte in viele Stücke.

Sein Sohn namens Leir übernahm nach ihm die Herrschaft. Er war in der ersten Hälfte seines Lebens ein mächtiger und gewaltiger Krieger, der sich Kornbretaland und Schottland unterwarf; aber er galt nicht gerade als weiser Mann. Er hatte drei Töchter: die älteste hieß Goronilla, die zweite Ragau, und die jüngste Gordeilla; sie war die schönste und klügste von ihnen, und der König liebte sie auch lange Zeit am meisten. Als er allmählich alt wurde, wollte er wissen, wie groß die Liebe war, die er jeder von ihnen zu vergelten hatte. Darauf ließ er seine älteste Tochter, Goronilla, zu sich rufen und sprach: »Ich bin nun so alt, daß mein Leben bald zu Ende sein und mein Reich in eure, meiner Töchter Hände übergehen wird. Deshalb möchte ich wissen, wie sehr du mich liebst.« Sie antwortet: »Das kann ich schwören, daß ich dich mehr liebe als mein Leben.« Der König sprach: »Ich weiß es zu schätzen, daß du mein Alter mehr liebst als deine Jugend. Ich werde es dir damit lohnen, daß du mit deinem Gatten ein Drittel meines gesamten Reiches erhalten sollst.« Als nächste ließ er Ragau zu sich rufen und fragte, wie sehr sie ihn liebe. Sie antwortet: »Meine Liebe zu dir kann ich nur so beschreiben, daß ich dich mehr liebe als alles andere in der Welt.« Der König antwortet: »Was kann einer solchen Liebe gleichkommen? Sie soll mit reichen Gütern vergolten werden: Ich werde dir das zweite Drittel meines Reiches geben und dazu den Mann, den du dir selbst wählst.« Dann ließ er Gordeilla zu sich rufen und fragte sie genau das gleiche. Sie aber antwortet: »Wie kann eine Tochter ihren Vater mehr lieben als wie es sich gehört? Ich will dich genau so lieben, wie es sich gehört, daß eine gute Tochter einen guten Vater liebt. Ich will dich nach meinem besten Vermögen lieben.« Er antwortet zornig: »Du machst dich über mein Alter lustig. Es ist überflüssig, mich als Alleinherrscher Englands zu bezeichnen, wenn ich nicht den Unterschied in der Liebe von euch Schwestern erkennen würde. Deshalb sollst du von nun an nicht mehr meine Tochter sein; ich werde dir keine Güter geben, und dir soll hier keine Ehre mehr erwiesen werden. Deine Schwestern sollen hingegen Ansehen und Macht erhalten.« Sie sprach: »Für mich soll alles so am besten sein, wie du es wünschst.« Er verheiratete seine älteren Töchter mit zwei Jarlen, und als Mitgift übertrug er ihnen die Hälfte seines

Reiches, solange er lebte; nach seinem Tod sollten sie es ganz besitzen. Eine von ihnen lebte in Bretland, die andere in Schottland.

In Frankreich erfuhr ein weiser und beliebter König namens Aganippius, daß König Leir seine älteren Töchter verheiratet hatte, die jüngste aber noch unverheiratet war und von allen als die beste Partie beurteilt wurde. Daraufhin schickte er Boten nach England, damit sie für ihn um Gordeilla freiten, und sie trugen König Leir ihr Anliegen vor. Der König antwortet: »Auch wenn Aganippius über ein ausgedehntes Reich regiert, so ist er doch weder weise noch gut unterrichtet, wenn er nicht weiß, daß ich meinen Töchter gute Partien verschafft habe. Diejenige aber, die noch übrig ist, ist dumm und hochmütig, und ich weiß nicht, ob sie meine Tochter ist oder nicht. Ich werde ihr auch keine Mitgift geben. Ich glaube nicht, daß diese Partie für euern König so ehrenvoll ist, wie es seiner Stellung geziemt; mir aber gefällt es um so besser, je früher meine Tochter und ich uns trennen.« Die Boten kehrten zurück und berichteten vom Ausgang ihrer Unternehmung. Außerdem erklärten sie, noch keine schönere oder nachweislich klügere Jungfrau gesehen zu haben; das sei wohl kaum darauf zurückzuführen, daß ihr große Ehre bezeugt werde. Der König antwortet: »Ich bin nicht weniger reich als Leir, auch wenn er seiner Tochter keine Mitgift gibt. Das soll mir aber einer guten Partie nicht im Wege stehen.« Nun schickt er sofort Männer mit Gold und Geschmeide zu König Leir und trägt ihnen auf, ihm die Tochter des Königs zu bringen, wenn sie mit ihnen kommen wolle. Als sie nach England kommen, tragen sie ihr Anliegen vor. König Leir schien es erstaunlich, daß seiner Tochter vom Schicksal eine so angesehene Stellung beschieden sein solle, aber er konnte nicht widerrufen, was er zuvor zugesagt hatte. So wurde beschlossen, daß sie die Boten nach Frankreich begleiten solle, und der König ließ ihr eine ehrenvolle Hochzeit ausrichten. Sie galt als eine sehr kluge und sehr respektable Königin; das Verhältnis der Ehegatten zueinander war gut, und beide waren mit ihrer Heirat sehr zufrieden.

König Leir in England

Nun heißt es, dort fortfahren, als König Leir in England allmählich sehr alt wurde. Daraufhin besprachen sich seine Schwiegersöhne untereinander, suchten dann den König auf und sprachen: »Jetzt wird wohl die Zeit vorbei sein, daß du dir durch die Regierung des Landes Ehre erwirbst. Denn mittlerweile ist dir die Herrschaft über das Reich entglitten, und wegen eures Alters will niemand mehr beachten, was ihr sagt. Nun verlangen wir die Erfüllung der Vereinbarung, daß wir nach deinem Tod die Herrschaft übernehmen sollen. Was dein Ansehen angeht, bist du bereits tot. Außerdem haben wir uns schon euer ganzes Reich unterworfen.« Darauf mußte der König gezwungenermaßen seine Herrschaft und den Königstitel abgeben. Anschließend begab er sich nach Schottland zu Jarl Maglavius, der mit seiner Tochter Goronilla verheiratet war; sie nahm ihn scheinbar freundlich auf. Leir hatte vierzig Soldaten bei sich, und nachdem er sich zwei Winter lang dort aufgehalten hatte, sprach die Königin zum Jarl: »Was soll mein uralter Vater mit so vielen Leuten? Ich fände es ratsam, wenn du einen nach dem anderen in deinem Auftrag fortschicktest und keinen zu ihm zurückkehren ließest.« Der Jarl ließ alles nach ihrem Beschluß ausführen. Als sich die Zahl seiner Soldaten halbiert hatte, wurde Leir zornig, reiste mit zwanzig Soldaten ab und zog nach Kornbretaland zu Henimus, seinem anderen Schwiegersohn. Zuerst nahm man ihn ehrenvoll auf, aber nachdem er noch nicht lange dort gewesen war, stiftete man Unfrieden zwischen den Soldaten des Königs und denen des Jarls. Die Leute des Königs machten sich nach und nach aus dem Staub, bis nur noch fünf übrig waren. Daraufhin wurde der König zornig und kehrte nach Schottland zurück. Er glaubte, daß seine Tochter ihm keine geringere Ehre bezeugen werde als bei seiner Abreise.

Doch es kam anders als er angenommen hatte, denn sie wollte ihn nur dann aufnehmen, wenn er nur einen einzigen Burschen bei sich hätte. Trotzdem ging er darauf ein. Sie begann, ihm Vorwürfe wegen seiner Altersschwäche und seines armseligen Aussehens zu machen und bezeichnete ihn als Schandfleck der Familie. Der König wurde sehr betrübt, bedachte seine Lage und sprach bei sich: »Meine Tochter, die mir doch so viel Gutes zu vergelten hat, äußert sich höchst beleidigend über ihren Vater. Dennoch spricht vieles dafür, daß ich altersschwach geworden bin, nachdem ich mir doch einst die Reiche anderer Könige unterwarf und viele Völker in Angst und Schrecken versetzte. Ich erinnere mich daran, wie ich meine Töchter fragte, wie sehr sie mich liebten. Nun stelle ich fest, daß diese beiden meiner Töchter etwas ganz anderes dachten als sie laut sagten. Sie haben mich schimpflich um meine Herrschaft betrogen. Nun kann ich das alte Sprichwort bestätigen, daß man aus Schaden klug wird. Ich sollte mich jetzt wohl daran erinnern, was Gordeilla sagte, auch wenn es mir damals nicht gefiel. Vielleicht habe ich mich damals ebenso geirrt wie bei meinen jetzigen Erfahrungen. Sie sagte, sie liebe mich, wie es sich gehöre, und sie würde mir um so mehr Gutes tun, je mehr Möglichkeit sie dazu habe. Ich sollte es versuchen, auch wenn ich es nicht verdient habe. Sie ist mehr vom Glück begünstigt als ihre Schwestern, und vielleicht ist dies auch anderen von Nutzen.«

Daraufhin reiste der König nach Süden übers Meer nach Frankreich. Er trug schlechte Kleider, hatte nur einen einzigen Burschen, und wohin er kam, lachte und spottete fast jedermann über ihn. Er schickte den Burschen zu seiner Tochter, um ihr über seine Reise Bericht zu erstatten: daß er es nicht wage, sich unter Fürsten zu zeigen. Als sie dies erfuhr, wurde sie sehr betrübt und befahl, dem König diese Sache zu verheimlichen. Sie schickte ihrem Vater sechzig Soldaten entgegen mit allem, was er brauchte. Nachdem dies geschehen war, teilte sie dem König mit, daß ihr Vater in wenigen Nächten zu erwarten sei. Daraufhin ritt ihm der König persönlich mit seinem ganzen Gefolge entgegen, empfing ihn in allen Ehren, setzte ihn auf seinen Thron und bezeugte ihm mit allen zur Verfügung stehenden Mitteln seine Reverenz. König Leir erzählte ihm von der Schmach, die ihm seine Schwiegersöhne bereitet hatten, und daß er deshalb aus dem Reich geflohen sei. Daraufhin berief König Aganippius eine große Versammlung ein und sprach: »Ihr seid mir immer gehorsam und ergeben gewesen, seit ich hier die Herrschaft übernahm. Nun ist König Leir hierhergekommen, mein Schwiegervater, der aus seinem Reich geflohen ist. Um der Königin willen sind wir alle dazu verpflichtet, ihm Respekt zu erweisen. Nun bitte ich euch, daß ihr ihn zu euerm König wählt und ihm wie zuvor mir untertan seid. Ich aber werde mir woanders ein Reich erwerben, wo immer es mir beschieden sein mag. Denn ich will euch nicht der Gefahr aussetzen, für andere Männer um die Herrschaft zu kämpfen.« Die Einheimischen antworteten jedoch: »Wir wollen keinen anderen König als dich, und wir werden mit dir kämpfen, wo immer du willst.« Darauf bot der König aus seinem ganzen Reich ein Heer auf, zog mit diesem Heer nach Bretland, unterwarf es König Leir vollständig, tötete beide Jarle und kehrte dann in sein Reich zurück. Dann regierte König Leir über ganz Bretland mit dem gleichen Respekt, wie er ihn zuvor auf dem Höhepunkt seiner Macht genossen hatte. Er lebte noch drei Winter und starb in höchstem Ansehen, nachdem er sechzig Winter lang König gewesen war. Sein Begräbnis wurde ehrenvoll ausgerichtet, und das Erbgelage war so prachtvoll, daß es zwei Monate lang dauerte. König Aganippius lebte ebenfalls nur noch kurze Zeit, nachdem er Bretland erobert hatte, und sein Tod wurde von jedermann tief beklagt.

Nach ihm übernahm sein Sohn die Herrschaft; Gordeilla aber fuhr nach Bretland, unterwarf sich ganz Bretland und herrschte dann fünf Jahre lang über dieses Reich. Sie war bei den Einheimischen beliebt, doch zu dieser Zeit erhoben sich gegen sie zwei ihrer Neffen namens Marganus und Enedagus. Sie hatten nach ihren Vätern den Jarlstitel übernommen und glaubten, Gordeilla für ihr Leid verantwortlich machen zu können. Jeder der beiden sammelt ein Heer, sie treffen auf Gordeilla, und es beginnt eine erbitterte Schlacht, die damit endet, daß Gordeilla gefangengenommen und in den Kerker geworfen wird. Da gedachte sie ihrer Kränkungen und wie sehr ihr Ansehen erniedrigt worden war; wegen dieses Leids durchbohrte sie sich mit einem Kurzschwert und setzte ihrem Leben ein Ende.

Daraufhin teilten die Brüder das Reich untereinander auf. Marganus erhielt den Teil nördlich des Humra, und Enedagus den südlichen Teil. Beide regierten zwei Winter lang. Dann zog Marganus ein Heer zusammen und unternahm einen Kriegszug in das Reich seines Bruders. Als Enedagus davon erfuhr, zog er ihm mit einem Heer entgegen. Es kam zu einem erbitterten Kampf, der damit endete, daß Marganus floh und auf der Flucht gefangen und getötet wurde; und zwar an dem Ort, der nun Margan heißt, zuvor aber Kambrien hieß. Nun unterwirft sich Enedagus das gesamte Reich und regiert 33 Winter lang. Sein Tod wurde von seinen Leuten tief beklagt. Zu dieser Zeit lebten im Land der Juden die Propheten Ysaias und Osea. Damals wurde am 11. Kalendas des Monats Mai die Stadt Rom von den beiden Brüdern Remus und Romulus erbaut.

Nach Enedagus übernahm sein Sohn namens Runvallo die Herrschaft. Zu seinen Lebzeiten regnete es drei Tage lang Blut, worauf eine große Zahl von Menschen starb. Nach ihm übernahm sein Sohn Gargustius die Herrschaft; dann dessen Sohn Sisillius; dann Rigo;

dann Kirmacus, der Sohn des Sisillius; dann Gosbodaga; dann dessen Söhne Fereux und Porex. Sie stritten schon bald um die Herrschaft, und Fereux machte sich aus dem Land davon nach Frankreich, wo er sich ein Heer verschaffte. Anschließend kehrte er nach Bretland zurück, und zwischen den Brüdern kam es zu einer erbitterten Schlacht, bei der Fereux zusammen mit dem größten Teil seines Heeres fiel. Die Mutter der beiden Brüder, die Vedo hieß, wurde sehr betrübt, als sie vom Fall des Fereux erfuhr, denn sie liebte ihn mehr als alle anderen Menschen. Sie machte sich auf der Stelle auf, um ihren Sohn Porex aufzusuchen, aber er schlief gerade. Sie trat in die Kammer, in der der König schlief, und wies die anderen Leute hinaus. Dann befahl sie ihren Dienerinnen, den König mit den Kurzschwertern zu erstechen, die sie ihnen gegeben hatte. Sie führten den Befehl aus und töteten ihn.

Nach dieser Schandtat entstand im Land großer Aufruhr, der während der Lebzeiten von fünf Königen anhielt. Die Regierung geriet ziemlich in Unordnung, bis ein Mann namens Dunovalus auf den Thron kam. Er war ein Sohn des Königs Lothen von Kornbretaland und ein kühner und ehrgeiziger Mann. Damals gab es in Bretland fünf Könige. Dunovalus tötete zuerst einen namens Piner. Anschließend erhoben sich König Rodacius von Kambrien und König Stacius von Albania gegen ihn, und als sie aufeinandertrafen, kam es zu einem erbitterten Kampf mit großen Verlusten auf beiden Seiten. Es endete damit, daß beide Könige und der größte Teil ihrer Heere fielen. Dann unterwarf sich Dunovalus ihr gesamtes Reich. Er ließ sich als erster von allen Königen des Landes eine goldene Krone anfertigen. Er erließ die Gesetze, die man Malmutini nennt und die lange Zeit Gültigkeit behielten: Niemand sollte je eine solche Übeltat begehen können, als daß er nicht begnadigt würde, wenn er an dem Tag zum König käme, an dem dieser die Krone trug. Er ließ auch weithin das Land zur Besiedelung und zum Ackerbau roden und machte sämtlichen Raubzügen und Plünderungen ein Ende. Er regierte vierzig Jahre lang, starb in London und wurde in dem großen Tempel beerdigt, den er anläßlich der Gesetzgebung im Land erbauen lassen hatte.

Brennius und Belinus

Nach Dunovalus übernahmen seine Söhne namens Brennius und Belinus die Herrschaft. Sie wurden schnell uneins, und jeder der beiden wollte den Titel des höchsten Königs tragen. Schließlich einigten sie sich darauf, daß Belinus den Titel des höchsten Königs tragen solle, weil er der ältere war. Er sollte den südlichen Teil des Reiches und Brennius den nördlichen Teil bekommen. Ihr Abkommen hielt fünf Jahre lang. Es war trojanisches Gesetz, daß der ältere den höheren Titel tragen solle. Dann schlug man Brennius vor, daß er nach Norwegen fahren und um die Tochter des Königs Elfogius freien solle, um dort volle Unterstützung gegen seinen Bruder zu erhalten. Daraufhin reiste er nach Hordaland, freite um die Tochter des Königs, heiratete sie und blieb den Winter über dort. Als Belinus, der für diese Heirat nicht um Zustimmung gefragt worden war, davon erfuhr, zog er mit einem Heer nach Nordhumbraland und unterwarf es sich vollständig. Dies erfährt Brennius und sammelt ein unüberwindliches Heer.

Als der dänische König Gudrik von dieser Unternehmung erfuhr, sammelte er ein Heer, denn er mißgönnte Brennius die Heirat, die er geschlossen hatte. Es kommt zu einem erbitterten Kampf. Am heftigsten griffen die Dänen das Schiff an, auf dem sich die Königin befand, konnten es erobern und die Königin gefangennehmen. Darauf brachen sie sofort auf und stachen in See. Ein Sturm trieb acht ihrer Schiffe nach Nordhumbraland. Brennius segelte ihnen nach, kam nach Schottland und erfuhr, welche Verheerungen sein Bruder in seinem Reich angerichtet hatte und daß er seine Frau und den dänischen König in seiner Gewalt hatte. Daraufhin schickte er Boten zu seinem Bruder und forderte ihn auf, ihm sein Reich und seine Frau zurückzugeben; andernfalls werde er einen Kriegszug in sein Reich unternehmen und nichts verschont lassen. Belinus wurde über diese Botschaft zornig, sammelte eine Mannschaft und zog mit einem unüberwindlichen Heer Brennius entgegen. Sie trafen bei einem Wald namens Kalaterius aufeinander, wo ein erbitterter Kampf begann. Sie kämpften den ganzen Tag, und am Abend flohen die Norweger zu ihren Schiffen; Belinus hatte 1 500 Mann von ihnen getötet. Brennius entkam auf ein Schiff und floh nach Saxland, Belinus aber unterwarf sich erneut das gesamte Reich. Er schloß Frieden mit dem dänischen König Gudrik, indem dieser König Belinus den Treueid leistete und dafür von ihm das dänische Reich erhalten sollte. Auch die Frau des Brennius sollte ihm gehören, aber er sollte Belinus jährlich Steuern zahlen und dafür Geiseln stellen. Belinus ließ in ganz Bretland Wege und Brücken bauen und erließ Gesetze, daß auf diesen Straßen alle miteinander Frieden halten sollten, was auch immer geschehen sei; dies gilt noch heute. Niemand wagte, ihm zu Widerstand zu leisten.

Nun ist von Brennius zu berichten, daß er in Frankreich einen Kriegszug unternahm, dort aber keine Streitmacht erwarb. Er suchte einen Jarl namens Seginus auf, der über Burgunia herrschte. Er nahm Brennius in allen Ehren auf und lud ihn ein, so lange bei ihm zu bleiben, wie er wollte. Dort hielt er sich eine Zeitlang auf. Der Jarl schätzte ihn um so mehr, je länger er bei ihm blieb, und nach einiger Zeit verheiratete ihn der Jarl mit seiner Tochter, doch unter der Bedingung, daß er nach dem Tod des Jarls die gesamte Herrschaft übernehmen solle, falls dieser keinen Sohn hinterlasse. Falls der Jarl aber einen Sohn hätte, dann sollte dieser Brennius zu seiner Herrschaft in Bretland verhelfen. Alle Fürsten des Landes bekräftigten dies mit Eiden. Der Jarl lebte noch ein Jahr, und dann unterwarf sich Brennius das gesamte Reich.

Der Jarl war ein knausriger Mann gewesen, während Brennius so freigebig war, daß er aus vollen Händen jeden beschenkte, der etwas von ihm annehmen wollte. Daraufhin wurde er so beliebt, daß jeder im Land nach seiner Pfeife tanzte. Er dachte daran, welche Art von Freundschaft er seinem Bruder zu vergelten hatte. Darauf bietet er ein Heer auf und zieht nach Bretland. Als Belinus davon erfährt, sammelt er ein Heer und zieht ihm entgegen. Ihre Mutter namens Tonema, die damals noch lebte, trat dazwischen und wollte sie versöhnen. Als ihr dies nicht gelingt, durchschreitet sie die Reihen des Heeres, tritt auf Brennius zu, legt ihm beide Arme um den Hals, entblößt ihre beiden Brüste, zeigt sie ihm und spricht weinend: »Erinnerst du dich, mein Sohn, daß du als Kind an diesen Brüsten trankst? Unter dieser Brust trug ich dich, als dich der Schöpfer ein Mensch werden ließ. Jetzt aber verletzt du diese Brust, indem du mir Leid zufügst. Mein Sohn, erinnere dich, was ich für dich erduldete. Mäßige um meiner Bitte willen den Zorn gegen deinen Bruder. Auch wenn du seinetwegen das Land verlassen mußtest, so bedeutet das für dich dennoch keine Schmach, denn du bist jetzt weder ein geringerer Mann als er, noch besitzt du weniger ausgedehnte Ländereien. Vielmehr solltest du es so betrachten, daß du es ihm zu verdanken hast, wenn du aus einem kleinen Jungen zu einem großen König geworden bist. Wenn du aber weder auf brüderliche Liebe noch auf mütterliche Freude Rücksicht nehmen willst, wird sich das Glück von dir abkehren und dem zuwenden, der es zu schätzen weiß.« Nachdem Brennius das gehört hatte, verrauchte sein Zorn, und er wollte sie trösten. Er legte seine Waffen ab und ging mit freundlichem Gesicht auf seinen Bruder zu. Als Belinus das sah, legte er seine Waffen ab, und dann küßten sie sich und bekräftigten ihr gutes verwandtschaftliches Verhältnis ganz so, wie es sich gehörte. Anschließend fuhren sie zusammen nach Valland und von dort nach Frankreich, um dort Kriegszüge zu unternehmen. Sie unterwarfen sich sämtliche Reiche, die nördlich der Berge liegen, und unterstellten sie ihren Leuten. Danach zogen sie nach Süden über die Berge, bis nach Rom.

Damals herrschten über Rom und Italien zwei Konsuln namens Galtus und Porsenna. Als die Römer von der riesigen Streitmacht der Brüder erfuhren, ergaben sie sich in deren Gewalt, zahlten ihnen Steuern und übergaben ihnen Geiseln als Treuepfand, daß sie stets den Forderungen nachkommen wollten. Dann zogen die Brüder nach Norden über die Berge nach Saxland. Die Saxen sammelten ein Heer, um ihnen Widerstand zu leisten. Sie kämpften gegeneinander, aber die Brüder errangen stets den Sieg. Als die Römer davon erfuhren, brachen sie ihr Abkommen mit den Brüdern und schlossen sich dem Heer der Saxen an. Nachdem die Brüder davon erfahren hatten, beschlossen sie, daß Brennius mit seinem Heer nach Rom ziehen und Belinus in Saxland zurückbleiben solle. Als die Römer dies bemerkten, wollten sie Brennius einen Hinterhalt legen, sobald er sich auf den Rückweg machte. Belinus, der dies bemerkte, zog während der Nacht mit seinem Heer in das Tal, durch das der Weg der Römer führte. Als es heller Tag geworden war, sahen die Römer eine große Zahl von Männern mit blanken Waffen vor sich. Darauf wurden sie von Furcht ergriffen und glaubten, daß Brennius gekommen sei; sie waren nämlich nicht für einen baldigen Kampf gerüstet. Belinus griff sie beherzt an: Zahlreiche Römer fielen, und alle Überlebenden flohen. Da es dunkel zu werden begann, ließen sie voneinander ab. Dann suchte Belinus Brennius auf, sie zogen gemeinsam nach Rom und belagerten es. Vor den Toren der Stadt ließen sie einen Galgen errichten und führten die Geiseln dorthin, doch die Bewohner der Stadt gaben ihre Verteidigung dennoch nicht auf. Daraufhin ließen die Brüder zwanzig ihrer Geiseln hängen, die Söhne der mächtigsten Männer. Durch diesen Anblick wurden die Leute so erschreckt, daß sie bereit waren, sich zu ergeben, doch in diesem Moment kam die Truppe herbei, die vor Belinus geflohen war, und stürmte aus der Stadt hinaus zum Kampf gegen die Brüder. Es endete damit, daß die Römer flohen und beide Seiten große Verluste erlitten. In diesem Kampf fielen Porsenna und Galtus, die beiden Anführer der Römer. Die Brüder brachten die Stadt erneut in ihre Gewalt und unterstellten sie ihren Leuten. Sie bestritten noch viele Schlachten in Italien, ehe sie es erobern konnten, worauf Brennius als Herrscher eingesetzt wurde. Über ihn wird hier nichts weiter berichtet.

Belinus kehrte mit seinem Heer nach Bretland zurück und gründete dort ein Reich. Er ließ viele Städte und Burgen bauen. In London ließ er über dem Tor, das auf den Fluß Themse hinausführte, mit großer Kunstfertigkeit einen hohen Turm errichten, mit einem goldenen Knopf oben darauf. Als Brennius starb, wurde sein Leichnam verbrannt, die Asche in ein goldenes Gefäß gefüllt und auf diesen Knopf gestellt, der sich auf dem Turm befand, denn er ragt am höchsten über die ganze Stadt hinaus.

König Gyrgvir

Belinus' Sohn namens Gyrgvir übernahm nach seinem Vater die Herrschaft; er war ein überaus umgänglicher und kluger Mann. Die Bevölkerung verhielt sich ihm gegenüber zuerst sehr aufsässig und zettelte einen Aufstand gegen ihn an. Doch obwohl er im täglichen Leben umgänglich war, erwies er sich als erstaunlich unnachgiebig und kampfkühn, wenn er sich etwas vorgenommen hatte. Deshalb blieb er stets siegreich, und deshalb hörten auch die Kämpfe im Land auf. Als ihm der dänische König die Steuern vorenthielt, die er seinem Vater gezahlt hatte, bot Gyrgvir ein Heer auf und zog nach Dänemark. Dort kam es zu einem erbitterten Kampf, bei dem der dänische König fiel und Gyrgvir sich das ganze Land unterwarf. Auf dem Rückweg gelangte er auf die Orkneys, wo sich ein Mann namens Partholomis mit dreißig Schiffen aufhielt; er war aus Spanien geflohen und neun Monate lang auf dem Meer herumgeirrt. Er bat den König um Hilfe, worauf dieser ihn anwies, das Land zu besiedeln, das heute Irland heißt. Dann zog Partholomis mit seinen Leuten dorthin, wo sie und ihre Nachkommen seither leben. Kurz darauf starb König Gyrgvir, und man trauerte sehr um ihn.

Nach ihm übernahm sein Sohn namens Guitilinus die Herrschaft. Die gesamte Bevölkerung liebte ihn. Seine Frau namens Marcia war spanischer Abstammung. Der König lebte nur kurze Zeit und starb an einer Krankheit. Nach ihm übernahm sein siebenjähriger Sohn Kananus die Herrschaft. Solange er noch ein Kind war, regierte die Königin das Reich. Sie erließ im Land Gesetze, die man Marciane nennt und die lange Zeit Gültigkeit besaßen. Nach Kananus übernahm sein Sohn namens Sisillius die Herrschaft; nach ihm sein Bruder, dessen Name jedoch nicht genannt wird; nach ihm Mordidus, ein unehelicher Sohn des Kananus. Als dieser noch nicht lange regiert hatte, kam ein Kriegerkönig aus Nordhumbraland und überfiel das Land. Als Mordidus davon erfuhr, wurde er sehr zornig und zog ihm mit seinem Heer entgegen. Es kommt zu einem erbitterten Kampf, aber es dauert nicht lange, bis Mordidus den Sieg erringt. Er war so zornig geworden, daß er niemanden begnadigen wollte. Dann ließ er die Gefangenen vorführen und hieb jedem selbst den Kopf ab, bis er so erschöpft war, daß er kaum noch gehen konnte. Dann befahl er, daß man den übrigen bei lebendigem Leib die Haut abziehen und sie selbst dann verbrennen solle. Nachdem sich dies herumgesprochen hatte, wagte niemand mehr, gegen sein Reich Kriegszüge zu unternehmen.

Zu seinen Lebzeiten begab sich im Reich das merkwürdige Ereignis, daß ein riesiges Tier aus dem Meer emporstieg, das so rasend war, daß es alles riß und biß, was ihm in die Fänge geriet, und das, wohin es auch kam, das ganze Land verwüstete. Der König leistete ihm Widerstand und schleuderte viele Geschosse nach ihm, aber keines konnte das Tier verletzen. Nachdem der König dies erkannt hatte, trat er näher hinzu und wollte das Tier erschlagen. Doch als er zu dem Tier kam, verschluckte es ihn wie einen kleinen Fisch, und damit endete das Leben des Königs. Er hinterließ fünf Söhne. Der Älteste namens Gorlomanus, den man zum König wählte, war ein großer Opferer. Damals fiel die Ernte in Bretland so reichlich aus, daß niemand sich an dergleichen erinnerte. Er war auch ein äußerst beliebter Mann, und zu seinen Lebzeiten geschah nichts, was sein Wohlergehen schmälerte. Er starb auf der Höhe seines Ruhmes und wurde in London eingehügelt.

Nach ihm übernahm sein Bruder Argallo die Herrschaft. Er war schlecht und bösartig, denn er richtete alle führenden Leute des Landes zugrunde und verhalf denen zur Macht, die es nicht verdienten. Er wurde deswegen so unbeliebt, daß er aus dem Land fliehen mußte.

Die Bevölkerung wählte seinen Bruder namens Ellidurus zum König, der bald beliebt wurde. Argallo begab sich zu seinen Freunden, um sich Unterstützung zu erbitten, doch niemand wollte ihm Hilfe leisten. Dann kehrte er nach Bretland zurück und verbarg sich zusammen mit zehn Männern in einem Wald namens Kalaterius. Eines Tages, als Ellidurus in ebendiesem Wald auf die Jagd ging, traf er auf seinen Bruder Argallo. Er küßte ihn und nahm ihn mit nach Hause, so daß aber niemand außer seinem Burschen davon erfuhr. Argallo wurde in Ellidurus' privatem Zimmer versteckt. Der König wurde krank und ließ allen Fürsten im Land eine Botschaft schicken. Nachdem alle herbeigekommen waren, ließ sie der König einzeln zu sich rufen. Der König ließ sofort jeden gefangennehmen, wie er gerade kam, und sprach: »Ich behandle euch unangemessen, aber ich will euch kundtun, daß mein Bruder gekommen ist, der meinetwegen das Land verlassen mußte. Weil ich weiß, daß wir uns bald trennen werden müssen, will ich Argallo dieses Reich zurückgeben. Falls ihr nicht einwilligt, werde ich euch allen den Kopf abschlagen lassen.« Obwohl es ihnen keineswegs zusagte, willigten sie in alles ein, was der König verlangte, und dies wurde mit Eiden bekräftigt. Dann reisten sie nach York, wo der König seine Krone abnahm und sie seinem Bruder Argallo aufsetzte. Ellidurus aber blieb im Rang eines Justitiars. Argallo übte nun die Herrschaft auf ganz andere Weise aus als zuvor, woraufhin er ein beliebter Mann wurde. Er regierte zehn Jahre lang und starb in einer Stadt namens Leira.

Daraufhin wählten die Briten Ellidurus zum zweiten Mal zum König. Er regierte auf dieselbe Weise wie zuvor. Zwei seiner Brüder namens Vigenius und Peridurus erhoben sich gegen ihn. Sie überfielen den König und konnten sich seiner bemächtigen, denn er hatte nicht mit Verrat von ihrer Seite gerechnet. Sie setzten ihn in London gefangen, teilten das Reich unter sich auf und regierten sieben Jahre lang. Dann starben beide. Anschließend befreiten die Briten Ellidurus aus dem Gefängnis in London, und er wurde zum dritten Mal zum König gewählt. Nun regierte er ruhmreich und in großer Beliebtheit sein ganzes Leben lang und starb hochangesehen in hohem Alter. Er war kinderlos geblieben. Daraufhin geriet die Herrschaft in ziemliche Unordnung, weil es verschiedene Könige gab, über die jedoch keine Geschichte verfaßt wurde: Der erste war Marganus; dann Ermianus; dann Tedivallus; dann Nore, Katellus, Porrex und Kervi; dann Sulgencius; dann Elturus und Klendacus; dann Canotus; dann Gurgicius;

dann Marianus; dann Caftenus; dann Rillus; dann Beredabel; dann Dolvar und dann Helius, der ein Mann aus vornehmer Familie war und vierzig Jahre lang regierte. Er hinterließ drei Söhne namens Lud, Casibellanus und Nenius. Nach seinem Vater übernahm Lud den Königstitel, denn er war der älteste. Er ließ in London neue Straßen bauen und verstärkte die Stadt mit Kastellen und Türmen. Er war dem Reich sehr dienlich und sehr tüchtig an den Waffen. Er regierte das Reich nur kurze Zeit und wurde in London begraben; er hinterließ zwei junge Söhne namens Androgeus und Tenuancius. Nach ihm übernahm Casibellanus die Herrschaft, und als seine Brudersöhne fast erwachsen waren, setzte er Androgeus über London und Tenuancius über Kornbretaland ein.

Julius Caesar

In dieser Zeit zog Julius Gajus Caesar nach Norden über die Berge und unterwarf sich ganz Gallien. Ihm wurde berichtet, daß es nicht weit entfernt eine Insel gebe, die von einem Volk bewohnt werde, das wie die Römer von Eneas abstamme; dieses Volk sei sehr aus der Art geschlagen und könne nicht kämpfen; deshalb sei dieses Land für ihn leicht einzunehmen. Julius schickte Casibellanus einen Brief folgenden Inhalts: daß die Briten den Römern Steuern zahlen und ihnen untertan sein sollten. Das geschah zu einer Zeit, als die Römer die gesamte Welt eroberten. Casibellanus ließ als Antwort wiederum einen Brief schicken, der lautete: »Sonderbar ist Eure Begehrlichkeit, Römer, wenn Ihr von uns Steuern fordert, die wir uns Wälder und unbewohnte Gebiete nutzbar gemacht haben. Es wäre besser für Euch, mit uns Frieden zu schließen, Euch uns anzuschließen und unser Reich durch Eure große Streitmacht zu verstärken. Obwohl wir unser Reich unter Schwierigkeiten erworben haben, ist uns jegliche Unfreiheit unbekannt, und sollten uns die Götter persönlich zur Sklaverei bestimmt haben, werden wir uns dem mit aller Macht widersetzen. Laßt von Eurem Vorhaben ab, denn wir werden uns mit dem Willen der Götter dagegen wehren.«

Nachdem Caesar den Brief gelesen hatte, wurde er sehr zornig. Er verschafft sich Schiffe, bricht mit seinem Heer nach Bretland auf und fährt in den Fluß Themse ein. Casibellanus hatte umfangreiche Vorbereitungen getroffen, sowohl zu Wasser als auch zu Land. Bei ihm befanden sich auch der dänische König Cridvosus, der irische König Gvendagus und der schottische König Britteus. Außerdem hielt sich dort ein Heerführer namens Beligus auf, der den Vorschlag äußerte, gegen das Heer des Julius in kleinen Gruppen anzustürmen und keine Schlachtreihen aufzustellen. Diesem Vorschlag folgten sie und überfielen ihre Gegner überraschend; im Heer des Julius gab es große Verluste. Nachdem sie lange Zeit gekämpft hatten, trafen Julius und Nenius, der Bruder des Casibellanus, aufeinander. Julius schlägt auf den Helm des Nenius ein, so daß das Schwert steckenbleibt. Nenius schob den Schild unter das Schwert, weshalb Julius loslassen mußte. Nenius ergreift dieses Schwert, wirft sein eigenes Schwert weg, schlägt nach beiden Seiten und tötet viele seiner Gegner. Dann tritt ihm ein Heerführer namens Labienus entgegen, aber Nenius versetzt ihm den Todesstoß. In diesem Moment ergreifen die Römer die Flucht. Sie flohen zu den Schiffen und kehrten nach Saxland zurück. Nenius war vom Schwert des Julius am Kopf verletzt worden. Die Wunde begann zu schmerzen, und wenige Tage später starb er, denn das Schwert war vergiftet gewesen. Casibellanus trauerte sehr über den Tod seines Bruders.

Julius, der sehr unzufrieden mit dem Stand der Dinge war, zog zum zweitenmal ein Heer aus Gallien und Saxland zusammen und wollte damit nach Bretland aufbrechen. Davon erfährt Casibellanus, der daraufhin in Bretland umfangreiche Vorbereitungen trifft, indem er die Kastelle ausbessert und Waffen und Verteidigungsanlagen instand setzt. Er setzte auch Heerführer zur Bewachung aller Häfen in Bretland ein. Außerdem ließ er den Fluß Themse mit Blei und Eisen verbarrikadieren und sorgte dort für Verteidigungsanlagen und Verschanzungen. Nachdem zwei Jahre vergangen waren, kam Julius mit einem unüberwindlichen Heer nach Bretland. Als er in die Themse einfuhr, liefen die Schiffe auf die Barrikaden auf, denn diese lagen unter der Wasseroberfläche und durchbohrten die Schiffe sofort. Dabei ging ein großer Teil des römischen Heeres zugrunde. Viele gelangten jedoch mit Julius an Land, rüsteten sich sofort zum Kampf gegen die Briten und fügten ihnen große Verluste zu. Da aber drei Briten auf einen Römer kamen, vermochten die Römer nichts gegen die Übermacht auszurichten, und Gajus Julius mußte zu seinen Schiffen fliehen. Er fuhr nach Valland, wo er sich eine Zeitlang aufhielt.

Casibellanus veranstaltete nach diesem Sieg ein großes Opferfest und lud dazu alle Fürsten seines Reiches nach London ein. Es wurden

40 000 Rinder und 30 000 Wildtiere geschlachtet. Im Palast des Königs spielten zwei kleine Jungen namens Hirelgis – er war der Schwestersohn des Casibellanus – und Enelius; er war der Schwestersohn des Androgeus und weniger draufgängerisch im Spiel. Deshalb wird er zornig, ergreift ein Schwert, schlägt dem Neffen des Königs den Kopf ab und sucht dann eilig Schutz bei seinem Onkel Androgeus. Als König Casibellanus davon erfuhr, wurde er zornig und befahl Androgeus, ihm den Jungen auszuliefern. Androgeus machte dem König ein Versöhnungsangebot, doch der König lehnte ab. Daraufhin räumte Androgeus das Feld, denn er glaubte, dem König nicht Paroli bieten zu können. Der König ließ Androgeus' gesamte Habe verbrennen, bis auf das, was er selbst davon in seinen Besitz nahm. Daraufhin schickte Androgeus einen Brief an Caesar, in dem er ihm von dem gesamten Geschehen berichtete, und »wenn Ihr meinen Wünschen Folge leisten wollt, werde ich dafür sorgen, daß Ihr mit meiner Hilfe ganz Bretland in Euern Besitz bringen könnt. Stellt nun meine Wiedergutmachung in Form eines möglichen glänzenden Sieges höher in Rechnung als meinen einstigen Widerstand. Gemäß dem Gang der Welt und dem Willen der Götter werden häufig diejenigen Freunde, die zuerst Widersacher waren, und das hat schon oft zu einem schnellen Sieg verholfen. Mögt Ihr nun lieber auf Vernunft als auf Vergeltung bedacht sein.«

Nachdem Julius diesen Brief gelesen hatte, hielt er es für noch problematischer als zuvor, den Briten zu vertrauen; aber er fand es ebenso problematisch, das Angebot abzulehnen. Er nahm von Androgeus Geiseln, denn dieser hatte seine Tochter namens Segerna mit vierzig Soldaten zu ihm gesandt. Dann bot Julius zum dritten Mal ein Heer auf. Als Casibellanus dies bemerkte, unternahm er einen Gegenzug. Julius hatte sein Heerlager nahe einer Stadt namens Duruberina aufgestellt, wie es Androgeus vorgeschlagen hatte. Nicht weit davon entfernt befand sich ein Wald, und in diesem Wald hielt sich Androgeus mit 5 000 Mann auf. Casibellanus greift mit seiner Truppe das Heerlager des Julius an. Es kommt zu einem erbitterten Kampf, bei dem auf beiden Seiten viele Leute umkommen. Als diese Schlacht auf ihrem Höhepunkt war, kam Androgeus mit seinen Leuten hinzu. Sie fallen den Briten in den Rücken, worauf es auf seiten der Briten die größeren Verluste gibt. Als Casibellanus das bemerkte, floh er mit seinen Leuten auf einen Berg, wo es ihnen nicht an Steinen mangelte und für sie zum Kampf gut geeignet war. Julius und Androgeus belagerten den

Berg und wollten sie dort aushungern. Doch als sich Casibellanus bezwungen sah, schickte er einen Boten zu Androgeus, damit er zwischen ihm und Caesar Frieden schließe. Er bot Caesar an, ihm gemäß seinen eigenen Wünschen jegliche Ehre zu erweisen. Nachdem Androgeus von dieser Botschaft erfahren hatte, trat er vor Caesar und sagte: »Schlecht ist es um den Fürsten bestellt, der sich im Krieg wie ein Lamm, im Frieden dagegen zornig wie ein Löwe und verschlagen wie ein Wolf verhält. Casibellanus ist geschlagen; erweist ihm jetzt Barmherzigkeit und gebt ihm sein Reich unter der Auflage von Steuern zurück. Ihr mögt euch auch daran erinnern, was ich für euch getan habe: Ihr hättet dieses Reich niemals erobert, wenn ich euch nicht dabei geholfen hätte; und ihr werdet es nicht halten können, wenn ich mich dagegen widersetze. Erfüllt mir nun die erste Bitte, die ich an euch richte.« Julius sah, daß Androgeus zornig war, und schloß mit Casibellanus Frieden, so daß Casibellanus den Römern jedes Jahr Steuern zahlte. Anschließend wurde Casibellanus einer der besten Freunde der Römer.

Gajus blieb den Winter über in Bretland. Nachdem er zehn Jahre lang nördlich der Berge gekämpft hatte, kehrte er im folgenden Sommer zusammen mit Androgeus nach Rom zurück. Anschließend kam es zu einer Auseinandersetzung zwischen Caesar und seinem Schwager Pompeius Magnus, woraufhin Julius Gajus Caesar Alleinherrscher über die ganze Welt wurde, wie in der *Saga von den Römern* berichtet wird. Casibellanus lebte nur noch kurze Zeit; er starb in York. Nach ihm übernahm sein Bruder Tenuancius die Herrschaft, und nach ihm sein Sohn Bellinus, der sich bei Kaiser Augustus aufgehalten hatte und beim Kaiser so beliebt war, daß ihm dieser alle Steuern erließ, solange er lebte. Zu seinen Lebzeiten wurde unser Herr Jesus Christus in diese Welt geboren. Bellinus herrschte zehn Jahre lang; er hinterließ zwei Söhne namens Gvider und Arviragus. Nach Bellinus übernahm Gvider die Herrschaft, und er enthielt den Römern die Steuern vor. Damals war Claudius Kaiser. Er zog mit einem Heer nach Bretland, ging bei Humra an Land und belagerte die Stadt. Als Gvider davon erfährt, sammelt er ein Heer; sie treffen aufeinander, die Briten durchbrechen sofort die römischen Schlachtreihen, woraufhin das Heer des Kaisers die Flucht ergreift.

Lelius, ein gewaltiger Mann des Kaisers, der auch die britische Sprache konnte, hatte eine britische Rüstung angelegt. Er gab vor, sich an den König um Hilfe wenden zu wollen, doch als er dorthin kam, wo sich der König aufhielt, durchbohrte Lelius ihn mit dem Schwert und wollte dann zu seinen Leuten zurückkehren. Da er aber die Schiffe nicht erreichen konnte, floh er in den Wald. Als Arviragus, der Bruder des Königs, dies sieht, entwaffnet er seinen Bruder, legt dessen Waffen an und mischt sich unter das römische Heer im Wald, denn man glaubt, daß der Kaiser dorthin geflohen sei. Bei diesem Angriff tötete Arviragus Lelius. Dann begab er sich in eine Stadt namens Filistria. Der Kaiser machte sich mit seinem gesamten Heer auf den Weg dorthin und belagerte die Stadt mit seiner ganzen Mannschaft und mit seiner ganzen Kriegskunst. Als Arviragus erkannte, in welche Notlage er geraten war, sperrte er die Stadttore auf und rüstete sich zum Kampf. Als der Kaiser dies bemerkte, schickte er Männer zu ihm, um mit ihm unter den gleichen Bedingungen Frieden zu schließen, wie dies zuvor Julius und Casibellanus getan hatten. Außerdem wollte der Kaiser seine Tochter mit einer großen Mitgift Arviragus zur Frau geben. Als Freunde beider Seiten zwischen ihnen vermittelten, gelang es, zwischen ihnen Frieden und außerdem völlige Freundschaft zu stiften. Während dieses Kriegszuges unterwarf sich der Kaiser mit Arviragus' Hilfe die Orkneys, kehrte dann nach Rom zurück und schickte Boten mit seiner Tochter namens Gepissa nach Bretland. Der König heiratete sie und ließ dort, wo ihre Hochzeit stattfand, zur Erinnerung eine Stadt erbauen. In dieser Zeit gründete der heilige Apostel Petrus seinen Bischofssitz in Antiochia. Er begab sich zu Arviragus' Lebzeiten nach Rom, legte dort den Grundstein für die Residenz des Papstes und schickte dann den Evangelisten Markus nach Ägypten, damit dieser dort den Glauben verkünde.

Nachdem Arviragus die Tochter des Kaisers geheiratet hatte, stellten sich alle Könige des Landes auf seine Seite. Er wurde die Unterdrückung durch die Römer leid und enthielt ihnen die Steuern vor. Der Kaiser sandte daraufhin Vespasian, um die Steuern einzutreiben, im Guten oder im Bösen. Als er nach Bretland kam, belagerte er eine Stadt namens Exonia. Kurz darauf langte auch König Arviragus mit seinem Heer dort an; es kam zu einem erbitterten Kampf, der bis zum Abend dauerte und bei dem eine Vielzahl von Leuten verwundet oder getötet wurde. Am darauffolgenden Morgen gelang es der Königin, zwischen ihnen Frieden zu stiften; Vespasian kehrte nach Rom zurück und war mit seiner Unternehmung höchst zufrieden. Arviragus blieb nun friedfertig, war in seinem Reich beliebt und starb an Altersschwäche. Er wurde in der Stadt namens Claudiocestra begraben, wo auch seine Hochzeit stattgefunden hatte. Nach ihm übernahm sein Sohn namens Marius die Herrschaft.

Rodrie, der König von Peito, überfiel das Reich des Marius. Er hatte ein gewaltiges Heer, und es kam zu einem erbitterten Kampf, der lange anhielt, bis Rodrie fiel. Als Zeichen seines Sieges ließ Marius eine hohe Steinsäule errichten, die in einem Bezirk namens Vestmaria steht. Er überließ seinen Leuten eine Halbinsel des Landes, um dort zu roden und zu siedeln; sie heißt heute Katanes. Diesem Volk gegenüber hegten die Briten große Verachtung und wollten ihre Töchter nicht dorthin verheiraten. Dennoch lebte dort bald eine große Zahl vornehmer Leute, über die es eine bedeutende Geschichte gibt, auch wenn sie hier nicht aufgeschrieben wurde. Marius hielt zeit seines Lebens Freundschaft mit den Römern und starb in hohem Ansehen. Sein Sohn namens Coilus übernahm nach ihm die Herrschaft; er war in Rom erzogen worden und blieb sein ganzes Leben lang ein großer Freund der Römer.

Lucius

Nach ihm übernahm Coilus' Sohn namens Lucius die Herrschaft. Er war noch nicht lange König gewesen, als er erfuhr, daß einige Leute in Rom eine andere Religion als die Allgemeinheit hatten. Diese Leute spendeten den Menschen Leben und Gesundheit und behaupteten, sich mittels guter Werke ewige Seligkeit erwerben zu können. Daraufhin schickte er einen Brief an Papst Eleutherius und forderte ihn auf, Geistliche auszusenden, um das Christentum in seinem Land zu verbreiten. Der Papst war über diese Nachricht sehr erfreut und schickte ausgezeichnete Geistliche, Faganus und Divianus, die unter dem Schutz des Königs in ganz Bretland des Namens Gottes verkündeten, die Menschen tauften und Tempel in Kirchen umwandelten. Zuvor hatte es dort 28 Tempel und dazu drei Haupttempel gegeben. Die Männer, die sie verwalteten, nahmen eine höhere Stellung ein als alle anderen im Land. Der König ließ alle diese Verirrten zum Christentum bekehren und so viele Bischöfe im Land einsetzen, wie es zuvor Opferpriester gegeben hatte. Es gab drei Erzbischöfe: einen in London, den zweiten in Canterbury, den dritten in York, und der König vermachte ihnen bedeutende Besitztümer. Faganus und Divianus verkehrten regelmäßig zwischen Rom und Bretland und bekehrten durch ihre Lehren viele Leute zum rechten Glauben. Der König starb in einer Stadt namens Claudiocestra und wurde dort in dem Dom beerdigt, den er selbst hatte erbauen lassen. Damals waren 155 Jahre seit der Geburt unseres Herrn Jesus Christus vergangen.

Lucius hinterließ keinen Sohn, und als die Römer dies erfuhren, schickten sie einen Füsten namens Severus nach Bretland, um erneut das Land zu unterwerfen. Doch ihm leistete ein Jarl namens Fulgencius Widerstand. Da die Römer eine so große Streitmacht besaßen, fuhr Fulgencius nach Süden übers Meer, verschaffte sich dort ein Heer, kehrte dann überraschend nach Bretland zurück und belagerte sofort die Stadt York. Als Severus davon erfährt, zieht er ihm mit einem Heer entgegen, und es kommt zu einem erbitterten Kampf. In dieser Schlacht fiel Severus, und Fulgencius wurde tödlich verwundet. Severus hinterließ zwei Söhne namens Geta, dessen Mutter Römerin war, und namens Bassianus, dessen Mutter Britin war. Jedes der beiden Völker wollte seinem Anhörigen zur Herrschaft verhelfen, bis es schließlich zu einem erbitterten Kampf zwischen ihnen kam. Geta fiel, und Bassianus übernahm den Königstitel und die gesamte Herrschaft.

In dieser Zeit wuchs in Bretland ein junger, vornehmer und vielversprechender Mann namens Carasius heran. Da er glaubte, dort keine Ehre gewinnen zu können, wandte er sich an die Römer und bot ihnen an, das Land zu verteidigen und die Steuern bei den Briten einzutreiben. Dieses Amt wurde ihm von ihnen urkundlich übertragen. Er zieht mit seinem Heer nach Bretland und unternimmt dort einen Kriegszug. Als Bassianus dies bemerkt, zieht er ihm entgegen, und es kommt zu einem erbitterten Kampf, bei dem Bassianus fällt. Als die Römer davon erfahren, werden sie über Carasius zornig und schicken einen Mann namens Allectus aus. Nachdem er in Bretland angekommen war, zog ihm Carasius entgegen, und es kam zu einem sehr erbitterten Kampf, bei dem Carasius fiel. Allectus unterwarf sich daraufhin das gesamte Reich und setzte die Bevölkerung sehr harter Behandlung aus. Sie waren damit unzufrieden und wählten einen Mann namens Clepidotus zum König, der gegen Allectus rüstete. Damals war Gallius der Anführer der Römer. Er bemächtigte sich Londons, und als Clepidotus davon erfuhr, sammelte er ein unüberwindliches Heer und begann, die Stadt zu zerstören. Daraufhin ergab sich Gallius und wollte fliehen, doch als sie aus der Stadt herauskamen, überfiel sie ein Volksstamm namens Venodoti, dessen Angehörige alle Römer an einem einzigen Tag töteten.

Dann unterwarf sich Clepidotus ganz Bretland und regierte zehn Jahre lang. Zu seinen Lebzeiten begann Kaiser Diocletian, in der ganzen Welt gegen die Christen Krieg zu führen. Damals verfiel auch in Bretland allmählich das Christentum, denn aus Rom war erneut ein Fürst namens Maximianus gekommen, den man ausgesandt hatte, um die Kirchen zu zerstören und die Heiligtümer zu verbrennen. Teils tötete er die Christen, teils ächtete er sie. In Alkialnuaburg folterte er folgende Heilige: Albanus, Julius und Aaron. Albanus hatte einen Mann namens Amprolabus beschützt: Als diesen die Peiniger ergreifen wollten, tauschte Albanus die Kleider mit ihm und unterzog sich dann frohen Mutes aus Liebe zu Gott der Folter. Zu dieser Zeit zettelte in Lincoln ein Herzog namens Koel einen Aufstand an. Er kämpfte gegen Clepidotus und tötete ihn. Dann übernahm Koel die Königsherrschaft über Bretland, und als die Römer davon erfuhren, schickten sie aus dem Süden einen Senator namens Constantius. Er war ein kluger und beliebter Mann, der den Römern ganz Spanien unterworfen hatte. Koel machte ihm ein Friedensangebot und bot ihm an, unter den gleichen Bedingungen wie früher Steuern zu zahlen, worauf der Friedensvertrag zustande kam. Kurz darauf starb Koel. Darauf übernahm Constantius die Königsherrschaft und heiratete Elena, eine Tochter Koels. Sie war eine außerordentlich schöne und kluge Frau und das einzige Kind Koels. Sie hatten einen Sohn namens Constantinus, der bald ein sehr tüchtiger Mann wurde. Constantius regierte zehn Jahre lang. Er starb in York und wurde dort begraben.

Maxentius

Nach Constantius übernahm sein Sohn Constantinus die Herrschaft. Er war ein kluger und fähiger Herrscher, rechtschaffen und maßhaltend. Gegen seine Feinde war er unversöhnlich und bestrafte Raub und Diebstahl streng. Damals führte ein Römer namens Maxentius Krieg gegen das Land und fügte durch Raub und Diebstahl den Briten schlimmes Leid zu, doch Constantinus jagte ihn mit Schimpf und Schande davon. Seine römischen Verwandten versuchten oft, ihn zu überreden, daß er mit einem Heer nach Rom ziehen solle, um der Unterdrückung, die die Römer den Briten aufgezwungen hatten, ein Ende zu bereiten. Auf ihr Drängen hin bietet der König aus ganz Britannien ein Heer auf, zieht nach Süden über die Berge und unterwirft sich ganz Italien und Rom. Kurz darauf wurde er Kaiser über die ganze Welt.

Bei ihm hielten sich Tosolius, Trahan und Marius auf, die Vaterbrüder seiner Mutter, der Königin Elena, die er alle zu römischen Senatoren ernannte. Dann unternahm Herzog Octavius einen Kriegszug in Bretland, unterwarf es sich und ernannte sich selbst zum König. Als Kaiser Constantinus davon erfuhr, schickte er seinen Onkel Trahan nach Bretland, um es zurückzuerobern. Nachdem Trahan in Bretland angekommen war, belagerte er eine Stadt namens Potestria. Als Octavius von diesen Ereignissen berichtet wurde, unternahm er einen Gegenzug gegen Trahan, und es kam zu einem erbitterten Kampf, bei dem Octavius den Sieg errang. Trahan floh zu seinen Schiffen, segelte nach Schottland und heerte und brandschatzte dort. Als Octavius davon erfährt, zieht er mit seinem Heer nach Schottland. Sie trafen an einem Ort namens Vestmaria aufeinander und schlugen sich dort zum zweiten Mal. Diesmal errang Trahan den Sieg, und Octavius floh. Trahan verfolgte Octavius, wohin er auch floh, bis er das Land verließ. Trahan unterwarf sich Bretland und ernannte sich selbst zum König. Octavius floh nach Norwegen zu dem dort regierenden König Gunbertus. Trahan verhielt sich der Bevölkerung gegenüber unberechenbar, und als er eines Tages in der Nähe von London über ein Feld ging, stürmten hundert bewaffnete Männer hervor und töteten den König. Anschließend benachrichtigte die Bevölkerung Octavius, der daraufhin nach Bretland reiste und zum zweiten Mal die Königsherrschaft übernahm. Er verjagte alle Römer aus Bretland und befreite das Land von deren Steuerforderungen.

Octavius hatte nur eine Tochter, aber keinen Sohn. Sie heiratete einen Mann namens Maximianus, der ein Sohn des Leoncius war, des Vaterbruders der Königin Elena; er übernahm nach Octavius die Herrschaft. Cananius, ein Schwestersohn des Octavius, machte ihm die Herrschaft streitig. Sie trugen zahlreiche Kämpfe miteinander aus, schlossen aber nach einiger Zeit Frieden und wurden gute Freunde. Dann fuhr Maximianus nach Süden übers Meer und eroberte ganz Valland. Er tötete Kaiser Gracianus und verjagte dessen Bruder Valentinus aus Rom. Einen Winter später wurde Maximianus in einer Stadt namens Aquila getötet. Er hatte einen Großteil der Bevölkerung aus Bretland mitgenommen, so daß dort große Gebiete verödet waren. Dann machten sich Gnaius und Melga, zwei Jarle aus Peito, nach Bretland auf. Sie wurden beide von einem Mann namens Gracianus getötet. Er hatte sich lange Zeit bei Maximianus aufgehalten und wurde dann zum König über Bretland gewählt. Doch jedermann war ihm böse gesinnt, und schließlich brachte man ihn sogar ums Leben.

Zu dieser Zeit herrschte Cananius über Armorica, und Dionotus regierte in Bretland. Er hatte eine schöne Tochter namens Ursula. Cananius freite um sie, und sie wurde ihm versprochen. Daraufhin fuhr Ursula mit 11 000 Jungfrauen nach Süden übers Meer nach Saxland, und als sie nach Köln kamen, hielt sich dort bereits König Attila aus Hunaland mit einem mächtigen Heer auf. Er wollte die Mädchen zur Ehe mit seinen Soldaten zwingen, aber weil sie Christinnen waren, wollten sie sich nicht heidnischen Männern hingeben. König Attila ließ ihnen allen den Kopf abschlagen, und deshalb nennt man sie die Jungfrauen von Köln. Anschließend hatte Bretland lange Zeit unter den Kriegszügen von Wikingern und Räubern zu leiden. Damals genossen die Briten keinen Schutz von seiten der Römer.

Zu dieser Zeit begab sich Erzbischof Gvitilinus von London zum armenischen König nach Armorica und bat ihn um Hilfe für das notleidende Land, worauf der König seinen Bruder namens Constantinus mit Gvitilinus nach Bretland zurückschickte. Gleich nachdem sie dort angekommen waren, strömte die gesamte Bevölkerung Constantinus zu und wählte ihn zum König. Er verjagte das ganze Gesindel aus Bretland und herrschte dann zeit seines Lebens in Ruhe und Frieden. Er hatte eine römische Frau und mit ihr drei Söhne namens Constancius, Aurelius und Pendragon. Constancius ging ins Kloster und wurde Mönch. Als Constantinus zehn Jahre lang König gewesen war, kam eines Tages ein schottischer Mann zu ihm und sagte, er habe dem König ein dringendes Anliegen vorzutragen. Nachdem sich die beiden in ein Haus zurückgezogen haben, ersticht dieser Mann den König mit einem Messer, läuft dann davon und versteckt sich. Die Männer des Königs nahmen sich der Leiche des Königs an und begruben sie in großer Trauer.

Vortigern und der Seher Merlin

Ein mächtiger Jarl in Schottland hieß Vortigern. Die Leute waren überzeugt, daß er die Ermordung des Königs veranlaßt habe, doch er stritt dies ab. Der Jarl sucht den Mönch Constancius auf und überredet ihn, daß er sich zum König wählen lasse, und er betreibt diese Sache so energisch, daß Constancius zum König gewählt wird. Doch kein Bischof wollte ihn mit königlichen Weihen krönen. Daraufhin nahm Vortigern dies selbst in die Hand, indem er Constancius die Krone aufs Haupt setzte und daraufhin beim König in hoher Gunst stand. Der König fragte ihn auch in allen Regierungsangelegenheiten um seinen Rat. Vortigern setzte das Gerücht in Umlauf, daß ein Heer ins Land eingedrungen sei, und er befahl, zur Verteidigung des Landes nach den Schotten zu schicken; und so geschah es. Nachdem die Schotten gekommen waren, gab er ihnen Geld, damit sie sagten, er sei besser zum König geeignet als derjenige, der König war. Dann ließ der Jarl ein großes Gastmahl ausrichten, und bei diesem Gastmahl töteten die Schotten ihren König. Vortigern gab vor, sehr zornig über sie zu sein, ließ alle gefangennehmen und töten. Anschließend übernahm er die Herrschaft und den Königstitel über Bretland und war dann lange Zeit dort König. Aurelius und Pendragon aber flohen nach Kleinbretland zu einem König namens Benidictus und blieben lange Zeit bei ihm.

Zu dieser Zeit kamen aus Saxland zwei Brüder namens Heingest und Horsus mit einem dritten namens Thidrik. Sie suchten den König auf und boten ihm an, mit dreihundert Mann das Land zu verteidigen. Sie behaupteten, Merkur habe sie hierher gewiesen. Der König fragte, was Merkur sei. Heingest antwortet: »Manche nennen ihn Odin, und unsere Vorfahren haben an ihn ebenso geglaubt wie an Thor und Tyr, Frigg und Freyja. Wir glauben, daß sie die Welt und die Geschicke der Menschen lenken. Man beschloß, mein König, ihnen Wochentage zu widmen, damit sie sich um so mehr verpflichtet fühlen sollten, gleichermaßen für die Menschen und den Jahresablauf Sorge zu tragen. Deshalb verlieh man auch die Namen Odinstag, Tystag und Freyjutag.«

Kurz darauf kam aus Peito ein großes Heer nach Bretland. Vortigern erfährt davon, unternimmt mit seinem Heer einen Gegenzug, und es kommt zu einem erbitterten Kampf. Die Saxen griffen beherzt an, die Wikinger flohen. Anschließend überließ der König den Saxen den Bezirk Lindis, wo sie sich eine stark befestigte Stadt bauten. Der König ließ zur Verstärkung Truppen aus Saxland kommen, in deren Begleitung sich die Tochter Heingests befand. Sie hieß Ranvein und übertraf alle anderen Mädchen an Schönheit. Heingest richtete ihr zu Ehren ein prachtvolles Gastmahl aus und lud dazu den König und dessen ganzes Gefolge ein. Ranvein schenkte dem König aus einem goldenen Gefäß ein. Davon war der König so beeindruckt, daß er auf der Stelle um sie anhielt. Es wurde vereinbart, daß er sie heiraten sollte, und der König liebte sie so sehr, daß er sich ihretwegen um nichts anderes mehr kümmerte. Der König hatte bereits zwei Söhne namens Vortimer und Pacencius.

Zu dieser Zeit kamen Bischof Germanus und Bischof Lupus nach Bretland, um dort den Glauben zu verkünden, denn fast überall herrschte das Heidentum vor. Sie vollbrachten viele Wunder. Dann kam von Süden aus Saxland Otta, der Sohn Heingests, mit dreihundert Schiffen zum König. Die Briten, die große Abneigung gegen die Saxen hegten, verlangten vom König, sie zu vertreiben, aber der König lehnte dies wegen seiner verwandtschaftlichen Beziehungen ab. Daraufhin wählten die Briten seinen Sohn Vortimer zum König. Er und seine Leute trugen viele Schlachten mit Heingest und dessen Söhnen aus. Sie töteten zwei seiner Söhne und viele andere Männer. Daraufhin floh Heingest nach Saxland. Dann herrschte mit Unterstützung des heiligen Germanus Ruhe und Frieden in Bretland. Die Stiefmutter des Vortimer verübte einen Anschlag auf ihn, indem sie ihm Gift zu trinken gab. Nach seinem Tod übernahm Vortigern zum zweiten Mal die Königsherrschaft. Er schickte Heingest eine Botschaft, damit er mit einigen Leuten zu ihm komme. Heingest kam jedoch mit dreitausend Mann, weshalb die Briten über seine Ankunft nicht begeistert waren. Der König berief zahlreiche Fürsten zu einer Versammlung ein. Nachdem sie zusammengekommen sind, setzt sich Heingest neben den König, und als die Briten am wenigsten damit rechnen, stürmen die Saxen mit mächtigen Messern und Kurzschwertern heran und töten neunhundert Mann, unter anderen viele Jarle und Barone, und vor allem ranghohe Vertreter des Landes. Auch Jarl Eldon der Starke war dort anwesend. Er packte einen Pfosten, wehrte sich damit und tötete siebzig Mann der Saxen. Ihm selbst gelang es zu fliehen. Daraufhin wollten die Saxen Vortigern töten, der ihnen als Lösegeld bot, was immer sie haben wollten. Sie unterwarfen sich dann die mächtigsten Städte in Bretland und vertrieben alle Briten daraus.

Vortigern wurde über diese Ereignisse betrübt und wollte sich an einem Berghang eine sichere Festung bauen lassen. Nachdem man den Grund für das Fundament ausgehoben hatte, trieb man große Steine in die Erde, die aber bei näherem Hinsehen wieder verschwunden waren. Dieses seltsame Ereignis wurde dem König berichtet. Er rief weise Männer zu sich und bat sie zu erklären, wodurch dies verursacht worden sei. Sie forderten ihn auf, nach einem Mann zu suchen, der keinen Vater habe, und dessen Blut mit dem Mörtel zu vermischen. Daraufhin schickte der König Boten durch das ganze Land, die nach diesem Mann suchen sollten. Sie kamen auch in eine Stadt namens Morlang, wo zwei Knaben namens Dinabucius und Merlin miteinander spielten. Dinabucius war erzürnt und sprach: »Du darfst dich nicht mit mir messen, denn ich bin ein Königssohn, du aber hast keinen Vater.« Die Boten hörten dies und fragten, wie dies gemeint sei. Die Jungen erklärten, niemand kenne Merlins Vater, doch seine Mutter sei eine Tochter des Königs Domovarsius und sie sei Nonne gewesen, als sie ihn gebar. Die Boten überbrachten dem König ihre Botschaft, worauf er Merlin und seine Mutter zu sich rufen ließ. Der König fragte, wer der Vater des Jungen sei. Sie behauptete, es nicht zu wissen: »Mit seiner Zeugung verhält es sich so, daß ich zusammen mit meinen Jungfern in meiner verschlossenen Kammer schlief. Da kam ein junger Mann zu mir und war auf solche Weise bei mir, daß ich ihn für seinen Vater halte.« Der König ließ den Weisen Magancius zu sich rufen und fragte, ob es sich so verhalten könne. Magancius sagte: »In Büchern steht geschrieben, daß es zwischen Mond und Erde Tiere in der Luft gibt, die atmen, menschliche Gestalt annehmen und Kinder zeugen können.«

Als Merlin zum König kam, fragte er, was er von ihm wolle. Der König erzählte, was ihm seine Weisen berichtet hatten. Merlin bat, sich mit ihnen unterhalten zu dürfen, was ihm auch gestattet wurde. Er sprach: »Warum behauptet ihr Dummköpfe, daß man mein Blut mit dem Mörtel für das Fundament vermischen solle? Untersucht lieber, was sich unter diesem Fundament verbirgt.« Er befahl, den Boden für das Fundament tiefer auszuheben, und behauptete, daß darunter Wasser sei; er behauptete auch, daß deshalb die Steine versänken. Merlin forderte die Weisen auf zu sagen, was unter dem Wasser sei, doch sie schwiegen. Merlin sprach: »Unter dem Wasser sind zwei Felsen, in denen sich Höhlen befinden, und in den Höhlen schlafen zwei Schlangen.« Der König ließ das Wasser ableiten, und anschließend wurden die Felsen aus dem Weg geräumt. Darauf krochen zwei Schlangen, eine weiße und eine rote, darunter hervor. Sie schnaubten Gift, wie brennendes Feuer, und die Rote versuchte zu fliehen. Dann wendet sich die Rote um, worauf die Weiße zu fliehen versucht. Als der König dies sah, fragte er Merlin, was dieser Kampf zu bedeuten habe. Daraufhin erzählte Merlin ausführlich von Königsschicksalen und anderen bedeutsamen Begebenheiten, die noch nicht geschehen waren. Hierüber hat der Mönch Gunnlaug unter dem Titel *Merlins Prophezeiung* ein Gedicht verfaßt:

Merlins Prophezeiung I

1 Seefeuerbäumen [*den Helden*] soll ich berichten
kluge Gesichte des kundigen Sehers,
der in Britanniens Gefilden gelebt;
war Merlin genannt, der wissende Mann.

2 Es heißt, er sagte Volk und Regenten
manch dunkle Zeichen der Zukunft voraus;
er wurde geliebt von allen Christen,
auf dieser Welt kein Weiserer war.

3 Kein kunstvolles Wort such ich den Kriegern
– es sei euch gesagt – für dieses Gedicht:
bin vielmehr bestrebt, uraltes Wissen,
Denkwürdigkeiten, euch zu verkünden.

4 Allen einsichtig die Wörterburg sei;
viel zu erläutern ist in diesem Lied,
was der Berühmte einst prophezeite
dem britischen Volk; nun folgen die Strophen.

5 Wallen im weiten Vintonia
– so heißt eine Burg – dreierlei Brunnen:
es werden das Land Flußläufe trennen,
keine drei gleichen, in drei Gebiete.

6 Einer der Brunnen als bester sich weist:
sichert dem Leben, der aus ihm trinkt;
Krankheit und Seuche meiden die Menschen,
wenn sie genossen den bitteren Trank.

7 Arg ist der zweite, denn alle hungern,
die von des Flusses Fluten getrunken;
am schlimmsten jedoch der dritte sich weist:

sterben doch alle,   die daraus trinken,
und ihre Leichen   die Erde nicht deckt.

8 Wollen die Recken   die Brunnen bedecken,
die schon so vieler   Verderben bewirkt;
was man auch immer   in ihnen versenkt,
es wird verwandelt,   nichts ist, wie es war:
Boden in Berge,   Berge in Wasser,
Wälder in Asche,   Asche zu Wasser.

9 Findet die Jungfrau,   die vielerlei weiß,
draußen im Knutswald   in kampfstarker Burg;
Heilung verschaffen   soll sie den Helden
und sie befreien   aus solcher Gefahr.

10 Sie sucht nach Rettung,   sie sinnt auf Mittel,
sie greift zu Magie   in jeglicher Form;
dann atmet die Frau   tief in die Brunnen,
trocknet sie bald   alle beide dann aus.

11 Dann wird sic trinken   das kostbare Wasser,
darauf erstarken   die Kräfte der Frau;
in ihrer Rechten   wird sie bewahren
den Wald Calidons,   das vornehme Weib,
und in der andern   die Feste in London.

12 Sie schreitet sodann   auf guter Scholle
Feuer entfachen   die Spuren der Frau,
mit beißendem Rauch;   er lockt Rutenen
und bietet ein Mahl   Völkern des Meeres.

13 Ein schrecklicher Schrei   im Lande erschallt;
klagt die Walküre   weithin vernehmbar;
lauthals beginnt   mit ihr zu heulen
die ganze Nation   rund um die Insel.

14 Sie tötet ein Hirsch,   der auf seinem Haupt
zwei mal fünf   der Hornäste trägt;
vier dieser Äste   ziert eine Krone,
die übrigen sechs   verwandeln sich selbst
in eines Wisents   schreckliche Hörner.

15 Zum Kämpfen bereit   bewegen sie dann
mit lautem Gebrüll   drei britische Inseln,
dann wird erwachen   der dänische Wald,
mit Menschenstimme   folgendes sprechen:

16 »Komm, Kambrien, komm   zu den Kornbriten,
sag zu Vintonia: freß dich die Erde!
Des Viehhüters Heim   verlege dorthin,
wo Schiffe landen;   dem Haupt folgen dann
all seine Glieder;   den Menschen zu Hilfe.«

17 Sein Thron erfreut   Tiere des Sundes [*Schiffe*],
über zwei Säulen   wird ruhen sein Stuhl;
doch hat den Männern   viel Mißstand gebracht
weißlicher Wolle   ungleiche Farbe.

18 Die Burg wird fallen,   – ich weiß Volkes Tod –
weil sie den Schwur   sogleich schon verletzt;
Störer des Friedens,   sie werden sterben,
Vintonia bezahlt   für boshafte Menschen.

19 Burgen errichten   wird dann der Igel,
die höchste Halle   der Landesfürst baut;
verstärken wird sie   der mächtige Fürst
mit fünf mal hundert   prachtvollen Türmen.

20 London wird dies   gar nicht gefallen;
dreifach verstärkt es   die dicken Wände,
kraftvoller Einsatz   für des Königs Werk;
bis in den Süden   der Bauten Ruhm dringt,
und rund um die Burg   brausend die Themse.

21 Das findige Tier   mit Frucht beladen,
vortreffliche Ware,   vom Fürst selbst gewählt;
dann kommen Vögel,   sie fliegen herbei
aus weiten Wäldern,   Äpfel zu fordern.

22 Der Igel jedoch   spinnt die Intrige,
verbirgt die Äpfel   innerhalb Londons;
gräbt in die Erde   geheime Wege,
gierig nach Beute,   gefährliches Tier.

23 Steine im Boden   werden dann sprechen,
Seevolkes Ränke,   sie werden entdeckt;
groß wird die Insel,   zittern die Welschen,
und ganz beträchtlich   wird enger das Meer
von Strand zu Strand   hört man die Stimmen.

24 Es kommt aus dem Wald   Kalaterius,
fliegend der Vogel,   alle verführt er:
er fliegt in der Nacht,   und späht sehr genau;
holt alle Vögel   der Häher zu sich,
zwei Jahre hindurch   schmiedet er Ränke.

25 Sammeln sich Vögel,   verderben die Saat,
zerstören das Feld   wie auch die Früchte;
Hunger und Krankheit,   – viel seh ich voraus –,
Tod vieler Menschen   und Schaden fürs Volk.

26 Dann fliegt der Vogel   nach Westen ins Tal,
Galabes genannt   von den Gefährten;
er wird sich heben   zum höchsten Gebirge,
wo auch ganz oben   auf Eichengezweig
der Häher sich aufhält,   schlimmster der Vögel.

27 Drei Junge heckt er   in diesem Nest aus;
des Hähers Geschlecht   ist Menschen abhold:
ein Wolf und ein Bär,   gewiß auch ein Fuchs,
er ist verschlagen,   schlimm für die Seinen.

28 Wachsen gemeinsam   die Brüder dort auf,
sie sind nicht gesinnt,   Gutes zu wirken:
im Zorn droht der Fuchs   der eigenen Mutter,
nimmt ihr das Leben,   Schafe-Verderber,
in seiner Höhle   giert er nach Herrschaft.

29 Will seine Brüder   beugen mit Ränken,
einen Pferdekopf   paßt der Krieger sich an;
den mächtigen Fürst   fürchten sie beide,
fliehen die Brüder   fort aus dem Land.

30 Im Süden muß man   suchen die Scharen;
der Wolf wie der Bär   den Wildeber weckt;
darauf der Eber   nun Hilfe verspricht,
in eifrigem Ton –   weil Kühnheit er traut.

31 Rasch und behende   rüsten sie Schiffe,
ziehen dann auch   zusammen ein Heer;
gewaltiger Lärm,   der Griff zum Ruder;
ein Heer von Schiffen   deckt Högnis Gebiet [*Meer*].

32 Von Süden her kommend   durch kühle Wogen,
an Bretlands Küste,   gerüstet zum Kampf;
ihnen entgegen   zieht rüstig der Fuchs
mit kühnem Gefolge,   verteidigt das Land.

33 Krachende Helme,   berstende Brünnen,
Schilde getroffen   voller Gewalt,
splitternde Speere,   wach die Walküre,
rot ist der Kampfplatz,   blutende Krieger.

34 Ein Sturm zieht herauf   von Schreckensstrahlen [*Schwerter*],
er klirrt gewaltig,   der kostbare Stahl,
voll Lärm und voll Glanz   ist Gönduls Himmel [*Schild*],
voll dumpfer Töne   die Tuche der Hlökk [*Rüstungen*],
wenig Schutz bietet   Sköguls Bekleidung [*Rüstung*],
der Bogenhagel   bricht durch den Schild.

35 Heulen die grauen   Schwertscheidenhunde [*Schwerter*],
der Halsspangenwolf [*Schwert*]   beißt wild die Krieger,
Gramr [*Schwert*] sticht tief   in Heldenherzen,
die Wundflamme [*Schwert*] trifft   die Wohnstatt des Hirns [*Schädel*],
zerborsten ist nun   die Verstandesburg [*Schädel*].

36 Flatternde Fahnen,   Unglück zieht auf,
für wackere Burschen   der Wundendorn [*Schwert*] singt
doch da bricht schon auf   die schädliche Brut
von Wolf und Adler,   um Blut zu saugen;
sie stürzen herab,   kampfgierig beide.

37 Den Eber zu morden   droht dann der Fuchs;
doch weil seine Kraft   nichts ausrichten kann,
so tut unser Held   als sei er schon tot;
niemand bedeckt ihn,   den britischen Fürst.

38 Aber der Eber   will es jetzt wissen:
er haucht dem Herrscher   in Antlitz und Augen;
in diesem Moment: der Fuchs packt den Eber,
hat ihn beraubt: links seines Beines,
rechts seines Ohres,   und auch des Schwanzes.

39 Im Fels verborgen   das findige Haupt;
dort sinnt der Herrscher   die Sippe zu mehren;
der Eber jedoch   dem Wolf und dem Bär
klagend erzählt   von Kummer und Schmerz.

40 Tüchtige Brüder   trösten den Eber,
verheißen ihm selbst   Heilung der Wunden:
»Wir gehen beide,   dein Bein zu holen,
das Ohr und den Schwanz,   warte hier Eber!«

41 Herunter vom Berg   rennt dann der Fuchs,
listigen Sinnes,   sucht nach dem Eber;
bietet Versöhnung,   – doch nur zum Schein –
spricht, daß er vieles   dem Schwein sagen wolle.

42 »Vertraue mir, Eber!   Ich will ehrlich sein,
Schweines Vertrauen   ich niemals verrat,
treffen wir uns   und schließen Frieden,
über uns richten   sollst du allein.«

43 Treffpunkt beschlossen,   Friede geschlossen,
gütige Fürsten   finden sich ein;
Falschheit erweist sich   bei diesem Treffen:
tötet den Herzog   der britische Herr.

44 Schwer trägt er dann   auf seinen Schultern
das Leopardenhaupt,   der lobreiche Fürst;
hierauf regiert er   das Reich und das Volk;
des Fürsten Saga   nimmt so ein Ende.

45 In Schweines[gestalt] … sich verwandelt,
lauert den Brüdern listenreich auf;
als sie dann kommen, Gaben zu bringen,
beißt es sie beide, tötet die Brüder.

46 Ein Wurm geboren zu seinen Tagen,
verheißt jedermann Tod und Verderben;
so lang ist das Tier, daß um ganz London
des Feldes Walfisch [*Schlange*] im Kreise sich windet;
so reißend das Tier, daß der Steinriemen [*Schlange*]
die gierig verschluckt, die [vorbeiziehen].

47 Kambriens Scharen bestellt er zu sich;
aus Nordhumbrien des Nachbars Herden;
das Bett der Themse trinken die Männer
des furchtlosen Kerls mit Leichtigkeit aus.

48 Anschließend werden, im selbigen Jahr,
sieben Leoparden vom Wurm geboren;
sie tragen des Bocks bösartigen Kopf,
sie sind ohne Kraft, des Fürsten Knaben.

49 Sie rauben viele aus der Frauen Schar,
die Kampfgewohnten, auch Kurtisanen;
liegen gemeinsam mit Frau und Hure,
die Speergewohnten, schreckliches Unheil!

50 Lang ist die Reihe, die der Erlauchte
vom Gang der Zeiten den Menschen gesagt;
kaum etwas davon erfreut unser Ohr;
ich übergeh es, erzähle den Schluß.

51 Die Welt bedrohen – der weise Mann sprach –
gewaltiger Krieg, grausiger Schrecken,
Raubmord und Ränke, Wolfzeit und Eiszeit,
durch mancherlei Frost in des Volkes Herz.

52 In Liederlichkeit unachtsam leben
lüsterne Burschen, sinnlos betrunken,
in Frohsinn und Geld ihr Glück sie suchen,
sie sammeln Reichtum und irdischen Ruhm.

53 Menschliches Leben   birgt manche Gefahr,
ein schweres Los   erleiden die Männer;
vielen verborgen,   im Traum versunken,
ihr eigenes Wohl   bekümmert sie nicht.

54 Schlimm ist die Welt,   der Sohn ohne Vater;
vernichtet das Band   ihrer Verwandtschaft,
niemand erkennt mehr   seine Familie
noch gute Freunde   unter den Völkern.

55 Schwer ist's zu hören,   was dann noch geschieht:
ein viehisches Leben   führen die Menschen:
gefangen in ihr,   der feindlichen Welt,
jegliches Gute   sie ganz verwerfen.

56 Das weiße Silber   schadet den Menschen,
und Goldstücke lassen   die Leute erblinden;
verachtet der Himmel   – es gilt die Erde,
verfallen dem Rausch   sind viele Männer.

57 Das dänische Volk   in Fleischeslust lebt,
auf kein Verlangen   jemand verzichtet;
darum die hohen   Zeichen des Himmels [*Sonne und Mond*]
sich mit ihrem Licht   vom Volk abwenden.

58 Die Erde wird dann   unfruchtbar sein,
keinerlei Schauer   den Wolken entströmt;
auch Sonne und Mond,   schöne Geschöpfe,
auf anderer Bahn   bewegen sie sich.

59 Oben am Himmel   die hellen Sterne –
kein Ort auf Erden   kann sie bestimmen;
sie ziehen rückwärts,   sie ziehen anders,
fort von der alten,   vertrauten Bahn.

60 Sie drängen zusammen;   sie rücken weit ab;
verändern ihr Licht,   die schönen Farben;
kämpfen die Winde,   kräftige Stürme,
erzeugen Getöse   bei den Gestirnen.

61 Dann schäumt das Meer, spritzt hoch in die Luft,
Schrecken erregend bei Menschenkindern;
fürchterlich ist es, dies zu erzählen:
die uralte Erde, von Menschen entblößt.

62 Vieles noch wäre dem Volk zu künden,
vom alten Gedicht unseres Sehers;
ich werde schweigen, statt immer weiter
für Odins Gefolge [*Menschen*] fortzuerzählen.

63 Doch habe ich erzählt den Erdenkindern,
was auch aus Büchern den Hörern bekannt;
die Diener des Stahls [*Krieger*], sie sollten lernen
aus solchen Geschichten, und vorsichtig sein.

64 Meidet die Sünde, auch schändliches Tun,
und jegliche Art unguter Werke;
handeln wir tüchtig, lieben den Herrn,
verwerfen hurtig den heillosen Rat.

65 Elendig leben die Erdenbewohner,
umtost von Stürmen unterm Wiesenzelt [*Himmel*];
Lohn für das Leben wird dennoch zuteil,
ob gut oder schlecht, jedem der Menschen.

66 Erfreuen wir uns an Ruhm und Ehre,
fröhlichen Herzens, von Hoffnung erfüllt;
achten wir Gutes, ächten wir Böses,
erwerben wir uns Adel der Seele!

67 Bitten wir häufig zum Herrn der Menschen,
dem höchsten, um Kraft, von ganzem Herzen;
der weitberühmte Wächter der Herde
bei Tag und bei Nacht sein Volk behüte.

68 Der milde Herrscher, er möge schützen
das Menschengeschlecht vor allem Übel;
zum rechten Leben leite er sicher,
der Hüter des Volkes unsere Schar!

Merlins Prophezeiung II

1 Seefahrern künde ich, was einst geschehen;
mögen mir lauschen die klugen Männer:
es herrschte ein König über Britannien,
er hieß Vortigern, der milde Fürst.

2 Benannt war das Land einst nach den Briten,
das jetzt der Angeln Eigentum ist;
erst kürzlich verriet das englische Volk
britische Menschen, die ohne Begier.

3 Und deren Heimat mit riesigem Heer
eroberten sie – nach alten Sagen;
dort wo die Christen, die klugen, leben,
ein heidnisches Volk einst Hallen baute.

4 Die Ahnenreihe des englischen Volks
wird säxisch genannt in alten Sagen;
dort fanden sie Kraft zu kühnen Kämpfen,
britischen Königs Land zu befehden.

5 Der Rand des Heeres [*König*] konnte nicht halten
die britische Erde, den reichen Besitz;
heidnische Scharen strebten nach Osten,
mit Feuer und Eisen, an der Insel Rand.

6 Des Heeres Führer sucht ein Versteck;
eine sichere Burg der Herzog erbaut;
an diesem Ort, für dieses Werk
sammelt der Fürst zahlreiche Meister.

7 Sie kamen zum Bau, die klugen Schmiede,
– so wird es gesagt – hoch im Gebirge;
doch was die Burschen am Tage erbaut,
spurlos verschwand es am folgenden Tag.

8 Die kundigsten Männer ließ der König rufen;
der Kampfkühne fragt, was schuld daran ist:
völlig verschwunden sei das Fundament,
schluckte die Steine die alte Erde?
[Versengte] das Feuer die Oberfläche?

9 Einen Mann gab es, der es vermochte,
dem weisen Fürsten das Wunder zu deuten;
des Herrschers Freund, er hieß Ambrosius,
mit zweitem Namen wird der Berühmte
auch Merlin genannt, der selbige Mann.

10 Die Ursache sei, sprach der Geldhasser [*freigebiger Mann*],
daß wohl darunter zuviel an Wasser;
tiefer zu graben, der Edle gebot,
daß sich erweise des Sehers Wort.

11 Andere Krieger fragte der Kluge,
was unter Wasser zu finden wohl sei;
als keiner es wußte der anderen Männer,
sagte der Speerbaum [*Krieger*] dem weisen König:

12 »Dort unten schlafen, in dunkler Tiefe,
zweierlei Schlangen in zwei Verliesen;
sie sind nicht gleich, diese Landriemen [*Schlangen*];
ich seh einen roten und auch einen weißen.

13 Laß tiefer graben, Gruben ausheben«,
den Rat gab Merlin dem Ringeteiler [*Fürst*];
»leite das Wasser herunter vom Berg,
dann wirst du sehen, was er prophezeit,
der Ringebrecher [*vornehmer Mann*], das ist erstaunlich.«

14 Krieger vollbrachten, was ihnen befohlen:
herunter vom Berg floß nun das Wasser;
die Goldesspender [*Männer*] sahen die Schlangen,
die höchst gefährlich, wie der Tyr der Hrist [*Mann*],
der kluge Seher, den Männern erklärt.

15 Die Riesenwürmer wurden nun wach;
verließen beide das nächtliche Bett,
sie stürmen sodann schnell aufeinander,
seltsame, kühne Ringe der Erde [*Schlangen*].

16 Erbittert der Kampf der beiden Schlangen,
sie geifern schrecklich, die Erdengürtel [*Schlangen*];

die Weltenbänder [*Schlangen*]   beißen einander
sie spritzen mit Gift   und bläulicher Glut.

17 Durch Flucht entzog sich   der rote Drache,
bis an die Kante   vom Hellen gejagt;
mit großem Geschick   dreht er sich zurück,
verfolgt nun beherzt   den weißen Wurm.

18 Sie schlagen die Schlacht   in der Wasserstraße,
lang und entschlossen   kämpfen die Schlangen;
ist einmal eine   über der andern,
muß sie dann wieder   vor dieser weichen.

19 »Sage uns, Merlin,«   sprach der Ringebrecher [*Fürst*],
»überlegen bist du   anderen Menschen:
was soll bedeuten   der beiden Schlangen
furchtbarer Kampf   für die Erdenkinder?«

20 Der Menschenfreund weinte,   als der edle Fürst
zu deuten ihn bat   dieses Ereignis;
doch gleich darauf   gab er den Männern,
der kluge Seher,   seine Erklärung.

21 »Es meint das rote   Schmuckband der Erde [*Schlange*]«,
der Liedkünder sprach,   »britische Scharen,
der weiße Wurm aber   das heidnische Volk,
das britische Erde   bald wird besiedeln.

22 Mächtiger Schmerz   ist euch zu melden:
Ich sage, dann siegt   die weiße Schlange;
das Land unterdrückt   wie auch die Leute,
Tälern entströmen   blutige Flüsse.

23 Das Christentum weicht,   Kirchen zerfallen,
– dies Leid wiegt schwer –   ein Heer kommt ins Land;
noch einmal erstarkt   das elende Volk,
es war belastet   durch hartes Los.

24 Zu ihnen wird dann   ein König kommen,
– ein ehrenvoller –   in Ebergestalt;
er steht ihr bei,   der hilflosen Schar,
er tritt mit Füßen   das Saxengefolge.

25 Ihm unterwirft sich   die grüne Erde,
und alle Inseln   im Ozean:
Iren und Angeln   und auch die Schotten,
weite Gebiete   der welschen Völker,
Norwegens Küsten,   Dänemarks Norden.

26 Und auch die Römer   fürchten den Fürsten,
an Kraft gebricht es   gegen den Herrscher.
Vieles noch weiß ich   vom Ringebrecher [*Fürsten*],
doch unklar bleibt mir   des Königs Ende.

27 Ihn wird verehren   des Volkes Zunge,
beliebt ist der Fürst   bei allen Menschen;
ewig wird leben   das Lob des Herrschers,
sein Ruhm erstreckt sich   an den Himmelsrand.

28 Alle Verwandte   des großen Fürsten
sammeln dem Herrscher   Land und auch Leute;
doch in der Folge   vermehrt sich die Macht
des weißen Wurmes   wie nie zuvor.

29 Ihm steht zur Seite   der Fenrir der See,
dem Afrikaner   vom Ausland folgen;
an christlichem Glauben   gebricht es dem Volk,
doch nach kurzer Zeit   werden die Taufe
englische Stämme   alle erhalten.

30 Der [Bischofsstuhl] zieht   aus der Stadt London
in das berühmte   Canterbury;
lang währte der Ruhm   der Stadt Legionum;
ihn übernimmt nun   das edle Menevia.

31 Großes begibt sich: Blutregen fällt,
Hungersnot plagt   das Menschengeschlecht;
die rote Schlange   wird wieder stark;
mit großer Mühe   erkämpft sie sich Kraft.

32 Leid widerfährt   dem weißen Wurm:
die Sippe gequält,   die Frauen zerschnitten,
beraubt seiner Burgen,   vieler Gehöfte,
jeglichen Gutes   und grüner Erde;
grauenvoll werden   Menschen getötet.

33 Dann fallen durch ihn,   den britischen Fürsten,
sieben der Herrscher,   des Sieges beraubt;
dann wird geheiligt   der Heereslenker [*Fürst*],
einer der sieben   englischen Edlen.

34 Der dies verursacht   wird selbst erhalten
ein Kupfergewand,   der König des Volkes;
hoch über dem Tor   sitzt dann der Herrscher
auf kupfernen Pferd   in aller Pracht;
London bewacht er,   der lobreiche König.

35 Dann geschieht das   im britischen Volk,
was ihm schon zuvor   mächtig geschadet:
sie selbst können nicht   Einigkeit finden:
sie streiten um Macht,   um das ganze Land;
streitsüchtig sind sie,   die Söhne der Briten.

36 Ein heftiger Schlag   des Himmelsfürsten
trifft dann das Volk: Ernten vernichtet,
die Menschen geplagt   von tödlicher Pein,
der Toten Scharen   kann keiner begraben,
Hunger und Krankheit   drohen dem Kampfbaum [*Krieger*]:
Tod vieler Menschen,   furchtbare Plagen.

37 Wer dies überlebt,   wird sein Land verlieren;
das kampfkühne Volk   verläßt seine Insel;
der britische König   – gesegneter Fürst –
rüstet die Schiffe;   in Bälde wird er,
der weitgerühmte,   als zwölfter gezählt
der Freunde Gottes   – mit Seligen selig.

38 Öd ist die Erde,   ohne Bewohner;
von Sorge erfüllt   verläßt man das Land:
in kürzester Zeit   wachsen hier Wälder,
wo voll schöner Frucht   die Felder waren,
für alle Menschen   auf britischem Grund.

39 Dann wird der weiße   Landriemen [*Schlange*] weichen,
frech lädt er ein   die säxische Frau;
mit ihrem Gefolge   in großer Zahl
kommt Bernsteins Skögul [*Frau*],   besiedelt das Land.

40 Fremdländische Saat wird dann von neuem
hineingelangen in unsere Gärten
doch gleich dort drüben, am kühlen Ufer
der Insel wird lauern der rote Wurm.

41 Wenig erringt er von unserem Land;
gekrönt wird er dann, Kampfes Weißdrache,
säxische Männer werden regieren;
herabsteigen muß der eherne Fürst
von steiler Mauer in seiner Stadt.

42 Des Laubgehölzes glänzendem Band [*Schlange*]
sind Grenzen gesetzt durch seine Jahre;
die Macht des Schicksals kann es nicht steuern,
auch nicht beherrschen dies schmucke Land.

43 Großer Unfriede wird sie erfassen,
zehn mal fünfzehn Jahre, die Erdenfesseln [*Schlangen*];
drei mal einhundert wird der Gerühmte,
der Hochgelobte, weiterhin herrschen
über ganz London und über das Volk.

44 Den Menschen entgegen bläst bald darauf
scharfer Nordostwind, auch der Waldesfessel [*Schlange*];
er wird vertreiben blühendes Leben,
das einst erzeugt westliche Winde.

45 Gold wird zwar glänzen auf Gottes Häusern,
das Schwertgewitter [*Kampf*] flaut dennoch nicht ab;
er wird kaum schaffen, der trugvolle Wurm,
sein Loch zu erreichen: denn schon holt ihn ein
verdiente Strafe für seinen Verrat

46 Aufstieg und Fortschritt sind kurz ihm vergönnt,
dann treibt ihn zurück ein gepanzerter Trupp,
sie kommt von Süden, die Schar, übers Meer,
will ihn berauben des großen Reiches.

47 Derjenige Fürst, der das Heer anführt,
wird bald mit Briten das Land besiedeln;
erneut wird die Saat des weißen Wurmes
gejätet werden in vielen Gärten.

48 Er wird entgelten entsetzliche Taten,
stirbt jeder Zehnte der treulosen Sippe;
grünende Erde muß er beackern,
er wird von da an nie mehr regieren:
ist für den Betrug nun schmerzlich bestraft.

49 Erneut herrschen dann zweierlei Schlangen;
eine von ihnen tötet ein Pfeil;
dann wird die andere zurück sich wenden,
mit falschem Namen, ihr Los annehmen.

50 Dann wird regieren das rechtschaffene Tier,
vor ihm erschrecken die Inselschlangen;
südlich des Meeres, dort fürchten sich gar
wuchtig gebaute Türme der Welschen.

51 Aus vielen Gräsern gesponnenes Gold,
von Kalbssippenklauen tropfendes Silber,
die Landesfrauen kleiden sich prächtig,
doch ihre Sitten, sie bessern sich nicht.

52 Durch alle Münzen zieht sich ein Sprung;
der Milan verliert die Räubernatur;
der Wirkung beraubt sind die Wolfszähne;
bissige Welpen des Löwenwolfes
werden zu Fischlein, im Wohnsitz des Wals.

53 Schaden zu bringen zieht man das Schwert;
Blut seh ich strömen aus Mutters Wunde,
– die Menschen geplagt von schwerer Pein –
Frauenblut rötet Venedocia;
sechs seiner Brüder erschlagen darauf
des Corineus kühne Verwandte.

54 Dann werden Menschen in der Nacht weinen,
das Volk wird beten flehende Worte;
dann werden Helden zum Himmel streben,
ewiges Leben die Guten erwerben.

55 Im Wald werden dann   schädliche Wölfe
wieder erwachen,   wildern in Städten;
sie werden selbst   all ihre Feinde
töten und fesseln;   nicht viele gibt es,
die wagen werden   zu widersprechen.

56 Nützlich regiert   aus Neustrien
ein edler Herrscher   über ganz England;
doch gibt es Fürsten,   von Süden gekommen,
fünf oder mehr,   die herrschen wollen.

57 Iren zerstört er   glanzvolle Städte,
und auf die Erde   fällt er die Wälder;
der Fürst vereinigt   die Reiche vieler;
mit dem Löwenhaupt   krönt sich der Herr.

58 Sehr schwankend ist sie,   des Herrschers Stellung,
im ersten Teil   der Königsära;
am höheren Alter   des Goldausteilers [*freigebiger Fürst*]
findet Gefallen   der Himmelsfürst.

59 Er wird eine Zier   für Bischofsburgen,
geweihte Orte   gründet er viele;
zweierlei Städten   schenkt er das Pallium,
spendet Kleinodien   den Mägden Christi [*den Heiligen*].

60 Schwerthagelhetzer [*König*]   wird aus diesem Grund
lieb dem Beherrscher   der Himmelsscharen;
nach diesem Leben   zählt zu den Engeln
der kampfkühne Fürst   beim Mondeskönig [*Gott*].

61 Dem Luchs wird ähnlich   das Königskind;
sein eigenes Volk   will es vernichten;
doch aus diesem Grund   wird er verlieren
der Iren und Angeln   kostbare Erde,
Neustrien auch,   der Ehre beraubt.

62 Nicht lange darauf   drängen sie eilig,
besuchen die Heimat   britische Männer;
doch herrscht zuvor   Unheil im Land,
uneinig ist es,   das englische Volk.

63 Prächtig er reitet   zum Fluß Periton,
auf weißem Pferd,   ein kühner Fürst;
mit weißem Stab   markiert er dort
am anderen Ufer   die uralten Mühlen.

64 Konan wird rufen   Cadvaladrus,
und aus Schottland   andere Fürsten;
grauenvoll stürmt   Gönduls Unwetter [*Schlacht*],
mächtiges Stahlthing [*Schlacht*]   findet hier statt.

65 Der Bogenhagel [*Pfeile*],   schneidend und hart,
– die Kämpfenden fallen –   springt von den Sehnen,
ungestüm fliegen   hierher Wurfspeere;
Sköguls Gewölk [*Schilde*]   kann Schüsse nicht wehren.

66 Brünnen zerbersten,   Schwerter zerschneiden,
blutrote Speere   durchziehen die Luft;
ein Pfeil, der im Flug,   ein Mensch, der im Blut,
Waffen in Wunden,   Spieße in Schilden,
ein Helm auf dem Kopf,   die Brust in der Brünne,
ein Stich mit dem Speer: die Schlacht ist im Gang.

67 Gezogenes Schwert   trifft auf den Schild
der Hieb auf den Helm,   den Panzer der Pfeil,
auf britische Brünne   blutrote Klinge,
des Schwertes Heft   auf kräftige Hand,
leuchtende Pfeile   auf Heldenbrüste.

68 Fallen Leichenheere,   laut klirren Speere,
der Waffendonner   weithin erschallt,
Tote gestapelt   hoch aufeinander,
blutige Flüsse   durchströmen das Feld,
die Kampfesröte   spiegelt der Himmel.

69 Im Pfeilehagel   fallen die Helden,
dem Tode geweiht   das englische Volk,
ein rotes Schlachtfeld   mit Leichen bedeckt,
ein herrlicher Sieg   für der Briten Hälfte.

70 Der Leichen Blutstrom hebt Berge empor;
sie werden tragen des Brutus Krone;
der Kornbriten Eichen kräftig ergrünen;
hierüber freut sich ganz Kambrien sehr.

71 Der englische Name der Insel verblaßt,
nicht länger wird sie Anglia geheißen,
sie darf behalten die alte Bezeichnung,
nach Brutus wird sie Britannien genannt.

72 Kampfkühn wird dann ein Eber kommen,
hochwohlgeboren aus Konans Geschlecht;
des Königs Sohn mit spitzen Zähnen
fällt welsche Eichen mitten im Wald;
schwache Gewächse schont dieser Fürst.

73 Araber werden den Fürsten fürchten,
in fernen Ländern, auch Afrikaner;
der reiche Herrscher geht auf die Reise,
die furchterregend nach Spanien ihn führt.

74 Ein Bock herrscht im Land nach diesem König,
von Vielweiberei kann er nicht lassen,
er trägt auf dem Kopf ein goldenes Horn,
aus Silber gemacht ist des Fürsten Bart.

75 Der Freund der Mist [*Freund der Walküre; Krieger*] schnaubt aus den Nüstern
solch einen Nebel, der die Insel bedeckt;
zu des Fürsten Zeit herrscht Dauerfrieden,
auch mangelt es nicht an reichem Ertrag.

76 Durch das Land fahren schöne Jungfrauen,
hinter den Mädchen pfeift leise Hochmut;
der Gier nach Frauen erbaut man Tempel;
den Menschenfreund [*König*] narrt falsches Verlangen.

77 In Blut wandelt sich der schmucke Brunnen;
doch gibt es im Land von allem genug;
auf einer Schäre ringen zwei Fürsten
um eine Jungfrau mit hellblondem Haar,
gekleidet in weites Vad-batuli.

78 Seht die Geschehen   aus dreihundert Jahren
– des Volkes Schicksal   ist schlimm für den Herrn –,
bis dann die Fürsten,   in London verscharrt,
aus ihren Gräbern   Menschen sich zeigen.

79 Noch einmal trifft uns   furchtbares Unheil,
schrecklichen Todes   sterben die Leute,
der Vielen Verlust   vernichtet Städte,
fleißige Menschen   sind in großer Not,
manch einer zieht fort,   verläßt dieses Land.

80 Von Tatkraft erfüllt   trifft er hier ein,
ein Handelseber,   Leute zu sammeln,
die erst geflohen   fort aus dem Land;
läßt sie bewohnen   britische Erde,
zerstörte Städte,   stattliche Höfe.

81 An seiner Brust   nährt er die Menschen,
die wenig Habe   in Händen halten;
des Fürsten Zunge   stillt frei von Betrug
den Durst der vielen   in unserem Volk.

82 Aus ihr entströmen   – üppiger Wortbucht [*Mund*]
des Landesfürsten –   brausende Flüsse,
werden benetzen   kostbaren Boden
in des Gemütes   glanzvollem Herzraum
und vieler Menschen   trockene Kehlen.

83 Daraufhin entspringt   – ich seh es voraus –
ein kräftiger Baum   in Londons Tower;
dreierlei Äste   besitzt das Gewächs,
mit seinen Blättern   bedeckt er das Land.

84 Vom Meer her weht dann   scharfer Nordostwind,
heftige Böen   treffen den Baumstamm;
aber die Äste,   die ihm standhalten,
ersetzen den Baum,   ich seh es deutlich.

85 Sie hüllen gänzlich   die Insel in Laub,
bis einer von ihnen   den anderen knickt,
all seine Blätter   er damit zerstört;
beansprucht ganz frech   den dreifachen Platz.

86 Und dann bedeckt er   mit dichten Blättern,
er ganz allein,   die Inselstrände:
die Vögel im Land   können nicht fliegen,
weil er sie bedroht;   doch er wiederum
lädt schnell Vögel ein   fremder Regionen.

87 Dann wird regieren   der Esel der Bosheit,
der schnell an sich bringt   Goldschmieds Besitz;
doch der Menschenfreund [*König*]   versäumt zu rächen
zornig die Raublust   an den Wolfskindern.

88 In seinen Tagen   brennen fast alle
wundervoll starken   Eichen der Wälder;
doch auf den kleinen   Zweigen des Laubbaums
wachsen sehr reichlich   Früchte des Waldes.

89 Die Straßen der Ran [*Meer*]   strömen durch sieben
Sabrinabuchten   – ich seh es voraus –
und der Fluß Oska   – welch großes Wunder –
wird mächtig sieden   sieben Monate lang;
den Fischen wird dies   Verderben bringen,
weil sie dann selbst   zu Schlangen werden.

90 Die warmen Quellen   in der Stadt Bado,
– so vieles geschieht –   werden erkalten,
und ihre Wasser,   die Menschen heilten,
werden den Leuten   häufig Tod bringen.

91 Ihr Leben lassen   zwanzig mal tausend
von allen Leuten   innerhalb Londons;
all diese Männer   werden ermordet;
durch der Burschen Tod   wird die Themse zu Blut.

92 Den Kuttenträgern [*Mönchen*]   empfiehlt man die Ehe;
zahlreich geworden   sind dort die Witwen,
doch auf der Alpen   kaltem Gebirge
wird man demnächst   ihr Rufen hören.«

93 Hier will ich enden,   Strophen zu sprechen
und das Orakel   des Ringebrechers [*Mannes*];
doch gibt es noch mehr   Worte des Weisen,
in einem Gedicht   steht manches davon.

94 Ein weiteres Lied   schließt sich hier an;
nicht will ich reizen   die Reichtumsträger [*Männer*]
– das bitte ich euch –   mit diesem Gedicht,
auch wenn ich Worte   in der Weise formte,
wie sie prophetisch   Stahlthingserwecker [*Krieger*]
zuvor geäußert   an vielen Orten.

95 Die Menschen lernen,   die das Buch lesen,
wie es sich verhält   mit der Prophetie;
mögen sie künden   den Mannesbäumen,
wie solche Männer,   die Künftiges sehen,
in Worte fassen,   was andre nicht wissen.

96 Lest nun die Psalmen,   lest die Propheten,
lest auch die klaren   Heiligen Schriften
und findet darin,   daß sehr verständlich
der wissende Held   geweissagt hat,
wie schon vor ihm   heilige Männer.

97 Es schätze niemand   als unsinnig ein,
wenn Schätzehüter [*Menschen*]   er manchmal umschrieb
als Baum oder Wasser   und heftigen Sturm,
als allerlei Arten   Gewürm und Getier,
denn jedes Wesens   besondere Natur
für Tugend und Laster   des Speerträgers [*Kriegers*] steht.

98 Daniel erzählt   all seine Träume
von vielerlei Art,   mit Zeichen versehen;
es seien in der Welt   große Tiere zu schauen,
diese verheißen   Reiche von Fürsten,
die auf der Erde   erst später entstehen.

99 Kostbare Worte   der König noch spricht,
manches Orakel,   worauf er dann meint,
es freuen sich Berge,   prachtvolle Wälder,
gefährliche Flüsse   spenden dann Beifall,
die Täler singen   Hymnen dem Herrn.

100 Man soll sich hüten,   über Bücher zu höhnen,
man lerne Vernunft   und verstehe klar,
was diese Rede   beinhalten mag;

noch ist nicht erfüllt das ganze Orakel;
manchem bleibt dunkel das Prophetenwort.

101 Erfahrt, ihr Menschen, auf Erden lebend,
auch von der Zeit, die nach uns noch kommt;
was dann geschieht, sollt ihr überlegen,
vergleicht das Ereignis mit dem Orakel
dann mögt ihr sehen, wie es übereinstimmt.

102 Das englische Volk vor einiger Zeit
die Herrschaft verlor; welsch ist der Fürst nun,
doch keineswegs sind ihre Sitten
im Land verschwunden, auch der Briten Erde [*Wales*]
war nicht zu nehmen mit scharfem Schwert.

103 Gesegnet alle Werfer der Speere [*Krieger*],
die diesem Gedicht zugehört haben;
Helden, tut Gutes, das Böse vergeßt,
sucht euch zu bessern in euerm Unrecht,
habt Gottes Segen und das Himmelsreich.

Darauf fragte Vortigern Merlin, was seinen Tod verursachen werde. Merlin antwortet: »Nimm dich in acht vor dem Feuer der Söhne Constantins, wenn du kannst; schon morgen wird es vermutlich schwieriger sein: Aurelius und Ydir werden ihren Vater rächen, dich in deinem Haus verbrennen und das ganze Heer der Saxen vernichten.« Alles geschah, wie er gesagt hatte: Aurelius kam nach Bretland, wurde zum König gewählt, überfiel in der Nacht Vortigern und griff mit einem Heer dessen Burg in Kambrien an. Sie verbrennen und zerstören die Burg, in der Vortigern mit allen seinen Leuten verbrennt.

Heingest erfuhr vom Tod des Königs und fürchtete sich darauf vor Aurelius, denn dieser war ein sehr tatkräftiger Mann. Er zieht über den Humra nach Norden und sammelt ein Heer; Aurelius verfolgt ihn. Sie treffen aufeinander, und es kommt zwischen ihnen zu einem erbitterten Kampf an dem Ort, wo es heute Königsburg heißt. Die Saxen stürmten so heftig voran, daß die Briten nahe daran waren zu fliehen. Da fiel das Heer des Aurelius den Saxen in den Rücken und schlug sie in die Flucht. Aurelius wurde von Jarl Eldon begleitet; der trifft auf den flüchtenden Heingest, worauf man sie nicht zu heftigen Hieben aufzufordern braucht. Es war kaum vorauszusehen, wie es ausgehen würde. Dann kommt jedoch Jarl Gorlois von Kornbretaland hinzu, und Heingest wird gefangengenommen. Heingests Sohn Otta floh mit seinen Leuten nach York, und ebenso sein Schwager Cossa mit einem mächtigen Heer. Aurelius rief seine Heerführer zu sich um zu beraten, was mit Heingest geschehen solle. Jarl Eldon antwortete: »Er hat manche Mutter zum Weinen gebracht; jetzt soll auch seine Mutter weinen müssen«, er stürmte vor, zog das Schwert und hieb ihm den Kopf ab. Dann wurde Heingest in einem Hügel bestattet.

Nun zieht Aurelius mit einem Heer nach York und belagert die Stadt. Otta erkannte, daß Aurelius' Glaube mit großer Kraft verbunden war, und daß dieser die Stadt erobern werde. Mit Zustimmung seiner Leute ging er zu ihnen hinaus, hatte Fesseln in der Hand und einen Grashut auf dem Kopf. Er trat vor Aurelius und sprach: »Meine Götter wurden von euerm Gott besiegt. Nehmt diese Fesseln und legt sie mir an, oder was immer du sonst willst, falls du dich uns gegenüber nicht barmherziger erweisen willst.« Darauf sprach Bischof Eldaldus: »Die Galianter kamen zum jüdischen Volk, und ihnen wurde trotz großer Verbrechen Barmherzigkeit gewährt. Euch, Herr, geziemt es sich nicht, schlechter als sie zu handeln.« Der König folgte der Aufforderung des Bischofs; er begnadigte sie alle, und sie hielten ihm seither stets die Treue.

Von dort zog der König nach London, und als er in das Kloster kam, in dem Heingest seinen Vater getötet hatte, vergoß er Tränen und wollte ein Denkmal errichten. Daraufhin wurde der Seher Merlin gerufen. Der König sagte, daß er seinem Vater ein Grabmal errichten lassen wolle. Merlin sprach: »Wenn du auf die Ausstattung große Sorgfalt verwenden willst, dann schicke hinüber nach Irland, wo es hervorragende Steine gibt, die niemals schwanken, wenn man sie sorgfältig aufstellt.« Der König lachte und sprach: »Mangelt es denn hier in England an Steinen, auch wenn wir sie nicht aus anderen Ländern holen?« Merlin sprach: »Solche Steine gibt es hier nicht, denn sie wurden gegen alle Übel der Welt aufgestellt; Riesen brachten sie aus Serkland.« Daraufhin schickte der König Pendragon mit 20 000 Mann nach diesen Steinen aus. Merlin begleitete sie, und als sie nach Irland kamen und Gallimanus von ihrem Vorhaben erfuhr, sammelte er ein Heer und wollte diese Steine verteidigen. Es kommt zu einem erbitterten Kampf, bei dem die Briten den Sieg erringen, der König aber flieht. Die Briten zogen ins Gebirge, fanden diese Steine, nahmen ein großes Seil und befestigten es an den Steinen. Viele hundert Leute zogen daran, konnten die Steine aber kein Stück weit bewegen. Da kam Merlin hinzu und brachte diese Steine in kurzer Zeit zu den Schiffen. Anschließend segelten sie nach Bretland zurück, und der König dankte ihnen für diese Fahrt. Jetzt erbaute man mit diesen Steinen das Grabmal König Constantins, und der König richtete für die vornehmsten Leute im Land ein dreiwöchiges Gastmahl aus.

Ydir übernimmt die Herrschaft

Nachdem Vortigern gefallen war, floh sein Sohn Pacencius nach Saxland, verschaffte sich dort ein Heer, kehrte nach Bretland zurück und wollte seinen Vater rächen. Aurelius zieht ihm mit einem Heer entgegen; es kommt zu einem erbitterten Kampf, und Pacencius flieht nach Irland zu König Gallimanus. Die beiden verstärken ihre Truppen und kehren nach Bretland zurück. König Aurelius lag zu dieser Zeit krank in Vintonia, während Ydir Pendragon ihnen mit einem Heer entgegenzog.

Als sie von der Krankheit des Aurelius erfuhren, trat ein irischer Mann vor den König und fragte, was sie ihm geben wollten, wenn er Aurelius töte. Pacencius antwortet: »Ich gebe dir tausend Pfund Silber, und falls ich König werde, sollst du Anführer einer Hundertschaft werden.« Daraufhin läßt Eoppa sein Haar scheren, legt ein Mönchsgewand an und gibt vor, Arzt zu sein. Dann reist er nach Vintonia, wo ihn die Leute bitten, zum König zu gehen. Als er zu ihm gekommen war, bereitete er ihm einen Trank, und nachdem der König davon getrunken hatte, schlief er ein. Als er wieder erwachte, fühlte er, daß Gift durch seinen Körper rann, und kurz darauf starb er. Eoppa kehrte zu seinen Leuten zurück und berichtete von seiner Unternehmung. Nachdem der König gestorben war, sah man am Himmel einen hellen Stern, mit einem leuchtenden Strahl in der Form eines Drachens. Dem Maul des Drachens entsprangen zwei Strahlen, von denen der hellere in südlicher Richtung über ganz Frankreich schien, während sich der andere über Irland erstreckte und sich in sieben Strahlen aufspaltete. Als Ydir von diesen Ereignissen erfuhr, fragte er Merlin, was sie bedeuteten. Merlin antwortet: »Oho, tiefe Trauer herrscht nun, da Aurelius tot ist, was für alle einen großen Schaden bedeutet. Zieh aus und kämpfe, denn du wirst den Sieg erringen. Der Stern, der sich in

Drachengestalt zeigte, steht für dich; der Strahl jedoch, der sich über Frankreich erstreckte, steht für deinen Sohn, denn er wird so mächtig werden, daß er alle diese Reiche erobert, über die sich der Strahl erstreckte. Der zweite Strahl steht für deine Tochter; sie wird sich nach Irland verheiraten, und von ihr werden sieben Geschlechter abstammen.« Ydir bezweifelte zwar, ob alles so geschehen werde, aber er zog dennoch gegen Gallimanus und Pacencius. Es kam zu einem erbitterten Kampf, bei dem Gallimanus und Pacencius fielen, Ydir aber den Sieg errang und die Herrschaft über ganz Britannien übernahm. Er ließ zwei Drachen aus Gold schmieden und einen in Ambri über dem Grab seines Vaters aufhängen, den zweiten aber ließ er vor sich in der Schlacht hertragen, wo immer er auch kämpfte. Seitdem nannte man ihn Ydir Drachenhaupt.

Nach dem Tod des Aurelius sammelt Heingests Sohn Otta ein Heer, zieht damit nach Bretland und belagert York. Dort kommt ihm Ydir mit dem britischen Heer entgegen; es kommt zu einer Schlacht, und sie kämpfen bis in die Nacht hinein. Dann ziehen sich die Briten allmählich auf einen hohen Berg zurück, der ganz von hohen Felsen umschlossen ist. Die Saxen belagerten den Berg. Beim Einbruch der Nacht, nachdem es dunkel geworden war, stürmte Ydir überraschend mit seinem Heer vom Berg herunter auf die Saxen zu. Eine große Zahl der Saxen fiel, und Otta wurde gefangengenommen, in Eisen gelegt und nach Vintonia gebracht.

An Ostern richtete der König für alle mächtigen Männer im Land ein Gastmahl aus. Gorlois, der König der Kornbriten, war ebenfalls dort mit seiner Frau; sie war überaus schön. Der König faßte Zuneigung zu ihr und unterhielt sich heimlich mit ihr. Dies bemerkte der Herzog, verließ ohne die Erlaubnis des Königs mit seiner Frau das Gastmahl und sperrte sie in einen Turm. Als Gorlois nicht mehr zum Gastmahl zurückkehren wollte, wurde der König zornig und schickte Leute aus, um die Burg zu belagern, so daß niemand hinein- oder herauskomme. Der König sagte zu Merlin, daß es ihn seine Gesundheit kosten werde, wenn er die Frau des Herzogs nicht bekomme. Merlin sprach: »Das ist nicht ganz leicht, denn dorthin führt nur ein schmaler Pfad, den vier Soldaten, die ihn Tag und Nacht bewachen, gegen das gesamte britische Heer verteidigen können. Dennoch werde ich es bewerkstelligen, daß Gorlois so aussieht wie du, und dein Ratgeber Ulfin und ich werden wie die beiden Diener Igernas aussehen. Dann können wir Zugang zum Turm erhalten.« Auf diesen Vorschlag geht der König ein. Darauf begeben sie sich zur Burg, und alles geschieht so, wie es Merlin geplant hat. Igerna glaubte, daß sie in dieser Nacht bei ihrem Gatten Gorlois schlafe.

Als das Heer den König vermißte, glaubten sie, er sei verraten worden, stürmten auf Gorlois zu und töteten ihn und den größten Teil seiner Mannschaft. Man überbrachte seiner Gattin Igerna diese Nachrichten, doch sie wußte nicht, wie es geschehen konnte, denn sie glaubte, in dieser Nacht bei ihm geschlafen zu haben. Da sprach der König: »Du siehst doch, daß ich lebe. Es wird am ratsamsten sein, den König aufzusuchen und ihn um Vergebung zu bitten.« Daraufhin geht der König zu seiner Truppe und nimmt wieder sein vorheriges Aussehen an. Dann geht er zur Burg und sagt Igerna die Wahrheit. Sie einigt sich mit dem König, worauf er sie heiratet. Sie hatten zwei Kinder: ihr Sohn hieß Artur, und Anna die Tochter. Kurz darauf befiel den König eine schwere und schwächende Krankheit.

Während der König krank darniederlag, wurden Otta und seine Leute aus dem Kerker entlassen. Sie fuhren nach Saxland und kehrten mit einem unbezwingbaren Heer nach Bretland zurück. Als die Briten davon erfuhren, drängten sie den König, seine Tochter Anna mit Lot, dem König von Irland, zu verheiraten, und so wurde es beschlossen. Dann zieht Lot mit einem Heer gegen die Saxen, und es kommt zu einem erbitterten Kampf, der damit endet, daß die Briten fliehen. Als König Ydir davon erfuhr, bestellte er alle Fürsten zu sich und ließ sich auf einer Bahre in den Kampf gegen die Saxen tragen. Die Saxen betrachteten es als große Schande, daß sie gegen einen kranken Mann kämpfen sollten. Sie zogen sich in eine Stadt namens Verolamum zurück und verschanzten sich dort. Die Briten erstürmten die Stadt, und als die Saxen dies bemerkten, kamen sie aus der Stadt heraus, und es begann ein erbitterter Kampf. Otta und die meisten seiner Leute fielen, die Überlebenden aber flohen. Der König freute sich über seinen Sieg und sprach: »Lieber will ich als kranker Mann einen solchen Sieg erringen denn als gesunder fliehen.« Einer der Saxen mischte Gift in seinen Trank, und kurz darauf starb Ydir. Man brachte seine Leiche in das Kloster, in dem auch sein Bruder ruhte, und seine Beerdigung wurde mit großer Pracht ausgerichtet. Sein Tod wurde von vielen Leuten tief betrauert.

Artur wird zum König gewählt

Drei Wochen nach Ydirs Tod wurde sein Sohn Artur zum König gewählt und in einer Stadt namens Cilestria gekrönt; er war damals fünfzehn Jahre alt. Er war groß gewachsen, von schmuckem Aussehen und klugem Verstand, freigebig, stark, von fester Gesinnung und waffenkühn, freundlich und nachsichtig zu seinen Freunden, aber grausam zu Feinden, standhaft und umsichtig, sittsam und siegreich, weitberühmt und in allen Künsten beschlagen. Kurze Zeit, nachdem er zum König gewählt worden war, hieß es, daß ein säxisches Heer ins Land eingedrungen sei und das gesamte Reich von Katanes bis nach Süden zum Humra zerstört habe. Darauf zog ihnen Artur mit einem Heer entgegen. Der Heerführer der Saxen hieß Kolgrim. Sie trafen dort aufeinander, wo es Thvera heißt; es kam zu einer großen Schlacht, und die Saxen flohen in die Stadt York. Der König belagerte die Stadt. Dies erfuhr Baldulf, der Bruder Kolgrims. Er sammelt sechstausend Mann und will Kolgrim zu Hilfe kommen. Zehn Meilen vor York machen sie halt. Der König erhält Kenntnis von ihrer Unternehmung und schickt ihnen Jarl Cador mit einem großen Heer entgegen. Sie greifen einander sofort an, und einige der Saxen fallen, andere aber fliehen. Baldulf, der über seine Niederlage höchst mißvergnügt war, ließ nach Art der Gaukler sein Haar schneiden und seinen Bart scheren. Er verschafft sich eine Harfe, begibt sich ins Heerlager des Königs und unterhält dort die Leute. Eines Nachts gelangte er mit Hilfe eines Seils in die Stadt, und sein Bruder freute sich sehr über ihn.

Dann schickten sie Boten nach Saxland, um Herzog Keldrik um Unterstützung zu bitten. Der sammelt sofort ein Heer und fährt mit sechshundert Schiffen nach Bretland; sie landen in Schottland. König Artur erfährt davon und schickt seinem Schwestersohn Hoel Nachricht; er begibt sich mit 15 000 Soldaten zum König. Dann zogen beide zusammen den Heiden entgegen und trafen an einem Fluß auf sie. Es gab einen erbitterten Kampf, bis die Heiden flohen. Der König trieb die Fliehenden in einen Wald namens Calidon. Dort leisteten die Heiden Widerstand und töteten zahlreiche Briten. Daraufhin ließ der König den Wald um sie herum fällen, so daß sie nirgends entkommen konnten. Nun erkannten die Heiden, daß sie verloren waren. Sie schickten dem König eine Nachricht und boten ihm Gold und Silber als Lösegeld. Es wurde vereinbart, daß sie sich zu Steuerzahlungen verpflichteten und ihm dafür Geiseln stellten. Nachdem sie aber entkommen waren, gedachten sie ihrer Verluste, brachen den Vertrag mit dem König und überfielen sein Reich. Als der König davon Kenntnis erhielt, ließ er alle Geiseln töten und zog dann den Heiden mit einem Heer entgegen. Sein Schwestersohn Hoel war krank und konnte ihm keine Hilfe leisten.

Als sie das Heerlager der Heiden erblicken, spricht König Artur zum Heer und hetzt es zum Angriff auf. Er war folgendermaßen gerüstet: Er trug eine vierfache Brünne und einen Helm aus dem stärksten Stahl, auf dem mit großer Kunstfertigkeit ein Drache eingeritzt war; er hatte ein Schwert namens Caleburnum, das so riesig war, daß nur wenige Männer es als Waffe benutzen konnten; sein Schild war aus dem stärksten Leder gefertigt, und auf ihm war das Bild Unserer Lieben Frau gemalt, denn sie rief er immer um Schutz an; sein mächtiger Speer hieß Ron. Jetzt stoßen die Heere aufeinander, die den ganzen Tag kämpfen; erst die Nacht unterbricht die Schlacht. Am Morgen, als es hell genug zum Kampf war, kam es erneut zwischen ihnen zu einer Schlacht. Auf beiden Seiten fielen zahlreiche Leute, aber doch mehr bei den Briten. Als der König seine Leute fallen sieht, wird er ungemein zornig, zieht sein Schwert, schlägt nach beiden Seiten und tötet innerhalb kurzer Zeit 470 Mann. Bei diesem Ansturm fielen auch die beiden Brüder Kolgrim und Baldulf mit vielen weiteren tausend Mann. Daraufhin floh Herzog Keldrik mit dem gesamten Heer der Saxen. Der König ließ die Fliehenden verfolgen, und Keldrik fiel mit dem größten Teil seines Heeres auf der Flucht.

Dann zog der König nach Irland und unterwarf es sich ebenso wie auch Schottland. König Artur wurde von seinen Schwestersöhnen begleitet: von Hoel, Modred, Valvein, Lancelot und Yvein; dessen Vater war Loth aus Alrexstadir in Norwegen, der König über Hordaland. König Arturs Gattin namens Gunvör war die Tochter des Herzogs Cador. König Artur unternahm noch einen zweiten Kriegszug nach Irland und unterwarf es sich. Bei dieser Unternehmung eroberte er auch die Orkneys, Hjaltland und die Hebriden, Dänemark und Norwegen, die Färöer und Gotland, und machte sich alle diese Länder steuerpflichtig. Dann kehrte nach Bretland zurück, wo sich ihm die Söhne vieler vornehmer Familien anschlossen, seine Gefolgsleute wurden und sich ihm mit Eiden verpflichteten. In dieser Zeit starb der norwegische König Sighialm. Er war ein Bruder des Königs Lot, der damals mit Anna, der Schwester König Arturs, verheiratet war. Sighialm hatte Valvein, den Sohn seines Bruders und Schwestersohn König Arturs, aufgezogen. Da Sighialm keinen Sohn hatte, hinterließ er ihm sein ganzes Reich. Doch die Norweger, die keinen britischen König wollten, wählten einen Mann namens Rikulf zum König. Als König Artur davon erfährt, zieht er mit einem riesigen Heer nach Norwegen. Es kam zu einem erbitterten Kampf, bei dem Rikulf fiel. Artur eroberte nun für Valvein ganz Norwegen und Dänemark.

Anschließend zieht König Artur nach Frankreich. Kaiser Leo hatte über Frankreich einen Fürsten namens Frollo eingesetzt, der wegen seiner Körperkraft einem Troll ähnlicher als einem Menschen war. Er zieht König Artur entgegen, schlägt eine Schlacht gegen ihn und flieht vor ihm nach Paris. Der König belagerte die Stadt, und als die Franzosen vom Hunger gequält wurden, forderte Frollo den König zum Zweikampf heraus. Der König willigte freudig ein, worauf sie mit Speeren aufeinander zuritten. Der König schoß Frollo von seinem Pferd, doch ohne daß dieser verwundet wurde. Frollo stürmte heran und erstach das Pferd unter dem König. Daraufhin fiel der König zu Boden, und die Briten glaubten, daß der König verwundet worden sei. Der König sprang schnell auf die Füße, sie kämpften lange, und es endete damit, daß der König Frollo den Kopf spaltete, durch den Helm hindurch bis auf die Schultern. Dann unterwarf sich der König ganz Frankreich. Er verheiratete seine Tochter Biadvora mit seinem Mundschenk Estrusias, und Adenagia verheiratete er mit seinem Berater Kei. Dann teilte er ganz Frankreich unter seinen Leuten auf.

In Frankreich gab es einen Kämpen namens Rikion, der an Kraft und Größe einem Riesen vergleichbar war. Er zwang Könige dazu, ihren Bart mitsamt der Haut abzuziehen und ihm als Steuer zu schikken. Daraus ließ er dann das Futter für einen Mantel machen. Er schickte auch König Artur Nachricht, damit er ihm seinen Bart schicke, und weil er bedeutender als andere Könige sei, solle sein Bart als Besatz für das Kleidungsstück dienen. Nachdem der König diese Botschaft erhalten hatte, sprach er: »Eher werde ich ihn sämtlichen Trollen zum Geschenk machen, als daß er meinen Bart oder auch nur meinen Schnurrbart erhält.« Darauf zieht der König gegen Rikion aus. Zwischen ihnen beginnt ein erbitterter Kampf. Rikion schlug mit einem mächtigen Hieb auf den Schild des Königs und spaltete ihn bis zum Bild der Mutter Gottes hinab; weiter konnte er ihm nichts anhaben. Daraufhin schlug der König dem Riesen auf den Kopf, konnte ihm aber auch nichts anhaben. Dennoch war der Hieb so mächtig, daß der Kopf gelähmt wurde. Dann packte der Riese den König so fest, daß dieser zurückwich. Nun schien es den Leuten ungewiß, wie es ausgehen werde, doch weil sein Kopf gelähmt war, wurde Rikion vom König getötet. Dann schickte König Artur allen Königen Nachricht, daß jeder seinen Bart holen solle, aber sie wagten nicht, ihn zu nehmen und willigten ein, Arturs Untertanen zu sein.

Nach diesem Sieg hielt sich König Artur fünf Jahre lang in Ruhe und Frieden in Bretland auf. Er ließ an einem Fluß namens Oska eine große Stadt errichten mit zwei so großen Palästen, wie es keine größeren im Land gab; sie waren nach römischer Art gebaut. An Pfingsten lud er alle Könige, Herzöge, Jarle und alle Fürsten in seinem Reich zu sich ein, und dann wurden er und die Königin gekrönt. Dieses Gastmahl gehörte in den nordischen Ländern zu den berühmtesten in alter und neuer Zeit.

König Artur und seine Leute

Die Römer waren höchst unzufrieden damit, daß sie ganz Gallien an König Artur verloren hatten und keine Steuern mehr aus Bretland erhielten. Zu dieser Zeit befand sich Kaiser Leo auf einem Kriegszug im Ostreich, und er hatte einen Fürsten namens Lucius über die Romania eingesetzt. Beim großen Gastmahl König Arturs begab es sich, daß Gesandte aus Rom mit einem Brief folgenden Inhalts kamen: »Lucius, Befehlshaber der Römer, sendet Artur die Grüße, die sich für ihn geziemen. Uns wundert Eure Kühnheit, da Ihr es wagt, uns die Steuerländer vorzuenthalten, die unsere Vorfahren Euern Verwandten abgerungen hatten, uns Römern zu Schutz und Sicherheit. Nun lade ich Euch vor den Kaiser persönlich, damit Ihr dort für Eure schweren Vergehen entsprechend seiner Gnade büßen werdet. Falls Du Dich aber dieser Reise entziehst, werde ich zu Euch kommen und alles gnadenlos einfordern.«

Nachdem der König den Brief gelesen hatte, beriet er sich mit seinen Freunden, wie man sich entscheiden solle. Da antwortet Cador, der König der Kornbriten: »Bei diesem Gastmahl habe ich schon befürchtet, daß wir durch unser Wohlleben unsere Kampfkraft verlieren würden. Während der letzten fünf Jahre haben wir nichts anderes getan außer gespielt, uns unterhalten oder Frauen liebkost; auf diese

Weise hat schon mancher Ansehen und Würde verloren. Die Römer werden uns aber nicht besiegen.« Der König sprach: »Wir wissen alle, daß sich Julius Caesar Bretland durch den Verrat unserer Landsleute unterwarf und nicht, weil er einen rechtmäßigen Anspruch darauf hatte, auch wenn sie eine Zeitlang hier Steuern einforderten. Ich glaube, daß wir kaum weniger Recht dazu haben, von ihnen Steuern einzufordern als sie von uns, denn unsere Verwandten Brennius und Belinus hängten dreißig Römer auf einem Platz in Rom und unterwarfen sich dann die gesamte Romania. Auch unser Verwandter Constantinus, der Sohn Elenas, unterwarf sich mit seinen Söhnen dieses Reich. Warum ist es nun nicht rechtens, daß wir bisweilen Steuern von ihnen fordern? Ich gebe aber zu, daß wir ihnen das Frankenreich abgenommen haben, und daß dies für sie ein Grund zur Klage ist.« Dann sprach Hoel, der Schwestersohn des Königs: »Wir bitten euch, Anführer dieses Kriegszugs zu sein. Wir wollen euch alle begleiten, um die Romania anzugreifen, denn unsere Propheten haben vorhergesagt, daß drei britische Männer sich das römische Reich unterwerfen werden. Zwei haben es sich bereits unterworfen, und du wirst der dritte sein. Bemächtigt euch des Sieges, der sich euch selbst aufdrängt. Ich werde entweder auf diesem Kriegszug fallen oder den Sieg erringen. Zu diesem Kriegszug werde ich euch zehntausend tüchtige Männer zur Verfügung stellen.«

Als der König diese drängende Aufforderung vernimmt, bietet er ein Heer aus seinem gesamten Reich auf. Es heißt, daß er außer dem Fußvolk nicht weniger als vierzigtausend Mann gehabt habe. Folgende Fürsten begleiteten ihn: der Kornbritenkönig Cador, der irische König Gilimar, der Hebridenkönig Gunnasius, der norwegische König Palpanus, der dänische König Askel, der schottische König Anguselus, sein Verwandter Hoel und Malvasius, der König von Tile, das heute Island heißt. König Artur befahl den Gesandten des Lucius, ihm zu sagen, daß er zu ihm kommen und Steuern von den Römern einfordern werde. Als Lucius dies erfuhr, sammelte er im gesamten römischen Reich ein Heer, und folgende Fürsten begleiteten Lucius: der griechische König Philippus, der sarazenische König Manasar, der spanische König Corobia, der medische König Siris und viele andere Fürsten, sowohl Herzöge als auch Jarle. Sie hatten ein riesiges Heer, 301 200 Mann an der Zahl. Zum Schutz des Landes ließ König Artur seinen Schwestersohn Modred bei Königin Gunvör zurück.

Der Krieg zwischen den Römern und König Artur

In der ersten Nacht, nachdem König Artur seinen Kriegszug in England begonnen hatte, träumte er, daß er einen großen Bären in der Luft fliegen sehe. Ihm schien die ganze Erde und alles, was sich auf ihr befand, vor dem Geschrei dieses riesigen Tieres zu zittern und zu beben. Der König glaubte, einen riesigen Drachen zu sehen, der sich auf den Bären zubewegte; er flog von Westen her, und von ihm leuchtete es weithin am Himmel. Zwischen den beiden beginnt ein erbitterter Kampf, der damit endet, daß der Drache dem Bären Gift entgegenschnaubt, so daß dieser zu Boden fällt. Der König fragte seine Weisen, was dies zu bedeuten habe. Sie sagten, daß der Drache sein Folgegeist, und der Bär der Folgegeist eines Riesen sei, und daß der König den Riesen besiegen werde.

Als der König nach Frankreich kam, hörte er von einem Riesen namens Innuis; er hielt sich an einem Ort namens Mikialsberg auf. Jedermann hatte Angst vor ihm. Er hatte ein Mädchen namens Elin entführt, die eine Verwandte König Arturs war. Nachdem der König davon erfahren hatte, verließ eines Nachts zusammen mit zwei weiteren Männern seine Truppe, und als sie zu dem Gebirge kamen, sahen sie in einer Höhle zwei Feuer brennen. Der König ging zu der Höhle hin und sah, daß der Riese Innuis am Feuer saß und sich einen Wildeber briet. Der König befahl den anderen, draußen zu warten. Der König geht hinein, und als der Riese dies bemerkt, nimmt er seine Keule, die so schwer ist, daß zwei Männer sie nicht von der Erde hochheben können. Der König schlug dem Riesen mit dem Schwert auf die Stirn, und der Riese hieb mit der Keule nach dem König. Der König wich zurück, und der Hieb traf die Erde neben dem König. Es war ein so mächtiger Hieb, daß der ganze Berg dabei erbebte. Obwohl die Wunde des Riesen nicht tief war, verlor er doch viel Blut. Da wirft der Riese die Keule weg, stürmt auf den König zu und packt ihn so fest, daß der König auf die Knie fällt. Nach einiger Zeit ermüdete der Blutverlust den Riesen so sehr, daß er nicht mehr aufrecht stehen konnte, und da sprang der König auf und schlug ihm den Kopf ab. Er ließ den Kopf aufbewahren, um ihn vorzuzeigen, denn der König hatte sich außer im Kampf gegen Rikion noch nie zuvor in solcher Gefahr befunden. Dann begab er sich zu seinen Schiffen und wurde durch diese Heldentat im gesamten nördlichen Teil der Welt sehr berühmt.

Anschließend führt König Artur sein Heer in den Kriegszug gegen die Römer. Als beide Parteien einander erblicken, schickt König Artur drei Fürsten zu den Römern, den alten Galven, den starken Berso und den kühnen Gervin, um die Römer aufzufordern, aus Gallien zu verschwinden. Als Lucius davon erfuhr, sprach er: »Wir werden auf keinen Fall fliehen, denn wir werden das gesamte Reich König Arturs erobern und ihn selbst gefangennehmen.« Dann sprach ein Mann namens Kvintus: »Ihr Briten seid ganz schön überheblich, wenn ihr uns Römern das Reich abnehmen wollt.« Galven wurde zornig, zog sein Schwert, schlug Kvintus den Kopf ab und kehrte dann zu seinen Leuten zurück. Doch die Römer verfolgten ihn, und es kam zu einem erbitterten Kampf, bei dem auf beiden Seiten eine große Anzahl fiel, ehe die übrigen zu ihren Leuten zurückkehrten.

Nun erfährt König Artur, daß Lucius in eine Stadt namens Augustidunum gekommen ist und beabsichtigt, am nächsten Tag nach Langvionisburg weiterzuziehen. Noch in derselben Nacht befahl der König seinen Leuten, ihre Rüstungen anzulegen, und der König stellte fünf Schlachtreihen mit seinen Leuten in dem Tal auf, durch das Lucius kommen sollte. Diese Leute waren 47 000 und 18 an der Zahl. Der König ließ eine Messe singen und einen Friedhof weihen, um dort die Männer zu begraben, die dort fallen würden. Lucius erhält Kenntnis vom Plan König Arturs und stellt auf einer herrlichen Ebene sein Feldzeichen auf, das wie ein goldener Adler aussieht. Dann ließ er an acht Stellen seine Schlachtreihen aufstellen. Anschließend sprach Lucius zum Heer: »Euch wird bekannt sein, daß König Artur unrechtmäßig Anspruch auf unser Reich erhebt, und welch große Schmach und welchen Verlust an Leuten wir durch ihn und seine Verwandten erlitten haben. Daher wäre es besser für uns, diesen feindlichen Haufen ruhmreich zu verjagen als uns ihnen schändlich zu Füßen zu werfen. Denkt auch daran, daß uns unsere Vorfahren ein Beispiel lieferten, indem sie einen ruhmreichen Sieg schändlichem Geld vorzogen. Sie errangen stets den Sieg, wenn ihnen der Tod gewiß zu sein schien. Diese Nacht wird schnell vergehen, und dann kommt der Tag, an dem wir diese erbärmlichen Kerle verjagen werden.« Die Römer hatten ein so riesiges Heer, daß sich in jeder ihrer Schlachtreihen 6000 und 1 100 und sechs Mann befanden.

Anschließend reiten die Römer in das Tal, wo die Schlachtreihen aufeinandertreffen und ein erbitterter Kampf beginnt. Das geschah zuerst, daß der Medierkönig Bocko auf Bodver zuritt und ihn mit einem Speer durchbohrte. Sira Kei wollte ihn rächen und wurde tödlich verwundet. Hireglas, der Verwandte Bodvers, wurde sehr erzürnt, als er ihn sterben sah. Er stürmte so heftig voran, daß er König Bocko tötete. Darauf kam es zu einem erbitterten Kampf mit großen Verlusten. In dieser Schlacht fielen von den Römern der spanische König Romithel und die römischen Senatoren Quintus und Marcius Lepidus sowie drei Herzöge der Briten. Nun kommt Lucius mit seiner Schar heran. Ihm stürmten Cador und Hoel entgegen, aber Cador und seine Leute mußten wieder zurückweichen. Jetzt erkennt König Artur die unglückliche Lage seiner Leute. Er zieht sein Schwert Caleburnum und spricht: »Laßt keinen lebend entkommen. Sterbt lieber ruhmreich als daß ihr schmählich flieht.« Der König hieb daraufhin nach beiden Seiten, und durch jeden seiner Hiebe fiel entweder ein Mann oder ein Pferd. Er tötete zwei römische Fürsten, den libyschen König Sertorius und Polites, den König von Bithinia. Auf beiden Seiten gab es große Verluste. Lucius hieb mit dem Schwert in der rechten Hand und stach mit dem Speer in der linken Hand. Dort aber, wo Artur voranstürmte, wichen alle zurück. In diesem Augenblick fiel Morvid den Römern in den Rücken, worauf Tausende aus dem römischen Heer fielen. In dieser Schlacht starb auch Lucius einen ruhmreichen Tod. Dann ergriffen die Römer die Flucht. König Artur ließ die Fliehenden verfolgen, bis sie sich dem König ergaben und ihm den Treueeid schworen. König Artur ließ die Leichen all derer Männer begraben, die dort gefallen waren, sowohl die der Römer als auch die seiner eigenen Leute. Diesen Winter über blieb der König in Gallien, aber im folgenden Sommer zog er nach Rom und unterwarf es sich ebenso wie alle zugehörigen Reiche.

König Artur

Während dieser Ereignisse kamen Boten aus Bretland und berichteten dem König, daß sich sein Schwestersohn Modred Bretland unterworfen und mit Gunvör, der Gattin König Arturs, Hochzeit gefeiert habe. Außerdem habe er die Heiden um sich geschart, um das Land zu verteidigen. Durch diese Nachrichten wurde der König sehr betrübt. Er wandte sich mit dem größten Teil seines Heeres nach Bretland zurück und schickte seinen Verwandten Hoel zum Kaiser, um mit ihm Frieden zu schließen. Diese Sache ging ihm gut von der Hand: Man versöhnte sich und schloß bedingungslosen Frieden. Nachdem der König nach Bretland zurückgekommen war, zog ihm Modred mit einem Heer entgegen, und es kam zu einer erbitterten Schlacht. Die Lage des Königs war bedenklich, und er verlor zahlreiche Leute. Dennoch endete es damit, daß Modred in eine Stadt namens Vintonia floh. Der König ließ die Leichen seiner Leute begraben und war über seine riesigen Verluste äußerst betrübt. Als Gunvör davon erfuhr, reiste sie nachts heimlich nach London und trat dort in ein Nonnenkloster ein, wo sie bis zum Ende ihres Lebens blieb.

Drei Tage später trafen König Artur und Modred aufeinander, und es kam zu einem erbitterten Kampf mit großen Verlusten. Erneut mußte Modred zurückweichen. Der König kümmerte sich diesmal nicht darum, seine Leute zu beerdigen, sondern verfolgte die Flüchtenden bis zu einem Fluß namens Kamla. Dort machte Modred Halt und stellte seine Schlachtreihen auf. Er hatte keine geringere Truppe als vierzigtausend Mann. Dennoch hatte der König ein noch größeres Heer; er trieb seine Leute energisch an und wandte sich selbst der Schlachtreihe zu, die Modred anführte. Der König stürmte durch diese Schlachtreihe hindurch, als wate er durch frisch gefallenen Schnee. In dieser Schlacht fielen Modred und mit ihm viele tausend Mann, unter anderen auch folgende Fürsten: Keldrik und Elafius, Erlingtus, Brunigus, Saxon, Gilla, Patrik sowie eine Vielzahl von Iren, Schotten und Orkneyingern. Der König schenkte allen das Leben, die es annehmen wollten. Aus seinem Heer waren folgende Fürsten gefallen: der norwegische König Loth, der dänische König Askel, Cador und Casibellanus und viele tausend andere Männer. In diesem Kampf erhielt der König eine Wunde, die ihm den Tod brachte. Man überführte ihn zu der Insel Avollo, wo der König nur kurze Zeit weilte, ehe er starb. Er wurde von seinen Leuten zutiefst betrauert; seine Leiche wurde in der Christkirche in Canterbury beerdigt. Es wird erzählt, daß er von allen britischen Königen am meisten das Christentum in Bretland unterstützt habe. Als König Artur starb, waren seit der Geburt unseres Herrn Jesus Christus 542 Jahre vergangen; das war am Ende der Regierungszeit des Kaisers Leo.

Nach dem Tod König Arturs übernahm die Herrschaft über Bretland Constantinus, der Sohn des Herzogs Cador, wie König Artur selbst angeordnet hatte. Er konnte nur kurze Zeit in Ruhe und Frieden regieren, bis die Saxen das Reich überfielen. Deren Truppe führten zwei Fürsten an, die Söhne Modreds waren. Sie eroberten London und Vintonia und hielten sich dort eine Zeitlang auf. In dieser Zeit starben Bischof Daniel und Bischof David in Canterbury. Constantinus bot ein riesiges Heer auf und zog den Brüdern entgegen. Es kam zu einem erbitterten Kampf, der jedoch nicht lange dauerte, bis die Saxen fielen und die beiden Brüder in die Marienkirche in London flohen. Constantinus stürmte ihnen hinterher und tötete jeden der beiden vor einem Altar. Constantinus herrschte zwanzig Jahre lang. Er starb eines plötzlichen Todes und ist an einem Ort begraben, der seither Anesko heißt.

Nach ihm übernahm sein Sohn namens Aurelius die Herrschaft; er war kein kluger Herrscher. Er ließ seinen Vaterbruder namens Aurelius und dessen beide Söhne töten, unterwarf sich dann das gesamte Reich und herrschte dreißig Jahre lang. Nach ihm übernahm Vortiporius die Herrschaft; zu seinen Lebzeiten richteten die Saxen große Verheerungen im Land an. Nach ihm übernahm Malgo die Herrschaft. Er unterwarf sich ganz Bretland und Schottland, Irland, Island, die Orkneys, Dänemark und Gotland; alle diese Länder waren ihm steuerpflichtig. Weil er aber Liebesverhältnisse mit Männern statt mit Frauen hatte, zürnte ihm Gott.

Nach ihm übernahm Carencius die Herrschaft. Er war ein unkluger Mann und grausam zu seinen Leuten. Daher stand er weder bei Gott noch bei den Menschen in großem Ansehen. Die Bevölkerung, die über den Unfrieden unter ihm klagte, suchte deshalb in anderen Ländern Schutz. Als die Saxen davon erfahren, sammeln sie ein Heer und ziehen zunächst nach Irland. Dort herrschte ein König namens Gudmund, von dem sie eine riesige Streitmacht erhielten. Dann zogen sie nach Bretland und vernichteten den ganzen nördlichen Teil des Landes. Carencius sammelte ein Heer für einen Gegenzug, und es kam zu einem erbitterten Kampf, der aber nicht lange dauerte, bis der König in eine Stadt namens Cirestria floh. Die Saxen belagerten die Stadt, konnten sie aber nicht erobern. Dann kam dem irischen König sein Schwestersohn Iskardus zu Hilfe, worauf sie die Stadt eroberten. Carencius kam mit seinen Leuten aus der Stadt heraus und hieb nach beiden Seiten. Jetzt wird Carencius von der Übermacht überwältigt und flieht zu seinen Schiffen. Er verließ das Land und kam nie mehr zurück. König Gudmund und die Saxen unterwarfen sich das ganze Land, brannten Städte und Kirchen nieder und schafften das Christentum ab. Daraufhin flohen die Bischöfe mit allen Heiligtümern nach Süden übers Meer. Anschließend verlor das Geschlecht der britischen Könige die Herrschaft über Bretland, die Saxen aber erhielten dennoch nicht den Königstitel, sondern das Land wechselte den Namen und wurde seither England genannt. Damals war Adalbrikt König über den südlichen Teil des Landes, und Adalrad und Ella waren Könige über Nordhumbraland. Das Christentum war aber zum größten Teil im ganzen Land vergessen und abgeschafft.

Augustinus christianisiert England

Der heilige Gregorius, der zu dieser Zeit Papst in Rom war, erfuhr, was mit dem Christentum in England geschehen war. Er sandte den heiligen Augustinus, einen seiner berühmten Schüler, mit vielen anderen Geistlichen dorthin. Augustinus verkündete dort den Glauben und taufte König Adalbrikt, der anschließend ein großer Förderer des Heiligen Christentums wurde. In einer Stadt namens Baugor gründete Augustinus sein Erzbistum und Klöster, die in sieben Abteilungen aufgeteilt wurden. Als Abt stand ihnen ein Schüler Augustins namens Dinot vor, der dreihundert Mönche unter sich hatte; sie betrieben Ackerbau zu ihrem Lebensunterhalt.

Damals waren – wie bereits geschrieben – Adalrad und Ella Könige über Nordhumbraland, die um so weniger den Glauben annehmen wollten, als sie beständig Streit mit den Christen anfingen, wo immer sie auf sie trafen; eines Tages ließen sie 112 Mönche töten, die später von den Christen wie andere Blutzeugen Gottes verehrt wurden. Anschließend wählten die Briten einen König namens Cananus, der mit einem Heer gegen König Adalrad zog. Es kam zu einem erbitterten Kampf, in dem nicht weniger als zehntausend Mann fielen. Daraufhin einigte man sich dahingehend, daß Cananus das Land südlich des Humra bekommen sollte. Anschließend wurden sie gute Freunde. Kurz darauf verließ König Adalrad seine Frau und heiratete statt dessen eine andere. Jene aber suchte König Cananus auf, der sie in seine Obhut nahm und sie neben der Königin auf einen Thron setzte. Beide Frauen kamen gleichzeitig nieder und gebaren zwei Jungen. Der Sohn des Cananus hieß Kadal, und Edvin der des Adalrad. Beide wuchsen zusammen beim König auf und liebten sich sehr.

In dieser Zeit starben ihre Väter, worauf sie sich zu ihrem väterlichen Erbe begaben. Kadal übernahm Nordhumbraland, und als er zwei Jahre lang regiert hatte, wollte er sich zum König krönen lassen. Er besprach dies mit seinem Ziehbruder und seiner Schwester namens Brian. Doch als er ihr davon erzählte, wurde sie von einem Weinkrampf beispielloser Heftigkeit überwältigt. Dies verbreitete sich im ganzen Reich. Der König fragte, was die Trauer verursacht habe, unter der sie litt. Sie antwortet: »Ich finde deinen Plan kläglich, der eher von schlechtem menschlichem Charakter als von Verstand zeugt. Deine Vorfahren würden es so beurteilen, daß du die Krone forderst, aber nicht den Mumm dazu hast, um dir das Land mit dem Schwert zu unterwerfen. Diese Herrschaft wird als ruhmlos gelten, solange die Saxen die Macht hier im Land ausüben. Sie sind uns und unseren Verwandten immer untreu gewesen, zuerst Vortigern und seinen Verwandten, und jetzt als Vertragsbrüchige, weil sie sich Modred anschlossen und solches Unheil anrichteten, wie es in diesem Land noch nicht vorgekommen ist. So wird es immer bleiben, solange sie sich hier im Land aufhalten.« Daraufhin schickte Edvin an Kadal eine Botschaft, daß er die Krone sowie den uneingeschränkten Königstitel beanspruche und als Oberkönig bezeichnet werden wolle, doch der König willigte nicht ein. Edvin wurde darüber zornig und sagte, daß er sich nicht darum kümmern werde, ob er es genehmige oder nicht. Als Kadal von Edvins Plan erfährt, läßt er Edvin durch Boten ausrichten, daß es ihn seinen Kopf kosten werde, wenn er sich zum König wählen lasse. Anschließend sammelte jeder der beiden ein Heer, und sie trafen am Humra aufeinander, wo es zu einem erbitterten Kampf kam. Kadal floh nach Irland und verlor viele tausend Mann. Nun überfiel Edvin das Reich König Adalrads, griff es mit Spieß und Speer an und tötete alle Leute, derer er habhaft wurde. Kadal sammelt ein Heer und zieht damit nach England. Es gelang ihm jedoch nirgends, an Land zu kommen, weil sich überall die Landesbevölkerung gegen ihn zusammenschloß. Edvin hatte einen Mann bei sich, der den Verlauf ihrer Reise voraussah und genau wußte, wann siegreiche Tage waren; nur dann kämpften sie.

Kadal wollte König Salomon aufsuchen, der damals der weiseste Mann war und der ihn aufgezogen hatte. Da setzte ein schlimmer Sturm ein, der sie mit zwei Schiffen zu einer Insel namens Grandregia trieb. Ihm gingen der Verlust seiner Leute wie auch sein mangelndes Glück im Kampf so nahe, daß er sechs Tage lang weder aß noch trank und sich deswegen ins Bett legen mußte. Als es soweit gekommen war, bat er, daß sein Ziehsohn Brian losziehen sollte, um für ihn auf der Insel nach Wild zu jagen. Er ging den ganzen Tag und suchte nach Wild, fand aber keines. Als er zurückkam, schnitt er sich einen Muskel aus seinem Bein, briet ihn, bereitete ihn für den König zu und behauptete, es sei Wildfleisch. Der König aß davon und glaubte, noch nie etwas so Gutes gegessen zu haben; innerhalb von drei Tagen wurde er fast ganz gesund.

Dann setzten sie ihre Reise fort, suchten König Salomon auf und fragten ihn um Rat. Sie beschlossen, daß Brian ausziehen und versuchen solle, ob er sich Edvins Seher bemächtigen könne. Brian verkleidet sich als Bettler und läßt sich einen zugespitzten Eisenstab anfertigen. Dann macht er sich auf den Weg nach York, wo König Edvin in großer Pracht residiert. Brian schließt sich einer Schar von Bettlern an, läßt sich neben der Tür des Palastes nieder und bettelt um Essen. Nachdem er kurze Zeit dort gesessen war, trat eine Frau aus dem Palast. Sie war Brians Schwester und sollte Wasser holen, denn Edvin hatte sie entführt. Sie erkannte Brian sofort, als sie ihn erblickte, und bat ihn, schnell zu verschwinden, ehe ihn die Männer des Königs erkannten. Darauf erzählte er ihr, wie es sich mit seiner Reise verhielt, und bat sie, dafür zu sorgen, daß in dieser Nacht die Kammer des Sehers nicht verschlossen werde. Sie versprach es ihm und tat, worum er gebeten hatte. Brian blieb bis in die Nacht bei den Bettlern, doch als alle Leute eingeschlafen waren, ging er zur Kammer des Sehers, die unverschlossen war. Brian ging hinein, trat an das Bett, durchbohrte die Brust des Sehers mit dem Eisenstab und ließ darauf den Stab darin stecken. Anschließend begab er sich wieder zu den Bettlern, blieb bei ihnen, bis alles still wurde, und verschwand dann heimlich. Er suchte Kadal auf und berichtete ihm von seiner Unternehmung, die dem König gut gelungen zu sein schien.

Dann kehrte Brian in seine Stadt zurück, wohin kurz darauf ein Mann namens Pendan mit einem Heer von Saxen kam. Kadal schickte ihm eine riesige Truppe entgegen. Es kam zu einem erbitterten Kampf, der aber nicht lange dauerte, bis Pendan gefangengenommen und der größte Teil seines Heeres getötet wurde. Davon erfährt Edvin, sammelt ein Heer und bricht damit zu Kadal auf. Sie treffen auf einer Ebene namens Holoel aufeinander, wo es zu einem harten und erbitterten Kampf kommt. In dieser Schlacht fielen Edvin, sein Sohn Usvid, ein König namens Baldr und fast alle ihre Leute. Anschließend zog Kadal durch ganz England, unterwarf es sich und tötete alle Saxen, sowohl Frauen als auch Kinder. Danach zog er nach Schottland und tötete dort den schottischen König Eadan und zwei seiner Schwestersöhne.

König Oswald

Nach seinem Tod übernahm die Herrschaft über Nordhumbraland König Oswald der Heilige, der dieses Reich neun Jahre lang regierte. Er war friedliebend und festen Sinnes und freigebig gegenüber armen Leuten. Kadal setzte seinem Reich heftig zu, und Oswald wich nach Schottland aus, in das englische Grenzgebiet. Kadal erfährt davon und bietet daraufhin gegen König Oswald ein Heer auf, dessen Anführer König Pendan war. Als König Oswald davon erfuhr, ließ er auf einer Ebene das Kreuz unseres Herrn Jesus Christus aufstellen. Er befahl allen seinen Leuten, sich dorthin zu begeben, und forderte sie auf, auf die Knie zu fallen und den allmächtigen Gott darum zu bitten, daß sie den Sieg gegen seine Feinde errängen. Sie folgten seinem Befehl, dann zogen sie in die Schlacht, und wegen der Verdienste König Oswalds des Heiligen erfüllte Gott ihre Bitte, so daß die Briten flohen.

Als Kadal davon Kenntnis erhielt, wurde er sehr zornig, sammelte ein Heer und zog gegen König Oswald. Es kam zu einem erbitterten Kampf, aber Oswald hatte keine ausreichenden Truppen. Als Oswald erkannte, daß kein Widerstand möglich sein würde, setzte er sich nieder, schlug die Hände vor das Gesicht und betete zu Gott für alle diejenigen, die sich dort schlugen. Anschließend ließ er dort sein Leben und gelangte so zu Gott dem Allmächtigen. Es heißt, daß Pendan ihn getötet habe. Dann flohen aus seinem Heer alle, die noch am Leben waren. Nach der Schlacht begab sich ein alter Mann aus den Reihen Kadals zum König. Der Mann hatte eine tiefe Wunde an der Hand erhalten. Er rutschte aus und langte mit seiner Hand in das Blut König Oswalds; als er wieder aufstand, war die Hand gesund geworden. Viele und große Wunder vollbrachte Gott um der Verdienste Oswalds willen, auch wenn sie hier nicht aufgeschrieben sind.

Nach ihm übernahm Osid, der Bruder König Oswalds, die Herrschaft über Nordhumbraland. Er versöhnte sich mit Kadal, damit er seine Herrschaft in Ruhe und Frieden ausüben konnte. Anschließend verkündete Kadal Frieden für ganz Bretland, so daß jeder seine Hände und Füße verlieren solle, der den Frieden im Land bräche. Gegen

Osid lehnten sich sein Sohn Alfrid und sein Brudersohn Ordvald auf, aber es fehlte ihnen an Kraft und Glück, um gegen ihn anzukommen. Sie flohen und suchten Pendan auf, um ihn um Unterstützung gegen Osid zu bitten. Er, der voller Ränke und Verrat war, wollte ihnen gerne helfen, wagte aber nicht, den Frieden des Königs zu brechen und sann deshalb auf eine List.

Zu dieser Zeit richtete König Kadal ein großartiges Gastmahl aus, an dem alle englischen Könige mit Ausnahme von Osid teilnahmen. Pendan fragte den König, warum Osid nicht anwesend sei, und der König behauptete, er sei krank. »Entweder das«, sagte Pendan, »oder er hat Boten wegen eines Heeres nach Saxland geschickt, weil er vorhat, seinen Bruder Oswald zu rächen. Somit hat er den Frieden gebrochen, den ihr verkündet habt. Für euch ist es ratsam, ihn zu töten oder ihn aus dem Land zu vertreiben.« Der König besprach sich mit seinen Leuten, wie er sich entscheiden solle, damit er nicht selbst den Waffenstillstand breche, den er verkündet hatte. Da antwortet König Makadud: »Ihr könnt euch wohl nicht mehr deutlich daran erinnern, was unser Land von diesem Volk zu erdulden hatte oder welche Treue wir ihm zu vergelten haben. Wir haben nicht mehr in Frieden gelebt, seit die Saxen in dieses Land eingedrungen sind.« Der König bevollmächtigte Pendan, in dieser Angelegenheit nach seinem Gutdünken zu verfahren. Pendan sammelt eine riesige Truppe, überfällt das Reich König Osids, brennt Städte und Gehöfte nieder und tötet Frauen und Kinder. Als der König von diesem Unfrieden erfährt, bespricht er sich mit seinen Leuten, was man dagegen unternehmen solle. Sie drängten ihn dazu, einen Friedensschluß anzustreben, falls die Möglichkeit dazu bestünde, denn es waren keine Truppen zum Widerstand vorhanden. Er bot Versöhnung, Gold und Silber an sowie in allen ihren strittigsten Fragen das Urteil der fähigsten Männer. Pendan lehnt dies ab und erklärt, sich selbst die Herrschaft, ihm aber den Tod zugedacht zu haben. Als Osid erfuhr, daß kein Friedensschluß zustande gekommen war, sprach er zu seinen Leuten: »Vielleicht ist es besser für uns, wenn sie einen Friedensschluß ablehnen. Wir werden dort Schutz suchen, wo wir in Sicherheit sind, denn wir werden Gott den Allmächtigen zu unserer Unterstützung anrufen und in seiner Obhut einen wunderbaren Sieg erringen. Laßt uns tapfer vorgehen und keine Angst zeigen, denn es wird gut sein, wie immer es auch ausgeht, ob wir in unserem Vaterland fallen oder ob wir siegen.« Anschließend kam es zu einem erbitterten Kampf zwischen ihnen, der aber nicht lange dauerte, bis Pendan zusammen mit dreißig Jarlen fiel. Osid und seine Leute aber priesen Gott für den wunderbaren Sieg.

Nach Pendan übernahm sein Sohn Villifer die Königsherrschaft und rüstete sich sofort zusammen mit den beiden Jarlen Ebba und Edbort zum Kampf gegen Osid. Kadal verbot ihnen jedoch zu kämpfen und brachte zwischen den beiden eine vollständige Versöhnung zustande. Dann herrschte Osid in Ruhe und Frieden über sein Reich.

König Kadals Tod

Als Kadal 48 Winter lang König gewesen war, wurde er krank und starb. Er wurde in London begraben, wo eine Kirche errichtet und dem heiligen Martin geweiht wurde. Jeden Tag wird dort für die Seele Kadals eine Seelenmesse gelesen. Anschließend ließ man ein Pferd aus Kupfer gießen, mit einem Mann in voller Rüstung aus Erz auf dem Rücken, der dem König so ähnlich wie möglich nachgebildet war. Dieses Standbild, das ganz vergoldet war, so daß es in Flammen zu stehen schien, wurde über dem Stadttor in London aufgestellt. Man tat dies dem König zu Ehren, dessen Todestag der 15. im Monat Dezember ist.

Nach ihm übernahm die Herrschaft sein Sohn, den der Priester Beda Tedvallus nennt. Er war beliebt und friedfertig. Nachdem seit Kadals Tod zwölf Jahre vergangen waren, befiel den König eine schwere Krankheit, und das Land war ohne Regierung. Daraufhin herrschten schlimme Mißernten und Hunger, und es starben so viele Leute, daß man kaum die Hälfte begraben konnte. Da flohen alle, die entkommen konnten. Der König brach ebenfalls mit einigen Leuten auf, und als er von England Abschied nahm, sprach er unter Tränen: »Nur zum Schlechten war es, daß unser Leben durch unsere Sünden, mangelnde Voraussicht und Mißachtung gegen Gott verlängert wurde, wenn uns jetzt diese beispiellosen Ungeheuerlichkeiten treffen sollen. Wir können nicht daran zweifeln, daß dies die Rache Gottes ist. Über das gesamte britische Reich haben sich einst die Römer und viele andere Völker ausgebreitet, doch so etwas wie jetzt ist hier noch nie geschehen, nämlich daß wir aus einem anderen Grund fliehen müssen: Nicht heidnische Völker oder anderer Unfriede zwingen uns dazu, sondern wir müssen durch Gottes Willen und seine Macht fliehen. Es ist nötig für uns, daß sich diese Notlage für uns in eine Erlösung von den Sünden wendet.« Der König gelangte mit seinen Leuten nach Armorica, und dort hielt er sich elf Jahre lang bei König Alanus auf, dem Sohn König Salomons, des Ziehvaters seines Vaters, und er blieb dort, solange das Unheil in England andauerte.

England wird zum zweiten Mal besiedelt

In dieser Zeit kam eine Königin namens Sæburg mit großem Gefolge nach Nordhumbraland; sie unterwarf sich ganz Nordhumbraland. Als König Tedvallus erfuhr, wie es um England stand, daß sich dort die Verhältnisse zu bessern begannen und es eine neue Regierung gab, bat er König Alanus, ihm ein Heer und Schiffe zur Verfügung zu stellen, denn es drängte ihn nach England zurück. Der König bewilligte ihm dies, und als man die Schiffe ausrüstete, offenbarte sich der Engel Gottes dem König Tedvallus und gebot ihm, nicht nach England zurückzukehren; er sagte, dies sei gegen Gottes Willen und gebot ihm, nach Rom zu fahren, um Papst Sergius aufzusuchen und bei ihm eine Buße auf sich zu nehmen. Der Engel sagte, er werde dann in die Reihen der Heiligen aufgenommen werden. Er sagte außerdem, daß seine Verwandten nie mehr die Herrschaft über England erhalten würden, wenn sie sich dabei nicht seiner Verdienste versichern könnten. Der König erkannte, daß es der Vorhersage des Sehers Merlin entspräche, wenn es sich so verhielte. Da der König das Gebot Gottes höher achtete als sein eigenes Verlangen, brach man das Ausrüsten der Schiffe ab und gab das Vorhaben auf, das man geplant hatte. Dann rüstete sich der König zu seiner Reise nach Rom und suchte Papst Sergius auf, der ihn freundlich aufnahm und ihn mit vielen schönen Worten und kostbaren Exempeln in seinem Glauben stärkte. Es heißt, daß Tedvallus dort auf seinen Königstitel und sein ganzes Reich verzichtet habe, worauf ihn Papst Sergius zum Bischof weihte. Er lebte dann nur noch acht Tage und hauchte in Rom am 12. Tag im Mai seine Seele zur Aufnahme in die Ewigkeit aus. Damals waren seit der Geburt unseres Herrn Jesus Christus 679 Jahre vergangen.

Es wird berichtet, daß seither kein britischer König mehr über England geherrscht habe. Als Königin außerhalb dieses Geschlechts herrschte Sæborg ein Jahr lang über Nordhumbraland. Alle diese Nachrichten, die hier über die Besiedelung Bretlands und die Taten seiner Könige berichtet wurden, sind geschrieben nach einem Buch namens *Historia Britorum*, das im Auftrag Alexanders, des Bischofs von London, und Walters, des Erzdiakons in Oxford, und Gillis des Weisen entstand.

Kadvalla war 37 Jahre lang König. Er belegte als erster England mit einer jährlich zu zahlenden römischen Steuer. Nach seinem Tod herrschte dreizehn Jahre lang Adalrad, dann ein Jahr lang Königin Simbur, dann 28 Jahre lang König Kiniulf, dann siebzehn Jahre lang Bricius, dann dreißig Jahre und sieben Monate Egbrigtus; er unterwarf sich viele Länder. Dann herrschte eineinhalb Jahre lang sein Sohn Eidulf, dann fünf Jahre lang dessen Sohn Edelald, dann sechs Jahre lang Adalbrigt, der Bruder Eidulfs, dann 28 Jahre lang Alfrid, der Bruder der beiden. Er unterwarf sich als erster dieser Könige das gesamte Reich, vertrieb alle Unruhestifter und regierte das Reich gut und lange. Nach ihm herrschte 24 Jahre lang sein Sohn Jatvard, nach ihm 29 Jahre, sechs Wochen und drei Tage Adalstein der Gute. Er zog Hakon, den Sohn Harald Harfagris, auf.

Die Saga von Alexander dem Grossen

Buch I

Über Serkland herrschte ein König namens Darius, der in einem Weltteil namens Asien ein angesehener König war. Zu dieser Zeit gab es keinen mächtigeren König. Die meiste Zeit residierte er in Babylon, der damaligen Hauptstadt des ganzen Reiches, die aber heute wegen Schlangen und anderer giftiger Tiere von Menschen verlassen ist. König Darius hatte viele tributpflichtige Könige unter sich. Einer seiner tributpflichtigen Könige namens Philippus herrschte über Griechenland; seine königliche Gattin hieß Olympias. Sie hatten einen Sohn namens Alexander. Im Gefolge des Königs befand sich ein Mann namens Neptanabus, der äußerst zauberkundig war. Mit seiner Magie und seinen Machenschaften brachte er es zuwege, daß er mit der Königin schlafen konnte. Deshalb glaubten viele Leute, daß Alexander sein Sohn und nicht der des Königs Philippus sei. Doch wie noch berichtet werden wird, offenbarten seine Taten später doch wahrhaft, daß er ein Königssohn und kein Hurenkind und Sohn des Neptanabus war, wie seine Feinde ihm vorhielten.

Dieser Knabe, Alexander, erhielt eine Ausbildung, wie es gewöhnlich mit Kindern ausländischer mächtiger Leute geschieht. Man gab ihm einen Lehrer namens Aristoteles, der ein überaus guter Gelehrter und äußerst weiser Mann war. Als Alexander zwölf Jahre alt war, nahezu vollkommen in seinem Wissen und ehrgeiziger als alle Gleichaltrigen, kamen Gesandte des Königs Darius, um von König Philippus Steuern einzuziehen, so wie sie schon früher gewöhnlich ein sarazenischer König nach dem andern vom griechischen König gefordert hatte. Diese Steuern waren so unverschämt bemessen, daß man sie sowohl für die Erträge des Meeres als auch des Landes bezahlen sollte. Als er die fremden Männer in den Palast seines Vaters treten sieht, fragt der Königssohn Alexander, woher sie kämen oder wohin sie gingen. Nachdem man es ihm gesagt hat, murmelt er vor sich hin: »Es ist ein großes Übel«, sagte er, »daß ein Mann erst so spät seine volle Kraft erhalten soll. Ob es wohl irgendwann einmal so weit sein wird, daß ich die Kraft dazu habe, dieses Joch der Not abzuwerfen, das dem Reich meines Vaters auferlegt wurde? Aber jedenfalls wage ich es schon jetzt, Waffen im Gebrauch zu sehen, auch wenn ich beim jetzigen Stand der Dinge nur wenig mit ihnen ausrichten kann. Ob es wohl wahr ist, daß Herkules, der Sohn des Jupiter, mit jeder seiner Hände eine Schlange erwürgte, die seine Stiefmutter Juno ausgeschickt hatte, um ihn zu töten? Er war noch ein Wickelkind, als er diese Großtat vollbrachte. Wenn ich mich nicht vor dem Namen meines Lehrers, Aristoteles, fürchtete, wäre ich versucht, solchen Großtaten nachzueifern. Soll man denn auch weiterhin vermuten, daß ich der Sohn dieses schrecklichen Menschen Neptanabus sei? Ich wollte doch zu gern zeigen, daß ich ein wahrer Königssohn und kein Bastard bin.« Solches murmelte er vor sich hin, während er – wie eben erwähnt – nachdachte, und deshalb wurde er sehr wütend über König Darius, der von seinem Vater Steuern einfordern ließ. Im Geist gebraucht er seine Waffen zu einem heftigen Angriff, so wie ein Löwenjunges, das einen Hirsch vor sich sieht, das aber noch nicht seine volle Kraft erlangt hat und dessen Zähne noch so klein sind, daß es noch nicht beißen kann, das aber dennoch im Geist das Blut des Hirsches vergießt, weil es dies noch nicht mit den Zähnen tun kann. Auch wenn die Füße dieses Jungen beim Angriff noch langsam sind, so ist doch sein Begehren bereits rasch. Auch Alexander hatte noch zu geringe Kraft, um so Großes zu vollbringen, wie ihm im Sinn stand, hatte aber in seinem Herzen bereits die Kühnheit des Löwen mit einem für sein Alter erstaunlichen Mut.

Nun geschah es, daß sein Lehrer und Ziehvater Aristoteles das Zimmer verließ, in dem er ein Buch geschrieben hatte über diejenige Kunst, die man auf lateinisch Dialektika und in norröner Sprache Thrætubok nennt. Man konnte ihm ansehen, wie große Mühe er auf das Buch verwendet hatte, als er es verfaßte, und wie wenig er sich inzwischen um anderes gekümmert hatte. Er war zerzaust und ungewaschen, mager und bleich im Gesicht. Als er seinen Ziehsohn Alexander erblickte, erfüllt von Zorn, den er wegen seiner veränderten, blutroten Gesichtsfarbe nicht verbergen konnte, fragte er teilnahmsvoll, welchen Grund es für den Zornesausbruch gebe. Alexander verhielt sich, wie es sich für einen gehorsamen Schüler seinem Lehrer gegenüber geziemt: Er fällt vor ihm auf die Knie, beugt das Haupt und antwortet mit großer Bescheidenheit: »Für mich ist es schwer zu ertragen, daß mein uralter Vater – und damit auch mein gesamtes Vaterland – den ungerechtfertigten Tributforderungen des Königs Darius nachkommen soll.« Dann konnte er nicht mehr weitersprechen, denn ihn überkam sofort ein Weinen, wie es zwar seiner Jugend entsprach, das aber keinem Kleinmut entsprang. Dadurch wurde jedoch sein Zorn zunächst ein wenig besänftigt.

Ihm folgende Ratschläge gebend, sprach Aristoteles zu ihm: »Da dir der Sinn nach Großem steht, so schmücke dich zuerst mit Klugheit und greife erst dann zu den Waffen, wie es dich verlangt. Ich sehe«, sagte er, »daß du das Zeug dazu hast, ein bedeutender und mächtiger Mann zu werden. Das hindere dich nun nicht daran, mir aufmerksam zuzuhören. Ich werde dich lehren, wie du dich verhalten sollst. Als erstes möchte ich dir raten, daß du rechtschaffen seist, daß du immer die besten Männer als deine Berater hast. Höre nicht auf die Einflüsterungen zweizüngiger Männer, die für jede Zunge einen eigenen Mund haben. Niemand soll denjenigen erhöhen, der nach dem Willen der Natur einen niederen Platz einnimmt. Denn deren Hochmut schwillt durch Ansehen ebenso schnell an wie ein kleiner Bach durch mächtigen Regen. Häufig wird hochmütig, wer sich aus kleinen Verhältnissen emporarbeitet. Ich will dich jedoch nicht davon abhalten, diejenigen Leute in einen höheren Rang zu erheben, die zwar von geringer Geburt, aber von vornehmer Art sind und die ein ehrenhaftes Betragen Abstammung und Geld entgegenzusetzen haben. Du sollst Moral höher als Gold schätzen, und deshalb sollst du nicht Geld über Rangerhöhungen entscheiden lassen, denn dafür verkaufen viele in schändlicher Weise ihre Tugend und Tüchtigkeit. Wenn du zwischen Menschen schlichten sollst, dann laß weder den Rangunterschied den Ausschlag geben, noch dich durch reiche Mittel vom rechten Urteil abhalten. Man würde dir aus Geldgier einen Großteil falscher Urteile zuschreiben, denn sie blendet häufig das Auge der Gerechtigkeit. Wenn die Geldgier, die man zu Recht die Mutter aller Laster nennen mag, sich frei im Palast des Königs bewegen kann, verdirbt sie jegliche Moral und veranlaßt einen bestechlichen Menschen, die Gesetze gering zu achten.

Ich rate dir«, sagt Aristoteles, »daß du nachgiebig und milde gegenüber den Bescheidenen, zugänglich und wohlgesonnen gegenüber den Hilfsbedürftigen, aber hart und unnachgiebig gegenüber den Hochmütigen bist. Ändere häufig die Stellung deines Heerlagers, denn deinen Feinden wird es unmöglich sein, dich zu finden, wenn du nur kurze Zeit am selben Ort bist. Du sollst auch dein Heer oftmals in Schlachtreihen aufstellen, damit es die Kriegskunst erlerne und sich an den Gebrauch der Waffen gewöhne. Deine Feinde sollst du hart attackieren, und wenn du den entschlossenen Willen hast, große Taten an ihnen zu vollbringen, werden dir Kraft und Stärke dazu verliehen werden. Wenn du aber selbst der Meinung bist, wegen deiner Jugend untauglich zum Waffenwechsel mit deinen Feinden zu sein, so zeige dich dennoch frohen Herzens an den Waffen. Laß deine Zunge mit anstachelnden Worten heftig kämpfen, mag auch die Hand noch zu schwach sein, um das Schwert zu führen. Schon oft war es Heerführern von großem Nutzen, allein durch Anspornen zu kämpfen. Wenn der zweifelhafte Ausgang einer Schlacht dem Heer den Schreck in die Glieder fahren läßt, dann gibt es kein besseres Heilmittel als den aufmunternden Zuspruch des Heerführers in Verbindung mit spornender Anfeuerung. Wenn deine Feinde fliehen, dann verfolge du als erster die Flüchtenden. Sollte es aber geschehen, daß dein Heer in die Flucht geschlagen wird, dann sollst du als letzter Fersengeld geben. Zeige deinen Soldaten, daß es dir äußerst schwerfällt davonzulaufen, dann wird es ihnen als riesige Schande erscheinen, ihrem König so schmählich davonzulaufen.

Beachte als nächstes, wie groß die Zahl deiner Gegner ist, die dich bedrängt. Mag auch der zahlenmäßige Unterschied beträchtlich sein, so laß dich dadurch nicht erschrecken. Wenn du siehst, daß sie mit ihrer Verfolgung nachlassen, dann sollst du als erster dein Pferd zurückwenden, kühn auf deine Feinde zureiten, dein Schwert tüchtig gebrauchen und so rasch mit deiner Mannschaft voranstürmen, daß ihnen kaum Zeit bleibt, um sich für besiegt zu erklären. Sollte es geschehen, daß sich Städte in deine Gewalt ergeben, oder daß du sie dem Erdboden gleichgemacht hast, wenn sie sich dir nicht freiwillig ergeben wollten, so sollst du deine Schatzkammern öffnen, mit vollen Händen deine Soldaten beschenken und so ihre Wunden mit Spenden salben, denn du brauchst dem Heer kein anderes Heilmittel zu besorgen, sondern nur mit Gold Wunden und Kümmernis zu lindern. So vermag ein freigebiger Mann, Kranken ebenso Besserung zu verschaffen wie ein Spendabler den Armen. Wenn aber das Gold geringer ist als der Wille zum Schenken, dann laß das deine Liebe dennoch nicht mindern, auch wenn die Geschenke knapp werden. Mit schönen Versprechungen sollst du das Heer an dich locken und verwirklichen, was du versprichst, sobald die Mittel dazu vorhanden sind. Ein großzügiger Heerführer kann sich immer vor den Angriffen seiner Gegner sicher fühlen, denn ob Friede oder Unfriede herrscht, so ersetzt ihm seine Großzügigkeit eine starke Stadtmauer. Einem geizigen Heerführer nützt jedoch weder eine wehrhafte Befestigung noch schwere Bewaffnung.

Ich weiß nicht«, sagt Aristoteles, »ob es etwas nützt, mein Ziehsohn, wenn ich dir jetzt noch mehr darüber sage, wie du dich bei einem Kriegszug verhalten sollst. Ich will dir aber noch zusätzlich raten, daß du den ausschweifenden Weingenuß keine zu große Gewalt über dich erlangen läßt. Laß auch nicht Frauen dümmlich deinen Kopf verdrehen oder deinen starken Mut schwächen. Wenn du dem Weingott namens Bacchus und der Liebesgöttin namens Venus gegenüber zuviel Nachsicht zeigst, dann ist es, als werde dir ein Joch auf den Nacken gelegt, das deinen Sinn so knechtet, daß er sich nicht mehr in der Lage sieht, darüber nachzudenken, was vernünftig ist. Durch diese Dinge kommen Haß und Feindschaft auf und entstehen vielerlei Streitigkeiten. Es gibt nichts, was die Moral mehr verdürbe als Frauen und Trunksucht. Diejenigen aber, mein Ziehsohn, die mittels Gesetzen und weltlichen Zügeln lenken, sollten ihre Gelüste zügeln. Behalte die Dinge, die ich dich gelehrt habe, im Auge, und laß alle deine Werke vor allem von Gerechtigkeit leiten. Doch soll die Gerechtigkeit nicht allein herrschen, denn man sollte sie mit Barmherzigkeit mischen. Du sollst oft geschriebene Werke studieren, wenn du klug und weise werden willst. Auch mit den Gesetzen sollst du dich vertraut machen, wenn du gerecht sein willst. Klagen gegen straffällige Menschen sollst du gewissenhaft untersuchen, bewiesene Taten dem Gesetz entsprechend verurteilen und diejenigen bestrafen, die nach dem Gesetz schuldig sind. Strafen sollst du erst dann öffentlich verkünden, wenn der Zorn von dir gewichen ist. Nach vollzogener Versöhnung sollst du dich nicht mehr an vergangene Zwietracht erinnern. Wenn du, Alexander, so lebst, wie Aristoteles es dich gelehrt hat, dann wird dein Name weiterleben, solange die Welt besteht.« Solche Ratschläge, wie sie eben angeführt wurden, gab Aristoteles dem Alexander, der sie treu und gewissenhaft in seiner Brust bewahrte. Er begehrt nun nichts anderes, als sich auf Biegen und Brechen die Herrschaft zu erkämpfen; bildet sich gleich ein, daß sich ihm nichts widersetzen könne. Sein Übermut schäumt so hoch, daß er glaubt, schon jetzt die ganze Welt zu lenken.

Und als er das Alter erreicht, in dem man nicht mehr körperlich gezüchtigt wird, geschieht es, daß ein mächtiger Mann namens Pausonias beginnt, Königin Olympias zu lieben. Er wird sogar so dreist, daß er König Philippus tötet. Er glaubte, daß er ihre Liebe dann uneingeschränkt genießen könne. Doch aus diesem Geschäft wurde nichts, denn Alexander ließ keine lange Zeit bis zur Vaterrache verstreichen und bereitete dem Mörder seines Vaters einen schändlichen, aber doch geziemenden Tod. Unmittelbar nach dem Tod seines Vaters übernimmt Alexander die Landesherrschaft und rüstet gleich zu einem Kriegszug, nicht nur um seines Ruhms und seiner Ehre willen, sondern auch, um sein ganzes Vaterland zu befreien, dem zuvor ein so schweres Joch der Knechtschaft auferlegt gewesen war.

Alexander, eben zum Ritter geschlagen, war im Herzen so groß wie ein Riese und im Gemüt wie ein alter und erfahrener Krieger. Hier konnte man einen so übermütigen, frischen und jungen Ritter erkennen, der gerne Größeres vollbringen wollte als es Achilles, dem größten Kämpen in der *Saga von den Trojanern*, gelungen war. Er beabsichtigt nicht nur, König Darius und dessen Reich zu überfallen, auch wenn diese Sache am dringlichsten ist, sondern er will – falls es ihm das Schicksal nicht verwehrt – sich die ganze bewohnte Welt unterwerfen.

In Griechenland gibt es eine Stadt namens Chorinthus, die nach demjenigen benannt wurde, der sie erbauen ließ. Weil diese Stadt mächtiger und wohlhabender war als andere Städte, wurde sie als Hauptstadt des ganzen Reiches ausgerufen. Später bekehrte der Apostel Paulus diese Stadt zum christlichen Glauben. Entsprechend der Gewohnheit der früheren Könige erhält Alexander hier zusammen mit der Krone auch den Königstitel. Der König hat hier zahlreiche Männer zu einer Versammlung einberufen. Auf dieser Versammlung herrschte folgende Sitzordnung, daß die mächtigsten und scharfsinnigsten Männer, die auf lateinisch Senat heißen, was man in norröner Sprache als öldunga sveit bezeichnen kann, zu beiden Seiten neben dem König saßen. Diese Männer sollen mit dem König zusammen das ganze Reich verwalten und regieren, und diese Männer sollen sich häufiger mit scharfsinnigem Rat und gewandter Zunge als mit Axt oder Schwert schlagen. Außen, neben den Ratgebern des Königs, saßen seine Kämpen. Diese Männer lassen häufig Kraft über Klugheit siegen und leben eher nach dem Vorbild des Achilles als nach dem des Nestor; Achilles war unter den Griechen, die in Troja kämpften, der kühnste im Kampf und bei weitem der stärkste, Nestor aber war der klügste und umsichtigste. Vor dem König saß Aristoteles mit seiner Gruppe von Gelehrten. Er war inzwischen beträchtlich vom Alter gebeugt und hatte weißes Haar. Diese Gruppe war unbewaffnet, weil sie geschickter im Umgang mit Wissen als mit Waffen war. Als Alexander auf diese Auswahl an Männern blickte, die ihm – wie sich dann auch erwies – eine bedeutende Streitmacht zu sein schien, freute sich sein Herz beim Anblick so großer Stärke. Seine Kühnheit, die vorher schon so gewaltig und draufgängerisch gewesen war, daß sie sich kaum noch steigern konnte, steigerte sich dennoch, als er so viele sein Vorhaben unterstützen sah. So wie er alle an Unerschrockenheit übertraf, so hatte er auch ein schmuckeres Aussehen als alle anderen. Er brauchte sich nicht mit kostbarer Königszier zu schmücken, damit er leicht als König zu erkennen sei, wo immer er sich aufhielt. Denn das Erscheinungsbild, das er im Alltag bot, machte ihn im ganzen Volk leicht erkennbar, auch wenn er keine goldene, mit kostbaren Steinen besetzte Krone auf dem Kopf trug oder irgendein anderes königliches Gewand aus goldgewebten Stoffen, wie er es bei dieser Gelegenheit tat.

In dem Monat namens Junius wurde Alexander auf dieser Versammlung nach Wunsch und Willen der Nobilität und mit Zustimmung der Allgemeinheit zum König gewählt. Gleich darauf teilte er die Soldaten, die er ausgewählt hatte, in Abteilungen ein; das waren fünfzig Hundertschaften. Sie waren sich alle gleich hinsichtlich des Wunsches, mit dem König zu kämpfen, unterschieden sich aber hinsichtlich ihres Alters beträchtlich. Denn er hatte nicht nur junge Soldaten ausgewählt, sondern ebenso ältere, die ihre Tüchtigkeit unter seinem Vater Philippus bewiesen hatten. Der König ernannte keinen, der jünger als sechzig war, zum Anführer einer Abteilung. Derjenige, der noch nie ein solches Heer gesehen hat, würde annehmen, daß diejenigen, die Alexander als Scharführer auserwählt hatte, Herzöge oder womöglich gar Senatoren seien. Zusätzlich zu diesem Reiterheer, von dem eben berichtet wurde, begleiteten den König auf seinem Kriegszug noch 32 000 Fußsoldaten. Diese Truppe war ebenfalls mit ausgezeichneten Waffen ausgerüstet und besaß darüber hinaus einen reichlichen Vorrat an Mut. Obwohl diese Truppe so kühn und tapfer war, wie eben berichtet wurde, so war doch zweierlei erstaunlich: daß Alexander vorhaben sollte, sich mit keinem größeren Heer die ganze Welt zu unterwerfen, und was noch erstaunlicher war, daß es ihm gelingen sollte.

Kurz nachdem der König dieses Heer gesammelt hatte, geschah es in einer griechischen Stadt namens Athen, daß ein mächtiger Politiker namens Demosthenes die Einwohner der Stadt aufhetzte, sich diesem neuen König zu verweigern. Sie schnappen nach diesem Köder und wollen dem König die Stadt verwehren, falls er dorthin käme. Alexander erfährt bald davon und bringt sein Heer schleunigst zu dieser Stadt, um sie – falls sie nicht schnell zur Vernunft kämen – von dieser Anmaßung zu kurieren, daß sie sich als erste gegen ihn erheben. Die Einwohner der Stadt bemerken erst etwas, als der König mit seinem Heer vor der Stadt angelangt ist. Sie berufen sofort eine Versammlung in ihrer Hauptkirche ein, die der Pallas geweiht war; Pallas wurde von den Heiden als Göttin der Weisheit bezeichnet. Auf dieser Versammlung erhob sich ein mächtiger Mann namens Eschinus und hielt eine geschliffene Rede: Er klagte Demosthenes heftig an, weil dieser die Einwohner der Stadt dazu aufgehetzt hatte, sich dem König zu widersetzen, und er forderte die Bevölkerung der Stadt auf, sich dem König zu ergeben und schnellstmöglich um Gnade zu bitten. Sie folgten dem Rat, den dieser Mann ihnen erteilt hatte, und da sie Landsleute des Königs waren, gewährte er ihnen huldreich, worum sie ihn demütig gebeten hatten. In dieser Stadt gab es einst eine sehr einflußreiche Schule, und dem König schien es deshalb unbedeutend, gegen sie zu kämpfen, weil sie besser Schriften auslegen als Waffen bewegen konnten. Somit stand Alexander nichts weiter im Weg, diese Stadt zu erobern, als eben berichtet wurde.

Anschließend steuert Alexander mit seinem Heer auf eine Stadt namens Theben zu, die einst eine der berühmtesten Städte in Griechenland gewesen war. Als der König an seinem Ziel angelangt ist, verschließen die Einwohner der Stadt die Stadttore. Dann stürmen sie vollbewaffnet auf die Stadtmauern hinauf, um dadurch dem König zu zeigen, daß sie ihm die Stadt verwehren wollen. Falls die Thebaner dem gleichen Rat gefolgt wären wie die Athener, dann hätten sie den Zorn des Königs in Grenzen halten können und dort Barmherzigkeit und Milde gefunden, wo genügend davon vorhanden war, wenn man demütig danach suchte. Weil sie jedoch dem König erbitterten Widerstand leisteten, mußten sie erfahren, daß er es verstand, ihnen ihre Kühnheit heimzuzahlen und ihren Hochmut zu dämpfen. Während der König überlegt, wie er diese Stadt erobern solle, kommen zahlreiche führende Männer aus benachbarten Städten zu ihm und erklären ihm immer wieder, während er die Stadt belagert, daß sie schon immer die Quelle großen Unfriedens im Land gewesen sei und daß in dieser Stadt vielerlei unerhörte Ereignisse geschehen seien, die in einem bedeutenden Buch namens *Historia Thebana* berichtet werden. Durch solche Erzählungen steigerte sich der Zorn des Königs gegen die Einwohner der Stadt immens, und er befiehlt seinen Leuten, sich zu bewaffnen und die Stadt anzugreifen. Sie folgen diesem Befehl, aber die Einwohner der Stadt lassen sofort Geschosse auf sie niederhageln und wollen ihnen – wie es auch geschieht – erbitterten Widerstand leisten. Die Leute des Königs beschließen, daß einige die Stadtmauern unten mit den dazu geeigneten Werkzeugen durchbrechen, andere aber Schilde über sie halten und sie so gegen Geschosse und Steine schützen sollen. Als die Einwohner der Stadt erkennen, daß es den Leuten des Königs gelingen wird, die Stadt zu erstürmen, rennen sie angsterfüllt von den Stadtmauern herab und versuchen sich zu verbergen. Doch die Leute des Königs sind ihnen dicht auf den Fersen und töten jeden, den sie finden.

Als der König persönlich die Stadt betritt, kommt ihm ein Mann namens Deades entgegen. Er sang dem König, von schönem Saitenspiel begleitet, folgendes Lied vor: »Höre Alexander, mildester aller Könige, Sproß der Götter, hast du denn vor, diese Stadt vollständig zu vernichten? Erinnere dich daran, daß dich dein Ziehvater Aristoteles lehrte, daß du milde zu den Hilfsbedürftigen sein und die Besiegten schonen sollst. Weißt du denn, daß der heilige Bacchus in dieser Stadt geboren wurde?« – Bacchus nannten die Heiden ihren Weingott. – »Auch viele andere Götter wurden hier geboren«, sagte er, »unter anderen Herkules der Starke und Weitgereiste, von dem du, König, abstammst. Verschone uns um der Götter willen, mögen wir dessen auch nicht würdig sein. Bedenke, daß ein Reich, in dem nur wenig Barmherzigkeit herrscht, nicht von Bestand sein wird. Falls du immer noch entschlossen bist, die gesamte Bevölkerung der Stadt zu töten, dann laß die Stadt unversehrt stehen, denn sie ist vollständig den Göttern geweiht.« So schließt Deades seine Rede, aber der König kümmert sich nicht um seine Worte. Er läßt die ganze Stadt so gründlich zerstören, daß dort, wo zuvor hohe Türme oder Kastelle standen, der Erdboden nun nahezu eben ist. Außerdem ließ er überall dort, wo es möglich war, die Häuser in Brand setzen.

Nachdem sich dann der König an den Thebanern geziemend für ihre Frechheit gerächt und dadurch der Bevölkerung des Landes beigebracht hat, dem neuen König untertan zu sein, bestellt er zum Schutz des Landes die Männer, die ihm dafür gut geeignet scheinen. Er aber rüstet zu seiner Abreise aus dem Land und beabsichtigt – wie er es dann auch tut – das Reich des Königs Darius zu überfallen. Nun läßt er seine Schiffe rüsten und mit vielerlei Kostbarkeiten beladen, so daß jeder wohl annehmen darf, daß König Alexander zu einem solchen Kriegszug nicht wenige Schiffe benötigte. Es heißt, daß der König 152 Schiffe gehabt habe. Als alles gerüstet ist, lösen die Männer des Königs die Leinen ihrer Schiffe. Man konnte mächtigen Hörnerklang und deutlich vernehmbares Rufen hören, und daran konnte man erkennen, wie sehr die meisten ihr Vaterland liebten. Die Griechen waren dazu bereit, den König zu begleiten und mit ihm zusammen um Geld und Ruhm zu kämpfen. Alle – bis auf einen – in diesem mächtigen Heer wandten ihre Blicke zurück über den Achtersteven, solange sie nur irgendein Zeichen ihrer Heimaterde sehen konnten. Der König selbst blickte kein einziges Mal zum Land zurück. Seine Begier, gegen König Darius zu kämpfen, war so groß, daß er sein Vaterland sofort vergaß, obwohl dort seine Mutter und seine Schwestern zurückblieben. Sobald der König sah, daß Asien vor dem Vordersteven aufgetaucht war, freute er sich so sehr darüber, daß die Freude in seiner Brust kaum genügend Raum finden konnte. Jetzt befiehlt er seinen Leuten, heftig unter gesetzten Segeln zu rudern, damit sie so schnell wie möglich das Land erreichen könnten. Sie kommen dem Land so nahe, daß der Hafen nur noch einen Pfeilschuß entfernt ist. Da schießt der König einen Pfeil ans Land hinauf und verletzt damit die Erde seiner Feinde. Er bezeichnet dies als glückverheißendes Omen und als gutes Zeichen für den Sieg. Das glaubt auch das gesamte Heer und stößt einen mächtigen Freudenschrei aus. Dann erreichen sie das Land, werfen den Anker aus und befestigen die Taue an Land. Sie entladen ihre Schiffe und stellen die Landzelte auf. Nach dieser Arbeit schmausen sie bis tief in die Nacht hinein.

Bei Tagesanbruch steigt der König auf einen hohen Berg und blickt von dort über das Land. Dort konnte er in allen Richtungen prächtige Felder, leuchtende Äcker, ausgedehnte Wälder, blühende Weinberge und mächtige Städte sehen. Während der König diese ganze Pracht betrachtet, spricht er zu seinen Vertrauten: »Dieses Reich, das ich hier in Augenschein nehme, habe ich mir selbst zugedacht, Griechenland jedoch, mein Vatererbe, will ich jetzt euch übertragen«, sagt er zu den Heerführern. Er vertraute so sehr auf sein Glück, daß er glaubte, dies sei alles leicht zu verwirklichen. Nun teilt er Griechenland unter denjenigen vornehmen Männern auf, die ihm dafür am würdigsten erschienen. Er verbot seinen Leuten, dort an der Küste Vieh zu stehlen oder anderen Unfrieden zu stiften, geradeso als ob alles ihm gehöre, was es dort gab. Anschließend macht sich der König auf den Weg in die nächstgelegenen Städte. Als die Menschen, die in diesen Städten lebten, erfuhren, daß dieser fremde König so friedliebend war, und als sie erkannten, daß er eine große Streitmacht hatte, trafen sie eine kluge Entscheidung und ergaben sich freiwillig in die Gewalt dieses Königs, der es mit kluger Besonnenheit erreichte, daß er zwar seine Feinde verschonte, sie sich aber dennoch kampflos unterwarf.

Daraufhin zieht König Alexander in einen Teil des Reiches namens Phrygien, wo einst eine Stadt namens Troja gestanden hatte. Es galt einst als wahr, daß diese Stadt die größte und stärkste sei, wie es sich dann auch erwies, denn der griechische König Agamemnon belagerte sie, zusammen mit vielen Helden und einem zahlreichen Heer, zehn Jahre lang, ehe er sie gegen König Priamus und dessen Söhne erstürmen konnte. König Alexander begibt sich dorthin, weil er neugierig ist, ob er noch irgendwelche Spuren der bedeutenden Ereignisse, die sich dort zugetragen hatten, sehen könnte. Nun kam er dorthin, wo Troja gestanden hatte, von dem man außer den Grundmauern nichts mehr erkennen konnte, aus denen aber doch zu ersehen war, wie groß die Stadt einst gewesen sein mußte. Als der König untersuchte, wo jeder einzelne der Helden, die dort gefallen waren, beerdigt sei – denn es stand auf dem Grabstein eines jeden geschrieben –, kam er dorthin, wo Achilles beerdigt war. Auf seinem Grabstein stand geschrieben: »Hier ruht Achilles der Starke, der Hector tötete, den Sohn des Königs Priamus, welcher von Paris, dem Bruder des Hector, im Tempel des Sonnengottes verräterisch hintergangen und getötet wurde.« Diese Grabinschrift betrachtete der König, weil sie ihm bedeutend erschien, und anschließend streute er persönlich Weihrauch um das Grab, als sei dort ein heiliger Mann begraben. Dann sprach er: »Das Schicksal dieses Mannes, der hier ruht, ist vor allem deshalb so erhaben geworden, weil sein Ruhm so lange fortleben wird. Es bedeutete eine große Ehre für ihn, einen so berühmten Helden wie Hector zu besiegen. Doch scheint mir am meisten das seinen Ruhm gemehrt zu haben, daß ein so großartiger Gelehrter wie Homer über seine Großtaten ein Buch schrieb, das in alle Ewigkeit fortbestehen wird. Ich wünschte mir, daß es auch für mich nach meinem Tod einen solchen Mann gäbe, wie es Homer für Achilles war, falls ich etwas vollbringen sollte, das einer solchen Lobpreisung würdig erscheint. Vor einer Sache fürchte ich mich am meisten, daß – auch wenn ich mir die ganze

Welt unterwerfen kann – mein Nachruhm kürzere Zeit fortbesteht als ich es möchte. Wenn ich wählen könnte, dann wollte ich lieber auf das Himmelreich als auf den Ruhm verzichten«, sagt er. Danach spricht der König zu seinen Leuten: »Laßt euch durch diesen Kriegszug, den ihr begonnen habt, keine Angst einjagen, auch wenn das Schicksal sehr unbeständig ist. Denn der ist des Glückes unwürdig, der nicht bereit ist zu erdulden, was ein schweres Los zu sein scheint. Mag auch ein Mann bisweilen mit einer mißlichen Lage zu kämpfen haben, so folgt doch immer wieder Windstille auf einen Sturm. Aber weil es euch seltsam scheinen wird, woher ich dieses Vertrauen auf unser Glück nehmen kann, so will ich euch etwas verkünden, worüber ich bis jetzt geschwiegen habe. Nachdem ich meinen Vater gerächt hatte, geschah es oft, daß ich nachts wach lag, wenn die anderen schliefen, und mir dann überlegte, ob ich das Reich, das mein Vater besessen hatte, lediglich verteidigen oder mir ein größeres erobern sollte.

Eines Nachts, als alle anderen in meiner Kammer schliefen, ich hingegen in Gedanken wach lag, hatte ich die Vision eines strahlenden und hellen Lichts. Dieses Licht war von einer prächtigen menschlichen Gestalt begleitet, falls es gestattet ist, sie als menschlich zu bezeichnen. Sie war überaus vornehm gewandet, ganz ähnlich einem Bischof in vollem Bischofsornat. Zwölf äußerst kostbare Steine waren vorn an der Brust auf seinem Gewand befestigt. Auf der Stirn dieses Mannes stand geschrieben: scilicet tetragramaton, was ich nicht verstehen konnte«, sagt der König, »weil es in einer mir unbekannten Sprache geschrieben war. Er trug ein so langes Gewand, daß ich wegen des Gewandes seine Füße nicht sehen konnte. Dieser Mann rief bei mir große Furcht hervor. Ich hatte zwar die Gelegenheit, nicht aber den Mut, ihn zu fragen, wer oder woher er sei und wohin er gehe. Er entbot mir keinen Gruß und sprach zu mir: ›Verlasse dein Vaterland, Alexander, denn ich werde dir alle Völker unterwerfen. Falls du mich jemals in der Gestalt vor dir siehst, wie ich mich dir jetzt zeige, dann sollst du meine Leute um meinetwillen schonen.‹ Anschließend löste er sich vor mir in Luft auf,« sagt der König. »Bei seinem Abschied erfüllte er das Zimmer mit dem herrlichsten Duft.« Nachdem er von dieser Vision berichtet hat, sagt der König zu seinen Soldaten: »Ihr sollt wissen, ihr standhaften Männer, daß ihr unter diesem Schutz, der sich mir offenbarte, euern Kriegszug durchführen werdet.« Nun kehrt der König in seine Heerbude zurück.

Diese Vision wurde jedoch wenig später Wirklichkeit, und sie bewahrheitete sich in der Weise, daß König Alexander, nachdem er in Jorsalaland eine Stadt namens Tyrus erobert hatte, mit einem großen Heer nach Jerusalem aufbrach. Er wollte die Stadt erstürmen, das Ansehen der Juden beschmutzen und das Templum Domini schänden, wie es andere heidnische Könige vor ihm getan hatten. Als die Einwohner der Stadt von diesem Vorhaben des Königs erfahren, beschließen sie, daß der Bischof, der sich gerade an diesem Ort aufhält, zusammen mit allen vornehmen Männern der Stadt hinausgehen und in einer feierlichen Prozession dem König entgegenziehen solle, um so dessen Zorn zu besänftigen. Als der König den Bischof erblickt, wird ihm sofort ins Gedächtnis gerufen, daß dieser Mann genauso gekleidet ist wie derjenige, der ihm einst erschien. Er steigt sofort von seinem Pferd und fällt vor dem Bischof auf die Knie. Die Leute des Königs wunderten sich sehr, als sich der König so sehr erniedrigte, daß er sich vor diesem Mann verneigte, wo sie doch wußten, daß er wollte, daß sich alle vor ihm verneigten. Noch nie zuvor hatten sie ihn sein Haupt beugen sehen. Daraufhin hält der König seine Truppen an und ruft seine höchsten Heerführer zu sich. Dann reitet er friedlich in die Stadt ein, opfert dem Templum Domini zahlreiche bedeutende und, nach Aussage derjenigen, die über die heilige Stätte wachen, überaus gottgefällige Kostbarkeiten. Er verspricht den Juden – wie er es dann auch einhielt –, daß sie in Frieden und gutem Einvernehmen mit ihm leben sollten, solange sein Reich bestehe.

Buch II

Nun kam König Darius das Gerücht zu Ohren, daß König Alexander in kriegerischer Absicht in sein Reich eingedrungen sei. Da aber König Darius lange Zeit behaglich und in sicherem Frieden gelebt hatte und von Krieg und Kampf entwöhnt war, wurde er durch diese Nachricht ziemlich erschreckt. Obwohl er ein ausgedehnteres Reich als Alexander besaß, wegen der zahlreichen ihm tributpflichtigen Könige mächtiger und viel vermögender war, wegen seiner berühmten Vorfahren vornehmer sowie wegen seines Alters und seines Ruhmes in seiner Herrschaft vollkommener war, so war er ihm doch hinsichtlich des Mutes unterlegen, wo er doch in jeder Hinsicht hätte überlegen sein können, sofern sein Wille ebenso ausreichend gewesen wäre, sein Land zu verteidigen, wie die Mittel dazu ausreichend waren. Da sich König Darius an Frieden und ausschweifendes Wohlleben gewöhnt hatte, war er wenig geneigt, einen Krieg zu beginnen. Damit es nicht aussehe, als werde durch die Verbreitung einer solchen Nachricht die königliche Macht gemindert oder ins Wanken gebracht, läßt König Darius in seinem Reich den Heerbann ausrufen, worauf sich schnell ein unzähliges Heer um ihn sammelt. Inzwischen schickt König Darius an König Alexander einen Brief folgenden Inhalts: »König Darius, Verwandter der Götter, schickt diesen Brief an seinen Knecht Alexander. Auch wenn Du, Alexander, wegen Deiner vornehmen Abstammung vermutlich zu Macht und Ansehen gelangen wirst, so nimm doch Rücksicht auf Dein geringes, noch zunehmendes Alter. Es ist unklug, von einem Baum die Früchte zu ernten, ehe er ganz ausgewachsen ist. Folge meinem Rat und lege so schnell wie möglich die Waffen nieder, die Dich alberne Verwegenheit aufnehmen hieß. Kehr heim zu Deiner Mutter und nimm diese Dinge mit, die ich Dir zum Geschenk mache: eine Rute zur Züchtigung, wie sie Deinem Alter entspricht, und einen Ball, der sich besser für Dich zum Spielen eignet als Schild oder Schwert. Außerdem sende ich Dir die finanziellen Mittel, die Dir als Reisegeld ausreichen werden, damit Du mit Deinem Heer ohne zu hungern nach Hause kommst. Falls jedoch in deiner Brust so heftige Raserei wohnt, daß Dir ein Zwist in Verbindung mit meiner Feindschaft besser als Frieden zu sein scheint, so werde ich nicht meine Soldaten schicken, um Dich zu bestrafen, sondern unbarmherzige Knechte, die Dich in den Kerker werfen und dort dann einen schimpflichen Tod erwarten lassen werden.«

Nachdem König Alexander diesen Brief gelesen hat, läßt er sich kaum durch diese hitzigen Worte beeindrucken, reagiert aber doch darauf und spricht beherrscht zu den Gesandten des Königs Darius: »Ich werde die großartigen Geschenke des Königs höher schätzen als er selbst: Der Ball bedeutet aufgrund seiner Form die Welt, die ich mir unterwerfen werde; mit der Peitsche werde ich dann die Sarazenen zähmen, wenn ich nach errungenem Sieg alle Schatzkammern des Königs Darius aufgebrochen haben werde.« Diese Worte schreibt er als Erwiderung an den König der Sarazenen und setzt sein Siegel darunter. Er macht den Gesandten ansehnliche Geschenke und befiehlt ihnen hierauf zurückzukehren.

Jetzt zieht König Darius mit seinem Heer an einen Fluß namens Euphrat, der einer von den vieren ist, die dem Paradies entströmen. Er ersieht aus dem Brief König Alexanders, daß dessen Kriegszug nicht allein durch prahlerische Reden abzuwehren sein wird. Auf einem ebenen Feld, das am Fluß liegt, stellt König Darius sein Heerlager auf. Eines Tages beordert er das Heer auf dieses Gelände und läßt bei Sonnenaufgang damit beginnen, die Truppen zu zählen. Diese Tätigkeit zog sich den ganzen Tag hin bis zum Abend, und doch waren dann noch nicht alle gezählt. Nun ist König Darius der Ansicht, daß es wegen der gewaltigen Waffenvorräte und des unzählbaren Heeres keiner wagen werde, die Hand gegen ihn zu erheben. Er schickt mit einem riesigen Teil des Heeres einen Heerführer namens Mennon voraus, damit dieser die Kampfstärke Alexanders auf die Probe stelle, indem er die Stadt Sardis gegen ihn verteidige. Mennon hatte 600 000 Mann, aber obwohl Alexander eine viel kleinere Truppe hatte, so errang doch er durch die Kampfkraft seiner Männer den Sieg und eroberte die Stadt.

In dieser Stadt genoß ein Thorstempel große Verehrung, und im Tempel stand ein Wagen, der auf irgendeine geheimnisvolle Weise so an Joch oder Sielen befestigt war, daß ihn niemand lösen konnte. Der Wagen stand schon lange Zeit im Tempel, und unter den Einwohnern der Stadt herrschte der Glaube, daß nur derjenige die Deichsel vom Joch lösen könne, dem es später gelänge, ganz Asien zu besiegen. Als König Alexander davon erfuhr, lag ihm viel daran zu erproben, ob er die Knoten lösen könne. Weil er den Spruch des Schicksals gern zu seinen Gunsten in Erfüllung gehen lassen will, ergreift er das Joch, will die Deichsel davon lösen und kann sie nicht lösen. Damit aber denjenigen, die dabeistanden, nicht scheine, als sei dies für den König ein unglückliches Omen, sagt er zu seinen Leuten: »Was, glaubt ihr, ist einem Mann wohl eher vom Schicksal vergönnt: daß er diese Knoten lösen kann oder daß er in Erfahrung bringt, auf welch geheimnisvolle Weise sie geknüpft wurden?« Er bezeichnet es als großen Unsinn, an so etwas zu glauben. Dann zieht er sein Schwert und durchtrennt die Knoten. Hiermit geschah nun zweierlei: Alexander vollbrachte, was das Schicksal vorausbestimmt hatte, obwohl er die Knoten eher mit dem Schwert als mit seinen Händen gelöst hatte; und außerdem bewies er, daß dieser Glaube unsinnig gewesen war.

Nun zieht König Alexander von hier aus zu einem Ort namens Anchira. Während er sich dort aufhält, schickt er einen Teil seines Heeres aus, um einen Volksstamm namens Capadoces zu unterwerfen. Nachdem seine Leute siegreich zurückgekehrt sind, führt er sein Heer gegen König Darius und zieht in nahezu unvorstellbarer Eile. Er beeilte sich deshalb so sehr, weil man von dort, wo er sich aufhielt, durch enge und schwer begehbare Täler in die Landesmitte marschieren mußte. Falls Darius schneller dorthin gelangt wäre, hätte er Alexander den Weg abschneiden können.

König Darius verlegt nun ebenfalls sein Heerlager vom Fluß Euphrat, wobei es nicht an Waffengeklirr und lautem Hörnerklang mangelt. Er lenkt sein ganzes Heer gegen König Alexander und stellt seine Truppen so auf, daß sich in der ersten Schlachtreihe die Statue eines Gottes befand, der auf lateinisch Jupiter, in unserer Sprache aber Thor heißt. Wegen des festen Glaubens, den die Sarazenen ihm entgegenbrachten, wurde mit Thor so verfahren, daß er in einem goldenen Wagen saß, der mit kostbaren Steinen besetzt war. Vor ihm befand sich ein mit Silber herrlich verzierter Altar. Auf dem Altar brannte vor der Statue Thors ein großes Feuer. Dieses Feuer sollte niemals erlöschen; man bezeichnete es als geweihtes Feuer. Vor den Wagen Thors waren viele Pferde von schneeweißer Farbe gespannt. Zwölf Stämme, von denen jeder seine eigene Sprache sprach, waren beauftragt, diesen Götzendienst zu verrichten. Von den Männern, die sich in dieser Heeresabteilung befanden, glaubte die allgemeine Bevölkerung, daß sie wegen der ständigen Dienste, die sie den Göttern leisteten, unsterblich seien. Diese ganze Truppe umfaßte insgesamt zehntausend Mann.

In der zweiten Heeresabteilung befanden sich in großer Zahl und prächtig anzusehen die vornehmsten Verwandten des Königs Darius zusammen mit weiteren fünfzehntausend Mann, die eher wie Frauen als wie Soldaten gekleidet waren, denn ihre Gewänder waren an vielen Stellen goldverbrämt. In der Mitte dieser Heeresabteilung saß König Darius selbst in einem goldenen Wagen. Zu seinen beiden Seiten hatten zahlreiche Götter ihren Platz erhalten, denen er großes Vertrauen schenken zu können glaubte. Oberhalb des Königs saß auf dem Wagen ein Adler, der ganz vergoldet war und seine Schwingen auf beiden Seiten über den Wagen ausbreitete, um so den König vor der Sonnenhitze zu schützen. Wegen dieser gold- und edelsteingeschmückten Ausstattung war König Darius leicht unter dem ganzen Heer zu erkennen. Unmittelbar vor sich hatte der König zehntausend Mann einer mit Speeren bewaffneten Truppe eingeteilt. Bei den Speeren hatte man weder an Gold noch an Silber gespart; die meisten waren eher zum Ruhm als zum Waffenwechsel angefertigt worden.

König Darius hatte auf beiden Seiten zweihundert Mann zu seiner persönlichen Bewachung eingeteilt, wozu ausschließlich solche Männer auserwählt waren, die aus königlichem Geschlecht oder aus sehr vornehmen Familien stammten. Damit es den Griechen nicht leichtfalle, den König anzugreifen, umschließt er seine Heeresabteilung außen mit dreißigtausend Fußsoldaten, die ungewöhnlich gut bewaffnet sind.

In der dritten Heeresabteilung befanden sich die Mutter des Königs Darius, seine königliche Gattin, ihre Kinder und alle Mitglieder seines Haushalts, die seinem Herzen am nächsten standen. Diese ganze Mannschaft wurde in fünfzig Wagen befördert. Zu dieser Zeit war es unter den reichsten Sarazenen allgemein üblich, ihr ganzes Hausgesinde in eine Schlacht mitzunehmen und es dort ihres Schicksals harren zu lassen. Zusammen mit dieser Mannschaft läßt der König sein ganzes Vermögen auf sechshundert Maultieren und dreihundert Kamelen transportieren. Zur Bewachung von Frauen, Kindern und Königsschatz wurde eine Vielzahl von Bogenschützen sowie mit Schleudern ausgerüsteter Leute eingesetzt. Zuletzt kam die Abteilung, die man in Norwegen als »Truppe der Wehrpflichtigen« bezeichnen würde. Ein großer Teil dieser Mannschaft war nur schlecht bewaffnet, aber insgesamt handelte es sich um eine so große Menge, daß sie nicht zu zählen war. Dies berichtet man von der Truppenordnung und der Truppenstärke des Königs Darius. Wer dies als Lüge bezeichnet oder für unglaublich hält, der lese – ehe er darüber spotte – das *Liber Makkabäorum*, das Buch, das der heilige Priester Hieronymus vom Hebräischen ins Lateinische übertragen hat. Ich bin sicher, daß er darin den Bericht finden wird, wie der Sarazenenkönig Antiochus hunderttausend Fußsoldaten und zwanzigtausend Reiter nach Jorsalaland mitgenommen hatte, als er Judas Machabäus besiegen wollte, der damals zusammen mit seinen Brüdern Anführer des jüdischen Volkes war.

Nun ist von Alexander zu berichten, daß, wohin er sich auch begibt, die Bevölkerung des Landes flieht und die Siedlungen zerstört. Als er dies bemerkt, verlegt er sein Heerlager an einen Ort, den alte Leute als Heerlager des Königs Cirus bezeichnen. Von dort schickte König Alexander Parmenio aus, den vornehmsten Heerführer seiner Truppe, um eine Stadt namens Tharsus zu beschützen, deren Bevölkerung die Stadt niederbrennen wollte. An diesem Ort wurde später der selige Apostel Paulus geboren. Parmenio bereitet dort alles für den König vor, der einige Zeit später nachkommt. Mitten durch die Stadt fließt ein Fluß namens Cignus, ein schönes und klares Gewässer. Der König bekommt Lust, hier schwimmen zu gehen, denn einerseits ist ihm unter seiner Rüstung wegen der großen Sonnenhitze heiß geworden – weil es um die Zeit des Mittsommers war –, und außerdem wollte er aus Eitelkeit seine Künste vorführen.

Hier konnte man beobachten, wie ein plötzliches Ereignis dem Schicksal entgegenarbeitete und versuchte, es in eine andere Richtung zu wenden. Durch dieses Ereignis wurde die Glückssträhne des Königs ein wenig unterbrochen. Er springt ganz verschwitzt in das kalte Wasser, worauf die Kälte sofort die Poren zu verschließen beginnt und der König erstarrt. Jetzt muß er schleunigst an Land schwimmen, wovon er dann eine schwere Krankheit bekommt, so daß es sogar ihm selbst unwahrscheinlich scheint, daß er mit dem Leben davonkommen werde. Er wird in seine Kammer gebracht, und im Heerlager entsteht großes Jammern. Man erzählt einander, daß der König dem Tod nahe sei, was manche so formulieren: »Welch plötzliches Ereignis hat unseren König so schnell in tödliche Gefahr gebracht? Du unbeständiges Glück, unübertroffen in deiner Unerbittlichkeit«, sagen sie, »warum willst du schon jetzt den König eines so herrlichen Lebens berauben, wie er es führte? Bis jetzt warst du ihm gegenüber so mild wie eine Mutter. Warum willst du ihm nun eine grausame Stiefmutter sein? Die Welt war begierig, von diesem Monarchen regiert zu werden. Und was soll aus uns werden«, sagen sie, »die wir den König begleitet haben? Wir können nicht mehr durch die Wüste in unser Vaterland zurückkehren, auch wenn wir es wollten. Oder sollen wir vielleicht führungslos auf die Schlachtreihen unserer Gegner losstürmen? Wir sehen auch keinen geeigneten Mann, der an die Stelle eines solchen Königs treten könnte, wie es Alexander gewesen ist.«

Dieses Gejammer der Griechen hörte das Glück an dem Ort, wo es sich aufhielt und sein Rad drehte. Es erhebt sich, lächelt über ihre Reden und beantwortet dann die gestellten Fragen: »Fürchterlich verblendet über die Wahrheit des Schicksals ist das Menschenvolk, das mir immer wieder fälschlicherweise Vorwürfe macht. Andere Göttinnen haben nicht weniger Macht als ich um zu tun, was ihnen gefällt. Doch sobald etwas schlecht ausgeht, dann geben die Menschen mir die Schuld daran. Schenke ich den Menschen Frieden und Erfolg, dann loben sie mich, ziehe ich aber meine Hand von ihnen zurück, dann beschimpfen sie mich, als habe mir die Natur Beständigkeit verliehen, sofern ich dies überhaupt gewollt hätte. Aber wenn ich für alle gleich und immer beständig wäre, dann würde man mich nicht Glück nennen. Die Natur hat mich dem Gesetz unterstellt, daß ich niemals ruhig sitzen und daß bei mir Unbeständigkeit an die Stelle von Zuverlässigkeit treten solle.« Nachdem das Glück dies gesprochen hatte, begann der König wieder etwas Kraft zu schöpfen, denn der Atem begann nach und nach wieder durch die Adern zu strömen, aber er hatte noch heftige Schmerzen in den Eingeweiden.

Nun stützt er sich auf seine Ellbogen und spricht zu seinen Leuten: »Soll denn dieser Feindeshaufen König Alexander hier im Heerlager kampflos besiegt gefangennehmen? So nahe, wie uns das Heer des Königs Darius nun ist, darf sich die Heilung meiner Krankheit nicht weiter verzögern, oder sollen sich vielleicht die Soldaten des Darius mit unserer Heeresbeute brüsten können, während Alexander vertrieben, entehrt und geplündert, auf die nackte Erde seiner Feinde geworfen wird? Nein«, sagt er, »alles wird ganz anders zugehen. Zuerst sollen die Ärzte versuchen, ob sie mir Besserung verschaffen können, und sie sollen wissen, daß ich durch die Heilung eher Zeit gewinnen will, um gegen König Darius zu kämpfen als mein Leben zu verlängern. Ganz bestimmt finde ich den Aufschub des Kampfes schlimmer als die Krankheit, die ich habe. Denn auch wenn ich krank bin und nichts anderes tun kann als mich vor meinen Schlachtreihen zu zeigen, so werden unsere Gegner sofort fliehen und meine Leute dann die Flüchtenden verfolgen.« Die Heftigkeit und unbändige Kampfeslust des Königs verursachte beim Heer große Furcht, daß eine rasch wirkende Behandlung der Ärzte seine Krankheit verschlimmern könnte. König Philippus, Alexanders Vater, hatte ihm einen Arzt zur Verfügung gestellt, der ebenfalls Philippus hieß. Dieser Mann, der bei der Rede des Königs anwesend gewesen war, versprach, daß er ihn innerhalb von drei Tagen gesund machen werde, falls er sich ruhig verhalten wolle. Obwohl es dem König eine lange Zeit zu sein schien, drei Tage auf Heilung zu warten und den Kampf zu verschieben, blieb er dennoch in der Stadt Tharsus, wie es der Arzt verlangt hatte.

Während dieser Zeit erreicht den König ein Brief, den ihm Parmenio schickte. In diesem Brief stand, daß König Darius Philippus viel Geld und auch seine Schwester versprochen habe, damit er Alexander mit einem Trank vergifte. Nun kommt der dritte Tag, seitdem der König von der Krankheit befallen wurde, und Philippus bringt ihm einen von ihm zubereiteten Heiltrank. Wegen des Inhalts des Briefes mißtraut der König dem Arzt und überreicht ihm diesen Brief, während er gleichzeitig den Trank entgegennimmt. Er befiehlt ihm, ihn vorzulesen, und während Philippus den Brief liest, beobachtet der König genau, ob er dabei erschrickt, kann aber nichts dergleichen feststellen. Als er fertig gelesen hat, sagt Philippus lachend zum König: »Mein Herr«, sagt er, »verscheuche die Angst und sei vergnügt. Laß deine Adern Kraft schöpfen aus dem Heiltrank, den ich dir in ehrlicher Absicht verabreiche. Doch derjenige, der mich verleumdet hat, hätte gerne, daß diese Krankheit unbehandelt bliebe und dir den Tod brächte. Bestimmt beneidet er entweder mich um meine Kenntnisse oder er mißgönnt dir das Leben, König. Ich glaube, daß das der Wahrheit näher steht, was weiter von ihr entfernt sein sollte. Ganz sicher erweist sich der als feindselig und des Verrats schuldig, wenn er den des Verrats bezichtigt, der unschuldig ist. Ein schlechter Mann tut das oft, daß er anderen das vorwirft, dessen er sich selbst schuldig weiß, und aus diesem Grund wird ein rechtschaffener Mann oft von einem verlogenen Gefolge verurteilt, der aber freigesprochen, der straffällig ist.« Nachdem sich Philippus glaubwürdig verteidigt hatte, bittet er den König, ohne Furcht zu trinken, und der folgte dieser Bitte. Nachdem er den Trank eingenommen hat, erlangt der König seine Gesundheit wieder und die gleiche Kraft an Körper und Geist, wie er sie vorher besessen hatte. Nun fallen die Heerführer nacheinander dem Arzt Philippus um den Hals, um ihm für die Gesundheit des Königs zu danken, und sie erklären, daß er sich als Vater und Beschützer ihres Vaterlandes erwiesen habe. Am nächsten Tag steigt der König auf sein Pferd, reitet durch das ganze Heerlager und zeigt sich gesundet. Er vertreibt aus dem Heer alle Furcht, die durch seine Krankheit verursacht worden war, und stärkt das Heer durch den freundlichen Anblick seiner Person und durch aufmunternden Zuspruch.

Nachdem das Heer König Alexanders die nächstgelegenen Städte gestürmt und er selbst den Göttern das geopfert hat, was er ihnen für seine Gesundheit versprochen hatte, zieht er zu einer Stadt namens Ixon. Dort kommt dem König Parmenio entgegen, der diese Stadt erobert, die Einwohner der Stadt vertrieben und alles für den König vorbereitet hat. An diesem Ort hält der König mit seinem Gefolge eine Versammlung ab und berät mit den Heerführern, ob man dort warten solle, bis Darius mit seinem Heer komme, oder ob man ihm weiter entgegenziehen solle. Es heißt, Parmenio habe dem König geraten, daß er mit seinem Heer weiterziehen solle, bis in eine Felsenschlucht, in die König Darius mit seinem Heer bereits von der anderen Seite gelangt war. Parmenio behauptet, daß sich in diesem engen Tal die vordersten Reihen in den Heeresabteilungen der Könige ebenbürtig sein würden, auch wenn Darius ein weitaus größeres Heer habe. Dieser Rat wurde schließlich mit dem Einverständnis aller Heerführer und der Zustimmung des Königs angenommen. Während sich Alexander in dieser oben genannten Stadt aufhält, geschieht es, daß ein Mann namens Sisenes bei ihm verleumdet wird. Er war beim König sehr beliebt gewesen, aber nun wurde ihm vorgeworfen, daß er von König Darius Geld genommen habe, um Alexander zu verraten. Als Indiz dafür wurde vorgebracht, daß er einen Brief verheimlicht habe, den ihm einer der Soldaten des Königs Darius schickte. Aus diesem Grund, aber aus einem erlogenen Grund, wie die meisten vermuteten, wurde er mit Wissen des Königs getötet.

Nun ist von König Darius zu berichten, daß ihm, als er mit seinem gesamten Heer in das oben erwähnte, enge Tal gekommen war, ein griechischer Mann namens Timodes mit einer großen Reiterschar entgegenkam. Dieser Mann, der aus Griechenland vertrieben worden ist, bietet König Darius seine Unterstützung an, die dieser auch annimmt. Darüber hinaus rät er Darius, daß er mit seinem Heer zu einem etwas offeneren Feld zurückkehren und lieber dort gegen Alexander kämpfen solle, wo er sein ganzes Heer einsetzen könne. Falls es den König jedoch eine Schande dünke umzukehren, und falls es dem Heer scheine, es sei ein schlimmes Omen, schon jetzt Fersengeld zu geben, so fordere ihn Timodes auf, daß er den größten Teil seines Besitzes und auch die Nichtreisefähigen, Frauen und Kinder fortbringen lasse. Sie sollten eine so große Mannschaft als Begleitung bekommen, daß die Leute keine Angst zu haben brauchten. »Falls es so schlimm werden sollte,« sagt Timodes, »daß das Glück in der ersten Schlacht Alexander günstiger als uns gesinnt ist, dann scheint es mir vorteilhafter, wenn unser Besitz in Sicherheit ist und ein Teil des Heeres verschont bleibt, damit wir uns verteidigen können, falls sie uns in den Rücken fallen sollten, was die Götter verhindern mögen. Es ist höchst unvernünftig, in einer einzigen Schlacht alles, was auf dem Spiel steht, gleichzeitig der Macht des Schicksals zu überlassen.«

Obwohl dies ein nützlicher Rat war, den er dem König gab, beurteilten dies die Heerführer der Sarazenen anders. Sie drängen König Darius, daß er Timodes und seine ganze Truppe töten lasse und erklären, daß sie annehmen, Timodes habe diesen Rat deshalb gegeben, weil er es, für den Fall, daß Darius besiegt würde, auf den gesamten Besitz abgesehen habe. Dann werde er mit dem Geld wieder zum Heer des griechischen Königs zurückkehren und sich dadurch Frieden mit Alexander erkaufen. König Darius hört nicht auf diese Einflüsterungen, denn er ist ein milder und friedliebender Mann, der alle Verleumdungen mißbilligt. Er antwortete ihren Reden folgendermaßen: »Es soll nicht geschehen«, sagt er, »daß ich Männer töten lasse, die mir ihren Gefolgschaftseid geleistet und sich in meine Gewalt begeben haben. Sollte ein König eine solche Schandtat begehen lassen? Nein«, sagt er, »so eine häßliche Unrühmlichkeit soll mein Alter keinesfalls besudeln.« Dann dankt der König Timodes für die erwiesene redliche Gesinnung, aber es scheint ihm unehrenhaft zu sein, sich mit dem Heer zurückzuwenden, was so aussehen würde, daß es viele als Flucht bezeichneten. Jetzt wünscht er sich sehr, daß der Kampf so schnell wie möglich beginnen solle, und zwar in dem oben erwähnten Tal. Von den Ratschlägen, die ihm Timodes gegeben hat, befolgt er immerhin den, daß er den größten Teil des Besitzes in eine Stadt namens Damaskus fortbringen läßt. Eine mächtige Mannschaft begibt sich ebenfalls dorthin. Doch die Königin, seine Mutter und seinen siebenjährigen Sohn läßt er im Heerlager die bevorstehenden Ereignisse erwarten und wollte dadurch die Gepflogenheiten der früheren Könige aufrechterhalten.

Am letzten Tag vor dem, an dem, wie der König wußte, die Schlacht beginnen würde, stieg er auf einen kleinen Hügel, der sich zwischen den Heerbuden befand. Der Hügel war vollständig von duftenden Gräsern begrünt. Oben auf dem Hügel stand ein ansehnlicher Baum namens Laurus. Ihm gegenüber verläuft ein mächtiger Fluß, und entlang des Flusses liegen auf beiden Seiten grasbewachsene Ufer. An diesem Ort läßt König Darius sein gesamtes Heer zusammenblasen. Dann ruft er die Heerführer zu sich und legt fest, wo sich jeder von ihnen mit seiner Truppe innerhalb der Schlachtreihen aufhalten solle, sobald der Kampf beginnt. Nachdem er alles nach seinem Gutdünken festgelegt hat, blickt er über das Heer, das auf den Wiesen rund um den Hügel sitzt. König Darius war ein äußerst vornehmer Mann, und durch das edle Aussehen, das ihm zu eigen war, mußte sich jeder rechtschaffene Mann im Heer verpflichtet fühlen, ihn nach ganzem Vermögen zu unterstützen, auch wenn Darius geschwiegen hätte, der dann zum Heer sprach und seine Rede folgendermaßen begann:

»Hier ist das Heer zusammengekommen, das meines Wissens immer siegreich gewesen ist, was auch nicht verwunderlich ist, denn Ihr seid Sarazenen und damit seid ihr auch Erben der Götter. Ihr stammt von König Belus ab, der als erster unserer Vorfahren in die Reihe der Götter aufgenommen wurde. Seid unerschrocken und unverzagt im Herzen, gebt der Furcht keinen Raum. Es sieht nicht aus, als ob ihr es mit einer Übermacht zu tun haben werdet. Man mag es als Züchtigung bezeichnen, aber nicht als Schlacht, wenn ein König seine Knechte bestraft, die sich dazu erdreisten, die Waffen gegen ihn zu erheben. Dieser als Bastard geborene Knabe Alexander, von dem wir annehmen, daß er der Sohn des unredlichen Neptanabus ist, hat sich den Königstitel verleihen lassen und glaubt nun, da er in der Blüte seines Lebens steht, daß nichts ihm widerstehen könne. Er wütet unbesonnen, kümmert sich nicht darum, was ihm im Wege steht. Obwohl er eines sicheren Todes gewiß ist, will er lieber kämpfen als mit einer Niederlage weiterleben. Doch schon jetzt ist es für ihn anders gekommen als geplant, weil er durch unsere Leute einen großen Teil seiner Soldaten verloren hat. Ich vermute, daß er deshalb weniger Selbstvertrauen hat als zuvor. Es ist eine große Schmach, daß einige wenige und armselige Knechte, die keinen roten Heller mehr besitzen, es wagen sollen, sich gegen Herrscher zu erheben, die über den größten Teil des Goldes der gesamten Welt zu gebieten haben. Ich würde gerne wissen, wieso sich Alexander einbildet, daß er über dieses Reich verfügen können werde, das dem berühmten König Cirus gehörte, der überall siegte, wo immer in der Welt er auch kämpfte. Auch wenn Cirus tot ist, so herrscht er doch durch mich weiter, der ich an seine Stelle getreten bin, und in mir als Lebendem lebt sein Glück fort.

Jedermann sollte wissen, daß wir Sarazenen von Riesen abstammen, denn wir finden unseren Stammbaum in den Annalen auf sie zurückgeführt. Aus den Großtaten, die sie überlebt haben, können wir erkennen, wie sie geartet waren. Unsere Bücher bezeugen, daß sie sogar gegen die Götter kämpften. Sie bauten den Turm zu Babel, wobei sie Ziegel statt Steinen und Pech statt Mörtel verwendeten. Unsere Vorfahren haben auch das mächtige Babylon hinterlassen, das seinen Namen von der Trennung der Sprachen erhielt. Es möge ein gutes Omen sein, daß ihr von solchen überragenden Menschen abstammt. Beruft euch auf deren Stärke. Verteidigt mannhaft euer Vatererbe. Hütet sorgsam eure Ehre und euern Ruhm. Laßt nicht einen armseligen, ausländischen Sieger auf der Erde und den großartigen Werken unserer Vorfahren herumtrampeln. Falls es aber so schmachvoll zugehen sollte, daß dieser ehrlose Feindeshaufen einige in die Flucht schlägt, so kehrt – auch wenn ihr nicht für mich, für euer Eigentum, euern Landbesitz oder eure Nachbarn kämpfen wollt – dennoch um der Frauen und Kinder willen in die Schlacht zurück. Denn unsere Feinde werden genau diese Leute im Heerlager einsperren und als Kriegsbeute rauben, wenn ihr sie nicht verteidigen wollt. Ich habe dennoch keine Angst, daß dies geschieht, denn ich habe geträumt, daß wir den Sieg erringen werden. Im Schlaf glaubte ich zu sehen, daß die Zelte der Griechen in Flammen standen, und ich sah Alexander, der nach babylonischer Sitte in kostbare Gewänder gekleidet in die Stadt gebracht und mir als Gefangener vorgeführt wurde. Dann schien er zu verschwinden. Aber wozu halte ich mich mit solchen Reden auf. Ich schwöre bei der Sonne, die in unserem Reich aufgeht, daß jeder, der die Flucht ergreift, mein Feind sein soll.«

Nachdem der König so gesprochen hat, kommt ein Spion angelaufen mit der Nachricht, daß Alexander die Flucht ergriffen und nicht gewagt habe zu warten, bis Darius mit seinem Heer komme. Er sagte, er sei über Berge und durch Wälder gestürmt und auf direktestem Wege in Richtung Meer gezogen. Der König glaubt, was dieser erbärmliche Kerl ihm zu Gefallen erzählt und ist darüber sehr erfreut. Nun drängt er darauf, daß man sie so hartnäckig wie möglich verfolge. Sofort zieht das gesamte Heer über den Fluß, der – wie oben berichtet – in der Nähe des Heerlagers verläuft. Sie kümmern sich kaum um Unannehmlichkeiten, und das Heer zerstreut sich weit umher, denn jeder wendet sich dorthin, wo es ihm am günstigsten zu sein scheint, um die Griechen so schnell wie möglich zu überwinden und zurückzuschlagen.

»Wohin rast du, du todgeweihte Schar?« sagt Meister Galterus, der diese Geschichte in Verse gefaßt hat, und wendet sich mit folgenden Worten an die Sarazenen: »Glaubt ihr denn, daß Alexander fliehen werde, der Mann, der glaubt, daß Flucht schlimmer als jedes Laster sei, und der sich allein davor fürchtet, daß ihr fliehen werdet? Wenn er wählen sollte, ob er lieber fliehen und den Sieg erringen oder sich an Ort und Stelle verteidigen und von Fliehenden besiegt werden wolle, und wenn nur die Wahl bestünde, sich für das eine oder das andere zu entscheiden, stünde zu erwarten, daß er im Zweifel wäre, was ihm weniger zur Ehre gereiche.«

Nun heißt es, wieder zur eigentlichen Geschichte zurückkehren und davon berichten, daß das Heer des Königs Darius machtvoll auf die Stadt Ixon vorrückt. Jetzt bemerken die Wachleute Alexanders die Soldaten, denn sie können den Glanz des Goldes und des Geschmeides erkennen, mit denen das Heer sich und seine Waffen geschmückt hat. Sie hören auch Waffengeklirr und bemerken die von Pferden aufgewirbelten Staubwolken, die so riesig waren, daß sie die Sonne lange verdunkelten. Einer der Wachleute, der das Heer von einem hohen Hügel aus sehen kann, stürzt sofort in die Stadt und berichtet den Griechen, daß König Darius bald mit einem so riesigen Heer ankommen werde, wie es noch kein Mensch jemals gesehen habe. König Alexander kann dies kaum glauben, denn nichts verdrießt ihn so sehr wie der Aufschub des Kampfes. Als er mit Sicherheit weiß, daß der Bericht über den Heereszug wahr ist, ruft er laut folgende Worte: »Zu den Waffen, zu den Waffen, Griechen.« Er selbst, der zuerst zum Aufbruch bereit ist, stürmt den Sarazenen entgegen, wie dann auch das behelmte und gepanzerte Reiterheer, sobald es gerüstet ist. So stürzt sich ein hungriger Wolf auf seine Beute, wenn er seine Welpen ernähren will, die heulen, wenn sie keine Milch aus den trockenen Zitzen bekommen. Ihr Heulen und ihr blutrünstiger Hunger treiben den Wolf schließlich in eingezäunte Viehweiden, um sich Nahrung zu verschaffen. Der Hütejunge läßt sofort seine Hunde los, sobald er den Wolf sieht, aber der geht dennoch auf das Vieh los. Die Schafe wissen nicht, wohin sie flüchten sollen; der Wolf scheint immer schon dazusein, wohin sie sich auch wenden. Auf diese Weise stürmt Alexander seinen Feinden entgegen, die glauben, daß er geflohen sei. Als die Sarazenen das Heer auf sich zukommen sehen, erfahren sie, was Furcht ist. Es zeigte sich, daß Alexander nicht, wie sie geglaubt hatten, ihnen den Rücken zuwenden würde.

Nun brechen die Schlachtreihen des Königs Darius auseinander wegen des Geschreis und des Getümmels, das beim Zusammenstoß der Mannschaften entstand. Da es innerhalb des Heeres viele verschiedene Sprachen gab, dauerte es lange, um in einer so großen Menschenmenge ein Vorhaben durchzuführen. Darüber hinaus war der größte Teil des Heeres eher zum Marschieren als zum Kampf gerüstet. Dennoch gelingt es König Darius, sein Heer erneut in Schlachtreihen zu ordnen. Er beschließt jetzt, daß sein Heer, sobald es aus dem Tal heraus auf offeneres Gelände gekommen wäre, die Schlachtreihen der Griechen mit einer großer Menschenmenge umschließen solle, so daß diese in keiner Richtung entkommen könnten. Dieser Beschluß wäre für Darius von Nutzen gewesen, wenn er durchgeführt worden wäre. Aber das Schicksal, das mächtiger als jeder Beschluß ist, arbeitete gegen ihn, denn Alexander kam ihm im Tal dort entgegen, wo es so eng war, daß die vordersten Linien der Schlachtreihen gleich stark waren. Diese Schlacht fand in einem Bezirk namens Cilicia statt, in der Nähe von Ixon, der oben genannten Stadt, und in einem engen Tal, wie eben berichtet wurde.

Nun heißt es davon berichten, wie Alexander seine Truppen einteilt. Die Fußsoldaten stellt er an die Spitze der Schlachtreihe, und als Anführer des rechten Flügels der Schlachtreihe setzt er einen Heerführer namens Nichanor ein, der ein Sohn Parmenios war. Ihn begleiteten folgende Heerführer: Tholomeus und Aminctas, Perdicas und Cenos, Clitus und Meleager; jeder von ihnen führte eine eigene Abteilung an. Den linken Flügel der Schlachtreihe sollte Parmenio verteidigen, der Mann, der einer der kühnsten unter den Griechen war. Bei ihm waren Craterus, Antigonus und Philotas, ein weiterer Sohn Parmenios, der nahezu der Kampftüchtigste im ganzen Heer war. Weit vor allen Feldzeichen befand sich auf einem Pferd namens Bucifal ein junger Mann, ein für Feiglinge ein nicht gerade angenehmer Anblick. Das war Alexander Macedo persönlich. Dicht neben ihm hielt sich ständig ein Mann namens Ephestio auf, einer seiner Vertrauten, dem König ebenbürtig an Alter und Bildung, aber von jugendlicherem Äußeren.

Nachdem er sein Heer eingeteilt hat, reitet der König vor die Schlachtreihen hin, fordert die Heerführer auf, beherzt zu kämpfen, spricht schmeichelnd mit seinen Freunden, stärkt die Verzagten und feuert die Unerschrockenen an. Dann ordnet und sammelt er erneut die verstreuten Schlachtreihen. Den Sklaven verspricht er Freiheit, den Besitzlosen und Geldgierigen ausreichend Gold, sofern sie tapfer kämpfen wollen. Einige weist er mit seiner Speerspitze darauf hin, schneller zu gehen. Unter solchen Ermahnungen reitet er durch das Heer und drängt gleichzeitig die Bogenschützen, ihre Bogen zu spannen, sobald die Sarazenen in Schußweite kommen. Er befiehlt denen, die mit Schleudern bewaffnet sind, daß sie sich nicht aufhalten sollen. Er mahnt, daß man, sobald man in Hiebweite komme, unablässig mit Äxten und Schwertern Schläge austeilen solle. Während das Heer verharrt, und die Griechen mit aufgestelltem Heer darauf warten, daß Darius kommt, spricht Alexander folgendermaßen zum Heer: »Hört, ihr kühnen Burschen, die ihr sogar vom Kriegsgott namens Mars abstammt, und die ihr schon so viele Großtaten vollbracht habt, daß die ganze Welt begierig ist, euch als Herren über sich zu haben: Jetzt ist der Tag gekommen, dessen Ankunft wir uns schon seit langem wünschen. An diesem Tag will uns das Schicksal den Sieg schenken, den es uns schon oft verheißen hat. Auf diesen Sieg wies es bereits in Europa voraus, als ihr Theben dem Erdboden gleichmachtet, alle Einwohner der Stadt tötetet und als ihr Athen allein durch eine Drohung zähmtet. Nun seht ihr vor euch ein zum Kampf ungeeignetes Heer mit weibischen Schlachtreihen, die alle von Gold und Geschmeide zu glänzen scheinen. Genau dieser Glanz aber, mit dem sie sich geschmückt haben, zeigt uns, daß wir hier eher reiche Beute als Gefahr zu erwarten haben. Denn den Sieg soll man mit Waffen erringen, während feige und verweichlichte Männer nur drohen können. Sie fürchten sich vor Schwertern und Wunden, und eure Waffen werden noch kaum in ihren Eingeweiden gewühlt haben, und sie werden erst wenig Blut vergossen haben, wenn sie schon fliehen werden. Dann werde ich erfahren, wieviel euch an mir liegt, wenn ich zerbrochene, stumpfe Schwerter und von starken Hieben gespaltene Schilde sehe. Die Hand des Schlagenden wird den Willen bezeugen, und das gezogene Schwert wird beweisen, wie fest ihr an Alexander denkt. Besiegt nun diejenigen, die jetzt schon so gut wie besiegt sind. Wißt, daß derjenige sein eigener Feind ist, der kraftlos das Schwert gegen seinen Gegner schwingt, und schnell wird der sein Leben verlieren, der das Leben seines Feindes verlängert. Es zeugt nicht von Milde, seinen Widersacher im Kampf zu schonen. Feindselig gegen sich selbst und würdig der Verstümmelung ist diejenige Hand, die zurückhaltend schlägt. Von Trägheit erfüllte Männer wagen es, in den Tod zu gehen, sobald sie zu zittern beginnen, wagen aber nicht, sich zu verteidigen und so dem Tod zu entgehen. Ruft euch ins Gedächtnis, wieviel Unbill, wie zahlreiche Schlachten und schlimme Morde die Griechen von diesen asiatischen Heerführern zu erdulden hatten. Glaubt ihr, es sei eine nützliche Tat, wenn allein die Verwandten für das bezahlen, was die Väter verursachten? Die Rache ist noch nicht vollständig, auch wenn dieser ganze Haufen, den ihr hier vor euch seht, erschlagen wäre. Ganz Asien soll für ihre Verwüstungen bezahlen, die sie in Europa angerichtet haben. Medien soll mit König Darius für die Verheerungen bezahlen, die König Xerxes in Griechenland angerichtet hat. Bringt nun die Feldzeichen dorthin, wohin ich euch vorausgehen werde, und bahnt euch mit den Schwertern einen Weg durch ihre Schlachtreihen. Die Schlacht will ich mit euch teilen, nicht aber die Beute, die ihr unter euch aufteilen sollt. Mir reicht der Ruhm allein vollständig. Ich gönne euch das Geld und mir den Ruhm.«

So spricht Alexander, und gleich darauf stürmen die Schlachtreihen aufeinander los. Die Sarazenen stoßen einen lauten Kampfschrei aus, und dann die Griechen ebenso. Beide Seiten stoßen in die Kriegshörner, so daß es von allen Bergen in der Nähe widerhallt. Noch nie hatte das Echo dem Schall so viele Antworten gegeben wie jetzt.

Nun ist davon zu berichten, daß hier wie zu erwarten die Möglichkeit besteht, viele und hervorragende Waffen zu sehen. Dennoch übertrafen einzelne alle anderen, und das waren die Waffen des Königs Darius. Obwohl man an ihnen nicht mit Gold gespart hatte, war die Kunstfertigkeit, die auf sie verwendet worden war, von noch größerem Wert. Sein Schild war von siebenfacher Stärke und außen ganz mit Gold eingelegt. Auf ihm waren die Verwandten und Vorfahren des Königs Darius mit allen ihren Großtaten abgebildet. Zuerst die Riesen, die nach der Sintflut den Turm zu Babel auf einem Feld namens Sennaar errichteten, und dann die Trennung der Sprachen. An einer anderen Stelle war auf dem Schild König Nabogodonosor abgebildet, wie er mit seinem Heer nach Jerusalem zog und die Stadt eroberte. Er zerstörte das Templum Domini und alle Stadtmauern bis auf den Grund. Er nahm das Volk der Juden gefangen und entführte König Sedechia, den er blenden lassen hatte, zu sich nach Babylon. Auf dem Schild war alles abgebildet, was die einstigen Könige vollbracht hatten, aber alles das, was ihnen zur Schande gereicht hatte, wurde verschwiegen. An dritter Stelle war dargestellt, wie König Balthasar aus goldenen Gefäßen trank, die König Nabogodonosor aus dem Templum Domini entwendet hatte, und wie die Hand auf die Wände der Halle das zu schreiben schien, was niemand außer dem Propheten Daniel deuten konnte. Auf der Leiste rund um diese Geschichten herum war die Geschichte des ruhmreichen Königs Cirus abgebildet, der Lydien und König Kresus besiegte, der vom Orakel des Sonnengottes getäuscht worden war.

Diese bedeutenden Ereignisse waren dort alle abgebildet, wie sie hier in etwas verkürzter Form wiedergegeben wurden; es sind jedoch umfangreiche Geschichten, wenn sie ausführlich erzählt werden. Vom Lebensende des Königs Cirus ist zu berichten, was überall in Büchern erwähnt wird, daß sich eine Königin namens Thamaris gegen ihn erhob. Bei diesem Angriff, den sie gegen ihn unternahm, fiel König Cirus. Zu diesem Vorfall meint Meister Galterus: »Ho, ho, trügerisch ist das Glück dieser Welt, und immer wieder zeigt es sich, wieviel es vermag. Seinerzeit war König Cirus Herrscher über einen weitausgedehnten Besitz und mit Waffenglück gesegnet gewesen. Sein Ruhm war um die ganze Welt gegangen, und wo immer er auch hinkam, mußten sich ihm alle unterwerfen. Doch so mächtig und reich er auch war, so konnte ihn doch eine einzige Frau besiegen. Sterbliche Menschen sollen nicht«, sagt der Meister, »wegen ihres erworbenen Reichtums dem Hochmut erliegen und geringere Menschen verachten. Wer siegreich ist, soll auch nicht undankbar gegenüber dem obersten Siegbeschaffer sein. Derjenige, der Macht und Herrschaft, Sieg und Reichtum verleihen kann, der kann auch alles wieder nehmen, wenn er will.«

Buch III

Nun heißt es wieder zur Geschichte zurückkehren und davon berichten, daß das Waffengeklirr und das Krachen mächtiger Hiebe den Hörnerklang übertreffen, so daß er kaum oder gar nicht zu hören ist. So dicht fliegen Speere, Pfeile und allerhand Schußwaffen, daß man kaum den klaren Himmel sehen kann. König Alexander reitet selbst als erster voran, schnell wie ein geschleuderter Stein, und dorthin, wo goldverzierte Schilde und mit Edelsteinen besetzte Helme darauf hinweisen, daß sich dort wohl eher Könige als Kätner aufhalten. Er strebt dorthin, wo man König Darius das Feldzeichen vorantrug; das war ein vollständig vergoldeter Flugdrache, der das Maul aufsperrte, als blase ein Wind aus seinem Rachen, und der schrecklich anzusehen war. Während sich Alexander umblickt, wer ihm würdig erscheine, um als erster niedergestreckt zu werden, reitet ihm ein Heerführer namens Arethas entgegen; er war der Statthalter von Syrien. An seinem Speerschaft hing das Zeichen des Löwen, und sein Helm schien von den Karfunkelsteinen zu erglühen, mit denen er besetzt war. Arethas durchbohrt den Schild Alexanders so heftig mit dem Speer, daß der Speerschaft entzweibrach. Jetzt sticht Alexander auf den Schild des Arethas ein, durch den Schild und die dreifache Brünne hindurch, so daß die Speerspitze im Herzen steckenbleibt. Darauf fällt der tote Arethas vom Pferd zu Boden und benetzt als erster der Männer das

Schlachtfeld mit seinem Blut. Die Griechen stoßen sofort einen lauten Schrei aus und rühmen diese Tat als großen Sieg und als siegverheißendes Zeichen, weil der König persönlich als erster so beherzt den Kampf eröffnet hat.

Nach diesem Ereignis lösen sich die Abteilungen allmählich auf, und jetzt reiten die Heerführer Clitus und Tholomeus vor, die in ihrer Rüstung überaus prächtig anzuschauen sind. Sie dringen so stürmisch zwischen ihren Gegnern vor wie ein hungriger Wolf in einer trägen Ochsenherde. Tholomeus reitet auf einen Soldaten namens Kleocas zu, sticht ihm in die eine Wange hinein und bei der anderen wieder heraus, so daß dort das Gehirn herausquillt, und schleudert ihn nach dieser Behandlung tot zur Erde. Clitus reitet auf einen Soldaten namens Ardophilus zu und durchbohrt dessen Schild mit seinem Speer. Ardophilus sticht ebenfalls auf den Schild des Clitus ein. Sie stechen so fest zu, daß beide Speere zerbrechen. Danach schlagen sie aufeinander ein, bis schließlich ihre Pferde und auch sie selbst von einem langen und heftigen Angriff ermattet zu Boden sinken. So liegen sie einige Zeit, als sei kein Leben mehr in ihnen. Doch als sich ihre Müdigkeit etwas gelegt hat, kommt Clitus als erster wieder auf die Beine und setzt Ardophilus, als dieser versucht aufzustehen, das Schwert an den Hals und trennt kurz und schmerzlos Kopf und Leib voneinander.

Nun reitet ein berühmter sarazenischer Heerführer namens Matheus vor, ein Mann von schmuckem Äußeren, gewandt in der Rede und ausgezeichnet in der Waffenführung. Matheus tötet auf dem linken Flügel der griechischen Schlachtreihe einen Reiter namens Yollas. Philotas, ein Sohn Parmenios und einer der Anführer auf dieser Seite der Schlachtreihe, will seinen Genossen rächen und schlägt mit dem Schwert nach Matheus. Doch das wendige Pferd, auf dem Matheus sitzt, läßt ihn dem Hieb entkommen. Dann schlägt Philotas nach einem Reiter namens Ochis und spaltet ihm die Seite. Nach diesem und vielen anderen mächtigen Hieben, die Philotas an die Sarazenen austeilt, greifen ihn die Reiter der Hircaner heftig an. Als die Griechen erkennen, daß er es mit einer großen Übermacht zu tun hat, kommen ihm folgende Heerführer zu Hilfe: Antigonus, Cenos, Craterus und Parmenio, Vater des Philotas und der Mann, der an allem beteiligt war, was Alexander an erwähnenswerten Dingen vollbrachte. »Doch ich glaube, es ist besser«, sagt Meister Galterus, »so lange wie möglich darüber zu schweigen, welchen Lohn Parmenio für seine Verdienste erhielt.«

Antigonus reitet auf einen Mann namens Phelax zu und schlägt mit dem Schwert nach ihm, so daß dieser keiner weiteren Hiebe bedurfte. Cenos stößt mit dem Speer nach einem Mann namens Mida, der durch diesen Stich stirbt, und Craterus steuert auf einen Mann namens Amphiolus zu, verwundet ihn, packt ihn dann am Helm und stößt ihn aus dem Wagen, in dem er gesessen war, heraus und tot zu Boden. Craterus bearbeitet auch den Mann, der den Wagen gelenkt hat, so daß dieser die Eingeweide hinter sich herzieht, und schleudert ihn dann seinem Herrn vor die Füße. Auf Parmenio, der wie gewohnt gegen die Sarazenen vordringt, reiten jetzt zwei Soldaten zu, namens Dimus und Ysamnes – ein Mann aus königlichem Geschlecht. Sie stechen beide gleichzeitig mit Speeren nach der rechten Seite Parmenios, der sich von diesen Stößen nicht rühren läßt, sondern einem griechischen Reiter namens Horestus, der sein Pferd verloren hat und auf den Berghang hinaufstrebt, zuruft: »Kehre schleunigst in den Kampf zurück«, sagt er. »Ich werde dir dein Pferd ersetzen.« Dann dreht er sich zu Ysamnus um, durchbohrt dessen Brust, schleudert ihn tot vom Pferd und übergibt dieses Pferd Horestus. Danach reitet er auf Dimus zu, schlägt ihm die Hand ab, stößt ihn vom Pferd, springt auf ihn zu und macht ihn vollends kampfunfähig. Als nächstes tötet er Agilos, als zweiten Elas und als dritten Chirippus, der aus Arabien stammte.

Nun reitet einer der Griechen namens Eumenides vor und setzt den Sarazenen äußerst übel zu. Er kämpft teils mit dem Schwert und greift teils mit Schußwaffen an. Diaspes tötet er mit dem Schwert und einem Mann namens Eudochius schießt er mit einem Pfeil ins Auge. Eumenides bricht vielen Sarazenen die Knochen und reitet über die Körper zahlreicher Heerführer hinweg. Nichanor, ein Sohn Parmenios, kämpft auf dem rechten Flügel der Schlachtreihe nicht weniger kraftvoll als jene, von denen gerade berichtet wurde. Auf ihn reitet jetzt ein junger Mann namens Edimus zu, von schmuckem Äußeren und aus vornehmem Geschlecht, denn er stammt von König Cirus ab. Er schlägt auf den Schild Nichanors ein, prallt aber daran ab wie Hagel von einem Haus. Ein standfestes Haus kümmert sich nicht um die Wut des Sturmes, und einem Schild schadet auch ein kleiner Hieb nicht. Dennoch wird Nichanor darüber zornig und sticht mit dem Speer in das kleine Loch, das sich im Helm für das Auge befindet. Die Speerspitze trifft das Auge und dringt so weit hinein, daß sie das Auge, das äußerlich unverletzt war, sogar seiner Sehkraft beraubte.

Nun ist davon zu berichten, daß im Heer der Sarazenen ein Mann namens Negusar heftig voranstürmt. Er war ein mächtiger Fürst aus Ninive und stammte von König Ninus ab, der diese große Stadt erbauen lassen hatte. Er schwingt eine riesige Breitaxt, schießt bisweilen mit kleinen Wurfspeeren und kämpft bisweilen mit dem Schwert. Einen griechischen Mann namens Helis durchbohrt er mit einem Wurfspeer, einem Mann namens Dorilus schlägt er mit dem Schwert die Hand ab, einem Mann namens Hermogenes schleudert er die Axt in den Nacken, so daß der keiner weiteren Hiebe bedarf. Philotas, ein Sohn Parmenios, bemerkt, wie übel dieser Negusar mit den Griechen verfährt und fegt mit gezogenem Schwert auf ihn zu, schlägt dann nach dessen vergoldetem Helm, der von den Piropussteinen glänzt, mit denen er besetzt ist. Das Schwert gleitet von dem stahlharten Helm ab, verfehlt sein Ziel aber doch nicht völlig, denn es trennt die linke Hand ab, mit der Negusar sein Gesicht bedeckt hatte. Jetzt rüstet sich die rechte, um ihre Schwester zu rächen und schwingt die Axt so rasch, daß dieser Hieb Philotas in die Unterwelt befördert hätte, sofern er nicht abgewehrt worden wäre. Aminctas, einer der griechischen Heerführer, reitet in diesem Getümmel herbei und schiebt seinen Schild vor den Hieb. Negusar schlägt eine Scharte in den Schildbuckel, so daß die Axt steckenbleibt. Als er seine Axt herauszerren will, ist Philotas immer noch in seiner Nähe und schlägt ihm den Arm in der Beuge des Ellbogens ab. Schmerz und Leid machen manch einen Mann stark. Negusar blickt auf den Stumpf und erkennt, daß er die Sarazenen nicht mehr durch Kämpfen unterstützen kann. Trotzdem will er helfen, so gut er kann, und läßt sich vor die Füße des Pferdes eines Reiters namens Yollas fallen. Das Pferd fällt auf ihn, Yollas vom Pferd, und jetzt durchbohren die Speere, die von den Griechen dazu ausersehen waren, Negusar heimzusuchen, Yollas und sein Pferd. Durch diesen gewaltigen Sturz und den heftigen Waffenwechsel stirbt auch Negusar mit der denkbar größten Tapferkeit.

Tote Leiber bedecken nun allmählich die Erde, das Gelände trieft von Blut, und der ganze Talkessel füllt sich. Auf beiden Seiten fällt ein großer Teil des Heeres, aber doch ein weitaus größerer Teil der Sarazenen. Ihre Schlachtreihen dünnen allmählich stark aus, und sie beginnen zu wanken, obwohl noch eine unzählige Truppe übrig war. Auch wenn die Griechen im Verhältnis zu den Sarazenen in der Unterzahl sind, so lassen sie dennoch nicht im Angriff nach, denn bei ihnen ersetzen Kühnheit und Angriffslust die mangelnde Mannschaft.

Als nun die Sarazenen allmählich Fersengeld geben, reitet König Alexander persönlich voran, schnell wie ein fliegender Blitz. Er bahnt sich einen Weg durch Fußsoldaten und Reiter, kümmert sich nicht um das Dickicht von Speeren und Schwertern vor ihm, will Darius sicher zu fassen bekommen, ehe die Flucht einsetzt. Aber ein vornehmer Verwandter des Darius namens Oxatreus drängt dessen Schlachtreihe zusammen, damit Alexander Darius nicht angreifen könne. Nun setzen in beiden Truppen erneut große Verluste ein. Allmählich fallen nun sogar nacheinander die Anführer. Die Kriegsgöttin namens Bellona schüttelt blutige Fackeln und sät allerlei Sorten des Todes: Manchen wird die Kehle oder die Eingeweide durchschossen, manchen fließt das Gehirn aus, manche sterben durch Schußwaffen oder Schleudern, manchen ist das Genick gebrochen, und bei manchen liegen die Eingeweide frei. Vielen bringt das Schwert den Tod. Der eine stirbt jetzt, der andere ist schon ganz tot. Der eine zuckt noch, der andere ist schon ganz ruhig.

Im Heer der Sarazenen gibt es einen Mann namens Zoroas, einen Ägypter aus einer Stadt namens Memphis. Er war leicht zu erkennen durch die prächtigen Waffen, die er trug, und er wußte von allen im Heer am meisten über Astronomie Bescheid und kannte genau die Natur der Gestirne, wann es gute oder schlechte Ernte geben werde, einen schneereichen Winter oder ein fruchtbares Jahr, einen heißen Sommer oder einen Herbst, in dem der Wein gedeiht. In der Musik kannte er sich ebenfalls sehr gut aus, und auf den Gang aller Sterne verstand er sich hervorragend. Aufgrund seiner Sternenkenntnis kannte er das Schicksal der Menschen, und um es kurz zu sagen: er hatte die Beschaffenheit der ganzen Welt in seinem Innersten eingefangen. Jetzt hatte Zoroas aus dem Gang der Gestirne vorausgesehen, daß er nur noch kurze Zeit zu leben hatte. Da er jedoch genausowenig wie jeder andere das Schicksal wenden kann, ist er eifrigst darauf bedacht, auf König Alexander persönlich zu treffen und will unbedingt durch die Waffen eines so berühmten Fürsten fallen. Weil er das Leben haßt, den Kampf aber liebt, stürmt er auf die Spitze der Schlachtreihe zu, Alexander entgegen. Sobald Zoroas den König sehen kann, läßt er auf ihn und den Wagen, worin dieser sitzt, die Schußwaffen in dichter Folge fliegen. Er ärgert den König nicht nur mit dem bewaffneten Angriff, sondern begleitet diesen mit Hetzworten und Schimpfreden, indem er spricht: »Höre du Sohn des Neptanabus, du ewige Schande deiner Mutter. Warum vernichtetest du Verwundete und stürzt dich auf Schwächlinge? Richte deine Raserei lieber gegen mich, und falls du noch etwas Kraft haben solltest, so wirf mich zu Boden. Da mein Rittertum von den sieben Künsten der Weisheit begleitet wird, bin ich es würdig, zwei Lorbeerzweige zu tragen: einen für das Rittertum und den andern für die Gelehrsamkeit.« So spricht Zoroas, aber König Alexander will sich durch seine Vorwürfe nicht erzürnen lassen, sondern lieber den bemitleiden, der durch seine Waffen sterben will, und deshalb antwortet er ihm freundlich: »Ho, ho, welch schreckliches Unglück«, sagt er. »Wer auch immer du bist, so bitte ich dich zu leben und nicht durch deinen Tod den Raum so herrlicher Künste zu zerstören. Niemals soll meine Hand oder mein Schwert von einem so vielwissenden Gehirn beschmutzt werden. Welcher Wahnsinn drängt dich, der du der Welt von so großem Nutzen bist, die Hölle stürmen zu wollen, wo keinerlei Weisheit gedeihen kann?« So sprach der König. Zoroas springt jedoch aus dem Wagen heraus, auf den König zu und schlägt mit dem Schwert nach dessen Bein, wo sich Brünne und Beinschutz treffen, und weiht so das Schlachtfeld mit königlichem Blut. Nun wird der König zornig, lenkt aber dennoch sein Pferd mit den Sporen fort, um Zoroas zu schonen und um seinen Zorn mäßigen zu können. Doch Meleager, einer der griechischen Heerführer, eilt in diesem Moment herbei und trennt Zoroas mit einem einzigen Hieb beide Beine unterhalb der Kniekehle ab. Anschließend stürmen viele herbei, zerfetzen Zoroas in kleine Stücke und geben den Sternen denjenigen zurück, der daran geglaubt hatte, daß sein Schicksal nach ihrem Gang verlaufen werde.

Nun verlagern sich alle Verluste in die Truppe des Königs Darius, der nicht weiß, wie er dem abhelfen soll. Er sieht rings um sich her das Schlachtfeld vom Blut seiner Leute überströmt, sieht auch rundherum viele seiner toten Heerführer liegen. Diejenigen aber, auf die er am meisten vertraut hat, ergreifen jetzt die Flucht. Derjenige, der den Wagen des Königs gelenkt hat, liegt enthauptet zwischen den Pferden, die den Wagen gezogen hatten, und seine heraushängenden Eingeweide wickeln sich um ihre Beine. Während König Darius noch zögert, ob er zu Fuß fliehen oder sich selbst töten solle, schießt Perdicas, einer der Heerführer, mit einem Speer nach dem König. Er trifft ihn am Kopf, aber die Knochen schützen das Gehirn, so daß es unverletzt bleibt. Daraufhin springt König Darius aus seinem Wagen und will nicht länger gegen eine Übermacht kämpfen. Er ergreift die Flucht und rennt gemeinsam mit den gemeinen Leuten auf dem kürzesten Weg durch Wälder und Gebirge, bis ihn ein Mann namens Auson auf ein Pferd setzt. Nun reitet König Darius über den Euphrat und macht erst in Babylon halt. Matheus und auch andere, die lieber weiterkämpfen als fliehen wollten, bemerken nun, daß König Darius die Flucht ergriffen hat, worauf sich sofort ihre Kühnheit vermindert und sie lernen, der Angst zu gehorchen. Schnell wandelt sich ihre Standhaftigkeit in Furcht. Nun flieht ein Heerführer nach dem anderen, und auch die Gemeinen stehen nicht zurück, als die Adligen fliehen. Es war auch nicht verwunderlich, daß nun alle davonliefen, denn die Notwendigkeit gebietet, daß die Glieder zittern, wenn der Kopf schwankt. Die Griechen verfolgen die Fliehenden in großer Erregung und versetzen manchem einen nicht gerade angenehmen Schlag in den Rücken. Auf der Flucht fällt nun so mancher schändlich, der die Möglichkeit gehabt hat, mit Tugend und Tapferkeit für seinen König und sein Vaterland zu fallen.

Als die Griechen es leid wurden, die Fliehenden zu verfolgen, stekken sie ihre vom Töten gesättigten Schwerter in die Scheiden. Nun befiehlt König Alexander, daß sie die Kriegsbeute zusammenraffen sollen. Den Griechen geht es schnell von der Hand, die Schatzkisten der Sarazenen zu öffnen; sie kümmern sich nicht, ob es Schlüssel dazu gibt. Dann ziehen sie in den Wald, um nach dem Geld zu suchen, das die Sarazenen dort verborgen haben. Nachdem die Beute zusammengetragen ist, verteilt Alexander das Geld unter seine Mannschaft. Sie bepacken ihre Pferde, beladen alle Wagen mit Gold und Geschmeide und stopfen ihre Säcke voll, bis diese das Gold wieder ausspeien und die Bänder sprengen, die das erbeutete Geld zusammenhalten sollen. Obwohl mehr als genug Gold für sie zusammengekommen zu sein scheint, verlangt der habsüchtige Sinn nach noch mehr, und sie füllen sogar ihre Strümpfe mit dem, was nirgendwo anders, auch nicht in ihren Gewändern, Platz findet. Einige wenden sich dorthin, wo sich die Frauen aufhalten, entreißen ihnen die goldenen Ohrgehänge, die goldenen Ketten und andere Kostbarkeiten, mit denen sie sich geschmückt haben. Einige legen ihnen sogar ihre blutigen Arme um den Hals, küssen und kosen, schämen sich auch nicht, vor den Augen der Öffentlichkeit anderes zu tun, wonach es sie gelüstet. Manch eine verliert dabei ihre Jungfräulichkeit. Die eine Gruppe, die Gewalt anwendet, besudelt sich in diesem Spiel, diejenige aber, die sich mit Schmerz und Sorge wehrt, findet Vergebung, denn Nötigung und Übermacht mindern die Schuld dessen, der duldet und zum Opfer wird.

Doch wie es königlicher Ehre geziemt, läßt König Alexander die gesamte Verwandtschaft des Königs Darius zusammen mit dessen Mutter und Schwester, die zugleich auch die Frau des Darius war, und dessen siebenjährigen Sohn in vergoldeten Wagen in sein Heerlager fahren. Die Milde des Königs war so groß, daß er sich gegenüber der Mutter des Darius genauso verhielt, wie er es seiner Mutter gegenüber getan hätte, wenn sie anwesend gewesen wäre. Die königliche Gattin des Darius nennt er seine Schwester, den Knaben nimmt er an Kindes Statt an. Zu dieser Zeit wohnte so große Menschenliebe in der Brust des Königs, daß keinerlei Unehre seine helle Ehre hätte beschmutzen können, wenn er dieses Verhalten auch weiterhin beibehalten hätte. Doch nachdem sie den Reichtum und das Wohlleben der Sarazenen übernommen hatten, hielten auch schlechte Gewohnheiten Einzug. Da die Fülle des Reichtums, die die Mutter der Maßlosigkeit ist, alles als erlaubt betrachtet, verdarb das Glück allmählich die menschliche Natur, und Laster versperrten den Tugenden den Weg und bewegten sie zur Umkehr. Denn derselbe, der zuvor milde zu seinen Feinden gewesen war, wurde dann der Feind mancher seiner Freunde. Er ließ seine eigenen Dienstleute töten und glaubte, dem Krieger sei nichts verboten. Weil man Gutes wie Schlechtes berichten soll, so kam es so weit, daß Alexander sich als Sohn Jupiters, den die Heiden als Himmelsgott betrachteten, bezeichnete und auch den anderen befahl, ihn so zu nennen. Denn seine Selbsteinschätzung überstieg jede menschliche Natur, nachdem es ihm langweilig geworden war, nur ein Mensch zu sein, und es ihm von geringem Wert zu sein schien, das höchste aller irdischen Dinge zu sein.

Nachdem König Alexander die Kriegsbeute mit seiner Truppe geteilt hat, schickt er Parmenio mit einem großen Heer nach Damaskus und beauftragt ihn, das riesige Vermögen an sich zu bringen, das Darius – wie vorher berichtet – dorthin in Sicherheit gebracht hatte. Das war nicht schwierig, denn der Statthalter, der von Darius in dieser Stadt eingesetzt worden war, gönnte die Schätze nun eher denen, die gesiegt hatten, und er verriet den, der besiegt worden war. Er rief die Einwohner der Stadt zu einer Unterredung zusammen, und verlangte, daß sie sich in die Gewalt der Griechen ergäben. Denn er wechselte ebenso schnell von Treue zu erbärmlichem Verhalten, wie er das Glück von einem König zum andern wechseln sah. Parmenio, der denen, die so bar jeder Treue sind, keine Gnade schenken will, stürmt sofort auf sie zu und tötet eine große Zahl. Es geschah, wie es sich gehörte, daß der Statthalter zusammen mit der Mannschaft fiel, die er mit seinen Ränken zum Totschlag verleitet hatte. König Darius erfährt bald, daß die Griechen seinen Leuten einen heftigen Schlag versetzt und ihm eine ungeheure Menge an Schätzen geraubt haben. Doch er glaubt, seinen Schaden schnell ersetzt zu bekommen, als ein Mann zu ihm kommt, der ihm berichten kann, daß der Statthalter in erster Linie wegen seines verräterischen Verhaltens gefallen sei. Seither hatte Darius nicht mehr das Herz, das Schicksal als völlig blind zu bezeichnen, wo es doch manchmal schlechten Menschen durch richtiges Wägen vergilt, was ihnen ihr Frevel eingebracht hat. Dies war ein Trost für König Darius, auch wenn es allmählich schwierig für ihn wurde. Hier bewahrheitete sich das Sprichwort, daß kaum etwas so schlimm ist, daß es nicht auch irgendeinen Nutzen hat.

Als seit der Schlacht, von der hier einiges berichtet wurde, sieben Tage vergangen waren und Alexander die Leichen der adligen Männer, die gefallen waren, gemäß der damaligen Sitte beerdigen lassen hatte, zieht er zu einer Stadt namens Sidon. Nachdem er sich die Bevölkerung, die in dieser Stadt lebte, unterworfen hat, steuert er auf eine Stadt namens Tyrus zu. Als sich die Griechen dieser Stadt nähern, stellen sie fest, daß die Bürger sich wohl lieber verteidigen als ergeben wollen. König Alexander freut sich darüber, daß er Leute entdeckt hat, die nicht zögern, Widerstand zu leisten. Sie verteilen sich zu ihrer Verteidigung auf den Stadtmauern, haben vielerorts Schutzdächer zum Schutz gegen Steinwürfe aufgestellt, und dort, wo sie fehlen, sind Schilde dicht aneinandergereiht. Die Griechen greifen heftig an, aber die Bürger verteidigen sich vortrefflich, lassen Steine und Schußwaffen dicht an dicht fliegen. Zahlreiche Schleudern verheißen denen den Tod, die sich unterhalb der Stadtmauern aufhalten. Die Griechen kämpfen lange gegen die Stadt. Da es sich um eine Seestadt handelt, rücken sie von außen mit Schiffen gegen sie an und greifen heftig zu Wasser und zu Land an. Schließlich kommt es doch so weit, daß sie die Stadt erstürmen können, und als sie Zugang zu ihr erhalten, töten sie alle, die ihnen in den Weg kommen, junge Menschen wie alte Frauen und Männer.

Sie schonen niemand, und zwar weil König Alexander, ehe er die Stadt belagerte, seine Soldaten zu den Einwohnern der Stadt gesandt hatte, um ihnen Frieden zuzusichern, falls sie sich in seine Gewalt ergeben wollten. Sie dankten dem König das Friedensangebot jedoch damit, indem sie gegen die Boten wortbrüchig wurden und sie töteten. Aus diesem Grund erregten sie den unbändigen Zorn des Königs und verspielten verdientermaßen seine Gnade, denn sie hatten diejenigen getötet, die ihnen den Frieden und die Gnade des Königs verkündet hatten, und sie hatten eine Schandtat begangen, die keinem anständigen Mann ansteht, auch wenn unter den Menschen erbitterte Feindschaft herrscht. Deshalb befiehlt König Alexander, daß man die gesamte Bevölkerung der Stadt so schnell wie möglich töten solle, außer denen, die in den heiligen Tempel entkämen. Jetzt entsteht großer Lärm und erbärmliches Jammern in der Stadt; die Frauen schreien maßlos, so laut sie nur können. Die Griechen, die überlegen, wie man diese Leute am schnellsten vernichten könne, beschließen, daß man auf der Seite der Stadt, von der der Wind am stärksten weht, Feuer an die Stadt legen solle. Hungriges Feuer lodert, sobald es an Kraft gewinnt, auf den Dächern der Häuser, und es wird um so hungriger je mehr es gefüttert wird. So lassen nun Adlige wie Gemeine ihr Leben. Es sterben alle Einwohner der Stadt, aber es besteht ein großer Unterschied, wie sie sterben: Manche fürchten am meisten das Feuer, und rennen, um ihm zu entgehen, in die Waffen der Griechen hinein. Manche rennen ins Feuer, um den Waffen zu entgehen. Einige springen von den Stadtmauern herab ins Meer und ertränken sich selbst, um Feuer und Waffen zu entgehen. Manche suchen ein Versteck, legen sich dann eine Schnur um den Hals und erwürgen sich, wollen sich lieber selbst töten als von den Griechen getötet werden. Manche, die zuvor kämpften und sich immer noch schämen zu fliehen, ziehen es vor, für Recht und Gesetz, für ihre Freiheit und ihr Vatererbe zu sterben. Es war eine ruhmvolle Art zu sterben und ein makelloser Tod, seinem Ende nicht aus Furcht zu entgehen, sondern sich mannhaft zu wehren, wie es hier viele taten, die in den Tod rannten, um sich selbst an den Griechen zu rächen. Sie geizten nicht damit, mächtige Hiebe auszuteilen und zu empfangen, und sie erhielten für ihr Leben etwas Gleichwertiges. Nichts verursacht aber mehr Menschenschaden als das Feuer, und es kommt so weit, daß die herrliche Stadt Tyrus, die König Agenor errichten lassen hatte, vollständig niederbrennt und somit ein großartiges Menschenwerk zu Asche wird.

In dieser Stadt war das hebräische Alphabet erfunden und gelehrt worden, sofern man dem glauben darf, was die alten Dichter erzählen oder was Sagen berichten. König Agenor, der – wie gesagt – Tyrus errichten lassen hatte, war der Vater des Cathmus, der das griechische Alphabet erfand. Über sie gibt es umfangreiche Erzählungen, die in einem Buch namens *Ovidius Magnus* zu finden sind. Diese Stadt war noch nie erobert worden, doch König Alexander eroberte sie. Sie wurde erst von Christen mit der Unterstützung dessen, nach dem sie benannt wurden, wieder aufgebaut. Seither wurde dort von der rechtgläubigen Bevölkerung der Name des Gekreuzigten verehrt, der sich mit väterlicher Gewalt dieser Stadt wie aller anderer bemächtigte, und der sie auch immer in seiner Gewalt haben wird.

Diese Stadt Tyrus, die nun zerstört worden war, hätte andere Völker im Ostteil der Welt warnen können, daß sich niemand erkühnen solle, einen Streit gegen König Alexander vom Zaun zu brechen. Eine Stadt namens Gaza wagte es dennoch sich aufzulehnen. Die Bevölkerung, die in ihr lebte, wollte König Darius unterstützen, weshalb sie alle Tore verschlossen, als sich der göttergleiche König Alexander mit seinem Heer dieser Stadt näherte. Sie wollen erproben, ob die Treue, mit der sie König Darius ergeben sind, das Glück König Alexanders besiegen könne. Es kommt zu einem Kampf zwischen den Griechen und den Einwohnern der Stadt. Sie verteidigen sich tapfer, doch die Griechen greifen heftig an. In beiden Truppen gibt es große Verluste, und während der Angriff noch sehr heftig tobt, läuft einer der Bürger auf König Alexander zu, als wolle er für sich um Gnade bitten. Er trägt jedoch ein gezogenes Schwert unter dem Schild, und als er dem König so nahe kommt, daß er ihn mit dem Schwert erreichen kann, zieht er es überraschend unter dem Schild hervor und schlägt nach dem Kopf des Königs. Doch weil das Schicksal seinen bestimmten Gang nehmen muß und die Geschicke der Menschen verlaufen, wie es vorherbestimmt ist, zittert die Hand, und er kann das Schwert nicht so schwingen, wie er wollte. Denn Lachesis, eine der drei Schwestern, die das Schicksal lenken, will nicht, daß König Alexander dort durch Waffengewalt stirbt, wo doch bereits das Gift vorbereitet ist, das er trinken soll und das ihm nach Ablauf von zehn Jahren den Tod bringen wird. König Alexander bemerkt schnell, was dieser Mann vorhat und befiehlt, daß man ihm die Hand, die das Schwert geschwungen hatte, mit demselben Schwert abschlagen solle. Der Kampf war unterbrochen worden, aber nachdem diese Ereignisse vorüber sind, greifen die Griechen erneut heftig an. Der König kämpft ebenfalls in großer Erregung. Einer der Bürger schießt mit einem Speer nach dem König und trifft ihn an der linken Schulter, wodurch er verwundet wird. Ein zweiter wirft mit einem Stein nach ihm und trifft sein Bein, wo der König ebenfalls verwundet wird. Doch obwohl er zweimal verwundet wurde, gibt er das von ihm begonnene Geschäft nicht auf, denn ihm liegt mehr an Ruhm als an langem Leben. Der König läßt erst nach, als er denjenigen Heerführer getötet hat, der diese Stadt im Auftrag des Darius gehalten hatte, worauf sich auch die Einwohner der Stadt ergeben. Dann reitet König Alexander mit seinem Heer in die Stadt.

Anschließend ordnet er mit dem Rat der angesehensten Männer sein Reich und setzt über alle Städte, die er sich unterworfen hat, Fürsten ein. Dann zieht er nach Ägypten und scheidet davon erst, als er es in seine Gewalt gebracht hat. Danach drängt es ihn, nach Westen, nach Libyen zu ziehen, um den Thorstempel aufzusuchen, der einst wegen des Wissens, das die Menschen dort zu erhalten glaubten, in äußerst hohem Ansehen stand und Templum Hamonis genannt wurde. Dorthin gelangte man auf sehr schwer passierbaren Wegen, auch wenn man nur wenige und tüchtige Männer für diese Strecke auswählte; denn wenige, aber kühne Männer können einen langen und schwierigen Weg besser zurücklegen als viele. Dort dürstet die Erde nach Tau und der Himmel nach Regen. Ständig herrscht die gleiche Hitze. Dort gibt es unfruchtbaren Sand, auf dem kein Gras gedeihen kann. Man nennt es Sandmeer, wenn die Sonne lange Zeit hindurch den Sand durch ihre Hitze gedörrt hat, dann der Wind darüberweht und den Sand genau dann aufwirbelt, wenn man darüber hinwegzieht. Dann entsteht ein solcher Sturm, daß man die Sandwolken mit dem Wellengang auf dem Meer vergleichen kann. Auf dem trockenen Land scheint dann ebenso große Gefahr zu herrschen wie in einem Mahlstrom im Meer oder in den als Sirtes und Scilla bezeichneten Gefahrenquellen. Über diese schwer passierbare Strecke zieht König Alexander mit seiner Truppe, wobei er große Verluste erleidet. Einige speien Sand, andere ertrinken im Sandsturm. Man braucht sich nicht zu bemühen, die zu begraben, die dort sterben, denn die Sandwellen decken sie schnell zu. Es steht zu vermuten, daß die Griechen kaum schwerer gelitten hätten, wenn sie ebensolange auf hoher See unterwegs gewesen wären wie in diesem Sandmeer, durch das sie nun zogen. Nirgends erkennen sie menschliche Spuren oder Werke, und nirgends können sie Bodenerhebungen oder Wälder sehen. Auf solch unwegsamer Strecke ziehen sie vier Tage lang, und dann kommen sie zur Abendstunde in den Wald, in dem das Templum Hamonis steht. Auf dieser Reise entstand im griechischen Heer eine große Lücke.

In diesem Wald entdecken sie einen Brunnen, der ihren Durst stillt und der wegen seiner Eigenschaften erwähnenswert ist: Wenn die Sonne mittags am höchsten steht, ist dieser Brunnen eiskalt, aber er erwärmt sich allmählich, wenn die Sonne weiterzieht. Um Mitternacht wallt er vor Hitze auf und beruhigt sich dann wieder. Anschließend kühlt er mit dem nahenden Tag ab, bis er um die Mittagszeit wieder eiskalt ist, und so geht es regelmäßig fort. Dann geht König Alexander zum Tempel und holt beim Bildnis des Thor, der dort in Gestalt eines Widders verehrt wurde, Auskunft über sein Schicksal ein. Nachdem er Antwort auf seine Fragen erhalten und ein reiches Opfer gebracht hat, kehrt der König zu der ägyptischen Stadt namens Memphis zurück, obwohl es ihn drängt, hinaus nach Blauland zu ziehen und noch weiter, wohin man wegen der Hitze unmöglich gelangen kann. Doch weil König Darius den Tag festgesetzt hatte, an dem er gegen König Alexander kämpfen sollte, und weil er es als eine Schmach bezeichnet hätte, die Schlacht zu verschieben, stellten sich König Alexander dringlichere Aufgaben als Schwarze niederzumetzeln.

Während die Griechen auf solche Weise beschäftigt sind, wie eben erzählt wurde, sammelt König Darius in seinem ganzen Reich ein Heer und erneuert zum zweiten Mal seine Streitmacht. König Darius wird vor allem von der Schande, die er sich in der vorigen Schlacht zugezogen hatte, zum Kampf gedrängt und weil er außerdem erwartet, daß er nun größeren Erfolg als zuvor haben werde. Im Heerlager des Darius versammeln sich gleichermaßen Häusler wie Ritter. Grüne Äcker und dornenreiche Erde beginnen zu klagen, weil die Arbeitsgeräte ruhen sollen. Die Ochsen, die zuvor gewohnt gewesen waren, den Pflug zu ziehen, werden nun vor Wagen gespannt. Jedes Kamel wird für den Kriegszug beansprucht. Die Elefanten werden, wo immer man ihrer habhaft wird, ebenfalls zur Schlacht gerüstet. Sie tragen keine unbeträchtlichen Lasten, denn auf dem Rücken eines jeden befindet sich ein Turm. Die Viehtreiber rüsten sich ebenso wie die übrige Bevölkerung für diese Schlacht. Um König Darius sammelt sich ein so großes Heer, daß nicht einmal König Xerxes eine so riesige Truppe hatte, als er in Griechenland heerte, obwohl doch dieses Heer schon so riesig war, daß es einige Flüsse vollständig leertrank. Auch König Agamemnon in Aulis zog kein so großes Heer zusammen, als er sich zum Krieg gegen Troja rüstete und er gemäß der Anordnung des Sehers Calcas seine Tochter opferte, um günstigen Fahrtwind zu erhalten und den Zorn der Götter abzuwenden; und dennoch war sein Heer so riesig, daß das Meer kaum für die griechische Flotte ausreichte. Nachdem zuvor so viele tausend Mann getötet worden waren, staunt König Alexander sehr, als er erfährt, daß König Darius nun ein noch größeres Heer als zuvor zusammengezogen hat. Ebenso staunte auch Herkules, als er es mit Antheus, den man Sohn der Erde nennt, zu tun hatte. Antheus wurde um so stärker, je öfter er fiel, was dadurch verursacht wurde, daß er jedesmal aus seiner Mutter Kraft schöpfte, wenn er sich auf sie fallen ließ. Nachdem Herkules dies erkannt hatte, hob er Antheus vor seine Brust hoch und sagte: »Dieser Kniff soll dir nichts nützen, weil du doch sterben sollst.« Dann preßt er Antheus an seine Brust, bis diesem der Atem ausgeht. In gleicher Weise staunte Herkules auch, als er gegen den Drachen Ydra kämpfte, der regelmäßig zwei neue Köpfe bekam, wenn ihm einer abgeschlagen wurde, bis es Herkules mit einer List gelang, ihm alle auf einmal abzuschlagen.

Von König Alexander ist als nächstes zu berichten, daß er mit seiner ganzen Truppe über den Fluß Euphrat zieht, worauf er die Nachricht erhält und auch selbst bemerkt, daß König Darius Matheus mit einem großen Heer ausgesandt hat, um alle in der Nähe liegenden Städte wie auch alle Äcker niederzubrennen, damit die Griechen wieder umkehrten und, nachdem die Gebiete zerstört waren, der Hunger sie dazu zwänge, den begonnenen Kriegszug zu beenden, weil sie es als hoffnungslos betrachteten, durch verbrannte Siedlungen zu ziehen. Doch König Alexander vertraut erneut auf sein Glück und verlangt jetzt, wie schon oft, nach dem Gipfel des Ruhms. Er macht sich nichts daraus, wenn die Griechen einige Tage fasten, sondern setzt seinen Kriegszug wie zuvor fort, obwohl König Darius nicht sehr entgegenkommend für ihn vorgesorgt hat. König Alexander zieht nun schnellstmöglich, bis er einen Fluß namens Tigris überquert, der deshalb so heißt, weil er reißend ist und sein Lauf ähnlich rasch wie der eines schnellfüßigen Tieres namens Tigris ist.

Von König Alexanders Unternehmung ist in kurzen Worten zu berichten, daß er so bald wie möglich eine Begegnung mit Darius herbeiführen will und versucht, ihn aufzuspüren wie ein Hund einen Hirsch, oder ein Jäger einen Wildeber, damit Darius nicht weiter ins Innere seines Reiches entkomme. Als König Darius Kundschaft davon erhält, daß sich Alexander nähert, stellt er sein Heerlager an einem Ort namens Arbola auf. Darius läßt seine Zelte in der Siedlung aufbauen, die später Schande auf sich lud und sich besudelte durch das schlimme Verbrechen, daß üble Knechte ihren herrlichen Fürsten verrieten und ihren Herrn töteten.

Als nächstes ereignete sich bei den Griechen, daß eines Abends, als es dämmerte, der Abendstern aufgegangen war, die Sonne ihren täglichen Dienst vollendet hatte und der scheinende Mond sich allmählich über den Abzug seines Bruders freute, sich der Mond verschleierte und es zu einer Eklipsis kam, bis schließlich alles blutrot aussah. Dieser Anblick erschüttert die Heerführer nicht weniger als die gemeinen Männer, und zwar vor allem deshalb, weil ihre Feinde so nahe waren und der vereinbarte Zeitpunkt der Schlacht so kurz bevorstand. Die Griechen glauben zu erkennen, daß die Gestirne grauenvoll und furchterregend auf die zukünftigen bedeutenden Ereignisse vorausdeuten. Das gesamte griechische Heer erschaudert vor diesem Anblick und – wie es nicht zu verwundern ist – erlahmt allmählich ihre Kampfeslust. Bedrohliche Unruhe macht sich in der Truppe bemerkbar; sie beklagen sich sehr, wenden sich mit ihren Vorwürfen gegen den König und sagen, sie seien es nun leid, daß dieser König sie noch weiter in die Welt hinausschleppe, über schwer passierbare Gebirgswege, wo alle Städte und Dörfer vor ihnen verbrannt werden und große Flüsse sich vor ihnen auftun. Sie sagen auch, daß ein mächtiger göttlicher Zorn auf dem König laste, weil er allein über alle anderen erhaben sein wolle. Aus diesem Grund erwiesen sich die Gestirne ihm gegenüber feindlich gesinnt und weigerten sich, ihr natürliches Licht zu spenden. Er begehre, was jegliches menschliche Maß übersteige, nämlich selbst den Himmel zu beherrschen, und wende sich von seinem Vaterland ab, bringe sich und seine Leute in mancherlei Lebensgefahr, und alles nur zu seinem eigenen Ruhm; er vertraue dem launischen Glück über alles vernünftige Maß hinaus. Solche Klagen brachte das Heer vor, wodurch eine entsprechende Unruhe verursacht wurde. König Alexander läßt sich davon nicht beeindrucken. Er läßt auf der Stelle eine Versammlung einberufen, ruft dann die Astronomen zu sich und fragt sie, was der Grund dafür sei, daß der Mond verschleiert sei und was die Götter dem folgen lassen würden. Er befiehlt, daß sie die Leute eine aufrichtige Antwort hören lassen sollten. In der Gruppe der Gelehrten, die am meisten von Astronomie verstanden, stand ein Mann namens Aristandus, der vom Alter stark gezeichnet war. Dieser Mann beantwortet die Fragen des Königs, indem er sagt: »Hört auf, ihr Griechen, das Schicksal durch schmähliches Gejammer zu reizen. Göttliche Vorsehung lenkt die Gestirne, die ihre

Bahn ziehen, wie es der Schöpfer aller Dinge vorherbestimmt hat. Alles muß so geschehen, wie er es von Anfang an vorgesehen hat, ob das Meer weiter als gewohnt aufs Land vordringt, ob Erdbeben Städte zerstören, ob Menschen durch üble Luftströme Krankheiten bekommen, ob Dunkelheit Sonne oder Mond überzieht, oder ob ein Stern namens Merkur langsamer als gewohnt seine Bahn zieht. Dies geschieht alles nach dem Willen des höchsten Fürsten, der über alles herrscht. Ohne seinen Beschluß vermögen die Gestirne nichts. Wenn nun der Mond, der sonst die überlegene Helligkeit seines Bruders erduldet, seine Helligkeit einbüßt, so geschieht dies deshalb, weil der Schatten der Erde vor ihn tritt, so wie ein vor der Herdöffnung angezündetes Licht wegen der Überlegenheit einer großen Flamme nicht leuchtet. Doch werde ich ein wahres Beispiel dafür finden«, sagt Aristandus, »nach dem Bericht der alten Leute und der Weisen, die in Memphis lebten, der Stadt, in der man am besten über Astronomie Bescheid wußte, daß eine Eklipsis solis auf eine Niederlage der Griechen vorausdeutete, daß sich aber vor einer Niederlage der Sarazenen der Mond verschleierte.« Danach begann Aristandus Beispiele zu erzählen, wie es auch in alten Geschichten der Sarazenen stand, daß vor Niederlagen und der Glücklosigkeit der Sarazenen eine Eklipsis lune geherrscht habe. Alle hielten es für wahr, was dieser alte Gelehrte nachwies.

Nachdem dem Heer eine solche Erklärung vorgetragen worden ist, weicht die Wankelmütigkeit der Griechen schnell, denn nichts hält die Zungen und Hände der Allgemeinheit schneller in Schach als ein Aberglaube, der aus alten Beispielen stammt und den alte Männer durch ihre Worte bekräftigen. Mag auch die Allgemeinheit, sobald sie fest an etwas zu glauben beginnt – auch wenn es ein Unsinn ist –, mächtig, grimmig und unbeständig sein, so ist sie doch stets denen gehorsam, die diesen Glauben entzünden, und mißachtet sogar die Gesetze von Fürsten und Gebote des Königs. Nachdem Hoffnung und Aussicht auf ein angenehmeres Schicksal bestehen als es die Griechen noch vor kurzem erwartet haben, fassen sie durch das Zureden des Aristandus allmählich wieder Mut, und ihre Kampfeslust begann erneut zu erwachen. Dann befiehlt der König, daß man, obwohl es fast Mitternacht war, sofort die Zelte abbrechen solle, aus dem Grund, weil er die neuaufgeflammte Hitzigkeit der Griechen nicht abkühlen lassen wollte. Er, der sich nun selbst an die Spitze des Zuges begibt, hat zunächst nur eine kleine Reiterschar bei sich.

Buch IV

Vier Nächte, ehe die Schlacht beginnt, die sich nun allmählich ankündigt, als die Griechen zwischen einem Fluß und ausgedehnten Waldgebieten vordringen, wo zuvor alle Siedlungen vernichtet worden waren, geschieht es, daß der betrübliche Verlust ihres Gatten und die Glücklosigkeit ihres Landes in Verbindung mit den großen Strapazen eines langen Weges zum Tod der königlichen Schwester und Gattin des Darius führen. Über ihren Tod wird König Alexander so betrübt, wie er sonst nur werden könnte, wenn man ihm von der Ermordung seiner Mutter und Schwestern berichtete. Auch König Darius hätte, wäre er anwesend gewesen, über den Tod seiner Frau nicht tiefer trauern können. Derjenige, der zugleich jung und alt war, saß bei ihrer Leiche, und ihn überkam die Güte, jene Erscheinung, die sonst nur selten bei Soldaten anzutreffen ist, in so reichem Maße, daß sie die starre Überheblichkeit seinen Feinden gegenüber durch vergossene Tränen besänftigte. König Alexander hatte die Königin nur ein einziges Mal gesehen, seit sie gefangengenommen worden war, doch der Anblick der Schönheit hatte bei ihm keine unreine Liebe entfacht, denn er zog es vor, der Beschützer ihrer Schönheit und ihrer Keuschheit zu sein. »Für ihn war es eine größere Ehre«, sagt Meister Galterus, »keines von beiden zu beschmutzen als jedes von beiden zu besudeln.«

Ein Eunuch namens Thiriothes, der der Königin gedient hatte und mit ihr gefangengenommen worden war, entkam den Griechen und suchte König Darius auf, um ihm zu berichten, was geschehen war. Der Mann tritt in der Weise vor den König, daß er seine Kleider zerissen und sich die Haare gerauft hat, und außerdem weint er so heftig, wie er nur kann. Als König Darius Thiriothes sieht, sagt er sofort: »Zögere nicht«, sagt er, »mit deinem Bericht das zugrunde zu richten, was von meiner Gesundheit noch übrig sein sollte. Verwandle meine Angst so schnell wie möglich in Trauer. Ich habe erfahren, wie es ist, elend und vom Unglück gebeugt zu sein. Dem Elenden verschafft allein das Trost, wenn er sein Los eher früher als später erfährt, denn man soll ein Übel dadurch unschädlich machen, indem man etwas noch Schlimmeres erwartet. Ich glaube zu wissen, daß du von der fürchterlichen Behandlung meiner Leute zu berichten hast, was mir mehr zusetzen wird als alle anderen Schicksalsschläge, denen ich bisher ausgesetzt gewesen bin. Doch jetzt will ich mich nicht weiter darüber äußern.« Darauf antwortet Thiriothes: »Zunächst kann ich euch berichten, mein Herr, daß König Alexander beiden Königinnen, eurer Mutter wie auch eurer Schwester, so große Ehre erwiesen hat, wie es von euren Leuten nur die, die ihnen zum Dienst verpflichtet sind, am besten vermögen. Darüber hinaus kann ich dir berichten, was ich kaum laut auszusprechen wage, daß die edle Dame, eure Schwester und Gattin, ihr Leben ließ, ehe ich den Griechen davonlief.«

»Nachdem Thiriothes von diesen Ereignissen berichtet hat, bricht im gesamten Heerlager des Königs Darius Seufzen und Klagen aus«, sagt Meister Galterus. Der König verliert sogar die Besinnung, und als er wieder zu sich kommt, streut er Erde auf sein Haupt. Er glaubt, die Königin sei deshalb gestorben, weil sie in ihrer Redlichkeit keine Schmach durch Alexander erdulden wollte. Nun befiehlt König Darius, daß alle außer dem Eunuchen Thiriothes das Zelt verlassen sollen. Dann fragt er genau nach, wie es mit dem Tod der Königin zugegangen sei. Thiriothes schwört, daß sie ihre Keuschheit unversehrt erhalten habe und König Alexander ihr auch zeit ihres Lebens keine Schmach angetan habe, daß er sie nach ihrem Tod beweint habe, als sei sie seine Gattin gewesen. Darüber hinaus habe er ihr Begräbnis so ehrenvoll ausgerichtet, wie es einer so vornehmen Frau würdig sei. König Darius fällt es dennoch schwer, seiner Aussage zu glauben, denn die große Liebe, die er für die Königin empfunden hatte, sagt ihm, daß Alexander wohl bei ihr gelegen habe. »Sie, die edel von Aussehen und Abstammung war«, sagt er, »ist gefangengenommen worden, und derjenige, der sie in seine Gewalt bekam, ist in einem Alter, in dem die Liebe einen Mann sehr stark zum Erglühen bringen kann. Deshalb wird er ihr etwas angetan haben, wenn er es vermochte.« Solcherlei Sorgen plagen das Gemüt des Königs Darius, bis Thiriothes bei allen Göttern schwört, daß die Königin ihre Keuschheit bis zu ihrem Todestag behalten habe. Jetzt glaubt der König seinen Worten. Dann hebt er seine Arme zum Himmel empor und spricht: »Höre Herr Jupiter, du höchster Vater aller Götter, und hört auch ihr, unsere Götter der Heimat, die ihr durch eure Unterstützung das Reich der Sarazenen bestehen laßt. Ich bitte euch vor allem darum, daß ihr mir gewährt, meine Herrschaft und alle meine Untertanen zu behalten. Solltet ihr es aber so vorherbestimmt haben, daß ich meine Herrschaft verlieren soll, und gebietet es das Schicksal, daß sich Asien nach einem anderen Fürsten umsieht, dann will ich darum bitten, daß ein so gütiger Feind und barmherziger Sieger wie Alexander die Herrschaft nach mir übernehme.« Dann bittet König Darius unter Tränen die Götter, daß seine Gebete erhört werden sollen.

Obwohl er bereits den Beschluß gefaßt hatte, so bald wie möglich gegen Alexander zu kämpfen, weil dieser zweimal ein Friedensangebot abgelehnt hatte, so ändert er aus Liebe, die er wegen der guten Taten, von denen ihm Thiriothes berichtet hat, zu seinem Feind Alexander zu fassen beginnt, seinen Beschluß dahingehend, daß er zehn berittene Heerführer zu einem Treffen mit König Alexander schickt, um ihm erneut ein Friedensangebot zu machen. Die Gesandten des Königs Darius machen sich mit der ihnen aufgetragenen Botschaft auf den Weg, bis sie dorthin kommen, wo sich die Griechen aufhalten. Sie lassen einen schönen Zweig eines Baumes namens Oliva vor sich hertragen, was in jener Zeit ein zuverlässiges Zeichen des Friedens war. Als sie zu König Alexander kommen, trägt gleich ein Mann namens Achillas, der von ihnen allen am ältesten und am redegewandtesten war, ihr Anliegen vor und beginnt seine Rede folgendermaßen:

»König Darius wird nicht durch eine Übermacht dazu gezwungen, daß er so oft bei euch, dem mildesten aller Könige, um Frieden nachsucht, sondern vielmehr durch die große Güte, die du ihm erwiesen hast durch die große Fürsorge, die der Königin, seiner Mutter und anderen seiner Angehörigen bei dir zuteil wurde. Wir meinen, daß uns ihre Anwesenheit gefehlt hat, aber wir dürfen es nicht beklagen, daß diese Leute gefangengenommen wurden. Du sorgst auch in ehrenhafter Weise für die noch Überlebenden, als seist du ihr Vater. Die gefangenen Töchter unseres Herrn bezeichnest du als Königinnen, als bestehe die Zeit ihres Glücks noch fort, und du läßt ihnen die Ehrentitel zukommen, die sie zuvor getragen haben, als erinnertest du dich nicht der Feindschaft zwischen dir und ihrem Vater. Dein bleiches Gesicht und deine betrübten Augen zeigen, daß du ein viel gütigerer Feind bist als es sonst die Art der Soldaten ist. Ein solches Aussehen verkündet, wie es im Herzen aussieht. Ebenso betrübt wie du jetzt sah König Darius aus, als wir uns von ihm verabschiedeten und er den Tod seiner Frau beklagte. Dich bekümmert der Tod deiner Feindin, und du wärst zum Kampf gegen Darius bereit, wenn dich nicht das Begräbnis unserer Herrin aufhielte. Deshalb besteht die große Notwendigkeit, daß ihr Frieden miteinander schließt. König Darius bietet dir zur Versöhnung seine Tochter an und als ihre Mitgift den gesamten Landbesitz, der zwischen dem Fluß Euphrat und dem Hellespont liegt.« – Hellespont heißt das Meer, das Asien und Europa voneinander trennt. –

»Als Geisel für vollkommenen Frieden und zuverlässige Treue bietet er dir seinen Sohn an. Der König wünscht, daß ihr seine Mutter und seine Töchter, die er mit dreißigtausend Pfund auslösen will, wieder in seine Hand gebt. Du solltest bedenken, daß wenn dir die Götter nicht«, sagt Achillas, »einen schärferen Verstand und eine stärkere Persönlichkeit geschenkt hätten, als es sonst der menschlichen Natur zusteht, so hätte es gewiß eine Zeit gegeben, wo nicht nur du Frieden gewähren könntest, sondern wo es sich für dich geziemte, um ihn zu bitten und dich friedlich zu einigen. Weißt du überhaupt, welch große Streitmacht König Darius zu Wasser und zu Land zusammengezogen hat? Er hat so viele Völker aus fernen Ländern herbeigerufen, daß das Land kaum sein Heerlager und das Meer kaum seine Flotte tragen können. Ich brauche mich nicht weiter darüber auszulassen. Nur unser König hat eine so große Streitmacht, wie die Welt keine zweite zu einem Gegenzug zusammenbekommen wird.«

Nachdem Achillas das Anliegen des Königs Darius vorgetragen hat, läßt König Alexander seine Ratgeber zu sich rufen und fragt danach, was sie davon hielten, das Angebot, das die Gesandten des Darius überbracht hatten, anzunehmen. Der Senat verrät schon durch sein Aussehen, daß er zweifelt, wie man darauf antworten solle. Es heißt, daß das ganze Gefolge so lange geschwiegen habe, bis Parmenio antwortete, jener Mann, der nicht ebenso redegewandt wie standhaft und tapfer war. »Uns scheint es schon seit langem, daß es ratsam gewesen wäre«, sagt er, »wenn die Sarazenen die Mannschaft, die wir gefangennahmen, auslösen können hätten. Denn wir hätten eine ungeheure Menge Geld erhalten können für diejenigen, die nun gestorben sind oder jene, die aus den Verliesen entkommen sind, wenn wir gleich bereit gewesen wären, auf ihr Angebot einzugehen. Wir schlagen vor, daß man den Sarazenen die nichtreisefähigen Leute, sowohl die Alte, die Mutter des Darius, als auch seine Töchter für soviel Gold wie für sie geboten wird, zurückgebe, weil die Griechen sonst bei ihrem Weitermarsch beträchtlich behindert werden. Ihr könnt hier ein großes und stolzes Reich erwerben, König, ohne daß das Blut eurer Leute vergossen wird. Ich glaube, daß kein König jemals so viele Länder zwischen Histrum und Euphrat besessen hat. Wir werden wohl noch größere Gefahren zu bestehen haben, wenn der Kriegszug noch länger fortgesetzt werden soll. Prüfe, wieviel du begehrst und wieviel du bereits erobert hast, was wir hinter uns lassen. Denke lieber an deine Heimat Griechenland als an Indien oder Bactra, denn es ist besser, nach vielen Großtaten mit einem unversehrten Wagen nach Hause zu fahren als in ständigem Unfrieden zu leben.« König Alexander reagiert ärgerlich auf Parmenios Vorschlag und antwortet: »Wäre ich Parmenio, so würde ich das angebotene Gold höher als einen Sieg schätzen und wollte lieber ruhmlos sein als einen Sieg mit Ruhm und ohne Reichtum zu erringen. Doch jetzt herrscht Alexander über diese Länder, zwar in Armut, aber sicher und frei von finanziellen Sorgen. Mir gefällt es, daß ich ein König und kein Kaufmann bin. Mir ist nichts feil, und wehe dem, der sein Glück verkauft. Falls ich mich dazu entschließe, daß die Gefangenen an König Darius zurückgegeben werden, wie er verlangt, dann soll man sie lieber ohne Gegenleistung freilassen statt Gold dafür nehmen. Denn mit Geschenken schließt man nicht gleichzeitig Freundschaft und ein Geschäft ab, und durch einen Handel erwirbt man keinen Dank.«

Nachdem König Alexander auf diese Weise Parmenio geantwortet hat, befiehlt er, die Gesandten des Königs zu ihm zu rufen. Als sie zu ihm kommen, spricht er zu ihnen folgendermaßen: »Sagt Darius, daß ich es eher zu meiner eigenen Ehre denn zu seiner getan habe, als ich mich seinen Leuten gegenüber entsprechend meiner Stellung anständig verhalten habe. Die Frauen sollen nicht spüren, daß ich ihr Feind bin. Allein die sollen Alexander ungestraft verachten, die selbst verächtlich sind, und ich werde nicht denjenigen mit Waffen drohen, die selbst keine führen können und denen eine schwache Natur verbietet, welche zu tragen. Jeder, den ich es für wert befinde, Ziel meines Zorns zu sein, muß waffenfähig sein. Falls Darius sein Friedensangebot aufrichtig meinte und ganz aus dem Teil der Welt, den er beherrscht, verschwände, dann würde ich schwanken, ob ich es annehmen soll oder nicht. Doch jetzt, da er meine Freunde teils mit Versprechungen und teils mit Geschenken zum Verrat gegen mich verlockt, damit sie mir Gift zu trinken geben, werde ich ihn so lange verfolgen, bis er in der Unterwelt ist. Denn Darius will nicht wie ein ehrlicher Gegner gegen mich kämpfen, sondern er will sich wie ein Verräter an mich heranschleichen oder sich – um es geradeheraus zu sagen – noch lieber wie ein tückischer Räuber wegstehlen. Falls ich auf den von ihm angebotenen Friedensschluß einginge, käme es ihm vor, als erringe er einen Sieg. Ihr botet mir auch in seinem Namen an, daß ich als Mitgift seiner Tochter alle Länder erhalten solle, die jenseits des Flusses Euphrat liegen, und aus diesem Grund glaube ich, daß ihr euch dort aufhaltet, worüber wir verhandeln. Bedenkt, daß meine

Schlachtreihen den Euphrat bereits überschritten haben und daß das griechische Heerlager nun an der Grenze steht, die ihr mir mit der Mitgift des Mädchens gesetzt habt. Vertreibt doch den griechischen König von hier, damit er erfahre, daß euch gehört, was ihr ihm geschenkt habt! Oder gewährt mir Darius vielleicht eine große Ehre, wenn er sich lieber mit mir als mit Matheus verschwägern will? Kehrt nun zurück«, sagt König Alexander, »und überbringt euerm Fürsten meine Antwort, daß ich alles, was er noch zu verwalten hat ebenso wie das, was er schon verloren hat, und außerdem ihn selbst als bereits unter meiner Herrschaft stehend betrachte. Diese Dinge sollen der Arbeitslohn der Griechen und eine Entschädigung für ihre Mühe sein.« So spricht er, worauf die Sarazenen zurückkehren. Als König Darius die Anwort Alexanders erhält, schickt er Matheus mit einem riesigen Heer den Griechen entgegen um zu verhindern, daß sie – wie sie es vorhatten – über Ebenen und Gebirgswege ziehen.

Alexander läßt nun die Leiche der königlichen Gattin des Darius mit großer Ehrerbietung zum Begräbnis vorbereiten und mit den kostbarsten Kräutern einbalsamieren. Aus einer Felsenklippe läßt er auch einen großen Stein herausschlagen, den man auf das Grab der Königin stellte. Diese Art von Kunstwerk heißt auf lateinisch Pyramis, was in unserer Sprache einem hohen Turm entspricht. Ehe der Stein aufgestellt wurde, bearbeitete ihn ein Hebräer namens Apelles, der sehr berühmt für seine Kunstfertigkeit war. Auf dem Stein waren nicht nur die Namen und Taten griechischer Könige abgebildet oder eingeschlagen, sondern es begann mit der Erschaffung der Welt und setzte sich fort mit der sechstägigen Arbeit, die Gott der Allmächtige vollbrachte, als er alle Dinge, geistige und körperliche, schuf. Es wurde auch dargestellt, wie Adam und Eva von der Schlange verraten und dafür aus dem Paradies vertrieben wurden, zurück auf die Erde, aus der Adam geschaffen war. Anschließend war abgebildet, wie Kain seinen Bruder Abel tötete und wie ihm dann Lamech, der in siebter Generation von Kain abstammte, Tod und Verderben brachte. Man konnte sehen, daß Gott es wegen der vielen und großen Untaten der Menschen anscheinend bereute, den Menschen geschaffen zu haben. Als nächstes waren der Bau der Arche und die Sintflut dargestellt, dann wie Noah entdeckte, Wein herzustellen. Anschließend waren die Erzväter Abraham, Isaak und Jakob mit einigen der für sie charakteristischen Ereignisse abgebildet. Dann folgte das Leben Josephs, und wie Jakob mit seinen Söhnen nach Ägypten zog. Man konnte dort auch die großen Wunder sehen, die Gott in Ägypten an seinem Diener Moses vollbrachte, ehe er das ganze Volk der Juden durch das Rote Meer in die Freiheit führte und König Pharao und dessen ganzes Heer ertränkte, die beabsichtigten, den gleichen Weg zu gehen, wie ihn vorher die Juden gezogen waren. Anschließend folgte, wie Gott das Volk mit himmlischem Manna speiste und Moses auf einem Berg namens Sinai die Gesetze übergab; wie er mit dem Wasser, das aus einem harten Felsen entsprang, den Durst des Volkes stillte; wie er Moses dort begrub, wo niemand sein Grab finden konnte. Dann folgte, auf welch wunderbare Weise Josua die Juden über den Jordan führte; wie eine Stadt namens Jericho durch den Hörnerklang der Juden zerfiel, und wie Josua starb, nachdem er das verheißene Land unter dem ganzen Volk aufgeteilt hatte, das von den zwölf Söhnen Jakobs abstammte. Anschließend zeigt Apelles auf seinem Kunstwerk die Richter, die über das jüdische Volk herrschten, und wie Dalida Samson den Starken, der ebenfalls zu ihnen zählte, verriet.

An einer anderen Stelle waren auf diesem Grabstein die Epochen der Könige dargestellt, angefangen damit, als Heli tot von seinem Thron stürzte; als nächstes, wie Samuel nach dem Beschluß der Juden Saul zum König weihte. Da Saul, der zuerst ein guter König gewesen war, sein anfängliches Verhalten nicht beibehielt, wurde David, der, als er noch ein kleiner Junge war, den Riesen Golia mit einem kleinen Stein getötet hatte, zum König gesalbt. Nach diesen denkwürdigen Ereignissen waren die Namen und Werke anderer Könige aufgezeichnet: daß Salomon zur Ehre Gottes einen Tempel bauen ließ, wie auch vieles andere, was David und sein Sohn Ruhmreiches geleistet hatten. Apelles überging jedoch alles, was sie Gott zuwider getan hatten, ebenso daß die Könige, die auf sie folgten, Götzen geopfert hatten. Ausführlich dargestellt war jedoch, bei welcher Gelegenheit Helias die sogenannten Propheten eines Götzen namens Baal tötete, und wie er dann vor dem Angesicht seines Schülers Heliseus in einem feurigen Wagen von der Erde in den Himmel emporgeholt wurde. Im oberen Teil des Grabsteins waren die Könige abgebildet, von denen die *Heilige Schrift* berichtet, daß sie hervorragend und ruhmreich gewesen seien: das waren Ezechias und Josias. Von Ezechias wurde dargestellt, wie er das Volk von der Verunreinigung durch die Götzen säuberte und die Flamme wieder entfachte, die so lange geschlafen hatte; wie dann die Sonne ihren Lauf zurückwendete, damit er glaube, von Gott das empfangen zu haben, worum er gebeten hatte, nämlich daß Gott ihm ein längeres Leben schenke. Von Josua, der durch viele edle Werke berühmt wurde, war dargestellt, auf welch prächtige Weise er das Passahfest feierte. Außer David und diesen beiden Königen gab es keine, die sich nicht in irgendeiner Weise des Opferns oder anderer Gesetzesbrüche schuldig gemacht hätten. Oberhalb der Könige waren auf dem Stein die Propheten abgebildet, und es wurde berichtet, in welcher Zeit oder unter welchem König sie ihre Vorhersagen gemacht hatten. Folgende vier kamen zuerst: Isaias, Jeremias, Ezechiel und Daniel. Es war abgebildet, wie Isaias seinen Finger ausstreckte und sagte: »Seht, eine Jungfrau wird einen Sohn gebären«; jeder der anderen sprach einige Worte aus seiner Prophezeiung über die Ankunft oder das Martyrium des Gottessohnes. Anschließend waren die zwölf kleineren Propheten aufgeführt, indem entweder ihre Namen aufgezeichnet waren oder Auszüge aus ihren Prophezeiungen, die alle miteinander übereinstimmten. Ganz außen auf dem Stein war die Herrschaft des Königs Cirus dargestellt, wie die Juden die Erlaubnis zur Heimreise aus der langen Kriegsgefangenschaft erhielten und wie sie zusammen mit dem Heerführer Zorobabel den Tempel Salomons wiedererrichteten. Danach wurden die Geschichten der Hester und des Tobias berichtet und wie Judith den Holofernes in dessen eigenem Heerlager tötete. Alle diese Geschichten endeten in der Zeit des Schriftgelehrten Esdra. Das ganze Werk war – über diese hier verkürzt aufgezeichneten, denkwürdigen Ereignissen und die Kunstfertigkeit, in der diese Arbeit ausgeführt worden, hinaus – dort, wo es passend erschien, mit Gold verziert.

Nachdem König Alexander das Begräbnis der Königin auf eine so ehrenvolle Weise, wie eben berichtet wurde, ausgerichtet hat, befiehlt er, daß man das Heerlager abbrechen und so eilig wie möglich Darius entgegenziehen solle. Er schickt einen Reiter namens Menides mit einer Schar aus um zu erfahren, wo sich Darius mit seinem Heer bewege. Als Matheus, den Darius den Griechen entgegengeschickt hat, die Kundschafter Alexanders bemerkt, sammelt er seine Mannschaft zusammen und eilt in das Heerlager des Darius zurück. Weil die Griechen jetzt sehr schnell näherkommen, beginnt König Darius, seine Schlachtreihen auf einem ebenen Feld aufzustellen, damit ihm nicht wie zuvor durch einen zu engen Raum eine Niederlage bereitet werde. Er reitet persönlich durch die Schlachtreihen, feuert das Heer mit eindringlichen Ermahnungen an und bewaffnet diejenigen, die zuvor schlecht ausgerüstet waren. König Alexander hat inzwischen für sein Heerlager einen Platz gewählt, von dem aus man die Zelte der Sarazenen gut sehen konnte. Dann stellt er ebenfalls seine Schlachtreihen auf. Nun sind die Schlachtreihen nicht mehr weit voneinander entfernt, und man kann viele Banner in der Luft flattern sehen. Es dauerte nicht lange, bis die Griechen in ein lautes Kriegsgeschrei ausbrachen. Darauf stoßen die Sarazenen ebenfalls in ihre Kriegshörner und schreien, so laut sie nur können.

Durch das Kriegsgeschrei und den Hörnerklang entstand so großer Lärm, daß fast die ganze Erde bebte und Atlas, der einer derjenigen ist, die die Erde tragen, zu taumeln begann, so daß er sich kaum unter seiner Last aufrecht halten konnte. Er glaubte, daß der laute Krach und das Geschrei, das er hörte, damit zusammenhingen, daß die Giganten zum zweiten Mal gegen Jupiter kämpften. Auch das Echo wurde durch diesen Kriegslärm sehr gesprächig und klang hinaus in alle in der Nähe liegenden Täler. Die Griechen waren nun so aufgewühlt, daß König Alexander sie kaum halten konnte, damit sie nicht die Schlachtreihen durchbrachen und sofort auf die Sarazenen losstürmten. Doch weil sich die Sonne nun beeilt, im Meer unterzugehen, um nicht das üble Abschlachten zu sehen, zu dem es, wie es den Anschein hat, kommen wird, befiehlt König Alexander, daß man Gräben ausheben und darin das Heerlager aufstellen solle, und so geschieht es. Dann steigt der König auf einen Hügel, von dem er die gesamten Schlachtreihen der Sarazenen überblicken kann. Als er sah, wie mächtig ihre Streitmacht hinsichtlich der Menschenmenge und der Bewaffnung war, und als er außerdem das Wiehern der Pferde und das laute Stimmengewirr der vielen ihm unbekannten Sprachen hörte, »da vermute ich«, sagt Meister Galterus, »falls es erlaubt ist, so etwas anzunehmen, daß die Furcht ziemlich mühelos in die edle Brust und das riesenhafte Herz des Königs eindrang. Auf die gleiche Weise wird der Steuermann, der lange in einer günstigen und freundlichen Brise gesegelt ist, von Sorge befallen, wenn er sieht, daß er mit dem Schiff bei widrigem Wetter durch einen heftigen Orkan fahren muß. Er schreit dann und befiehlt seinen Kameraden, die Hauptseile festzuzurren und die Segel so schnell wie möglich einzuholen; er selbst läuft zum Steuer und hakt es fest. Es ist anzunehmen, daß sich so der König fürchtete, als er eine unzählige Menge an Feinden auf sich zukommen sah.«

Nachdem König Alexander das Heer der Sarazenen in Augenschein genommen hat, läßt er, entweder aus dem Grund, weil er unsicher ist, welche Entscheidung man treffen solle, oder doch eher deshalb, weil er prüfen will, wie standhaft sie sind, seine Ratgeber zu sich rufen und fragt sie um ihre Meinung. Die Antwort dauert lange, denn alle wollen sie Parmenio überlassen, aber endlich ist es soweit, daß er antwortet: »Mir scheint es ratsam«, sagt er, »daß wir, sobald es dunkel ist, einen Angriff auf die Sarazenen unternehmen und sie überraschen. Wenn sie in der Dunkelheit der Nacht aus dem Schlaf aufspringen, besteht wegen der vielen unterschiedlichen Sprachen und der voneinander abweichenden Gebräuche im Heer entweder die Möglichkeit, daß sie fliehen, oder es wird einfach sein, jeden, der sich im Lager befindet, zu töten; drittens ist es möglich, daß sie sich ergeben. Wenn wir jedoch am hellichten Tag kämpfen, wird der furchterregende Anblick der Skythen oder der Inder, die niemals ihr Haar schneiden, oder die Mächtigkeit der Riesen, die aus einer Gegend namens Bactra stammen, unser Heer zum Zittern bringen. Dazu kommt, daß wenige Männer nur dann etwas gegen so viele Tausende ausrichten können, wenn sie sie überraschen. Da Darius diesmal ein weites und ebenes Gelände als Schlachtfeld ausgewählt hat, wird uns diesmal auch nicht ihre geringe Bewegungsfreiheit zum Sieg verhelfen.« Die meisten Griechen loben diese Ratschläge, und ein Heerführer namens Polipercon drängt sehr darauf, daß man in der Nacht kämpfen solle. Er sagt, daß man die Griechen nur dann besiegen könne, wenn man diesem Vorschlag folge. König Alexander sieht ihn zornig an, denn er will jetzt Parmenio keine Vorwürfe machen, nachdem er dies doch erst vor kurzem getan hatte, als dieser darauf drängte, den von Darius vorgeschlagenen Friedensvertrag anzunehmen, und antwortet: »Unter Räubern und Schurken ist es üblich zu tun, wozu ihr uns auffordert; deren ganze Hoffnung liegt in Verrat und geheimen Ränken. Unser Ruhm soll nicht mit Tücke verdient werden. Damit es nichts gibt, was unsere Ehre beschmutzen könnte, soll man den Sieg nicht einem beengten Schlachtfeld zuschreiben dürfen. Außerdem besteht jetzt die Gelegenheit, gegen Darius persönlich zu kämpfen. Nur weil wir uns als furchtsam erweisen, soll auch nicht die Nacht unseren Sieg herbeiführen, sondern es soll ganz gewiß untertags gekämpft werden. Denn der Sieg, den wir erringen wollen, soll entweder gar nicht zustande kommen oder in jeder Hinsicht ehrenvoll sein. Für jemanden, den man als König bezeichnen soll, geziemt es sich eher, daß es ihm wegen eines widrigen Schicksals am Glück gebricht als daß er sich eines Sieges schämt, den er mittels diebischer

Ränke im Schutz der Dunkelheit errang. Ich will mir den Sieg nicht erkaufen, damit unsere Nachkommen nicht geschrieben finden, König Alexander habe mittels einer List gesiegt, und daß somit trickreiches Vorgehen meinen Ruhm vermindere. Ich habe erfahren, daß sich die Sarazenen mit starken Wachposten versehen haben und daß sich das gesamte Heer in Kampfbereitschaft befindet. Deshalb können wir sie nicht überraschen, auch wenn wir es wollten. Kehrt in eure Zelte zurück und bereitet euch so gut wie möglich vor. Gönnt euch etwas Schlaf und denkt daran, daß am morgigen Tag der Kampf stattfinden wird, in dem wir uns die halbe Welt unterwerfen werden.« Nachdem der König so zu ihnen gesprochen hat, kehren sie zu ihren Zelten zurück.

König Darius, der ebenfalls erneut seine Leute vorbereitet, unterstellt den Griechen die Absicht, die sie auch verfolgt hätten, wenn Parmenio bestimmt hätte. Aus diesem Grund befiehlt er, daß sich das Heer während der Nacht in Kriegsbreitschaft halten solle und daß alle Pferde gesattelt bereitstehen sollen. Zwischen den Heerbuden läßt er überall große Feuer entfachen, so daß es aussieht, als stehe das ganze Heerlager der Sarazenen in Flammen. Goldene Helme und vergoldete Schilde wetteifern in ihrem Glanz mit den Gestirnen. Der Äther, der sich sehr darüber wundert, daß er hier nicht weniger Licht vorfindet als er selbst besitzt, fürchtet, daß die Erde bestrebt sei, zum Himmel zu werden. Die Nacht begrüßt es sehr, daß sie nun dem Tag gleicht, weil der Helm des Königs Darius sie ebenso erhellt wie die Sonne den Tag. Oben auf dem Helm war ein Stein angebracht, dessen Leuchten Mond oder Sterne ebenso übertraf wie das Leuchten der Sonne sein eigenes. Rings um den Stein waren im Kreis viele Steine befestigt, von denen sich jeder einzelne als überaus kostbar erwies.

Von König Alexander ist nun zu berichten, daß er sich schlafen gelegt hat, aber nicht einschlafen kann, denn er überlegt hin und her, wie er kämpfen oder sein Heer aufstellen solle, damit er König Darius besiegen könne, dessen Streitmacht so riesig und schwer zu bezwingen ist. Solche Gedanken wälzend liegt er die ganze Nacht wach, denn seine Brust ist von Sorgen so sehr erfüllt, daß sie kaum darin Platz finden.

Nun heißt es, sich zunächst hiervon abwenden und damit fortsetzen, daß in einem Fluß namens Tiber, der durch Rom hindurchfließt, eine Insel liegt. Auf dieser Insel befindet sich ein großes und sehr prachtvolles Schloß, das auf vier Säulen steht. Über dieses Schloß herrscht eine berühmte Königin namens Viktoria. In dem Gebäude gibt es unzählige Eingänge, und wenn man die Türen öffnet, krachen sie so laut, daß sie fast in der ganzen Welt zu hören sind. An der Pforte des Schlosses sitzt ein Mädchen namens Ambitio. Die Königin sitzt auf einem Thron, der aus Elfenbein gemacht ist. Sie hat einen Lorbeerkranz auf dem Kopf und sie ist so freigebig, daß sie aus vollen Händen jeden beschenkt, der dessen bedarf. Zu ihren beiden Seiten sitzen ihre Schwestern, die sie ständig begleiten: Zuerst Gloria, die lebt, solange die Welt besteht. Dort ist auch Majestas, die viele mit ihrer Herrschaft knechtet. Reverentia, die das Volk seinen Herrschern gegenüber gefügsam macht, sitzt ebenfalls dort. Auch Justitia nimmt, wie es sich gehört, einen ehrenvollen Platz ein, denn sie bewaffnet das Gesetz, verteidigt die Gerechtigkeit und weicht keinen Zoll von ihrem rechten Weg ab. Clementia, die die Herrschaft der Könige mächtig stärkt, weil sie zum Frieden neigt und mit vielen Mitleid hat, nimmt ebenfalls an dieser Zusammenkunft teil. Dort sitzt auch eine Dame namens Pecunia, die über mehr Gold als gute Sitten verfügt, denn sie ist die Nahrung des Lasters und die Mutter der Zügellosigkeit. In dieser Schar sitzt auch Concordia, die zu allen freundlich ist und vergangener Zwietracht nicht gedenkt, denn sie macht allem Unfrieden ein Ende und bringt ihn zur Ruhe. Dort ist auch Pax, die vor allem dem Bauern hold ist, denn sie gibt ihm die Freiheit anzubauen, was er braucht. Daneben sitzt Copia mit einem Füllhorn, denn diese beiden begleiten einander oft. Vor der Königin stehen ihre Diener. Das sind Gaukler, die in vielerlei Unterhaltung Spaß und Ernst miteinander mischen und sie dadurch erfreuen. In dieser Schar befinden sich auch die unzuverlässige Schmeichelei und das trügerische Gelächter, das voller Falschheit ist, aber eine freundliche Oberfläche besitzt. Alle sind sie bestrebt, daß der Ruhm der Königin so lange wie möglich Bestand haben soll, und weithin erklingen die Instrumente, die in verschiedenen Weisen herrlich ihr Lob preisen.

Als die Königin bemerkte, wie viele Sorgen den Schlaf dessen verhinderten, dem sie von frühester Kindheit an in jedem Kampf den Sieg verliehen hatte, fürchtete sie, daß der Kampf, der am kommenden Morgen heraufziehen sollte, den König überwältigen würde, wenn er im Schlaf keine Kraft gewänne. Aus diesem Grund springt sie aus ihrem Sitz empor und schreitet rasch aus, bis sie zu der Höhle kommt, über die ein Bewohner namens Sompnus herrscht. Dort angekommen, ergreift sie folgendermaßen das Wort: »Steh auf, Vater, um meinen Ziehsohn Alexander aufzusuchen. Befreie seinen Geist und seinen Körper von den Sorgen, weil er ihretwegen wach liegt.« So sprach sie, und obwohl er faul, schwerfällig und ziemlich betäubt vom langen Liegen ist, will er doch tun, worum sie ihn bittet. Er nimmt das Federkleid, das er besitzt, legt es an und fliegt dann seiner Wege, bis er in die Nähe der Gestirne kommt, die darauf ein so tiefer Schlaf der Vergeßlichkeit befällt, daß sie nicht mehr darauf achten, ihre Bahnen zu ziehen. Er macht erst Halt, als er ins griechische Heerlager ans Bett des Königs kommt. Dort vertreibt er sofort alle Sorgen und legt sich zum König ins Bett, worauf dieser schnell einschlummert und schläft, bis es heller Morgen ist.

Nun geht die Sonne auf, spendet aber nur wenig Licht, um zu zeigen, daß sie bereits die denkwürdigen Ereignisse kennt, die an diesem Tag geschehen werden. Mit blasser Farbe weist sie darauf hin, daß manch einer dem Tod geweiht ist. Dann versammeln sich alle griechischen Heerführer vor dem Zelt, in dem der König schläft. Sie wundern sich sehr, daß er so lange schläft, wo er doch gewohnt ist, selbst die anderen zu wecken, und wo ihnen jetzt solche Gefahr ins Haus steht. Einige vermuten, daß der König Angst haben werde und seine Furcht verbergen wolle, indem er vorgibt zu schlafen. Aber keiner wagt hineinzugehen um zu erfahren, was los ist – seine Leibwachen ebensowenig wie die andern. Sie wagen auch nicht, sich zu bewaffnen oder zur Schlacht zu rüsten, ehe es der König persönlich befiehlt. Dann gibt Parmenio die Anweisung, daß man zuerst Essen fassen und dann warten solle, bis der König erwache.

Inzwischen hat sich König Darius mit seinem Heer in Bewegung gesetzt, und als Parmenio dies bemerkt, tritt er in das Zelt des Königs vor das Bett, in dem dieser liegt, und ruft ihn einige Male an, aber der König erwacht trotzdem nicht. Darauf berührt ihn Parmenio mit der Hand und sagt: »Herr, die aufgegangene Sonne bittet euch zu erwachen, und nicht ich. Wie kommt es, daß ihr so lange geschlafen habt. König Darius naht, aber die Griechen warten immer noch unbewaffnet auf euern Befehl. Wo sind nun die Kraft und die Stärke deines Mutes, der sich bis jetzt noch nichts gebeugt hat. Du warst stets gewohnt, die Wachleute wie auch andere persönlich zu wecken.« »Glaube mir«, sagt der König, »daß ich lange Zeit keinen Schlaf finden konnte, bis endlich die Sorgen aus meiner Brust verschwanden.« Parmenio wundert sich sehr darüber, traut sich aber nicht zu fragen, was es bedeute, wenn er nun sage, sorglos zu sein. Da antwortet der König: »Als unsere Feinde Dörfer und Äcker verbrannten, Städte zerstörten und nicht wagten, gegen uns zu kämpfen, bestand für mich Grund zur Sorge, weshalb ich niemals Ruhe fand. Doch weil jetzt die Gelegenheit besteht, gegen Darius und seine ganze Streitmacht zu kämpfen, und weil er sich wahrscheinlich diesem Kampf nicht durch eine Flucht entziehen kann, gibt es nun nichts mehr, was mir Sorgen bereitet. Doch warum halte ich mich damit auf? Geht, ergreift eure Waffen und rüstet euch wie gewöhnlich. Ich werde euch ein andermal bei passenderer Gelegenheit genauer davon erzählen.«

Dann läßt der König ins Horn stoßen, damit die Soldaten die Rüstung anlegen. Er selbst bewaffnet sich jetzt auch und besteigt dann sein Pferd namens Bucifal. Noch nie hatten die Griechen, seit sie zum erstenmal unter seinem Zeichen gekämpft hatten, den König besser gelaunt gesehen. Als er durch die Reihen seines Heeres reitet, schöpft jeder Mut, der den König sieht, und mancher, der zuvor von Angst erfüllt war, wird nun zuversichtlich, daß alles erfolgreich verlaufen werde, denn der Sieg schien dem König ins Gesicht geschrieben zu sein. Nun teilt er sein Heer in Abteilungen ein und stellt dann die Schlachtreihen auf. Er befiehlt seinen Leuten, sich vor den Wagen in acht zu nehmen, die Darius mit Eisen beschlagen lassen hat, so daß für jeden, der damit in Berührung gerät, Verletzungsgefahr besteht und sich Darius aus dieser Zurüstung großen Erfolg erhoffen kann. Alexander rät den Griechen deshalb, daß sie dort, wo die Sarazenen mit solchen Wagen vordrängen, nach beiden Seiten ausweichen und ihnen Platz machen sollen, um sich dann nach ihnen umzuwenden und darauf zu achten, daß weder die Pferde noch diejenigen, die die Wagen lenken, vergeblich gekommen seien. Nachdem er seinen Leuten solche Ermahnungen gegeben hat, kommt ein Mann zu ihm, der den Sarazenen davongelaufen ist, und erzählt ihm, daß König Darius an einer bestimmten Stelle heimlich Fußangeln auslegen lassen habe und beabsichtige, daß die Griechen, sofern er sie nicht mit einer Übermacht besiegen könne, doch mit solchen Listen besiegt werden sollen. König Alexander läßt den Mann ergreifen und bewachen, damit er das bekomme, was er verdient, sobald erwiesen ist, ob er die Unwahrheit sagt oder nicht. Er läßt entsprechend der ihm gegebenen Auskunft im ganzen Heer bekanntgeben, wo die Fußangeln ausgelegt sind, und befiehlt, daß sich alle an dieser Stelle vorsehen sollen, damit ihre Stärke nicht durch die Ränke des Königs Darius zunichte gemacht werde. Nun reitet er vor die Schlachtreihen und feuert das

Heer auf jede erdenkliche Weise an. Dann spricht er zum Heer, indem er seine Rede folgendermaßen beginnt:

»Nun ist es so weit, meine Burschen, daß uns die äußerste Anstrengung bevorsteht. Doch welchen Ruhm werden wir aus denjenigen Schlachten, die wir bisher geschlagen haben, davontragen, wenn uns nicht Gott und das Glück auch diesen unseren höchsten Sieg schenken. Damit dürfen wir auch unerschrocken rechnen, denn das Glück, das Alexander immer kräftig unterstützt, wird mir untertan sein, während es allen anderen Fürsten überlegen sein wird. Seit ganz Griechenland gelernt hat, mir zu dienen und seit wir von dort abgezogen sind, schickte es uns unsere Feinde entgegen, damit unser Ruhm so schnell wie möglich anwachse. Auch wenn diejenigen, die damals gegen uns kämpften, den Willen dazu gehabt hätten, dies ein zweites Mal zu tun, so würden sie es jetzt niemals mehr wagen. Dieser ganze Haufen, der uns entgegenzieht, droht ausschließlich mit der großen Zahl seiner Leute. Da das Glück es leid ist zu zählen, wie viele Siege wir errungen haben, die ihm nicht viel wert scheinen, bemüht es sich jetzt, daß wir an einem einzigen Tag die ganze Welt auf einmal besiegen können. Dieser Sieg wird als um so wertvoller gelten, je geringer die Zahl derer ist, die ihn erringen und je größer die Zahl derer, die besiegt werden.

Dringt nun durch diese zum Kampf unfähigen Schlachtreihen hindurch, wo immer euch die Schwerter einen Weg bahnen. Bedenkt, wie ihre Schilde und Helme von Gold und Geschmeide glänzen, wie es von ihren kostbaren Gewändern leuchtet, mit denen sie sich geschmückt haben. Wer würde sich zurückhalten, die zu besiegen, die sich auf solche Weise zum Kampf rüsten? Wer außer einem Unwissenden wird eine mit Gold dargereichte Hand ausschlagen? Doch sofern euch die Schwerter gehorchen und mit mächtigen Hieben dem habsüchtigen Verlangen antworten, das nicht weniger nach dem Blut und dem Verderben seiner Feinde dürstet als nach Gold und Geschmeide, könnt ihr euch jetzt verdientermaßen und mit Leichtigkeit den ganzen Reichtum aneignen, den diese Völker zusammengetragen haben. Die gesamte Beute, die ihr hier erblicken und erobern könnt, soll euch und nicht uns gehören. Erringt den Sieg für mich allein, doch teilt das Geld unter euch. Jeder, der zu meiner Zufriedenheit kämpfen will, soll im Ruhm mein Gefährte sein, alles andere aber für sich allein behalten, und er möge so kämpfen, wie er auch mich kämpfen sieht. Falls Alexander nicht in der vordersten Schlachtreihe zu sehen sein sollte, sondern seinen Feinden den Rücken zuwendet, dann wird jeder eine Entschuldigung haben, der lustlos kämpft oder flieht, und ihm wird dieses Vergehen sicherlich verziehen werden. Doch sofern ich mich nicht zu sehr zurückhalte und niemals zu dem Kämpen neben mir sage: ›Geh vor und kämpfe für uns beide‹, dann bin ich es wert, solche Kameraden zu haben, die mir mannhaft folgen. Jeder, den man als König bezeichnen soll, ist dazu verpflichtet, selbst ein solches Beispiel zu geben, daß tüchtige Leute von ihm Unerschrockenheit lernen können.« So sprach er, und jetzt stürmen die Schlachtreihen aufeinander zu, wobei so großer Lärm und schreckliches Geschrei entstanden, als brülle die gesamte Welt.

Buch V

Im Monat namens Maius beginnt eines frühen Tages die Schlacht zwischen Alexander und Darius. In der *Heiligen Schrift* ist bezeugt, daß Daniel diesen Kampf in seiner Prophezeiung vorhergesagt hat. Jetzt tritt der Bock in Erscheinung, von dem Daniel sagte, daß er aus dem Nordteil der Welt kommen und eine wahrlich göttliche Rache für die Tyrannei der Sarazenen darstellen werde. Als ein aus Indien gebürtiger Mann namens Aristomenes König Alexander sieht, treibt er den Elefanten, auf dem er sitzt, energisch an und schießt nach Alexander so heftig mit einem Speer, daß er seinen Schild durchdringt und die Speerspitze in seiner Brünne steckenbleibt. König Alexander sticht als Entgegnung mit dem Speer nach dem Elefanten, so daß er die Körperhöhlung durchbohrte. Durch den Sturz des Elefanten entstand ein großes Gepolter, und als er zu wanken begann, zielte Alexander mit dem Schwert auf den Hals des Aristomenes, so daß es diesem den Kopf abtrennte.

Als die Griechen dies bemerken, rufen sie folgende Worte: »Unser ist der Sieg. Unser ist der Sieg.« Nun drängen die Sarazenen dicht heran und zielen alle mit Schußwaffen auf König Alexander, den der Waffenwechsel nicht erzittern, sondern sicher werden läßt, denn seine Glieder und sein Glück stehen ihm tüchtig bei. Er gebärdet sich, als gebe es für ihn kein Hindernis, auch nicht die Waffen der Sarazenen. Bei diesem Ansturm tötet König Alexander zwei weitere Männer, einen Ägypter namens Pharos und einen Syrer namens Elephas. Die ausgetrocknete Erde, die zuvor gedürstet hat, bekommt nun genügend warmes Blut zu trinken, denn in jeder der beiden Truppen gibt es große Verluste. Philotas, ein Sohn Parmenios, dringt tapfer voran. Er tötet zwei namentlich erwähnte Soldaten namens Enos und Kainan. Enos hatte zuvor einen Griechen namens Esiphilus getötet, und Kainan einen Reiter namens Laudremenon.

Auf König Alexander geht jetzt ein Mann namens Geon los, der vom Roten Meer stammte; es heißt, sein Vater sei ein Schwarzer gewesen und seine Mutter die Tochter eines Riesen. Geon hatte den Wuchs seiner Mutter geerbt und dazu das fürchterliche Aussehen seines Vaters. Sowohl wegen seiner Größe als auch wegen seines Aussehens löste er bei vielen große Angst aus. Dieser Mann möchte gern mit König Alexander zusammentreffen und bahnt sich einen Weg, indem er fünfzehn Männer mit einer knotigen Keule tötet. Endlich gelangt Geon dorthin, wo sich der König befindet, der sehr über dessen großen Wuchs staunt. Geon tappt schwerfällig mit erhobener Keule auf König Alexander zu und schreit mit fürchterlicher Stimme: »Welcher Wahnsinn treibt dich, König, gegen einen Mann zu kämpfen, der von den Riesen abstammt, die kühn genug waren, um selbst gegen Jupiter zu kämpfen, und die ihn um seine Herrschaft gebracht hätten, wenn ihn seine Blitze nicht geschützt hätten.« Während Geon diese Worte sprach, schoß ihm König Alexander einen Speer in den Rachen und heftete ihm die Zunge an den Schlund, so daß er die Götter nicht länger lästern konnte. Doch weil er durch den Schuß noch nicht fällt, stürmt König Alexander auf ihn zu, worauf Geon durch die Brust des rasch auf ihn zulaufenden Pferdes zu Fall kommt. Jetzt greifen ihn so viele Griechen, wie nur an ihn herankommen, mit Waffen an und schicken ihn zerstückelt in die Hölle.

Nun reitet ein Soldat namens Clitus herbei und tötet einen Mann namens Sanga. Als dies dessen Bruder namens Damaskus sieht, schießt er drei Wurfspeere gleichzeitig nach Clitus, und als er bemerkt, daß Clitus die Schüsse abwehren kann, springt er aus dem Wagen und schlägt ihm auf den Helm, so daß es den Helm zerreißt und das Schwert in das Gehirn eindränge, schützte ihn nicht die Schutzkappe, die er unter dem Helm trägt. Obwohl es Clitus bei diesem Hieb schwindlig wurde, spielte er doch mit Damaskus das gleiche Spiel wie mit dessen Bruder: er durchbohrte ihn mit dem Speer. Ihr Vater namens Metha war bei der Ermordung seiner Söhne in der Nähe gewesen. Obwohl es ihm der angestaute Zorn verbot, ihren Tod zu beweinen, und ihn so bleich werden ließ, als säße ihm der Tod im Gesicht, rief er Clitus folgendermaßen zu: »Du grausamer Peiniger, du hast meine beiden Söhne getötet und durch ihre Ermordung das Leben ihrer armseligen Mutter und ihres gebrechlichen Vaters zerstört. Von nun an wirst du vor nichts mehr zurückschrecken. Töte nach den Söhnen jetzt auch einen alten Mann und laß meine Frau lieber drei als zwei beweinen.« Genau so spricht Metha zu Clitus, auf den er dann mit einem Wurfpfeil schießt, der auf das Gesicht des Clitus zufliegt. Clitus reißt gegen den Schuß seinen Schild empor, in dem das Geschoß steckenbleibt. Dann ergreift er diesen selben Wurfpfeil und schickt ihn Metha zurück. Er durchbohrt die Kehle seines Herrn, worauf Metha auf seine Söhne stürzt und in die Unterwelt fährt, indem er seine beiden Söhne umarmt. »Doch ich glaube, es ist besser«, sagt Meister Galterus, »so lange wie möglich darüber zu schweigen, welchen Lohn dieser Clitus für seine Wohltaten empfing.«

Nun dringt ein Mann namens Nichanor heftig vor, ein weiterer Sohn Parmenios und ein sehr berühmter Kämpe. Beim ersten Angriff hilft ihm das Glück sehr und erlaubt ihm, an seinen Feinden große Taten zu vollbringen. Die Fußsoldaten konnten seinen kühnen Hieben kaum Widerstand leisten, und es war nahe daran, daß er die Darianer in die Flucht geschlagen hätte. Nun fallen die Darianer dicht an dicht, und eine so große Zahl strömt in die Hallen Plutos, daß der Raum für ihren Empfang fast zu knapp wird, wo doch dort normalerweise ausreichend Platz ist, denn Pluto ist gerne bereit, Gäste aufzunehmen, und weist niemanden ab, der zu ihm kommt und ihm auf irgendeine Weise gedient hat. Jetzt hebt ein so großes Sterben an, daß Atrops, eine der drei Schwestern, die das Schicksal lenken, die Schicksalsfäden nicht so schnell zerschneiden kann wie es den dreien notwendig scheint. Ihre Schwestern legen ihre Arbeit nieder, worauf nun alle die Schicksalsfäden so schnell sie nur können zerschneiden. Mächtige wie Ohnmächtige sterben auf die gleiche Weise, denn der Tod macht keinen Unterschied zwischen den Menschen.

Manch einer schlägt sich tapfer, doch Nichanor übertrifft in seinem Draufgängertum alle anderen. Ihm kommt es vor, als sei noch nichts geschehen, obwohl bereits eine große Anzahl Männer getötet wurde. Er stürmt vor in die Schlachtreihe des Königs Darius und sucht den Heerführer Remmo, der den Griechen viel Schlimmes angetan hat. Sie drängen aufeinander zu, und als sie zusammentreffen, macht man ihnen Platz, damit sie aufeinander losreiten können. Keiner kann den andern verwunden, aber beide zerbrechen ihre Speerschäfte. Als nächstes ziehen sie ihre Schwerter, und jeder teilt ebenso mächtige Hiebe aus wie er vom andern empfängt. Als ihre Schilde allmählich unter den Hieben entzweigehen, werden beide schwer verwundet, und es kommt so weit, daß sie zu Boden fallen. Nichanor kommt als erster wieder auf die Füße, ergreift sein Schwert und stößt damit nach Remmo. Als die Sarazenen sehen, daß er gefallen ist, wollen sie alle Nichanor angreifen, der sich tapfer und mannhaft wehrt. Dann kommen hirkanische Reiter mit einer großen Streitmacht hinzu und greifen ihn gemeinsam an. Sie umzingeln Nichanor, der durch den langen und heftigen Angriff ermüdet und beim Waffenwechsel das Gleichgewicht verliert, dessen Herz aber zu keinem Zeitpunkt erzittert. Schließlich fällt dieser Mann doch, der für König Alexander eine starke Burgmauer gewesen war, mit großem Ruhm, wie er es verdiente, denn er hatte manch einen getötet, ehe er fiel. Durch den Tod Nichanors entstand im griechischen Heer große Unruhe. König Alexander erhält von diesen Ereignissen Kenntnis und steuert auf den Ort zu, wo diese starke Stütze gefallen war. Für Feiglinge wurde es nun unangenehm, ihm zu begegnen, so gereizt, wie er war. Den meisten schien es ratsam, vor ihm zu fliehen. Ein Soldat namens Fidias war der erste, der sich dem König stellte. Er war ein schmucker Mann von edler Herkunft, denn er stammte von König Cirus ab. König Darius hatte ihm seine Schwester versprochen, falls er so vorgehe, wie es sich für einen gehört, der sich mit dem König verschwägern will. Auf ihn reitet ein Mann namens Ephestio zu, der ihm an Tüchtigkeit ebenbürtig und schon bei der letzten Schlacht erwähnt worden war. Er sticht mit dem Speer auf den Schild des Fidias ein und durch diesen hindurch, worauf Fidias von seinem Pferd tot auf die Erde fällt.

König Alexander und König Darius Capitulum

Von den Männern, die sich in den Schlachtreihen König Alexanders befanden, ist zunächst zu berichten, daß einer unerschrockener als der andere kämpfte. König Alexander beginnt nun, die Schlachtreihe anzugreifen, die zum persönlichen Schutz des Königs Darius eingesetzt war. Da jetzt die Hoffnung zunichte ist, daß Darius siegen könnte, weiß sich dieser kaum noch einen Rat, denn seine Leute fallen und werden wie Schlachtvieh niedergemetzelt. Selbstachtung und Schamhaftigkeit verbieten es König Darius zu fliehen, aber die Furcht drängt ihn davonzulaufen. Während er noch im Zweifel ist, ob er fliehen solle oder nicht, sieht er, wie nacheinander alle seine Leute, die dazu in der Lage sind, die Flucht ergreifen. Da springt er auf ein Pferd, das er zu fassen bekommt, und muß nun wie die andern fliehen. König Alexander, der bemerkt, daß König Darius aus der Schlacht geflohen ist, gibt seinem Pferd die Sporen und galoppiert über das Schlachtfeld in die Richtung, in der König Darius aus dem Kampf geflohen ist. Er reitet so schnell, daß ihm keiner seiner Männer folgen kann.

König Darius reitet nicht auf ebenen, sondern auf steinigen Wegen, bis er mit einer kleinen Schar von Männern über einen Fluß namens Licus gelangt. Dort macht er halt und überlegt, ob er die Brücke, die über den Fluß führt, zerstören soll. Denn er erkennt, daß König Alexander ihn nicht fassen kann, wenn er die Brücke zerstört. Aber weil dann auch seine Leute nicht über den Fluß hinüberkämen und von ihren Feinden niedergemetzelt würden, siegt die Menschlichkeit über eine nützliche Entscheidung, indem sich König Darius mehr um das Leben der anderen als um sein eigenes sorgt. Die Darianer stürmen so dichtgedrängt, wie sie nur können, auf die Brücke zu. Eine riesige Zahl wird von verdoppeltem Durst in den Wald getrieben, um dort verborgenes Wasser zu suchen. Jeder läßt sich an dem Wasser nieder, das er entdeckt hat, und manch einer trinkt so viel, daß er daran stirbt. Ein großer Teil des Heeres kommt auch dadurch um, weil viele gleichzeitig auf die Brücke stürmen, so daß es auf ihr nicht genügend Platz gibt, um alle zu fassen, die so ihr Leben verlieren.

Die Schlacht zwischen König Alexander und König Darius

Nun beginnt es zu dämmern, aber König Alexander gelingt es nicht, König Darius zu fassen. Er sieht, daß seine Männer mit stumpf gewordenen Waffen und in großer Müdigkeit fliehen; er beklagt, daß die Nacht einbricht, und faßt den Beschluß, zu seinem Heer zurückzukehren und Parmenio zu unterstützen, den er gerade erst verlassen hat. Da eilt ein Reiter auf sie zu mit der Nachricht, daß Parmenio diese riesige Menschenmenge, gegen die er gekämpft hat, besiegt habe, »und er schickt mich zu euch, Herr, um euch diese Nachricht zu überbringen«. König Alexander ist über diese Neuigkeiten erfreut und wendet sich in Richtung auf sein Heerlager. Als es am wenigsten zu erwarten stand, kam ihnen aus einem Tal eine der sarazenischen Schlachtreihen entgegen, die ganz von vergoldeten Helmen und emaillierten Schilden zu erstrahlen schien. Diejenigen, die an der Spitze der Sarazenen ritten, hielten an, als sie das Heer ziehen sahen, und als sie erkannten, welch kleine Truppe die Griechen hatten, stürmten sie sofort auf sie los. Als der König erkennt, was los ist, reitet er sofort voraus vor die Feldzeichen und will der Gefahr nicht aus dem Weg gehen. Er stellt sich mit seiner Brust, gegen die man schon oft heftig anrannte, die man aber noch nie besiegen konnte, vor seine Schlachtreihe und leistet seinen Feinden Widerstand. Das Glück stand nicht weit von ihm entfernt, denn er traf gleich zu Beginn auf den Truppenführer namens Gazak und durchbohrte ihn mit dem Speer. Jetzt gibt es große Verluste, und als es dunkel zu werden beginnt, scheint es den Sarazenen aussichtsreicher, zu fliehen als weiterzukämpfen. Sofern sie dazu in der Lage sind, stehlen sie sich fort aus dem Kampf und machen erst halt, als sie um Mitternacht in einen Ort namens Arbola kommen.

Dort hielt sich bereits König Darius mit der Truppe auf, die mit ihm zusammen entkommen war. Er fragt seine Leute um Rat, was man nun beginnen solle. Gemeinsam beurteilen sie betrübten Sinnes den Verlust ihres Glücks und den großen Schlag, der ihnen versetzt worden war. Nachdem sich König Darius mit müden Seufzern seines sorgenschweren Sinnes befreit hat, betrachtet er die Truppe, die ihm die Griechen übriggelassen haben, und spricht: »Es entspricht der Natur des Menschen, bisweilen große Prüfungen zu erdulden und sich manchmal vorteilhafter Dinge zu erfreuen, sich einer Bedrängnis zu beugen und sich gleich darauf wieder in neu erworbenem Glück aufzurichten. König Kresus erlebte genau das gleiche wie wir jetzt, und ebenso der berühmte König Cirus, den eine Frau besiegen konnte. Auch Xerxes, dessen Flotte fast das ganze Meer bedeckt hatte, konnte gerade noch mit einem einzigen Schiff in sein Reich zurückkehren. Ein unerwartetes Ereignis darf eine starke Brust nicht aus der Bahn werfen, denn keinerlei Gesetze verpflichten das Glück dazu, dem Menschen immer gleich hold zu sein. Für den Besiegten besteht einzig die Hoffnung, ein andermal mit einem Sieg über seine Feinde zu rechnen. Ich bin sicher, daß die Griechen jetzt auf die Städte zusteuern werden, die leer an Menschen, aber voll mit Gold sind. Dort wird dieses habsüchtige Volk danach trachten, seinen Durst mit Gold zu stillen und den erwachten Hunger mit neuem Diebesgut zu sättigen, was uns meiner Meinung nach entgegenkommen wird.

Ich werde mich nun nach Medien begeben, in den Teil des Reiches, in dem der Krieg noch keinen Schaden angerichtet hat. Dort werde ich meine gesamte Streitmacht wieder ergänzen können. Wir werden jetzt auch nicht wie zuvor dadurch behindert, daß wir große Schätze, Kinder, Frauen und deren Dienstboten mit uns schleppen. Denn mächtige Männer haben aus langer Erfahrung gelernt, wie sehr solche Dinge ihre Tatkraft einschränken, wenn sie kämpfen sollen. Da aber Alexander dieser Sieg geschenkt wurde, als er keine solchen Lasten mit sich schleppte, wird er diesmal den Sieg verlieren, weil er all dies in seine Gewalt gebracht hat. Derjenige, der seinen Sieg errang, als er in seiner Armut frei war, wird besiegt werden, wenn er mit Kriegsbeute beladen ist. Denn einen Sieg muß man mit Waffen erringen, nicht mit Gold und Geschmeide. Mannhaftigkeit und Kühnheit tüchtiger Burschen verteidigen Land und Herrschaft besser als Reichtum oder starke Mauern. Ziehen wir nun in die Randgebiete unseres Reiches, wo ich schon einmal war, und kümmern wir uns nicht darum, wenn man uns das als Schande auslegt. Denn wenn es schlecht um einen steht, ist es nützlich, sich in mehr zu erproben als nur in dem, was wohlklingende Lobesworte zur Folge hat. Die Erfahrung hat das schon oft gezeigt. Wir wissen, daß auch unsere Stammväter und Ahnen in ebenso großes Unglück gerieten, worauf sie sich einige Zeit aus dem Krieg zurückzogen, um sowohl sich als auch ihre Feinde zu schonen, bis das Glück sie einholte und ihnen das bessere Los, den anderen aber, die zuvor den Sieg errungen hatten, die Niederlage zusprach.«

So beendet König Darius seine Rede, aber seine Leute bekunden für sein Vorhaben nur wenig Beifall. Die Hoffnung scheint gering, daß er seine Ehre wiedererlangen werde, wo doch Alexander schon am nächsten Morgen Babylon ebenso belagern kann wie andere Städte, die Darius schutzlos der Gewalt seiner Feinde ausgeliefert hat. Sie rechnen um so weniger damit, daß er wiedererlangen werde, was er verloren hat, als sie annehmen, daß er bald seiner gesamten Herrschaft beraubt werde. Dennoch wollen ihm alle nach Medien folgen, sei es deshalb, weil sich das Heer sicherer fühlt, solange es zusammensteht, oder weil es sich nicht traute, den Befehl des Königs zu mißachten, auch wenn sein Vorhaben den meisten aussichtslos erschien, um wieder zu Macht und Ansehen zu gelangen.

Von König Alexander ist nun zu berichten, daß er in der Stadt, in der sich König Darius in der Nacht nach der Schlacht aufgehalten hat, die Kriegsbeute unter seinem Heer verteilt. Jetzt fehlt es ihm weder an den Mitteln noch am Willen, um jeden reichlich für seine Anstrengungen zu belohnen. Dann zieht er rasch durch Syrien hindurch, denn er ist bestrebt, so schnell wie möglich Babylon zu erreichen, das er gewaltsam erobern will, falls er es nicht mit dem Einverständnis derjenigen, die in der Stadt leben, bekommen kann. Als er nicht mehr weit von der Stadt entfernt ist, kommt ihm Matheus mit seinen Söhnen entgegen. Dieser Mann, der einer der herausragendsten unter den Heerführern war, die Darius dienten, gibt sich selbst wie auch die Stadt Babylon in die Gewalt Alexanders. Der König nimmt ihn freundlich auf und ist über seine Botschaft äußerst erfreut, denn es bedürfte harter und langer Anstrengungen, um eine so stark befestigte Stadt mit so vielen Einwohnern zu erobern. Dieser Matheus, der sich durch seine Tapferkeit großen Ruhm erworben und sich in der ersten Schlacht der beiden Könige durch sein kühnes Vorgehen sehr hervorgetan hatte, gab den anderen ein Beispiel, indem er König Alexander huldigte und mit ihm Frieden schloß.

Anschließend teilt König Alexander seine Truppe so in Schlachtreihen ein, daß sie so zahlreich wie möglich aussieht, und er befiehlt, daß die Griechen der sarazenischen Truppe vorausmarschieren sollen. Dann bewegt er sich auf die Stadt zu. Die Bevölkerung der Stadt, die dem König entgegendrängt, bezeugt große Freude über seine Ankunft. Der Reichtum, den die alten Könige zusammengetragen haben, wird diesem neuen König überall zur Schau gestellt, und sogar die Götzen werden für ihn aus ihren Tempeln herausgebracht. Teure Gewebe werden vielerorts auf den Straßen ausgebreitet, durch die das Heer reiten soll. Alte Bürger und ältliche Matronen legen ihre beste Kleidung an. Knechte und Mägde, die jetzt ebenfalls gute Kleidung tragen, erkennen sich kaum selbst und vergessen beinahe die Not und ihre Namen, die sonst zu ihnen gehören. Geliehene Kleider lassen manchen prächtig aussehen, der unvermögend ist. Wo der König entlangreiten soll, sind die Straßen mit den schönsten Blumen bedeckt, und die wohlriechendsten Kräuter werden für ihn ins Feuer geworfen, denn die Sarazenen glauben sehr an ihre Weihekraft. Wilde Tiere namens Tiger und Panther ziehen zusammen mit zahlreichen Löwen vor der Schlachtreihe des Königs einher. Eine große Menschenmenge drängt auf die höchsten Türme und Stadtmauern, um die Griechen und vor allem den König so deutlich wie möglich sehen zu können. Manch ein Gaukler aus der Stadt kommt mit allerhand Instrumenten dem König entgegen, und viele, die man als Propheten bezeichnet, treten ihm mit geneigtem Haupt entgegen und behaupten, das Schicksal der Menschen vorauszusehen. Sie waren aus Ägypten herbeigekommen, aus einer Stadt namens Memphis, von der man in dieser Zeit annahm, daß es dort die meiste Weisheit gebe.

Meister Galterus sagt – und jeder möge selbst entscheiden, ob er es glaubt –, daß selbst die römische Bevölkerung ihre Heerführer nach den bedeutenden Kriegstaten, die sie vollbrachten, niemals mit solchem Pomp in Empfang genommen habe. »Man tat dies auch zu Recht«, sagt er, »denn wenn man die Taten anderer Könige, die aufrichtig gelobt werden sollen, richtig bedenkt, und wenn man andererseits aufzählt, was König Alexander vollbrachte, und wenn man überlegt, wieviel Großes er bereits in jungem Alter leistete, mit wie kleiner Mannschaft er gegen die größten Heerführer kämpfte, wie kurze Zeit er benötigte, um sich die ganze Welt zu unterwerfen, dann scheinen im Vergleich zu diesem König alle diejenigen Könige, die die alten Dichter in ihren Büchern am höchsten priesen, einfache Leute gewesen zu sein, und Lucan wäre der Meinung«, sagt er, »daß er Kaiser Julius in seinem Buch übermäßig gelobt habe. Gebe Gott, daß der jetzige französische Kaiser wie Alexander wäre; dann würde die gesamte Welt schnell dem rechten Glauben gehorchen.«

Buch VI

Nun ist König Alexander in die Stadt Babylon gekommen, worauf Meister Galterus in seinem Buch folgende Worte zur Stadt spricht: »Sieh, Babylon, den Verderber der Welt und den Schrecken der Könige, sieh jenen Alexander, dessen Kommen und dessen Sieg über ganz Asien du vielmals aus der *Heiligen Schrift* und aus Prophezeiungen vorhersehen konntest. Betrachte ihn genau, da du dich jetzt nicht mehr nach ihm zu erkundigen und nicht mehr vor ihm zu prahlen brauchst, auch wenn du ihn zwischen starken Ziegelmauern eingeschlossen hast, wo er doch die ganze Welt mit seiner Macht umschließt und sich sogar die Könige fürchten, sobald sie seinen Namen hören. Der soll dein König sein, den alle Städte der Welt gern zum Herrscher hätten, falls er alle die Tugenden beibehielte, mit denen er seine Herrschaft begann. Sieh«, sagt er außerdem zur Stadt, »welch barmherzige Behandlung er den Besiegten, die sich in seine Gewalt begeben, zuteil werden läßt, und betrachte die große Güte dieses Mannes, dem das Glück den größten Erfolg gewährt. In der Gesetzgebung zeigt er sich rücksichtsvoll gegen seine Untertanen, die Hauptstadt seines Reiches läßt er von denen bewohnen, die noch vor kurzem gegen ihn kämpften, und seine Feinde verwandelt er in seine besten Freunde.«

Dann wendet sich der Meister in seiner Rede eher an den König selbst und sagt, daß dieser durch die mannigfaltige Sinnenlust, die in der Stadt Babylon mehr als in jeder anderen Stadt herrschte, und durch die Unmenge an Schätzen, die er dort erwarb, die Gerechtigkeit und die Tugenden, die er bei seinem Lehrer Aristoteles gelernt hatte, preisgegeben habe. Die Leute, die in dieser Stadt leben, sind so schamlos, daß diejenigen, die den Wein ausschenken, auch ihre Frauen und Töchter feilbieten, wenn der Wein den Geist der Menschen verwirrt und die häßliche Wollust entflammt. Wenn der Wein bei demjenigen das Geld locker macht, der sich eine Frau kaufen will, dann macht der, der sie feilbietet, sie gewaltsam zur Hure, wenn sie nicht aus freien Stücken einwilligt. Beim Trinken ist es dort auch der Brauch, daß Fürsten wie auch andere fast die ganze Nacht für sich aufspielen lassen.

König Alexander blieb 22 Tage in Babylon. Da das ganze Heer jetzt lebte, wie es ihm gefiel, und da es sich die ganze Zeit dem Trunk hingab, war bei vielen die Tatkraft so sehr geschwunden, daß sie nicht so tapfer wie gewöhnlich vorgegangen wären, wenn ihre Feinde jetzt auf sie losgestürmt wären. Nun reitet der König mit seinem ganzen Heer aus der Stadt hinaus und läßt das Heer auf einer herrlichen Ebene nicht weit von der Stadt haltmachen, um dort die Regeln zu verkünden, die er festlegen will: das heißt, er stellt das Heer anders auf als es die früheren Könige, seine Vorfahren, bestimmt hatten; er verteilt alle Aufgaben neu, setzt über jeweils tausend Reiter Heerführer ein, die auf lateinisch als Ciliarchen bezeichnet werden, so daß jeder die Abteilung, zu deren Leitung er eingeteilt wurde, zuverlässig erproben und prüfen könne, damit jeder bekomme, was er verdient, und damit sich nicht fälschlich einer als tüchtigen Burschen ausgeben könne, der ohne Tatkraft ist oder vergessen hat, wie sich ein tüchtiger Bursche verhält. Bei den früheren Königen und auch bei seinem Vater Philippus war es der Brauch gewesen, ins Horn zu stoßen, wenn die Heerführer ihre Feldzeichen aufstellen sollten. Aber weil es oft geschah, daß man wegen des dabei entstehenden Lärms und Waffengeklirrs den Hörnerklang nicht im ganzen Heer hören konnte, befahl König Alexander, daß man von nun an untertags eine hohe Stange als Zeichen erheben, und nachts Rauch oder Feuer als Zeichen benutzen solle. Darüber hinaus befiehlt er und fordert Adlige wie Gemeine dazu auf, damit einverstanden zu sein, nach seinen Taten und Verdiensten eingeschätzt zu werden, daß sich aber keiner erkühnen solle, sich das zuzuschreiben, was er nicht selbst vollbracht hat, oder durch die Ruhmestat eines anderen selbst Ruhm zu erstreben und zu erwerben, ohne sich selbst dafür angestrengt zu haben.

Nachdem König Alexander dem Heer diese Regeln, die er zuvor mit scharfsinnigem Verstand verfaßt hatte, verkündet hat und alle sie dankbar aufgenommen haben, hält er auf eine Stadt namens Susa zu. Die Einwohner der Stadt ergeben sich ihm zusammen mit dem Ort, in dem er eine große Menge an Schätzen erbeutet, die er wie zuvor unter seiner Mannschaft verteilt. Anschließend zieht er in eine Stadt, die in einem Bezirk namens Uxia regio liegt. Über diese Stadt herrschte ein Statthalter namens Medates, der ein großer Kämpe und tüchtiger Bursche war, denn er blieb König Darius als treuer Freund verbunden. Von Leuten, die in der Nähe der Stadt wohnten, erfuhr Alexander, daß ein Schleichweg, der den Städtern unbekannt war, dorthin führte. Wenn er einen Teil seiner Truppe dort entlang schickt, wird man sie erst bemerken, wenn sie in der Stadt ankommen. Dies war ein äußerst gefährliches Unterfangen, denn man konnte nur eine kleine Truppe einsetzen. Zu dieser Unternehmung bestimmt der König einen seiner Soldaten namens Tauron, der schon oft seine Tüchtigkeit unter Beweis gestellt hat, zusammen mit einigen anderen Soldaten, die er wegen ihrer Tapferkeit auswählt. Der Mann bricht mit seiner Schar im Schutz der Dunkelheit auf, wie ihm aufgetragen ist, während sich der König mit seinem Heer, als es anfängt hell zu werden, durch eine Schlucht hindurch auf die Stadt zubewegt. Dann läßt er zahlreiche Schutzdächer errichten, um die Mannschaft, die er dazu bestimmt hat, die Stadtmauern unten zu durchbrechen, gegen Steine zu schützen. Wegen der Lage der Stadt war es eine überaus schwierige Aufgabe, sie zu erobern. Auf allen Seiten war es zu steil für einen Angriff, denn sie war rings umher von hohen Felsen umschlossen. Deshalb galt es hier nicht nur gegen eine tapfere Bevölkerung, die die Stadt verteidigte, zu kämpfen, sondern auch gegen ihre Lage.

Nun beginnen die Griechen, die Stadt heftig anzugreifen, doch keiner so kühn wie der König selbst. Denn den Stadtbewohnern gelang es, seine Mannschaft des Schilddaches zu berauben, unter dem er sich befand, worauf sie weder mit Steinen noch mit Schußwaffen für ihn sparten. Als sie aber erkennen, daß er davor nicht zurückschreckt, versuchen die Städter, ihn zu bitten, daß er verschwinde. Sie reden auf ihn ein, daß er an einem Ort, den die Natur so wehrhaft ausgestattet habe, nichts ausrichten könne. Doch er greift um so stürmischer an, je deutlicher er erkennt, wie schwierig es ist, und er bemüht sich vor allem darum, die Stadttore aufzubrechen, denn sie waren von Menschenhand geschaffen. Er selbst schlägt sich damit herum, die Wände mit Rammböcken oder anderen dazu geeigneten Werkzeugen aufzubrechen, und er steht immer an der Spitze derer, die selbst an der Spitze der Angreifenden stehen. Darüber hinaus feuert er das Heer mit folgenden Worten heftig an: »Ho. Für uns, meine Kameraden, die wir den größten Teil Asiens besiegt und alle Städte, mit denen wir es zu tun hatten, erobert haben, ist es eine große Schande, an den Wänden einer kleinen Burg zu versagen. Welcher Ort wäre wohl so stark befestigt, daß er gegen unseren Willen stehenbleiben könnte? Es gibt wohl keine Stadtmauer, die so festgebaut wäre, daß sie nicht fallen wird, wenn sie Alexander nahen sieht, und die höchsten Türme haben gelernt, sich vor ihm zu verneigen.«

So spricht er, und dann sehen die Griechen, daß Tauron mit seiner Schar von innen auf die Stadtmauern hinaufgelangt ist und den Bewohnern der Stadt auf nicht gerade angenehme Weise in den Rücken fällt. Durch diesen Anblick steigert sich ihre Kühnheit im Angriff; jene aber, die zuvor sicher zu sein glaubten, meinen jetzt vollständig überwältigt zu sein. Manchen scheint es ratsam, sich noch so lange wie möglich zu verteidigen und lieber zu fallen als zu fliehen. Andere wollen lieber davonlaufen, um sich so nach Möglichkeit in Sicherheit zu bringen. Es ist zu berichten, daß der größte Teil der Stadtbewohner in eine in der Stadt stehende Burg entkommt. Da sie aber erkennen, daß sie ihnen nur kurze Zeit Schutz bieten wird, beschließt man, dreißig Mann zu König Alexander zu schicken, die um Gnade und die Erlaubnis bitten sollen, unbehelligt ihre Besitztümer zu verlassen. Sie erhalten jedoch die Antwort, daß sie sich nicht um Rettung zu bemühen brauchen; daß der Tod nicht lange auf sich warten lassen werde, um ihre Trauer zu betäuben, womit sie sich trösten sollten. Den Einwohnern der Stadt jagt diese Antwort Angst ein, und weil sie wie viele nicht gern sterben wollen, möchten sie noch etwas anderes versuchen, ehe der Tod auf sie hereinbreche.

Der Statthalter Medates, der der höchste Mann der Stadt war, schickt heimlich einen Mann zur Mutter des Darius, der Königin Sisigambis, die von Alexander gefangengenommen worden war, um sie zu bitten, den Zorn des Königs zu besänftigen und bei ihm Gnade für die Stadt und die Bevölkerung zu erwirken. Medates war ein Verwandter des Königs Darius und außerdem mit ihm verschwägert, weshalb er dessen Mutter bat, um Barmherzigkeit für ihn und seine Leute nachzusuchen. Er wußte genau, daß König Alexander sie achtete, als sei sie seine Mutter. Der Gesandte des Medates unternimmt diesen Gang und trägt sein Anliegen vor, wie ihm aufgetragen war. Doch die Königin lehnte es lange Zeit ab zu tun, worum sie gebeten wurde, und antwortete folgendermaßen: »Schickt es sich denn für eine gefangene Frau, um so wichtige Dinge zu bitten und groß aufzutreten, während ich doch nichts vermag? Es steht zu erwarten, daß abgelehnt wird, worum man auf solche Weise bittet, denn es besteht weder die Hoffnung noch die Aussicht darauf, daß es gelingen könnte. Möglicherweise wird die Bitte derjenigen, die bittet, als Hochmut ausgelegt. Für mich schickt es sich vielmehr, darüber nachzudenken, wer ich jetzt bin als mich daran zu erinnern, wer ich noch vor kurzem war. Weil ich schon so vieles vom König erbeten habe, fürchte ich auch, daß seine Güte durch meine vielfältigen Bitten bald ermüden wird.« Auf diese Weise entschuldigt sich die Königin, schreibt aber dennoch an den König und bittet, daß er Medates begnadigen solle, der gerne sein Gefolgsmann werden wolle, falls er die Möglichkeit dazu erhalte. Auch wenn er sich der Bevölkerung der Stadt nicht erbarmen wolle, so sei ihr, sagt sie, schon viel gewährt, wenn Medates durch ihre Bitten Gnade fände.

Hier kann man sehen, wie groß die Güte und die Standhaftigkeit des Königs waren: durch die Bitte der Königin, die er gefangengenommen hatte, schenkte er nicht nur Medates, sondern auch der gesamten Bevölkerung der Stadt das Leben, und darüber hinaus jedem einzelnen seinen ganzen Besitz und die gleichen Freiheiten, wie dieser sie zuvor besessen hatte; außerdem sollten sie ihm keine Steuern zahlen. Auch wenn König Darius ebenso die Macht über die Bevölkerung erhalten hätte, und wenn dort nur seine Gegner gelebt hätten, hätte seine Mutter von ihm keine größere Gnade für sie erwirken können als sie nun von ihrem Feind Alexander erwirkt hatte.

Anschließend teilt der König sein Heer in zwei Abteilungen auf, setzt Parmenio als Heerführer über einen Teil des Heeres ein und befiehlt ihm, dort, wo das Land leichter zu durchqueren ist, weiterzuziehen um nachzuforschen, wo sich König Darius mit dem Heer, das mit ihm zusammen aus dem Kampf entkommen war, aufhalte. Er selbst bricht mit einer ausgewählten Mannschaft auf, um dort, wo das Land sehr schwer zu durchqueren ist und der Weg über hohe Berge und viele andere unwegsame Abschnitte führt, nach Darius zu suchen, und er beabsichtigt, auf dem direktesten Weg in ein Land namens Persien zu ziehen. Es heißt, daß Alexander nirgends größere Strapazen überstanden habe als auf dieser Reise. Hier hat ihm das Glück ziemlich deutlich gezeigt, daß es niemandem ein treuer Freund sein will. Vielerorts mußte sich das Heer in Schluchten oder tiefen Tälern fortbewegen, während sich die Bevölkerung des Landes über ihnen auf hohen Bergen aufhielt und große Steine herabrollte. An einigen Stellen, wo die Füße keinen Halt fanden, mußte man sich an Seilen um die Felsen herumschwingen. Hier verliert der König einen großen Teil der Mannschaft, und er muß oft umkehren, wo er weitergehen will. Doch endet es hier wie auch sonst damit, daß er den Sieg über alle diejenigen davonträgt, die ihm Widerstand leisten.

Nach einiger Zeit gelangt er nach Persien und hält zunächst auf eine Stadt namens Persepolis zu, die die Hauptstadt von ganz Persien war. Er verbrennt und vernichtet sie vollständig und läßt jedes menschliche Wesen töten, das in der Stadt lebt. Diese Stadt war überaus berühmt, weil viele alte Könige lange Zeit dort residiert und so großen Reichtum zusammengetragen hatten, daß nirgends in ganz Asien ebensoviel an einem Ort angehäuft war. Sie hatten dies nicht nur zur Stärkung oder zum Nutzen ihres Reiches getan, sondern auch und vor allem deshalb, damit jeder, der es sehe, darüber staunen sollte, daß sie so viel Gold oder Silber zusammentragen konnten. König Alexander erhielt in dieser Stadt um so mehr Schätze wie sie wohlhabender war als jede andere, die er sich zuvor unterworfen hatte. Im griechischen Heer breitete sich die Habgier so stark aus, daß sie manch einen gegen seinen Kameraden aufbrachte, denn jeder wetteiferte darum, für sich allein soviel wie möglich von dem zu bekommen, was für alle reichlich vorhanden war. Mancher, der sich mit Gold und Geschmeide beladen hatte, glaubte nichts abbekommen zu haben, sobald er einen andern sah, der etwas noch Kostbareres erwischt hatte. Purpur und andere sehr teure Stoffe wurden entzweigerissen, denn jeder riß an sich, was er nur konnte. Streitäxte zerstückelten die goldenen Wagen, die viel kostbarer wegen der auf sie verwendeten handwerklichen Kunst als wegen des Metalls waren. Die Griechen plünderten und beraubten sogar die Götzenbilder, so daß diese hinterher fürchterlich aussahen, denn mit ihrer Schönheit und ihren Schätzen verloren sie auch gleichzeitig viele Glieder. Ein solches Ende nahm die Stadt, die vor allem für ihre Fürsten berühmt gewesen war, und am meisten für König Xerxes, der von dort aus seine Kriegszüge in den nördlichen Teil der Welt unternommen und über zehntausend Schiffe zu verfügen hatte. Er segelte mancherorts sogar über trockenes Land und leitete das Meer durch gewaltige Gebirge. Über alle Städte in Asien, die Alexander erobert hatte, herrschten nach ihm andere Könige, nur über die Stadt Persepolis nicht. Von ihr ist nirgends eine Spur zu erkennen, weil sie so gründlich zerstört wurde. Nur in einem Fluß namens Araxes, der nahe dem ehemaligen Standort der Stadt vorbeifließt, sind noch wenige winzige Stücke zu finden, denn der König ließ jeden Stein, der in den Stadtmauern gesteckt hatte, dorthin bringen.

Der Grund dafür, daß König Alexander diese Stadt so viel grausamer als alle anderen behandelte, war, daß die Bevölkerung der Stadt ungefähr dreitausend Mann aus seinem Heer gefangengenommen hatte. Als er nicht mehr weit von der Stadt entfernt war, schickte man ihm diese Gruppe entgegen, die so zugerichtet war, daß einige eine Hand oder einen Fuß verloren hatten, anderen die Ohren oder die Lippen abgeschnitten, einigen die Augen ausgestochen und wieder andere auf verschiedene Weise auf der Stirn wie Diebe gekennzeichnet waren. Jeder in dieser Gruppe war auf irgendeine Weise verletzt, aber doch so, daß er noch lange mit dieser Schmach überleben konnte. Als diese Gruppe dem König entgegenkam, glaubte er zuerst, eher Ungeheuer als Menschen zu sehen. Doch als der König feststellte, daß diese armselige Truppe ein Teil seiner Mannschaft war, vergoß er gemeinsam mit dem Heer Tränen, und der zuvor errungene Sieg wandelte sich schnell in schmerzliches Leid. Dann versucht er diese Mannschaft mit vielfältigen Versprechungen zu stärken und sagt, daß er ihnen alles zugestehen wolle, was immer sie fordern wollen, sei es zu Hause in der Heimat oder irgendwo anders in seinem Reich. Darauf ziehen sich diese Leute zunächst aus dem Heerlager zurück um zu beraten, was man vom Angebot des Königs annehmen solle. Einige wollen sich dort in Asien, wo sie sich jetzt aufhalten, niederlassen; anderen scheint es aussichtsreicher zu sein, in ihre Heimat Griechenland zurückzukehren.

In dieser Gruppe befand sich ein Mann namens Euticon, der für seine Klugheit berühmt war. Es heißt, daß er sich folgendermaßen über diese Angelegenheit geäußert habe: »Wie werden wir es wagen, uns in unserem Heimatland zu zeigen, wenn wir uns schämen, die Kerker, in denen wir noch vor kurzem lebten, zu verlassen, damit wir um Hilfe bitten, und wenn wir kaum das Herz und die Kraft dazu haben, unseren Kameraden zu zeigen, was für Schreckgestalten wir geworden sind. Deshalb glaube ich, daß jeder danach verlangen wird, seine Verstümmelung so weit wie möglich zu verbergen und sich dort niederzulassen, wo ihn niemand kennt. Denn dort ist es am einfachsten, sich sein Glück aus dem Kopf zu schlagen, und ein armseliger Mensch kann auf diese Weise am ehesten seinen Frieden finden. Wer auf seine treuesten Freunde vertraut, nachdem sich das Glück von ihm abgewendet hat, weiß nicht, wie kurze Zeit man sein Elend beklagen wird. Nur wenige vergießen darüber Tränen, und sobald die Tränen getrocknet sind, trocknet auch die Liebe, und mit ihr Güte. Das Klagen und die Furcht eines armseligen Menschen passen nicht mit dem Hochmut und der Unbarmherzigkeit des Glücklichen zusammen. Nur der ist ein wahrer und aufrichtiger Freund, der seinen Freund nicht von sich stößt, auch wenn dieser in großes Elend geriet. Für einen Menschen, dem das Glück wohlgesonnen ist, ist es schwierig, sich entsprechend dieser Gunst Freunde zu erwählen. Vielleicht würde auch jeder von uns die anderen verachten, wenn nicht jedem von diesen dreitausend Mann das gleiche Unglück zugestoßen wäre. Wenn wir nach Hause zurückkehren«, sagt Euticon, »wie glaubt ihr, nehmen uns dann unsere Frauen auf, die wir gegen ihren Willen verließen, als wir den Kriegszug begannen? Ho, ho, sie werden uns erfreut umarmen und sagen, daß wir, die wir ihnen widerwärtig sind, willkommen seien. Wer seiner Frau so großes Vertrauen schenkt, der kennt sie wahrlich nicht, denn die frühlingshaften Lüfte sind zuverlässiger als ihre Laune, und der härteste Stein namens Adamas ist weicher als ihre Brust. Wird sie vielleicht zärtlich und liebevoll zu ihrem glücklosen Mann sein, wenn sie hart zu ihm war, als ihm das Glück noch folgte? Deshalb würde ich lieber mit euch den Beschluß fassen, daß wir uns hier niederlassen, wo uns niemand kennt, wo aber auch niemand Anstoß nimmt, weil man gewohnt ist, uns zu sehen, die wir schon zu halbzerfressenen Leichen geworden sind, noch ehe uns der Tod erreicht hat.«

Nun beendet Euticon seine Rede, und einem Mann namens Techilus kommt es zu, ihm folgendermaßen zu antworten: »Ich glaube nicht, daß die Lösung, die gerade vorgestellt wurde, in unserer Lage am besten ist. Kein rechtschaffener Mann beurteilt seinen Freund nach dessen Aussehen oder verachtet ihn, weil er von einem harten Schicksal geprüft wurde. Nicht die Natur läßt uns widerwärtig aussehen, sondern die Gewalttaten unserer Feinde. Ich meine, daß Böses nur dem gebührt, der sich seiner selbst und seines harten Schicksals schämt, obwohl er seine menschliche Existenz behält. Nur diejenigen können sich keine Hoffnung auf die Hilfe anderer machen, die selbst keine gewähren wollen, obwohl sie die Möglichkeit hätten, Gutes zu tun. Solche Menschen mögen an sich selbst erfahren, wie wenig Güte in der Brust eines anderen wohnt. Folgt meinem Rat, meine Kameraden, und bedenkt, daß uns die Götter reichlicher beschenken als wir noch vor kurzem erhoffen konnten, nämlich mit Verwandten und Vatererbe, mit unseren Frauen und unserem Besitz. Glücklich werden wir nun dieses Land, das uns wie ein Kerker erscheinen mag, verlassen und unsere mildere Luft, unsere bevorzugte Sprache und unsere bevorzugten Sitten wiedererlangen. Warum sollen wir hier in Armseligkeit und Elend leben wollen, wenn die Möglichkeit besteht, in die Heimat zurückzukehren, denn dort werden wir immer frei sein. Wer verbannt ist, glaubt, Großes gewährt zu bekommen, wenn nur seine Knochen in der heimatlichen Erde ruhen dürfen. Bei fremden Völkern mögen die zurückbleiben, die ihre Heimat meiden, weil sie ihren Verwandten oder Gattinnen mißtrauen. Ich werde aber sicher in mein Land heimkehren. Mögen mir die Götter dabei helfen.« So beendet Techilus seine Rede, aber nur wenige stimmen mit seiner Ansicht überein, denn bei den meisten war die Macht der Gewohnheit stärker als die Natur. Auch dem König scheint ratsamer zu sein, was Euticon vorgeschlagen hatte, und deshalb wurde diesem Vorschlag Folge geleistet. Der König schenkt der ganzen Gruppe großzügige Besitztümer mit so viel loser Habe, daß jeder mehr als genug zum Siedeln hatte.

Nachdem König Alexander seinem Rang entsprechend für diese Gruppe gesorgt hat, zieht er nach Medien. Er beschleunigt seine Reise nach allen Kräften, um dort König Darius zu fassen zu bekommen, der inzwischen nach Ebactana, der Hauptstadt von Medien, gelangt war, von wo aus er in einen Teil seines Reiches namens Bactra weiterziehen wollte. Doch nachdem er Kundschaft davon erhalten hat, daß ihn Alexander mit großer Geschwindigkeit verfolgt und eine Begegnung mit ihm bald bevorsteht, ändert er seinen Beschluß und rüstet zum Kampf gegen Alexander. Er will jetzt lieber fallen als sein Leben durch eine Flucht verlängern. Als sich das Heer des Darius an einem Ort versammelt hat, verschafft er sich Gehör und spricht dann folgendermaßen: »Falls mir das Schicksal ein Heer auserwählt hätte, das ohne Tatkraft ist und das den Tod, wie immer er auch eintritt, als etwas Erstrebenswertes betrachtet, würde ich über das, worüber nun zu sprechen ist, lieber schweigen, meine guten Burschen, als den Tag mit leeren Worten verschwenden. Doch weil ich eure Tüchtigkeit sicherlich mehr als ich es wollte erprobt habe und ich bestimmt weiß, daß es für einen Mann keinen wertvolleren Besitz gibt als gute Freunde, schäme ich mich nicht, König genannt zu werden; vor allem weil ihr mir eure Beständigkeit bezeugt habt, als ihr allein die Tüchtigkeit und Tapferkeit aufbrachtet, die ganz Asien hätte haben sollen, indem ihr lieber mir, der ich zweimal in die Flucht geschlagen wurde, folgen wolltet als dem siegreichen Alexander untertan sein. Und wenn ich es nicht kann, so werden euch doch die Götter eine angemessene Belohnung für eine solche Prüfung gewähren.

Diejenigen, die nach uns auf der Welt leben, werden nicht so taub sein, daß sie nicht euern Lobpreis hören, und nicht so ungerecht, daß sie nicht den Ruhm und die Ehre solcher Männer verbreiten. Ihr mögt auch bedenken, daß der Ruhm nicht mit euch in der Erde versinken wird und daß die Ehre nicht sterben kann. Deshalb will ich von nun an nicht mehr fliehen, sondern ich will mit eurer Stärke und eurer Unterstützung meinem Gegner Widerstand leisten. Wie lange sollt ihr denn noch dulden, daß ein ausländischer König unser Reich beherrscht und ich geächtet bin? Entweder werde ich in allen Ehren mein Leben verlieren oder alles das zurückerobern, was ich zuvor verloren habe. Scheint es euch etwa geziemend, daß Darius, der höchste König in ganz Asien, dem Willen des Wikingers Alexander folgt, indem er sich nach dem Beispiel des Matheus in seine Gewalt ergibt und ihm dankbar ist, wenn er von ihm die Macht über irgendeinen Bezirk erhält? Soll er vielleicht weiterleben für diese Erniedrigung, irgendeinen Teil seines eigenen Reiches zu erhalten, dem zu Ehren, der es gewährt? Niemand soll über diesen Kopf bestimmen dürfen, aber wenn jemand dies erreicht, dann soll er sich nicht damit brüsten können, daß er mein Geldgeber ist, denn am selben Tag soll mir ein ehrenhafter Tod das Leben wie die Herrschaft nehmen. Und wenn ihr das gleiche wollt wie ich, meine Gefährten, dann werden wir nach dem Tod durch den Dünkel der Griechen keinen Schaden erleiden. Jeder einzelne lasse sich durch seine eigene Hand rächen oder den Tod bringen. Wenn die Götter nicht denen, die eine gerechte Sache vertreten, beistehen wollen und glauben, es gezieme sich nicht für sie, das Recht zu verteidigen, dann tun wir, was uns erlaubt sein wird: Wir sterben, wie es sich für ehrenhafte Männer gehört. Hört nun und haltet euch daran, worum ich euch bitte, um der Verdienste unserer Vorfahren und Verwandten willen, die sich dieses Volk, das jetzt gegen uns kämpft, schon so oft steuerpflichtig machten. Handelt wie eure Ahnen: Erringt einen ruhmreichen Sieg oder einen ehrenhaften Tod. Das ist eine gute Wahl.«

Darius sprach, wie eben berichtet wurde, aber für seine Rede kam kein Beifall auf, denn fast das gesamte Heer war von Furcht ergriffen und eher dazu bereit, vor Alexander zu fliehen als ihm Widerstand zu leisten. Einem Mann namens Archabatus, der ein enger Freund des Königs war, kam es zu, seiner Rede zu antworten: »Wir wollen euch gern folgen, Herr«, sagt er, »was immer ihr auch beschließen wollt, und nur der Tod soll uns trennen können.« Nachdem der Mann dies gesprochen hatte, wurde dem Beschluß des Königs vom Heer Beifall gezollt, aber auf den meisten Gesichtern war leicht zu erkennen, daß es ihnen nicht vernünftig zu sein schien.

Nun ist davon zu berichten, daß im Gefolge des Königs Darius zwei Männer namens Bessus und Narbazones, die der König aus der Tiefe in die Höhe gehoben hat, so daß beide eine große Abteilung anführen, gemeinsam den Beschluß fassen, ihn gefangenzunehmen. Falls sie Alexander nicht entgehen können, wollen sie sich seine Gunst erkaufen, indem sie ihm Darius lebend ausliefern. Falls sie Alexander jedoch entkommen können, wollen diese schlimmen Knechte ihren Herrn töten, nach ihm die Herrschaft übernehmen und dann zum Gegenzug gegen Alexander rüsten. Da sie jetzt bemerken, daß fast das ganze Heer des Darius unwillig ist, ihm bei einem Vorhaben zu folgen, das allmählich einen immer ungünstigeren Verlauf nimmt, nutzen sie die günstige Gelegenheit, indem Narbazones den König aufsucht. Als er vor ihn hintritt, spricht er folgendermaßen: »Mein Herr«, sagt er, »ich weiß, daß dir mißfallen wird, was ich vorzubringen habe, aber es ist oft schmerzhaft, eine Wunde zu heilen, und der Zustand eines Kranken bessert sich häufig durch einen bitteren Trank. Wenn man auf stürmischer See in Not gerät, wirft man einen großen Teil des Besitzes über Bord, damit man selbst und das Schiff unbeschädigt bleiben; so trägt ein Verlust zur Verbesserung der Lage bei.

Du weißt selbst, mein Herr, daß dich deine Feinde deshalb immer besiegen, weil die Götter deiner Sache feindlich gesinnt sind, und daß deine Männern deshalb Schweres erleiden müssen, weil das Schicksal euch nicht so Großes gewähren will, wie ihr angestrebt habt. Nun schlage ich vor, daß ihr euch auf andere Weise darum bemüht und einige Zeit aus einem kleineren Becher trinkt. Das heißt, daß du den Königstitel und die Herrschaft an einen deiner Freunde und Vertrauten abtrittst, der euer Land mit neuem Glück von der Habgier dieser Feindesschar, vor der ihr nie Ruhe bekommt, befreien und befrieden kann. Anschließend erhältst du zusammen mit dem Frieden deinen Titel zurück und die königliche Macht über ganz Asien, das sich kein anderer rechtmäßig aneignen kann, solange du am Leben bist. Dies müßte schnell geschehen, denn wenn man einen Fürsten fände, der siegreicher und eher dazu geschaffen wäre, große Schlachten zu schlagen, dann fehlt es jetzt in Bactra oder in Indien nicht an Streitkräften. Wir können dort eine noch größere Zahl bekommen als wir zuvor verloren haben. Warum sollen wir in den Tod rennen? Es ist mannhaft, ihn zu meiden und keinen Haß gegen das Leben zu hegen. Träge und kraftlose Männer haben eine Abneigung gegen das Leben, was nicht zu verwundern ist, denn für einen Schwächling, der sich durch die Welt schleppt, bedeutet den Tod, was Leben heißen soll. Im Gegensatz dazu versucht der Kühne alles, ehe es mit ihm zu Ende geht, und wenn er sein Schicksal bis zum äußersten herausgefordert hat, ist es ihm wie jenem erlaubt zu sterben. Bitte, mein König, nehmt den guten Rat an, den ich euch geben will. Hier ist Bessus, euer Freund, ein kluger und unerschrockener Mann. Übergebt ihm euer Szepter und eure Krone, damit er für euch Frieden schaffe. Wenn ihm das gelungen ist, übernehmt ihr in einer besseren Zeit euern Titel, wie es sich gehört.«

Durch diese Worte des Narbazones wurde Darius äußerst zornig und sprach: »In deinen Worten erkenne ich deutlich den üblen Verräter seines Herrn, denn das, was du Rat nennst, ist Verrat. Weil du glaubst, den richtigen Zeitpunkt dafür gefunden zu haben, willst du mich sicher nicht nur der Herrschaft berauben, sondern auch des Lebens.« Dann zog der König sein Schwert und hätte ihn erschlagen, hätte nicht Bessus ein Wort für ihn eingelegt. Die Tat wurde aber deshalb nicht ausgeführt, weil Bessus eine große Streitmacht hatte. Obwohl dieser vorgab, für Narbazones um Gnade zu bitten, erkannte Darius, als er nachdachte, sofort, was auf dem Spiel stünde, käme er der Forderung des Bessus nicht nach, dem die nötigen Mittel gegen Darius zur Verfügung standen, wenn dieser die Tat ausgeführt hätte. Daraufhin befehlen Bessus und Narbazones ihren Leuten, die Heerbuden abseits vom übrigen Heer aufzustellen. Archabatus, ein treuer Freund des Darius, überredet ihn, seinen Zorn zu besänftigen, und spricht: »Ich wünschte, mein Herr, daß ihr mit Geduld ertragt, was die Unwissenheit dieses Mannes in Verbindung mit seiner Torheit und seiner Fehleinschätzung vollbrachte und mit Unverstand aussprach. Da sich Alexander jetzt sehr schnell nähert und ihr nach wie vor große Gefahr von ihm zu erwarten habt, scheint es mir ratsam, daß ihr euch bemüht, das Heer durch Bitten und Zureden weiterhin zusammenzuhalten, damit es euch nicht durch Zwietracht abtrünnig wird. Achtet vor allem voll Freundschaft auf das Reiterheer, das ihr hier in Bactra erhalten habt.« Mit diesem Vorschlag ist König Darius einverstanden und läßt dann sein Heerlager aufstellen. Er ist dennoch sehr besorgt, denn er erkennt, daß seine Streitmacht sehr wankelmütig wird. Da er sich wegen der mannigfaltigen Sorgen nicht wie gewohnt um seine königliche Herrschaft kümmerte, wurde das Heer ziemlich kopflos und uneins, was man tun solle. Ihm selbst wurde auch wenig Beachtung geschenkt, so daß er sich lange Zeit ganz allein in seinem Zelt aufhielt.

Bessus und Narbazones beraten sich erneut und versichern sich gegenseitig, daß es schwierig sein werde, den König gefangenzunehmen. Vermutlich hatten sie recht, denn es heißt, daß man in diesen Ländern den Herrschern so großen Respekt und solche Ehrerbietung bezeugt, daß sogar die, die sie fürchten, den Herrschern ergeben sind, solange sie auf dem Höhepunkt ihrer Macht sind, und wenn ihr Stern im Sinken ist, verehren sie die Herrscher auf gleiche Weise wie zuvor und es fällt ihnen schwer, eine einmal begonnene Verehrung aufzugeben. Da es sich mit der Bevölkerung, die Darius ergeben war, genauso verhielt, konnten ihn Bessus und Narbazones nicht öffentlich seiner Macht berauben, ohne sich selbst und ihre Mannschaft in Gefahr zu bringen. Deshalb scheint es ihnen ratsam zu sein, ihn zum Schein um Vergebung zu bitten und zu erklären, es sei ein schlimmer Ausrutscher gewesen, daß Darius seine Herrschaft abtreten möge. Die folgende Nacht verstreicht, und gleich am nächsten Morgen befiehlt Darius, daß man das Heerlager abbrechen solle. In diesem Augenblick suchen ihn Bessus und Narbazones mit einer großen Mannschaft auf, fallen ihm zu Füßen, bitten schmeichelnd, ihnen nicht mehr zu zürnen und behaupten, daß sie ihm von nun an wie bisher treu ergeben sein und alles tun wollen, was er ihnen auftragen werde. An ihnen bewahrheitete sich das Sprichwort, daß manch einer schöne Worte spricht, wenn er arglistig denkt. Doch sie konnten so gut heucheln und sich beklagenswert darstellen, daß er arglos alles, was sie sagten, glaubte und ihnen freundlich alles zugestand, worum sie baten. Auch als sie erkannten, wie gütig und gnädig dieser milde König war, den sie verraten wollten, bereuten sie genausowenig wie zuvor ihr schändliches Betragen. Da König Darius seinen eigenen Leuten vertraute, von denen er sich keinen Verrat erwartete, wie er später zutage treten sollte, sondern weil er Alexander fürchtete, der ihm nun schon sehr nahe gekommen war, beschloß er erneut, wie er schon vorher gesagt hatte, zu fliehen und ihm aus dem Weg zu gehen, so lange die Möglichkeit dazu bestünde.

Im Heer des Königs Darius befand sich ein Mann namens Patron, der von griechischer Abstammung und ein guter Freund des Königs war; er war der Anführer der griechischen Truppe, die Darius begleitete. Nachdem dieser Mann bemerkt hatte, daß Bessus und Narbazones einen Anschlag auf das Leben des Königs planten, hielt er sich, sobald das Heer weiterzog, mit seiner Mannschaft zum Schutz des Königs in dessen nächster Nähe auf. Sobald es Patron möglich war, mit dem König zu sprechen, sagte er zu ihm auf griechisch: »Mein guter König«, sagt er, »ich will dir mitteilen, daß der Verrat, den Bessus und Narbazones, wie ich sicher weiß, vereinbart haben, bald offenkundig werden wird, falls alles nach ihrem Plan verläuft, denn jetzt wird entweder dein oder ihr letzter Tag gekommen sein. Damit ich diese Schandtat, die sie verrichten wollen, verhindern kann, laß mich heute zusammen mit meiner Mannschaft dein Leibwächter sein und befiehl, daß dein Zelt am Abend inmitten des Heerlagers der von mir angeführten Truppe aufgestellt werde. Dies sollte beibehalten werden, solange die Umstände ein solches Verhalten, wie ich es vorschlage, erfordern. Ich und meine Kameraden haben unsere Heimat aufgegeben, und nun erhoffen wir uns von euch, mein Herr, eine Verbesserung unserer Lage. Doch um die Wahrheit zu sagen, würde ich mich als fremdländischer und gering geachteter Mann nicht dazu bereit erklären, dein Leibwächter und der Beschützer eines solches Fürsten zu werden, wenn ich irgendeinen anderen sähe, der willig wäre, dir diesen Dienst zu erweisen.« Dieser Patron wurde für die Treue, die er seinem Dienstherrn erwies, berühmt, aber es zeigte sich auch hier, wie es oftmals geschieht, daß jeder seinem Schicksal folgen muß. König Darius hätte seine Haut retten können, wenn er das Angebot Patrons angenommen hätte, aber weil er kein Glück hatte, antwortete er auf diese Rede: »Auch wenn ich von euch Griechen stets Treue erfahren habe«, sagt er, »und ich genau weiß, daß ihr mir einen nützlichen Rat erteilen wollt, so werde ich mich dennoch nicht von der großen Menge meiner Männer trennen. Denn ich will lieber gestürzt werden als daß ich denen nicht vertraue, die mir ihr Glück und ihr Gedeihen zu verdanken haben. Was immer uns auch widerfahren mag, so werde ich niemals vor meinen eigenen Gefolgsleuten fliehen. Wenn sie mich jetzt als todgeweiht betrachten, dann gehe ich dem Tod nicht aus dem Weg, sondern bin für ihn bereit.« Darauf kehrt Patron zu seiner Truppe zurück, tief bestürzt, weil der König den guten Rat, den er ihm gegeben hatte und der sicherlich annehmbar gewesen wäre, nicht annehmen wollte. Denn dieser Mann wollte sich gern für seinen Dienstherrn opfern und seine Menschlichkeit bewahren.

Als Patron mit dem König sprach, war Bessus in der Nähe, so daß er jedes Wort hören konnte. Da er jedoch die Sprache, in der sie sich unterhielten, nicht verstand, erfuhr er von einem Dolmetscher, worüber sie sprachen. Nur aus dem einen Grund stürzte er sich nicht sofort auf Darius, weil es ihm ratsamer zu sein schien, ihn lebend Alexander auszuliefern und sich dadurch dessen Freundschaft zu erwerben, als Darius zu töten, auch wenn die Möglichkeit dazu bestand. Bessus verschiebt nun seine Schandtat auf die Nacht, denn die Nacht verleiht manchem die Kühnheit zu vollbringen, was tagsüber Angst und Schamhaftigkeit zu tun verbieten. Er geht so vor, daß er, als es ihm möglich ist, mit dem König zu sprechen, diesem dafür dankt, daß er nicht auf die falschen Versprechungen Patrons hörte, und er sagt, es sei offensichtlich dessen Vorhaben gewesen, sich mit dem Kopf des Darius den Frieden mit Alexander zu erkaufen. Er meint, es sei auch nicht verwunderlich, denn ein geächteter und besitzloser Mensch tue für Geld fast alles. König Darius fand es glaubhaft, was Bessus sagte, obwohl er doch wußte, daß alles, was Patron ihm geraten hatte, aufrichtig und wahr gewesen war. Aber es war nun so weit gekommen, daß für ihn beides eine schwierige Entscheidung war: seinen eigenen Leuten nicht zu trauen oder verraten zu werden und die Entscheidung über sein Leben denen zu überlassen, die jegliches Vertrauen verspielt hatten.

Buch VII

Meister Galterus erzählt, daß die Sonne an dem Tag, als Bessus und Narbazones untereinander vereinbarten, ihre Schandtat auf die kommende Nacht zu verschieben, allmählich langsamer als gewohnt gezogen sei, damit diese schändliche Tat, die doch vollbracht werden mußte, lieber länger als kürzer aufgeschoben werde. Auch der Mond zeigte nur wenig Lust, aufzugehen und das Verbrechen, das dann geschehen würde, anzusehen. Dennoch mußte die Sonne untergehen und der Mond seinen Gang aufnehmen gemäß der Bestimmung und dem Befehl dessen, dem sie gehorchen, und deshalb folgte eine Nacht auf diesen Tag.

König Darius liegt wach in seinem Zelt und überlegt, was er tun solle, doch ihm geht es wie manchem andern, daß ihm guter Rat teuer wird, denn man kann seiner Todesbestimmung nicht entrinnen; dagegen gibt es keinen Rat. Dennoch sprach er bei sich folgende Worte: »Du guter Vater aller Götter, wie willst du dich zu guter Letzt meiner annehmen, nach dem vielfachen Verdruß und den Feindseligkeiten, die ich während meiner Herrschaft zu erdulden hatte? Sollen die schlimmsten Schicksalsschläge vielleicht noch kommen? Was habe ich so Schlimmes getan, daß ich es verdiente, wenn mich meine Freunde als todgeweiht betrachten, wenn ich denen nicht mehr vertrauen kann, die ihr Leben für meines aufs Spiel setzen sollten, und wenn meine Dienstleute grausamer zu mir sind als offizielle Feinde? Wenn ich dieses riesigen Reiches, das ich besessen habe, nicht würdig gewesen bin, wenn ich meine Untergebenen schlecht regiert habe, wenn die Gesetze meinetwegen nicht gehalten haben, wenn das Volk behauptet, ich sei ihm ein Tyrann, aber kein rechter König gewesen, wenn Darius in der Rechtsprechung die Sache der Armen vernachlässigt und in seinem Urteil die Gerechtigkeit für Geld und Ansehen der Person verkauft hat, wenn jemand wegen der Habgier des Darius seine Heimat verloren hat und seines Erbes beraubt wurde, wenn Darius Verrat und Verachtung der Wahrheit nachgewiesen werden, dann habe ich es wahrlich verdient zu sterben. Dann bitte ich die Götter nicht, meinen Tod aufzuschieben. Wenn es so ist, haben sie mir ein allzu langes Leben gewährt. Dann ist es angemessen, wenn Bessus und Narbazones meine Mörder werden und die Himmelsbewohner mit dem schändlichen Mord an Darius berechtigterweise ihren Zorn bezähmen. Wenn es sich aber anders verhält und ich die Gerechtigkeit so geliebt habe, wie es die Natur des Menschen in dessen Schwäche zuläßt, dann mögen mich die Götter bitte nicht einen so schmählichen Tod erdulden lassen, indem träge Knechte und tugendlose Königsverräter mein Leben in ihrer Hand haben. Vielmehr halte man mir meine Unschuld und mein schuldloses Leben zugute und trachte denen nach dem Leben, die es verdient haben. Ich kann nur darum bitten, daß ein rechtschaffener Mensch angemessen für seine Rechtschaffenheit belohnt werde und daß ein schlechter Mensch für seine Schlechtigkeit erhält, was er verdient. Wenn aber die Götter endgültig beschlossen haben, daß mein Todestag nahen soll, warum soll dann jemand anders als ich selbst meinen Tod verursachen? Was nützt es mir, mein Leben vor den Griechen gerettet zu haben, wenn meine eigenen Leute Hand an mich legen sollen? Soll ich vielleicht nicht dazu geeignet sein, mir selbst den Tod zu bringen? Auch wenn ich durch das Alter sehr geschwächt bin, können es diese Hand und dieses Schwert vollbringen.«

Darauf hätte sich König Darius mit dem Schwert durchbohrt, wenn nicht plötzlich ein Eunuch, der sein Leibwächter und als einziger anwesend war, einen lauten Schrei ausgestoßen hätte. Das gesamte Gefolge, das sich im Heerlager in seiner Nähe aufhielt und den Schrei hörte, glaubte, daß der König getötet worden sei. Darauf berichtet einer dem andern vom Tod des Königs, worauf sich im Heer große Unruhe bemerkbar macht. Viele drängen darauf, daß sich das Heer bewaffnen und den König rächen solle. Doch weil die meisten wegen des Schreckens von Furcht erfüllt sind, wird nichts daraus. Da die Streitmacht derer, von denen viele zu wissen glaubten, daß sie den Anschlag gegen den König geplant hatten, riesig war, verbreitete sie großes Entsetzen und nahm allen den Mut, so daß niemand wagte, zu den Waffen zu greifen. Als Bessus und Narbazones die Nachricht erhalten, daß der König gefallen sei, befehlen sie allen ihren Leuten sich zu bewaffnen, steuern dann mit ihrer ganzen Truppe auf das Zelt zu, in dem, wie sie wußten, der König geschlafen hat, und bahnen sich mit Spieß und Speer einen Weg durch das Heer, das sich dort versammelt hat. Aber sie finden den König, den sie für tot gehalten haben, lebend vor. Darauf nehmen sie ihn gefangen und lassen ihn fesseln.

Hier zeigt sich, was immer wieder geschieht, daß das Glück unbeständig ist: denn derselbe Darius, der vor kurzem noch in einem vergoldeten Wagen saß und den das gesamte Heer als seinen König respektierte, wird jetzt in einen schrecklichen Karren gesetzt und übt nicht einmal mehr über sich selbst Macht aus. Als einzige Ehre, die ihm seine Knechte wegen seines ehemaligen Titels erweisen, legen sie ihm an den Füßen Fesseln an, die aus Gold gefertigt sind. Seine Schätze behandeln sie ebenso wie ihn selbst als Kriegsbeute, ergreifen dann anschließend mit allem zusammen die Flucht, um demjenigen aus dem Weg zu gehen, der hinter ihnen herkommt. »Wohin wollt ihr gehen«, sagt Meister Galterus, »ihr grausamen Gewalttäter und schmählichen Schurken? Wird sich denn euer Verbrechen jemals zu Wasser oder zu Land verbergen lassen? Nein, eure Namen werden bekannt sein, wohin ihr auch geht. Doch künftig wird auch niemand mehr so mächtig sein, daß er sich sicher fühlen könnte vor Sklaven, die nach dem Blut ihres Dienstherrn dürsten.«

Nun ist von Alexander zu berichten, daß er seine Verfolgung nach allen Kräften beschleunigt, nachdem er erfahren hat, daß König Darius ihm vorauszieht. Er strebt auf die Stadt Ebactana zu, denn er vermutet, daß sich Darius dort aufhalte, und er beabsichtigt, die Stadt zu belagern und erst dann wieder von dort abzuziehen, wenn er sie dem Erdboden gleichgemacht, den König selbst gefangen und somit dem langen Krieg ein Ende bereitet hat. Doch dann erfährt er, daß Darius von dort geflohen ist. Sofort wendet er sich von dort ab und will Darius in einen Teil des Reiches, der Bactra heißt, verfolgen. Da kommt ein Kundschafter, der Alexander wahrheitsgemäß berichten kann, daß er Darius nicht mehr weit zu verfolgen brauche, »denn dessen eigene Leute«, sagt er, »haben ihren Herrn verraten und wie einen Verbrecher gefangengesetzt«. König Alexander wurde sprachlos, als er diese Neuigkeiten erfuhr. Darauf läßt er alle Heerführer zu sich rufen und sagt zu ihnen: »Nun wird unsere Mühsal nicht mehr lange anhalten, und es sieht aus, als werde der Lohn für diese Mühsal ganz gewaltig werden. Wir haben die doch sehr betrübliche Nachricht erhalten, daß schlechte Menschen einen guten Herrscher verraten haben. König Darius wurde zum Dank für die wohlwollende Behandlung, die er seinen Vertrauten zukommen ließ, damit belohnt, daß sie ihn nicht weit von hier in Fesseln gelegt haben. Infolge dieser tiefen Beschämung wird er jetzt entweder tot sein oder nur noch widerwillig leben. Nun, meine wackeren Kameraden, reite jeder so schnell er kann, damit wir Darius helfen und die Schurken töten können, die ihm so schändlich mitspielten. Es ist nicht weniger mannhaft, ihn zu schonen, nachdem er überwältigt wurde, als ihn zu besiegen, solange er sich auf dem Höhepunkt seiner Macht befand.« Alle stimmen den Worten des Königs zu und versprechen, ihm freudig zu folgen, in welche Gefahr er sie auch führe.

Jetzt zieht er so rasch weiter, daß das Heer weder in der folgenden Nacht noch am Tag eine Ruhepause einlegen soll. Als es Nacht wird, kommt König Alexander mit seinem Heer an den Ort, wo sich Darius aufhielt, als er von Bessus und dessen Gefährten verraten und gefangen wurde. Da kommen dem König zwei Männer entgegen, die sich lieber den griechischen Truppen anschließen als weiter dem verbrecherischen Haufen, den Bessus und Narbazones anführen, folgen wollen. Diese Männer dienten dem griechischen Heer während der Nacht als Führer, denn sie wußten genau, auf welchem Weg man Bessus und seine Leute verfolgen mußte. Der König zieht mit seinem Heer weiter, das so aufgestellt war, daß die Schlachtreihen viereckig und auf allen Seiten gleich dicht waren. Er ließ das Heer vorsichtig weiterziehen, damit diese Ordnung nirgends aufgelöst werde. Als es fast Mitternacht ist, kommt König Alexander ein darianischer Flüchtling namens Brocubellus entgegen und sagt ihm, daß Darius noch am Leben und nur noch 25 Meilen entfernt sei. Der Mann bittet den König, mit seinem Heer vorsichtig weiterzuziehen, »denn«, sagt er, »Bessus und Narbazones sind mit einem großen und gut gerüsteten Heer in eurer Nähe. Nach der gewaltigen Schandtat, die sie vollbracht haben, wird man ihnen kaum noch einen Schrecken in die Glieder jagen können, und es hat sich immer wieder gezeigt, wie schwierig es ist, sich mit einem höllischen Schurken auseinanderzusetzen, der nicht mit Schonung rechnet, wenn er in die Gewalt seiner Gegner gerät.« Durch diese Rede beginnt der Eifer des Königs bei der Verfolgung sich beträchtlich zu steigern, und Alexander drängt heftig darauf, daß niemand zögere, bei seinem Pferd die Sporen einzusetzen. Es dauert nicht lange, bis die Griechen Lärm und lautes Krachen hören, denn dort fahren die Wagen des vor ihnen fliehenden Heeres, das einer Begegnung mit ihnen aus dem Weg gehen will. Jetzt könnten sie das Heer der Sarazenen deutlich sehen, wenn nicht Staubwolken und die von den Pferden aufgewirbelte Erde es verhinderten. Deshalb befahl König Alexander, daß das Heer anhalten solle. Sobald es möglich ist, daß sich die Staubwolken setzen, sieht Bessus von einem Berg, wo er sich mit seinem Heer aufhält, daß das griechische Heer auf ihn zukommt. Bei diesem Anblick war ihm nicht wohl, denn er hatte nicht die entfernteste Ahnung, was wegen des von ihm verübten Verbrechens auf ihn zukäme, falls Alexander ihn festnehmen würde.

Andererseits ist zu berichten, daß die Griechen, als sie die Truppe des Bessus sehen, so schnell sie nur können auf die Berghänge hinaufstürmen, und es scheint nicht, als würden sie es vermeiden, sich mit einer Übermacht auseinanderzusetzen. Wäre Bessus mit Mut und Mannhaftigkeit ebenso ausgestattet gewesen wie mit Verrat und Verbrechen, hätte er jetzt Alexander so zusetzen können, daß die Verheerungen, die dieser in Asien angerichtet hatte, als tapfer gerächt gegolten hätten. Denn die Mannschaft des Bessus war um so viel zäher wie sie auch zahlreicher war und besaß alle Kraft, die Schlaf und Nahrung den Menschen zu spenden vermögen. Hätte Bessus dieses Mal die Griechen angegriffen, so hätte sich gezeigt, wie sehr Erschöpfung schadet und was Ruhe bei denen bewirkt, die kämpfen sollen. Doch außer seiner Feigheit waren es vor allem zwei Dinge, die es Bessus verboten anzugreifen: die Tapferkeit der Griechen und der Name Alexander – der Name, den die ganze Welt fürchtete. Genau deswegen zweifelte Bessus daran, daß er mit einer Übermacht siegen würde. Er beschließt nun, mit seiner Mannschaft die Flucht zu ergreifen, und verlangt, daß Darius, der wie gesagt in einer schrecklichen Karre saß, auf ein Pferd steigen und sein Leben durch Flucht vor den ihn verfolgenden Feinden retten solle. Der König antwortet ihm mit den Worten, daß er sich nicht darum kümmere, was der Verräter sage. Er bittet, daß die Götter und König Alexander, falls der ein solcher Kerl ist, wie von ihm behauptet wird, ihn rächen sollen. »Auch wenn mein Leben auf dem Spiel steht, werde ich nicht länger«, sagt er, »der Schar folgen, die über nichts als Betrug und Verrat verfügt. Doch ich habe jetzt nichts zu befürchten, weil sich mein Mangel an Glück von nun an nicht mehr vergrößern kann. Der Tod, mit dem üble Knechte ihrem Herrn drohten, wird meinen Schmerz lindern und mir nach den zahlreichen Qualen, die ich erduldet habe, Ruhe verschaffen.« Bessus und seine Begleiter, die sich im Verrat mit ihm verbunden haben, ertragen diese Worte nicht. Sie schleudern Waffen so dicht wie Hagelschlag auf Darius und lassen erst von ihm ab, als er tödlich verwundet ist. Dann töten sie an seiner Seite seine beiden Diener, die ihn stets begleitet hatten, und verletzen auch die Zugtiere, die seinen Wagen gezogen haben, damit ihre Gemeinschaft und Reisegesellschaft so schnell wie möglich aufgelöst werden. Nach dieser Tat flieht Bessus in ein Reich namens Bactra, und Narbazones macht sich nach Hircanien davon. Sie trennen sich und jagen ihre Mannschaft auseinander, damit sie nicht so schnell entdeckt werden. Manche nötigt allein die Furcht zur Flucht, aber anderen weist diesen Ausweg die Hoffnung, diejenige Eigenschaft, die ein Mensch um so weniger als Begleitung missen darf, je elender es ihm ergeht, denn die Hoffnung bezeugt dem, der an sie glaubt, daß er bessere Zeiten zu erwarten habe.

Es heißt, daß sich dennoch ungefähr fünftausend Soldaten zusammengeschlossen hätten, die nicht fliehen wollten, sondern es vorzogen, in ihrer Heimat zu sterben und so lange wie möglich Recht und Gesetz zu verteidigen. Wie auch immer es ausginge, schien es ihnen gut zu sein: entweder ihr Leben durch tapfere Verteidigung zu verlängern oder es mit großem Ruhm zu verlieren und nicht in Schande einen Dienstherrn wie König Darius zu überleben. Eine große Zahl an Darianern brach sofort die Flucht ab, als sie feststellten, daß einige Widerstand leisten wollten. Während sie sich noch kaum entscheiden können, ob sie Verteidigung oder Flucht vorziehen sollen, dringen auf sie die Griechen ein, denen wie auch sonst drei Dinge zu eigen sind, die denen, die kämpfen müssen, überaus dienlich sind: nämlich Waffen, zuverlässige Kampfkraft und furchtloses Vorgehen. Deshalb nützt es dem Feigen nichts zu fliehen, und viele müssen fallen, obwohl sie kühn sind. Hier geschah, was unglaublich scheinen könnte: daß die Gefangenen viel zahlreicher waren als die, die sie gefangennahmen. Auch die Kriegsbeute war doppelt so groß wie sie bewältigen konnten. Bei diesem Angriff starben dreitausend darianische Soldaten, die tapferen Widerstand geleistet hatten. Die Griechen wurden des Tötens erst so spät überdrüssig, daß sie erst damit aufhörten, als ihnen der König aufzuhören befahl. Dann suchen sie nach Verpflegung und schlachten das gesamte Vieh, das Darius seinem Heer hatte nachtreiben lassen. Als nächstes forschen sie nach, wo sich König Darius aufhält, und durchwühlen alle Wagen, die den Sarazenen gehört haben, finden ihn aber nirgends, denn die Zugtiere, die den Wagen des Königs gezogen hatten, waren in ein kleines Tal geraten.

In diesem Tal verlief ein kleiner Bach. Dorthin hatte sich aus Durst auch ein Grieche namens Polistratus verlaufen. Der Mann sieht die Zugtiere und geht zu ihnen hin um festzustellen, was sie mit sich führen. In dem Wagen, vor den sie gespannt sind, findet er den halbtoten König Darius, der mit einigen erbärmlichen Fellen bedeckt ist. Polistratus fragt in der Sprache, die die Inder sprechen, wer er sei, und der König ist sehr erfreut, weil er die Sprache dieses Mannes verstehen kann, und er antwortet: »König Darius hat gewiß sein Glück noch nicht ganz verloren, wenn ich keinen Dolmetscher brauche, um mit dir zu sprechen. Allein das spendet uns jetzt Trost, daß du hören und weitererzählen kannst, was ich zuletzt noch sage, ehe ich mein Leben beende. Ich wünschte, daß König Alexander mir jetzt so nahe wäre wie du es bist, und daß mein gütiger Feind mich hören könnte. Dann würden wir rasch den langen Streit, den wir ausgetragen haben, beilegen können. Aber weil es das Schicksal verbietet, daß wir miteinander sprechen können, sollst du, wer immer du auch bist, meine Worte Alexander berichten: daß ich die Welt verlasse, indem ich ihm viel Gutes zu entgelten habe, so ehrenwert wie er sich meiner Mutter und meinem Sohn gegenüber verhält. Denn er benimmt sich ihnen gegenüber in jeder Hinsicht so, wie es einem edlen Fürsten geziemt und belastet sie nicht, wie es Soldaten gewöhnlich tun, mit der Feindschaft, die zwischen uns bestand. Er ist die ganze Zeit mein Feind gewesen und war mir dennoch treuer als die, von denen ich annahm, daß sie meine Freunde wären. Denn Alexander hat meinen Lieben das Leben geschenkt, und mit dem Leben gewährt er ihnen zugleich eine respektvolle Behandlung. Diejenigen aber, denen ich vertraute wie mir selbst, haben mich verraten und damit vergolten, daß ich ihnen zugleich mit dem Leben große Macht geschenkt habe. Es ist schrecklich zu erzählen, daß diejenigen Darius getötet haben, die für sein Leben ihr eigenes aufs Spiel gesetzt hätten, wären sie brave Burschen gewesen. Vor seinen Feinden konnte er sich in Sicherheit bringen, aber vor dem Verrat seiner Freunde konnte er sich nicht vorsehen. Nun bitte ich, daß Alexander denen, die mich verraten haben, ihren verdienten Lohn zukommen lasse und sie die Rache spüren lasse, die dem gebührt, der seinen Vater tötet. Ich hätte ihn in einem solchen Fall gerächt, wenn das Schicksal mir das bessere Los bestimmt hätte. Aber nicht nur mir allein wird so etwas zustoßen, sondern es betrifft alle, die über viele herrschen sollen. Doch weil diesmal mich das Los trifft, urteile nun König Alexander gerecht und bestrafe dieses Verbrechen, das der Knecht mit der Ermordung seines Dienstherrn begangen hat, so daß die Bestrafung nicht weniger ungewöhnlich als die Schandtat selbst erscheine. Handelt er nicht auf diese Weise, schiebt er die Rache auf oder läßt sie geringer ausfallen, als es sich gehört, so wird sein zuvor erworbener, strahlender Ruhm verblassen.

Überbringe ihm auch dies von meinen Worten, daß ich ihn bitte, auf sich selbst zu achten und daß er sich vor solchem Verrat, wie ich ausgesetzt gewesen bin, sorgfältig vorsehe und auf der Hut sei vor dieser Gefahr, die sich ganz plötzlich einstellen kann. Solange er regiert, möge er auf die Gerechtigkeit und auf seinen Vorteil bedacht sein, indem er beides gleichermaßen verteidige. Ehe ich sterbe, bitte ich die Götter des Himmels und der Hölle, daß die ganze Welt Alexander untertan sein möge, und daß dieser Mächtige der Mächtigste in einem mächtigen Reich sei. Darüber hinaus bitte ich, daß er mir nicht die Ehre mißgönne, die mir nach meinem Tod entsprechend meiner königlichen Würde gewährt werden soll.« Nachdem er dies gesprochen hat, reicht er dem Griechen seine rechte Hand, damit er Alexander dies zum Zeichen dafür überbringe, daß König Darius am Herzen lag, was er gesagt hatte. Dann haucht er sein Leben aus.

Über diese Ereignisse äußert sich Meister Galterus in seinem Buch: »Selig seien die Seelen«, sagt er, »doch wüßten sie nur vorher schon, was ein guter Mensch für seine Bemühungen erhält, wenn er die Welt verläßt, oder was bösen Menschen bevorsteht, dann würden wir der Gier und der Wollust keinen so freien Lauf lassen, dann würde manch einer zögern, sein Vatererbe zu verprassen und vor allem nach dem Wein zu gieren, der so stark ist, daß ihn kaum ein Faß zu halten vermag. Dann würden die Erben Simons nicht so gewaltsam darauf drängen, für ihr gebotenes Geld wohlfeile Bischofssitze zu bekommen, dann hätten die Brandherde der Laster, nämlich Herr Nummus und die höchsten Fürsten der heiligen Kirche, weniger freien Lauf, und diejenigen, die dem Alter nach noch Kinder sind, würden nicht so früh bischöfliche Würden anstreben, auch wenn sie wegen ihrer Herkunft als vielversprechend gelten, sondern sie würden warten, bis angemessenes Alter, moralischer Lebenswandel und vortreffliche Fähigkeiten sie für diese Stellung bestimmen, ohne die Verdienste und die Unterstützung vornehmer Verwandter. Könnte dann vielleicht geschehen, daß die Kardinäle aus Gründen des Neides und der Zwietracht gleich zwei Päpste auf einmal wählen? Sicher nicht! Dann wäre unter ungerechten Richtern die Bestechlichkeit nicht so weit verbreitet, dann wären auch nicht, wie wir kürzlich erfahren haben, die heiligen Bischöfe Robert von Flandern und Thomas von England ganz in unserer Nähe getötet worden, ohne daß man unterschieden hätte, ob es sich um Geistliche oder Laien handelte.« – Aus diesen Worten ist leicht zu erkennen, in welcher Zeit Meister Galterus lebte. – »Doch aus dem Grund geschieht manchmal, was eigentlich unnatürlich ist, daß der Körper des Menschen, während er nach dem vergänglichen Glück dieser Welt strebt, vom Verlangen nach irdischen Dingen verraten wird, indem er die Seele zum Einverständnis mit sich selbst verlockt, so daß sie Gott vergißt und nicht bedenkt, nach wessen Vorbild sie gemacht ist und wohin sie geht, wenn sie sich vom Körper trennt. Deshalb wird der Mensch so verblendet, daß er nicht mehr das wahre Glück erkennen kann und vielfach begehrt, was die Natur ihm verweigert, daß er vor keiner Schandtat zurückschreckt und sich um Recht und Gesetz nicht kümmert. Aus diesem Grund kümmerte auch Bessus, der weder Gott noch Menschen fürchtete, sich nicht darum, was er tat, um die Herrschaft zu erlangen. Er brachte es sogar so weit, daß er seinen Dienstherrn, einen so herrlichen Fürsten wie König Darius, tötete.« Meister Galterus schließt, indem er nach dem Tod des Darius sagt, daß »falls man dem, was wir geschrieben haben, auch nur ein wenig Vertrauen schenkt, so wird man in Frankreich Darius mit Pompeius Magnus vergleichen, und auch wenn Darius tot ist, wird sein Lob durch meinen Namen fortleben«, sagt er, »solange die Welt besteht«.

Nun erfährt König Alexander vom Tod des Darius und eilt sofort an den Ort, wo die Leiche liegt. Er setzt sich neben der Leiche nieder, schlägt die Hände vors Gesicht und trauert über den Tod des Darius so sehr, daß er die Tränen nicht zurückhalten kann, obwohl er sich doch oft große Mühe gab, daß das, was sich nun ereignet hat, geschehen solle. Nachdem er die Tränen in seinen Augen getrocknet hat, ergreift er folgendermaßen das Wort: »Nur das allein kann den sterblichen Menschen Trost spenden, daß die Ehre nicht sterben kann und der Ruhm nicht unterzugehen vermag. Hast du, König Darius, in deinem Leben, wie es sich gebührt, Großes vollbracht, so wird sich dein Ruhm in der ganzen Welt verbreiten, und dein Ansehen wird nicht in Vergessenheit geraten, wo du doch die Kühnheit besaßest, Alexander Widerstand zu leisten. Hätte ich dich unversehrt angetroffen, so hättest du erfahren, daß es kein schweres Los ist, uns untertan zu sein. Denn nur einem einzigen wärst du unterlegen, allen anderen aber überlegen gewesen. Doch weil diese üblen Knechte, die dein Leben in ihrer Hand hatten, mir mißgönnten, meinen Ruhm zu mehren durch die Milde, die ich dir erwiesen hätte, wenn du in unsere Gewalt geraten wärst, so werde ich, statt dich wie früher anzufeinden, zu deiner Ehre das tun, was ich vermag, nämlich dich an denen zu rächen, die dich verraten haben. Geben die Götter, daß ich mir die ganze Welt ebenso unterwerfe, wie ich dies vollbringe.«

Dann läßt er die Leiche des Darius zum Begräbnis vorbereiten und mit kostbaren Kräutern einbalsamieren. Er richtet seine Bestattung so würdig aus, wie es zu dieser Zeit für die bedeutendsten Fürsten der Brauch war, und ließ ihn neben seinen Vorfahren, den alten Königen der Sarazenen, beerdigen. Er läßt über seiner Grabstätte auch einen hohen Stein aus weißem Marmor errichten, den Apelles mit seiner Kunstfertigkeit wundervoll bearbeitet hatte; derselbe Apelles, der in dieser Geschichte schon einmal erwähnt wurde und der durch dieses Werk noch berühmter wurde. Unter diesem hohen Stein, der auf lateinisch Pyramis heißt, befanden sich vier Säulen, die so gemacht waren, daß ihr Sockel aus Erz, der Schaft aus Silber und das Haupt aus Gold war. Hoch oben auf den Säulen war ein Gewölbe, durchsichtig wie Glas, in der Form dem Himmel vergleichbar. Auf diesem Gewölbe war die ganze Welt abgebildet, unterteilt in ihre Drittel, und welche Länder in den einzelnen Erdteilen liegen, welche berühmten Stätten es in den einzelnen Ländern gibt, die Eigenschaften der Länder wie der Völker, die in diesen Ländern leben, und die Inseln, die im Meer liegen. Es war auch dargestellt, wie das Weltenmeer alle Länder umschließt und wie das Mittelmeer, in das alle Flüsse münden, die Erdteile voneinander scheidet. Da Alexander genau wußte, was Daniel prophezeit hatte, schrieb er über das Grabmal des Darius folgende Worte: »Hier ruht der zeichenhafte Widder, dessen beide Hörner Alexander, der Hammer der ganzen Welt, zerbrach.« Das ist folgendermaßen zu verstehen: »Hier ruht Darius, der in der Prophezeiung Daniels als Widder bezeichnet wurde. Seine Hörner, das heißt die Herrschaftsgebiete, unterwarf sich Alexander, der wie ein eiserner Hammer die Welt bezähmte.« Auf der Grabstätte verzeichnete Apelles auch entsprechend der Aussage der Juden die Jahreszahlen von der Schöpfung der Welt bis zum Beginn der Herrschaft Alexanders: nämlich 4 868 Jahre.

Als nächstes ist nun davon zu berichten, daß Alexander seinen Soldaten den Sold auszahlt und ihre Wunden mit großzügigen Geschenken heilt. Als es die Zeit erlaubt, richtet er seiner ganzen Mannschaft im Heerlager ein großartiges Gelage aus. Bei diesem Gelage kommt das Gerücht auf, daß König Alexander, nach den vielen Siegen, die er errungen hat, vorhabe, sein Vaterland aufzusuchen und der Meinung sei, im Besitz wahrlich sehr weitreichender Gebiete zu sein. Durch dieses Gerücht wird das Heer so gerührt, daß manch einer herumrennt, als sei er toll geworden, daß im ganzen Heerlager ein Getümmel herrscht, weil jeder seine Siebensachen sucht und zusammenträgt, was er besitzt, und gerüstet sein will, als solle man sich schon am nächsten Tag auf den Heimweg machen. Einige brechen die Zelte ab und laden sie auf ihre Wagen. Um es kurz zu sagen: fast alle freuen sich über dieses Hirngespinst, das ohne jeden Grund aufgekommen ist, als habe sie der Himmel mit offenen Armen aufgenommen. Das Gerücht kommt auch Alexander zu Ohren, der daraufhin zuerst zutiefst erbittert wird, dann aber, nachdem er seinen rasenden Zorn etwas gemäßigt hat, befiehlt, seine Heerführer vor ihn zu rufen. Er erläutert ihnen in heftiger Erregung, daß ihn seine eigenen Männer um die Alleinherrschaft über die Welt, die für ihn nun mehr oder weniger frei zugänglich sei, bringen wollten. Statt mit dem großartigen Sieg, den er hätte erringen können, wenn sie ihm zur Seite stehen wollten, müsse er nun einzig und allein mit Schande in seine Heimat zurückkehren. Er behauptet, daß ihn selbst die Götter darum beneideten, daß er vollende, was er in Angriff genommen habe, und daß sie deshalb bewirkten, daß sich das Heer nach seiner Heimat sehne und lieber ruhmlos nach Hause drängen wolle als mit ein wenig Geduld große Ehre zu erwerben und erst dann abzuziehen. Die Heerführer versprechen sofort sehr entgegenkommend, ihn auch jetzt wie zuvor zu begleiten, was immer er auch unternehmen wolle, und sie erklären, daß dies auch die gesamte Truppe tun werde, wenn er erneut versuche, sie mit vielversprechenden Verheißungen für sich zu gewinnen.

Nun läßt der König eine Versammlung einberufen, und als das Heer zusammengekommen ist, setzt er sich auf den für ihn vorbereiteten Thron und ergreift dann das Wort, indem er seine Rede folgendermaßen beginnt: »Es ist nicht zu verwundern, liebe Freunde, daß es euch nach so vielen und großen Ruhmestaten, die ihr vollbracht habt, nach Hause in eure Heimat drängt, um dort den Lobpreis zu hören, der über euch gesungen wird, weil durch eurer Hände Arbeit Griechenland von dem drückenden Joch befreit wurde, dem es so lange durch die sarazenische Tyrannei unterworfen gewesen war. Außerdem habt ihr für uns Syrien und Armenien, Parthien und Persien und noch viele andere Reiche erobert. Durch eure Tapferkeit haben wir zahlreichere Länder in Besitz genommen als andere Könige mit ihrem Glück Städte. Wüßte ich sicher, daß wir dieses riesige Reich zusammenhalten können, auch wenn wir uns von dem, was wir erst vor kurzem errungen haben, entfernen, würde ich auch ohne euer Drängen nichts ebensogern tun als mein Vaterland und meine Verwandten aufzusuchen und den erworbenen Ruhm zu genießen. Doch weil das Reich noch jung ist und noch nicht auf so sicherem Grund steht wie es sollte, und weil die von uns besiegten Völker noch nicht ausreichend gezähmt sind, um unter unserem Joch zu gehen, ist es äußerst unsicher, wie wir unser Siegesglück genießen werden, wenn wir nicht umsichtig dafür Sorge tragen. Wie Reisefertige, die einmal Fahrtwind haben und dann plötzlich wieder Gegenwind, so sollten wir diese Völker während unseres Aufenthalts mit unseren Gewohnheiten belästigen, so daß sie sich innerhalb angemessener Zeit durch die Gewöhnung an unsere Nähe der Zähmung fügen, indem sie ihr beharrlich tölpelhaftes Benehmen ablegen. Mit Geduld ist oft viel zu erreichen; so sind die Feldfrüchte besser, wenn man sie nicht vor der vollen Reife erntet, und auch den Wein soll man nicht vor der festgesetzten Zeit lesen. Unverständige Tiere, sogar Löwen und andere sehr wilde Tiere, kann man durch lange Gewöhnung so zähmen, daß sie ihre Veranlagung verlieren und ihrem Meister gehorsam und ergeben werden.

Ihr guten Kämpen habt die Sarazenen zwar besiegt, aber noch nicht gezähmt, mit Waffen bezwungen, aber noch nicht zur Gemeinschaft mit euch geeint. Denn dieselben, die eure Anwesenheit fürchten, werden sofort eure Feinde werden, sobald ihr verschwindet. Auch wenn der höchste König der Sarazenen nun gefallen ist, gibt es für uns in seinem Reich noch viele Widersacher. Bessus und Narbazones ziehen in dem Teil des Reiches, den wir uns noch nicht unterworfen haben, ein Heer zusammen. Es ist eine große Schande, daß diejenigen, die dazu geboren sind, Knechte mit gefesselten Füßen zu sein, nach der großen Schandtat, die sie bereits vollbracht haben, nun danach trachten, nach Darius die Herrschaft zu übernehmen. Wie Ärzte, die, wenn sie Wunden heilen, gewöhnlich alles Schlechte wegschneiden, damit Gesundes nachwachsen kann, so werden wir mit unseren Schwertern alles abtrennen, was unserer Herrschaft schaden könnte; erst dann werden wir von hier abziehen. Oft geschieht es, daß ein einziger Funke, auf den man nicht achtet, großes Übel verursacht. Wer sich sicher fühlen will, muß die ganze Streitmacht seiner Feinde sorgfältig zerschlagen. Beachtet er dies nicht, ist es, als rüste er gegen sich selbst. Haben wir vielleicht deshalb die große Mühe auf uns genommen, Darius zu besiegen, damit nach ihm Bessus die Herrschaft übernehmen soll? Bitte, ihr Beherrscher der Welt, laßt uns nicht diese

Schmach widerfahren. Geringer Aufwand ist es, den Verräter zu besiegen, und man braucht nicht weit zu gehen, denn von hier aus werden wir nur vier Tagesmärsche weiterziehen, bis er einer Begegnung mit uns nicht mehr aus dem Weg gehen kann. Es ist erwiesen, daß euch keine noch so unwegsame Strecke aufhalten kann, und für solche Leute wäre selbst das Weltenmeer passierbar, wenn es darauf ankäme. Denn der Siegreiche kennt keine Hindernisse, ihm ist nichts unmöglich. Nun heißt es nicht lang nach dem Sieg suchen, denn er steht direkt vor der Tür. Es gibt nur noch wenige, die noch nicht besiegt sind, und wir werden sie besiegen. Dafür werdet ihr den Ruhm erwerben, der immer und immer fortbestehen wird, wenn unsere Nachkommen hören, daß wir durch eurer Hände Arbeit König Darius gerächt haben. Auch wenn Herkules persönlich bewirken würde, daß vor euch keiner davonläuft, der des Verrats an seinem Dienstherrn überführt ist, wären solche Taten wohl erwähnenswert, und wir werden in Asien nur dann beliebt werden, indem wir dies vollbringen.« So spricht König Alexander, worauf das gesamte Heer sofort die Hand hebt und mit erhobener Hand verspricht, freudig und bereitwillig alles zu tun, was er verlangt, ob es zuvor als gut oder schlecht gegolten hat. Jetzt befiehlt er, daß man das Heerlager sofort abbrechen und sich rüsten solle, um Bessus und seine Leute so schnell wie möglich zu verfolgen.

Buch VIII

Drei Nächte nach der Versammlung, von der eben berichtet wurde, kommt Alexander mit seinem Heer in ein Land namens Hircanien. Nachdem er dieses Land erobert hat, und nachdem der üble Schurke Narbazones, der Darius verraten hatte, gefangengenommen, aber, weil er so darum bettelte, nicht getötet worden ist, kommt in das Heerlager des Königs aus Amazonien eine Königin namens Kalestris mit zweihundert Jungfrauen, die man in dänischer Sprache wohl als Schildjungfrauen bezeichnen mag. Diese Königin herrschte über alle Länder zwischen einem mächtigen Gebirge namens Kaukasus und einem Strom namens Phasis. Als sie vor den König trat, war sie so gerüstet, daß sie in der rechten Hand zwei Pfeile trug und einen Köcher an der linken. Ihre Kleidung war von der gleichen Machart wie die der anderen Amazonen, die sie gewöhnlich so kurz tragen, daß sie nur bis zu den Knien reicht. Die Brust, an der sie die kleinen Mädchen nähren – denn allein die wollen sie aufziehen –, tragen sie immer entblößt, während sie die andere ansengen, damit sie kleiner werde und es ihnen leichter falle zu schießen oder den Bogen zu spannen. Königin Kalestris starrte den König lange an und wunderte sich sehr, weil die Größe seines Körpers nicht der seines Ruhmes entsprach, und sie überlegte bei sich, wo sich die riesige Kraft, über die er verfügte, verberge oder ob sie in einem so kleinen Mann überhaupt Platz haben könne. Diese Art von Völkern, von denen auch die Königin abstammte, und die weit entfernt sind von den Gegenden der Welt, in denen mehr Verstand herrscht, schätzen allein diejenigen, die hochgewachsen oder gut gekleidet sind, und sie glauben, daß allein diejenigen viel zuwege brächten, die die Natur reichlich mit Körpergröße und Schönheit ausgestattet hat. Doch kommt es manchmal vor, daß ein kleiner Körper über großen Verstand verfügt, und nur manchmal entspricht die Leistung dem Wuchs des Menschen.

Nachdem die Königin einige Zeit vor ihm gestanden und ihn betrachtet hat, fragt König Alexander sie, welches Anliegen sie zu ihm führe und welche Ehre er ihr erweisen könne. »Ich will«, sagt sie, »mir einen Erben schaffen, und ich kam hierher, weil ich zu diesem Zweck mit keinem anderen Mann schlafen will als mit dir. Niemandem gönne ich es mehr als mir, den Sohn zu zeugen, der nach einem solchen Fürsten über diese Länder herrschen wird. Ich kenne keine, die es mehr wert wäre als ich, um in den Genuß dieser Ehre zu kommen. Sollte es uns vergönnt sein, eine Tochter zu bekommen, dann will ich sie aufziehen. Sie wird dann nach ihrer Mutter die Herrschaft übernehmen, wenn mir etwas geschehen sollte. Falls wir aber einen Sohn bekommen, dann werde ich ihn dir zur Verfügung stellen.« »Willst du«, sagte der König, »mich auf Kriegszügen begleiten und dich nie mehr von mir trennen?« »Ich muß«, sagte sie, »bald wieder in mein Reich zurückkehren, das ohne Schutz ist, solange ich fort bin.« Obwohl sie nur kurze Zeit mit dem König verbringen will, so wird ihr doch ihre Bitte erfüllt. Sie bleibt knapp einen halben Monat bei ihm, kehrt dann in ihr Reich zurück und ist der Ansicht, ihr Vorhaben gut erledigt zu haben. Es steht geschrieben, daß sie und Alexander eine Tochter bekommen hätten.

Von Bessus, dem üblen Schurken, der Darius verraten hatte, ist nun zu berichten, daß er in ein Reich namens Bactra gelangt ist, wo er sich den Königstitel verleihen lassen und ein Volk namens Skythen zum

Bündnis mit sich verlockt hat. Nun rüstet er zum Kampf und beabsichtigt, Alexander Widerstand zu leisten. Als der von diesen Neuigkeiten erfährt, wird er zutiefst erbittert. Doch wegen der Unmenge an Schätzen, die sie angehäuft hatten und die jeder behalten wollte, war seine Truppe so unbeweglich, daß er sich nicht so schnell wie er wollte zum Angriff gegen Bessus rüsten konnte. Da faßt er den Beschluß, der seltsam klingen mag, nämlich zu befehlen, daß man alle Dinge, die, wie er erkennt, das Heer beim Marsch behindern, auf eine weite Ebene hinausbringen solle. Zuerst läßt er seinen eigenen Anteil an der Beute dorthin bringen, teure Stoffe, Gold und Geschmeide sowie allerhand Kostbarkeiten. Dann muß auf den Befehl des Königs einer nach dem andern seine Habe dorthin bringen. Als diese mörderische Menge an Geld, deren Umfang kaum zu schätzen ist, an einem Ort zusammengetragen ist, tritt der König persönlich hinzu und entfacht ein Feuer. Neben diesem Scheiterhaufen, auf den man die Schätze geworfen hatte, steht manch einer, der innerlich genauso lodert wie äußerlich das Geld. Innerhalb kurzer Zeit verbrennen dort die gesamten Schätze, die sie über eine lange Zeit hinweg zusammengetragen hatten, und für die sie Hitze und Kälte erduldet hatten, um sie zu bekommen und um sie zu behüten, nachdem sie sie erhalten hatten. Doch keiner, ob reich oder arm, wagte es, sich darüber zu beklagen, wo doch der Urheber dieses Werkes der König persönlich war, der den anderen hinsichtlich des Vermögensverlustes in nichts nachstand. Es heißt, daß die Soldaten, nachdem dies vollbracht war, erklärt hätten, von großen Sorgen befreit worden zu sein, und diejenigen, die zuvor Sklaven des Geldes gewesen waren, erkannten nun, daß sie durch den Beschluß des Königs und die Verdienste des Feuers ihre Freiheit zurückerhalten hatten.

Danach setzte sich das Heer in Bewegung und beabsichtigte, nach Bactra zu ziehen, um dort nach Bessus zu suchen. Da geschah es, daß König Alexander, der sich nun vor seinen Feinden sicher fühlte und ohne Furcht war, bemerkte, daß seine eigenen Leute einen Anschlag auf sein Leben planten. Ein Freund, dem der König voll und ganz vertraute, war Philotas, ein Sohn Parmenios, des Mannes, der an allem beteiligt war, was der König zu seinem Ruhm unternahm. Philotas hatte einen Schildträger namens Dimus. Dieser Dimus hatte mit seinen Kameraden beschlossen, den König in die Unterwelt zu befördern. Dies entdeckt ein Mann namens Cebalinus, der Philotas davon erzählt und ihm eindeutige Beweise dafür liefert. Philotas erklärte jedoch, daß er dies nicht glaube, und schenkt ihm keine weitere Beachtung. Als Cebalinus feststellt, daß sich Philotas nicht um seinen Bericht kümmert, weiht er einen Mann namens Metron ein, der dem König sofort davon erzählt. Anschließend werden diejenigen festgenommen, die diesen üblen Plan geschmiedet hatten. Sobald Dimus, der die Quelle dieser Verschwörung gewesen war, erfuhr, daß dem König sein Vorhaben entdeckt worden war, und als er sah, daß seine Kumpane gefangengenommen waren, ließ er sich in sein Schwert fallen, denn er wollte nicht das Risiko eingehen, daß andere seinen Todestag festsetzten. Nun wird gegen Philotas die Anklage vorgebracht, daß er den Tod des Königs gewollt habe, und man bringt als Beweis vor, daß er zwei Tage lang verschwiegen habe, was Cebalinus ihm erzählte. Dann wird er ebenso gefangengenommen wie diejenigen, die des Verrats überführt sind.

Nun läßt der König eine Versammlung einberufen, worauf sich das Heer vollständig bewaffnet versammelt, so wie er es befohlen hat. Keiner schien zu wissen, was die Versammlung zu bedeuten habe, und alle waren äußerst neugierig, was geschehen werde. Zunächst berichtet der König von der üblen Verschwörung, die Dimus und seine Kumpane geplant hatten, dann läßt er die Leiche des Dimus herbeischaffen und spricht: »Es hat nicht viel gefehlt, meine Kameraden, daß wir getrennt worden wären. Es ist nur dem Glück zu verdanken, daß ich noch lebe.« Bei diesen Worten des Königs waren im Heer laute Mißfallensäußerungen zu hören, und alle forderten, daß er ihnen bekanntgeben solle, wer die Männer seien, die ihr Leben verwirkt hatten, indem sie ihm nach dem Leben trachteten. Da sagt er: »Der spezielle Freund meines Vaters, mein lieber Parmenio, der unter allen Männern die größte Gunst genossen hat, er ist die Wurzel und die Quelle des Anschlages gegen mich. Sein Sohn Philotas, der seinem Vater zu diesem üblen Beschluß beigepflichtet hat, wählte sich folgende Genossen: Lechalaurus, Demetrius und Dimus, der hier tot vor euch liegt.« Im Heer entsteht lautes Geraune, und dann treten drei Männer vor, nämlich Cebalinus, Metron und Nichomachus, der zuerst Kundschaft von dem Verrat erhalten hatte, und sie bezeugen die Aussage und berichten der Menge, wie diese Schandtat ihren Anfang genommen hat. »Überlegt nun«, sagt der König, »wie ergeben er seinem Herrn war, wenn er von diesem Verrat wußte, ihn aber verheimlichte. Durch den Tod des Dimus wird jedoch deutlich, wie passend es war, es zu verheimlichen, denn Dimus wollte lieber sterben als gestehen. Cebalinus berichtete sofort davon, als er es bemerkte, doch nur Philotas glaubte es nicht. Die große Macht, die wir ihm übertragen hatten, ließ ihm die Brust so sehr schwellen, daß er nun König werden wollte. Er hat wohl angenommen, daß mich nur wenige rächen wollten, wenn ich ermordet würde, weil mein Vater tot ist und ich keine Söhne hinterlasse. Das darf er aber nicht glauben, denn hier zu meinen beiden Seiten kann er zahlreiche Heerführer sehen, und solange sie mir unversehrt erhalten bleiben, wird er nicht feststellen können, daß ich meinen Vater oder andere Verwandte vermisse. Mir scheint seine Schuld auch nicht dadurch vermindert zu werden, daß Dimus nicht gegen ihn aussagte, denn es darf als wahrscheinlich gelten, daß mancher Bedenken bekommt, seinen Herrn eines solchen Verbrechens zu beschuldigen. Ich weiß auch, daß sich Philotas häufig mißbilligend über mich äußerte und bereitwillig anderen lauschte, die dies ebenfalls taten. Er sagte auch, er begrüße es, daß man Jupiter als meinen Vater bezeichne, und doch meinte er, daß das armselige Volk zu beklagen sei, das mir untertan ist und das meine jegliches Maß übersteigende Tyrannei ertragen muß. Von so etwas ließ ich mich nicht anfechten, obwohl ich davon wußte, denn ich wollte es mir deswegen nicht mit meinen Freunden verderben, die ich mir so teuer erkauft hatte. Da es ihm nicht mehr genügte, nur mit der Zunge zu morden, wollte er nun Waffen gebrauchen. Wem soll ich jetzt noch vertrauen können, wenn der mich verraten wollte, von dem ich annahm, daß er um so zuverlässiger mein Leben schütze, je größere Macht ich ihm übertrug? Alexander sollte lieber durch seine Feinde im Kampf fallen als von seinen Freunden gefällt werden, die er nicht fürchten oder wie Feinde meiden sollte. Was kann ich nun tun«, sagt er und blickt nach beiden Seiten auf seine Heerführer, »als zu euch, meinen Schwurbrüdern, zu fliehen? Ich kann nicht und will nicht unversehrt bleiben, ohne daß ihr es wollt, und wenn ihr es wollt, daß ich unversehrt bleibe, dann rächt mich an den Verrätern und bestraft sie so, wie sie es verdienen.«

Nachdem er dies in großem Zorn gesagt hat, verläßt er die Versammlung, läßt aber Philotas gefesselt den Versammelten vorführen und ordnet an, daß dieser für sich einstehen dürfe, damit man nicht behaupten könne, die Gesetze seien im Gefolge dieses Fürsten ihrer Gültigkeit beraubt worden. Nun stand Philotas im Kreis der Männer, bleich und mit sorgenvollem Gesicht, die Hände auf dem Rücken gefesselt und schäbig gekleidet, nicht zu vergleichen mit dem, der noch kurz zuvor sich seiner Stellung bewußt neben dem König einherschritt, der Anführer der Soldaten und von allen Heerführern der angesehenste war. Den meisten rührte es das Herz, als sie ihn in diesem Zustand sahen. Das machte die Liebe, die sie seinem Vater Parmenio entgegenbrachten. Sie fanden es schrecklich, daß einem solchen Mann ein so schweres Schicksal beschieden war. Er hatte schon zuvor zwei seiner Söhne im Kampf verloren: Hector und Nichanor, den großen Kämpen, von dem schon früher in diesem Buch die Rede gewesen war. Jetzt war, um den Vater zu trösten, nur noch der übrig, der auf so schwerwiegende Anschuldigungen antworten sollte; ihm konnte aber Parmenio nicht zu Hilfe kommen, weil er nicht anwesend war. Deshalb nahm bei vielen der Groll weitgehend ab, bis ein Heerführer namens Aminthas, der dazu ausersehen war, die Sache des Königs zu vertreten, begann, Philotas vielfache Vorwürfe zu machen und so den besänftigten Zorn der Edlen und der Gemeinen wieder entfachte.

Nun erkennt Philotas, daß seine Geschichte ein rasches Ende nehmen werde, falls er nicht für sich einsteht, und er beginnt seine Rede folgendermaßen: »Meine Kameraden«, sagt er, »ein unschuldiger Mann findet leicht Worte, um sich zu verteidigen, aber für den armseligen wird es schwierig, die Punkte geschickt vorzubringen, die er in seiner Rede behandeln will. Auch wenn in dieser Angelegenheit, in der zu antworten ich genötigt bin, mich meine Unschuld, auf die ich mich berufen kann, sicher und furchtlos macht, so läßt doch der Haß des Schicksals, der mich überfällt und mir den Tod verheißt, mein Herz erzittern und erbeben. Andererseits wird es mir auch nicht gelingen, mich vor dem zu rechtfertigen, der die Angelegenheit gerecht untersuchen und dann darüber entscheiden soll. Denn warum will er jetzt nicht dabeisein, wo er doch meinen Fall ganz allein entscheiden will? Es darf mich auch kein anderer freisprechen, denn es wird wohl kaum geschehen, daß ich freikomme, wenn mich nicht der befreit, der mich binden ließ. Doch wenn sich ein gebundener Mann auch nur schwach verteidigen kann, und wenn der, der sich nicht vor den Richtern zu rechtfertigen vermag, eher den Anschein erweckt, als klage er den Urteilenden der Ungerechtigkeit an, so werde ich dennoch so gut ich kann für mich einstehen und meine Sache vertreten, solange ich dafür Argumente und Indizien finden kann.

Ich verstehe nicht, aus welchem Grund mich der königliche Hof verurteilen könnte. Keiner weist mir nach, daß ich mich mit denen verbunden hätte, die den König verraten wollten. Dennoch hält er es für bewiesen und beschuldigt mich, daß ich der Rädelsführer der Verschwörung gegen ihn gewesen sei. Doch wie wahrscheinlich wäre es, daß Dimus seinen Herrn deckte, wenn er sich dadurch hätte rechtfertigen können, daß er dessen Befehl ausführte? Es ist unwahrscheinlich, daß der einen anderen schont, der sich selbst nicht schont. Man darf wohl glauben, daß Dimus von denen, die mit ihm zusammen an der Verschwörung beteiligt waren, Philotas als ersten angeführt hätte, falls er sich damit verteidigen und so seine Schuld mindern können hätte, indem er, wie es andere auch taten, den kostbaren Namen seines Herrn genannt hätte. Wenn zwei des gleichen beschuldigt werden, kann es oft geschehen, daß der Bedeutendere dafür einstehen und entgelten muß, was beide ausgeführt haben. Sagt nun, meine Männer, die ihr wohl Freunde des Gesetzes seid und es ja auch gut kennt, wie kann man einen Menschen, dem niemand ein Verbrechen nachweisen kann und der auch keines gesteht, rechtmäßig zum Tod verurteilen? Man würde hier und heute nicht über mich richten, wenn mir Cebalinus nicht davon berichtet hätte, daß er Verdacht auf Verrat gegen den König geschöpft habe. Doch mir wird vorgeworfen, daß ich verschwiegen habe, was er mir erzählte. Was soll's! Ist es denn glaubhaft, was irgendein Junge daherredet? Unbedeutend ist eine Geschichte, die einer in die Welt setzt, der selbst von geringer Bedeutung ist, denn die Worte soll man am Mann messen. Wäre ich mit Dimus und seinen Kumpanen verschworen gewesen, wäre keiner bloßgestellt worden, ehe nicht die Tat ausgeführt gewesen wäre. Denn es fehlte nicht an Zeit, ob man es lieber heimlich oder öffentlich tun wollte. Zuerst konnte ich Cebalinus töten, damit er nicht dem König dieselbe Geschichte wie mir erzählte. Nachdem er mir davon erzählt hatte, ging ich dann mit meiner vollbewaffneten Schar in die Gemächer des Königs, und als ich hineinkam, konnte ich tun, was mir nun vorgeworfen wird, daß ich es beabsichtigt hätte. Hätte ich es vielleicht nicht gewagt, wenn Dimus nicht in meiner Nähe gewesen wäre? Denn er war der Rädelsführer in diesem üblen Plan, den er mit seinen Kumpanen geschmiedet hatte. Glaubt man denn, ich hätte ihn an vorderste Front geschickt und mich verborgen gehalten?

Man glaubt auch, ich hätte die Herrschaft beansprucht, hätte man Alexander töten können. Sagt nun, meine Männer, die ihr hier steht, ob ich irgendeinem von euch Geld dafür geboten oder einen von euch den anderen vorgezogen habe. Mein Herr beschuldigt mich auch, daß ich seine Untertanen als beklagenswert bezeichnet habe, wo ihn doch Jupiter als seinen Sohn anerkennt. Jetzt sehe ich, was mich verführt hat, nämlich Zuneigung und Zuverlässigkeit, Treue und gute Ratschläge, die ich ihm in wohlmeinender Zurechtweisung erteilt habe. Ich verhehle nicht, daß ich ihm beinahe geschrieben hätte, und zwar nicht aus Feindseligkeit, sondern in guter Absicht, daß es eher die Sache anderer als seiner selbst sei zu bezeugen, daß Jupiter sein Vater ist, und daß die Gefahr des Neides bestehe, wenn er sich selbst darüber äußerte. Was nützt es mir nun, mich von Kindesbeinen an um ihn bemüht zu haben, und zwar so sehr bemüht, daß ich an manchem Tag seinetwegen mein Blut vergossen und außerdem meine beiden Brüder verloren habe. Meinen Vater kann ich nicht um Hilfe bitten. Auch wenn er hier anwesend wäre, würde ich es kaum wagen, seinen Namen zu nennen, denn er wird des gleichen beschuldigt wie ich. Es scheint noch nicht zu genügen, daß er bereits zwei seiner Söhne hergeben mußte, sondern er verliert nun auch noch den dritten. Nun denn, geliebter Vater, du wirst mit mir und wegen meiner Vergehen sterben müssen. So nimmt das Schicksal seinen vollen Lauf, wenn der Sohn dem Vater zum Verhängnis wird. Was mag wohl jämmerlicher sein, sein Alter oder meine Jugend, wenn man mir Unschuldigem das Leben verwehren will, ehe ich meine volle Reife erlangt habe, und wenn man ihm einen baldigen Tod bestimmt hat, obwohl ihn die Natur vermutlich ebenso bald rechtmäßig aus dem Leben abberufen würde, wenn ihn das Schicksal dies erwarten ließe.« So sprach Philotas.

Dann kehrt der König mit seiner vollbewaffneten Schar zur Versammlung zurück, worauf sich sofort die Heerführer beraten, ob man Philotas nach altem Brauch zu Tode steinigen solle oder ihn zu einem Geständnis foltern solle. Der König stimmte dem zu, daß man ihn durch mannigfaltige Qualen dazu presse, seine Schuld zu gestehen. Er befiehlt den Peinigern, daß sie alle ihnen zur Verfügung stehenden Folterwerkzeuge vor den Augen des Philotas ausbereiten sollten. Nachdem sie das getan haben, sagt Philotas: »Ihr braucht mir keine noch schlimmere Folter zu bereiten, denn ich gestehe, den Tod des Königs gewollt zu haben.« Als sie ihn lange gefoltert hatten und es so weit gekommen war, daß keine weiteren Wunden mehr auf seinem Körper Platz fanden, sagte er endlich, wie er sich den Tod des Königs gedacht hatte. Doch die Leute waren sich nicht einig, ob er es wirklich getan hatte oder ob er sich einer solchen Schandtat nur deshalb beschuldigte, um schneller zu sterben und sich so weiteren Qualen zu entziehen.

Über diese Ereignisse äußert sich Meister Galterus folgendermaßen: »Große Mühe verwendet das Schicksal darauf, manchen Mann zu fördern, doch nicht selten bringt es ohne zu zögern den schnell zu Fall, den es zuvor emporgehoben hatte. Sieh, wozu es diesen Mann, der aus keinem vornehmen Geschlecht war, mit großer Mühe gemacht hatte: Er war ein Heerführer, Befehlshaber einer großen Truppe und neben seinem Vater Parmenio einer der größten Kämpen im Heer. Kurz darauf wurde er gestürzt, als er versuchte noch höher hinaufzusteigen. Er, der mit seiner Hand das Zeichen gegeben hatte, wenn sich das Heer in Bewegung setzen sollte, wurde von der Hand aller gesteinigt. Eitel ist der Ruhm der Welt«, sagt er, »und sehr unbeständig. Es ist ein nichtiger Titel, Heerführer genannt zu werden, wenn man danach giert, über andere zu herrschen, ihnen aber nicht hilft.«

Nachdem sechs Tage seit dem Tod des Philotas vergangen sind, zieht König Alexander mit seinem Heer weiter, wie er es vorher beabsichtigt hat, und er macht erst halt, als er Bessus gefaßt hat. Als Bessus vor den König geführt wurde, gefesselt und aller Kleider beraubt, sah ihn Alexander zornigen Blickes an und sprach: »Wie konntest du dich erdreisten, du übler Schuft, daß du es wagtest, deinen Herrn, den teuren Fürsten König Darius, in Fesseln zu legen, und daß du so sehr nach seiner Herrschaft giertest, daß du ihm das Leben nahmst?« Nachdem er diesem Mann, wie der es verdient, viele böse und verächtliche Worte an den Kopf geworfen hat, läßt er ihn dem Bruder des Darius übergeben, damit dieser sich um ihn kümmere. Er hatte sich seit dem Tod des Darius ständig bei König Alexander aufgehalten und stand dort in so großer Gunst, daß er zu denen zählte, die der König mit seinem persönlichen Schutz betraut hatte. Dieser Mann läßt Bessus lange und auf vielfältige Weise foltern und nach einiger Zeit an den Galgen knüpfen. Somit endete sein Leben, indem er um so tiefer fiel, je höher er hinaufgeklettert war.

Dann zieht König Alexander mit seinem Heer an einen Fluß namens Tanais, an dessen einem Ufer er weitergeht, bis er in ein Reich namens Bactra kommt, während auf der anderen Seite des Flusses Skythien liegt, das manche auch Großschweden nennen. Dieser Tanais scheidet auch die Erdteile Asien und Europa. König Alexander hatte schon lange im Sinn gehabt, sich Skythien zu unterwerfen. Jetzt stellt er entlang des Flusses sein Heerlager auf und läßt die Schiffe rüsten, auf denen er sein Heer weiterbefördern lassen will. Als die Vorbereitungen so weit gediehen sind, daß er plant, am nächsten Tag mit dem Heer über den Fluß zu setzen, kommen aus Skythien zwanzig Männer zu ihm geritten, die von den Bewohnern des Landes ausgeschickt wurden, um ihn aufzusuchen. Sobald sie in Hörweite des Königs gekommen sind, trägt der älteste von ihnen ihr Anliegen vor und beginnt, nachdem er den König einige Zeit betrachtet hat, seine Rede folgendermaßen:

»Entspräche deiner Körpergröße, König, die Größe deiner schrankenlosen Gier, so hättest du kaum Platz in der Welt. Ich glaube, auch wenn du dir die gesamte bewohnte Welt unterwerfen könntest, schiene dir das nicht genug, wenn du nicht auch den Himmel beherrschtest. Denn du gierst danach, auch das zu bekommen, aus dem du keinen Nutzen ziehen kannst. Was wirst du denn noch zu tun haben, wenn du die ganze Menschheit besiegt hast, außer mit den wildesten Tieren zu ringen oder gegen andere Kreaturen zu kämpfen? Vielleicht quälst du dann auch die unverständige Schöpfung, Wälder und Gebirge, damit sie deiner Tyrannei untertan sind. Es ist aber denkbar, daß sogar die stärksten Bäume innerhalb kurzer Zeit gefällt werden, auch wenn sie auf einem starken Wurzelstock stehen. Der Löwe, der heute der König der übrigen Tiere zu sein scheint und es auch ist, kann schon morgen zum Futter für kleine Vögel werden. Ätzender Rost zerstört hartes Eisen. Was ist denn so stabil und stark in der Welt, daß es sich nicht zu fürchten bräuchte? Oft bringt ein kleiner Buckel eine große Ladung zu Fall. Niemand ist vor dem Tod gefeit. Alle zwingt er in die Knie.

Sag mir, Alexander, was haben wir Skythen dir getan? Wir haben nie gegen dich gekämpft, und deshalb laß uns, die wir dich nicht näher kennenlernen wollen, in Frieden. Uns ersetzen Höhlen die Hallen, und wir begnügen uns mit dem, was uns die Natur, die Urmutter, schenken wollte. Dieses Volk begehrt nicht mehr, als in Freiheit das zu behalten, was sie ihm schenkt. Deshalb können wir keinem untertan sein. Wir wollen aber auch nicht andere beherrschen. Wir bezeichnen den als glücklich, der sich selbst König ist, und der das Seine in Freiheit bewahrt und nicht nach dem Hab und Gut anderer trachtet. Doch falls du, König, noch einen Schritt weitergehst, dann überschreitest du die Grenze, die die Natur, die alle, die sich nach ihr richten wollen, wahrhaft glücklich macht, dir und anderen gesetzt hat. Du sollst wissen, womit wir uns in unserem Land beschäftigen: Es fehlt nicht an Vieh, von dem wir ausreichend Nahrung und Kleidung erhalten. Wir besitzen auch einige Waffen, aber um Gold oder anderes Geschmeide kümmern wir uns kaum. Es wundert uns sehr, daß du, der du so viele Reiche und große Länder unterworfen hast und jetzt auch Indien erobern willst, dich nicht schämst, die Finger nach unserem Vieh auszustrecken. Aus der Maßlosigkeit deiner Gier können wir deutlich erkennen, daß du wohl glaubst, um so mehr zu brauchen, je mehr du an dich reißt. Doch es kann sein, während du dich bemühst, dir dieses Volk zu unterwerfen, daß sich diejenigen gegen dich erheben, die sich dir zuvor ergeben hatten, und daß du dich demnächst gegen die verteidigen mußt, die dir zuvor besiegt zu sein schienen. Wenn du nun den Fluß Tanais überschreitest, wirst du vermutlich feststellen, noch ehe du Skythien, das bis jetzt in Freiheit gelebt hat, erobern kannst, daß es lieber sein Hab und Gut ehrenvoll verteidigen wird als es, ohne Widerstand zu leisten, schmachvoll und schändlich zu verlieren. Du darfst dich darauf gefaßt machen, daß die Skythen in ihrer Armut schnell zu Fuß sind. Für dein Heer, das fast das ganze Gold der Welt hinter sich herschleppt, wird es nicht leicht werden, Hand an sie zu legen, denn wenn sie wollen, können sie von euch weit entfernt sein, und wenn ihr glaubt, daß sie weit weg seien, tauchen sie vielleicht demnächst in euerm eigenen Heerlager auf. Hier wirst du auch keine Städte oder Burgen zu erstürmen brauchen, weil dieses Volk keines von beiden zu seiner Verteidigung besitzt. Es lebt verstreut in der Wüste, die andere Menschen eher für unbewohnbar halten. An einem anderen Ort schiene es dir vielleicht eine Kleinigkeit zu sein, gegen uns zu kämpfen, die wir doch kaum etwas haben, wonach es dich verlangen könnte, denn wir wollen nur soviel besitzen, um überleben zu können.

Deshalb, König, beherzige den guten Rat, den wir dir geben wollen: Halte dein Glück fest, solange du die Möglichkeit dazu hast, denn es ist sehr unbeständig. Wenn es will, kann es niemand gewaltsam festhalten. Nutze die Gunst deines Schicksals, in dem du den Krieg beendest, dir Ruhe nach der langen Mühsal gönnst, du dich selbst zügelst, ehe für dich das Glück sein Rad wendet. Da unsere Vorfahren es so beschrieben haben, daß es keine Füße, aber Hände und Flügel habe, so paß auf, daß du auch die Flügel ergreifst, solange es dir die Hände reicht, damit es dir nicht davonfliegt, ehe du dich versiehst. Falls es stimmt, wie manche munkeln, daß du ein Gott und kein Mensch bist, dann geziemt es sich, daß du den Menschen von deinen Gütern, von denen du wohl genügend hast, etwas abgibst, statt daß du ihnen das Wenige, das sie zur Verfügung haben, nimmst. Bist du jedoch ein Mensch wie wir, so vergiß nie, was du bist. Denn es ist unklug, den Sinn so fest an etwas anderes zu heften, daß man sich nicht mehr daran erinnert, wer man ist. Wenn du uns in Frieden leben läßt, werden wir deine Freunde sein. Wir sind der Ansicht, daß Freundschaft dann am verläßlichsten ist, wenn diejenigen sie schließen, die einander zuvor nicht bezwingen konnten. Du brauchst aber nicht zu glauben, daß dir diejenigen treu sein werden, die du mit deiner Übermacht unterdrückst. Denn eher wird die Erde wie der Himmel mit Sternen besetzt sein, als daß eine Freundschaft, die unter Zwang geschlossen wurde, vollkommen verläßlich sein wird, denn derjenige, der gezwungen wird zu dienen, hegt immer häßliche Gedanken, auch wenn er bisweilen schöne Worte spricht.«

So schließt der Mann, der von den Skythen gesandt worden war, seine Rede. Doch König Alexander ändert wegen dieser Worte seine Pläne dennoch nicht: Denn am nächsten Tag läßt er sein Heer über den Fluß Tanais befördern, und obwohl dies unter großen Anstrengungen und Gefahren vor sich geht, gelingt es ihm schließlich doch, die seiner Meinung nach benötigte Truppe überzusetzen. Dann führt er einen Kriegszug gegen das Land und läßt erst ab, als er sich ganz Skythien unterworfen hat. Doch zuvor erleidet er große Verluste, weil man ihm erbitterten Widerstand leistet.

Nun verbreitet sich in der ganzen Welt die Nachricht, daß König Alexander Skythien erobert hat. Da es keine Beispiele dafür gab, daß irgend jemand zuvor dieses Land, das von einem Volk bewohnt wird, wie es kaum ein hartnäckigeres unter der Sonne gibt, unterworfen hätte, halten es die meisten, die davon erfahren, für wahrscheinlich, daß es niemandem nutzen werde, Alexander Widerstand zu leisten. Deshalb ergeben sich viele, die es zuvor nicht beabsichtigt hatten, freiwillig in seine Gewalt. Der häufigste Grund, daß so viele bereit waren, sich in die Gewalt Alexanders zu ergeben, war jedoch der, daß er viel gütiger als andere Fürsten zu denen war, die sich ihm beugten. Denn dieselben, die er sich mit Gewalt unterworfen hatte, band er dann mit bedingungsloser Zuneigung an sich, nicht durch harte oder gierige Forderungen, sondern durch königliche Güte. Hatte er Freunde oder Verwandte derer gefangengenommen, die nun seine Gefolgsleute wurden, so ließ er sie auf deren Bitten hin ohne Kaufgeld frei. Das tat er deshalb, damit alle sehen könnten, daß ihn nicht Grausamkeit dazu bewegte, sich alle Völker unterwerfen zu wollen, sondern weil er in der ganzen Welt niemanden dulden wollte, der ihm an Güte wie an Macht ebenbürtig sei.

Buch IX

Nachdem sich Alexander – wie eben berichtet wurde – Skythien unterworfen hat, steuert er mit seinem gesamten Heer auf Indien zu. Auf dieser Reise begibt es sich, daß einige Freunde des Königs sterben, und zwar durch dessen Gewalt, wie Meister Galterus angibt. Aber er spricht sich nicht deutlich darüber aus, durch welche Umstände dies geschah, sondern er formuliert es so, daß ihr Tod den Überlebenden bezeuge und beweise, daß die Freundschaft mit Königen oder anderen Fürsten unbeständig sein kann. Einer derer, die starben, war Clitus, der in der zweiten Schlacht zwischen den Königen Alexander und Darius erwähnt worden und zu den tüchtigsten zu zählen war. Seine Schwester hatte Alexander an ihrer Brust genährt.

Sobald die Inder bemerken, daß sich König Alexander mit seinem Heer nähert, beschließen viele, weil sie erfahren haben, daß er stets den Sieg erringt, wohin er sich auch wendet mit dem kühnen Heer, das ihn begleitet, ihm entgegenzuziehen und Frieden zu schließen, indem sie ihre Städte und sich selbst in seine Gewalt ergeben. Der höchste König Indiens, der Porus heißt, faßt einen anderen Beschluß. Denn sobald er diese Nachrichten erfährt, zieht er eine so große Streitmacht zusammen, wie er kann, und beabsichtigt, wie er es auch tut, Alexander Widerstand zu leisten und zu erproben, ob dies so schwierig sei, wie es heißt. Alexander erhält auch bald Kundschaft davon, was Porus beschlossen hat, ist sehr erfreut, daß sich jemand bereit finden soll, ihm Widerstand zu leisten und ihm so noch einmal die Gelegenheit zu einem neuerlichen Sieg zu bieten. Denn er zweifelt nicht daran, daß er den Sieg erringen werde. Jetzt eilt er Porus mit seinem Heer entgegen und macht erst Halt, als er einen Fluß namens Ydaspes erreicht, einen mächtigen Wasserlauf, der breit ist und so tief, daß man nirgends hinüberreiten kann; auf der anderen Seite des Flusses ist auch Porus mit seinem gesamten Heer angekommen. Von Porus ist zu sagen, daß er ein sehr großer Mann war, dessen Mut seiner Körpergröße entsprach. Er war auch ein sehr gewandter Mann. Als

Reittier hatte er gewöhnlich einen Elefanten, der viel größer als andere Elefanten war. Auch seine Waffen waren viel sorgfältiger gemacht als die der meisten anderen. An dem erwähnten Fluß mußte sich Alexander sehr lange Zeit aufhalten, denn man konnte dort nur auf Schiffen übersetzen, um die man sich erst bemühen mußte. Aber auch wenn die Griechen welche bekommen und versucht hätten, dort an Land zu gehen, wo sich Porus mit seinem Heer verteidigte, so hätten sie nicht landen können, weil die Schußwaffen in dichter Folge auf sie eingeprasselt wären.

Es ist zu berichten, daß im Fluß viele Inseln lagen. Junge Männer aus beiden Heeren machten sich oft ein Vergnügen daraus, zu den Inseln hinauszuschwimmen und dann miteinander zu fechten, wodurch sie ihre Waffenfertigkeit erproben wollten. Doch deutete dieses Spiel auf ein anderes, härteres voraus, das bald darauf folgte und sich hieraus entwickelte. Im Heer Alexanders gab es zwei junge Männer namens Nichanor und Simachus. Sie waren einander ebenbürtig an Alter, Mut und Körpergröße. Eine lange Waffenbrüderschaft hatte sie in so enger Kameradschaft verbunden, daß keiner glaubte, vom andern den Blick wenden zu dürfen, was immer das Schicksal ihnen auch bescherte. Ihr Mut verlieh ihnen so große Kraft, daß ihnen nichts unmöglich schien. Jetzt können sie nicht länger verschweigen, was sie Großes im Sinn haben. Es heißt, daß Simachus mit seinem Kameraden Nichanor ein Gespräch begonnen habe: »Ist es nicht sehr seltsam«, sagt er, »daß ein solcher Heerführer wie unser König Alexander, der bisher noch nie eine Niederlage erlitten hat, sich jetzt von einem kleinen Gewässer aufhalten lassen soll? Wohl denn, laß uns etwas unternehmen, worüber man noch einige Zeit sprechen kann. Auch wenn der König jetzt unbedingt schlafen will, so wollen wir jedenfalls versuchen, ob wir etwas Rühmenswertes gegen unsere Feinde ausrichten können. Der Ruhm soll uns wichtiger sein als ein langes Leben.« So spricht Simachus, worauf Nichanor folgendermaßen antwortet: »Ich schwöre bei den Göttern, daß ich schon lange mit dem Gedanken gespielt habe, den du gerade laut ausgesprochen hast. Zögern wir nicht! Laß uns mit unseren leichtesten Waffen zu den Inseln hinausschwimmen. Vielleicht sind schon einige Inder dort.« Gesagt, getan. Viele junge Männer, die ihre Unterhaltung gehört oder davon erfahren haben, beschließen das gleiche und folgen ihnen. Jetzt gelangen sie auf eine Insel, auf der sich bereits viele Inder aufhielten, die sofort auf die Griechen losgingen und sie einem heftigen Geschoßhagel aussetzten. Dazu fehlt es auf keiner Seite an Ansporn. Simachus, der vor Nichanor auf die Insel gelangt ist, erprobt erfolgreich sein Schwert und tötet manchen Inder. Nichanor zeichnet sich nicht weniger aus, als er an Land kommt. Auch viele andere Griechen kämpfen tapfer, aber doch waren diese beiden besonders beherzt.

Da sie jetzt alle Inder getötet hatten, die vor ihnen auf der Insel gewesen waren, hätten sie gut mit einem großartigen Sieg zurückkehren und heiler Haut davonkommen können. Doch ihnen erging es, wie häufig der Jugend, daß Hochmut vor dem Fall kommt. Sie prahlen auf der Insel so lange mit ihrem Sieg, bis eine viel größere Zahl an Indern als sie getötet haben sie überrascht und sie sofort heftig angreift. Da die Griechen bereits müde und viele auch schwer verwundet sind, gibt es in ihren Reihen bald Verluste. Dabei fällt ein Mann namens Andromachus, der aus königlichem Geschlecht stammt. Dabei starben auch fünfzehn Soldaten, die so tapfer waren, daß das griechische Heer noch lange über ihren Tod trauerte. Jetzt kommt es so weit, daß nur noch zwei Griechen, Nichanor und Simachus, aufrecht standen. Ihre Speerschäfte waren zerbrochen, und sie hatten nur noch ihre Schwerter zur Verteidigung. Noch einmal zögern sie nicht, von ihnen Gebrauch zu machen. Doch die Schußwaffen hängen so geballt über ihnen, daß sie sich kaum bewegen können. Als es so weit gekommen ist, daß sie nicht mehr an ein Entkommen glauben, bittet einer den anderen, zuerst sterben zu dürfen. Sie liebten einander so inniglich, daß keiner dem andern gewähren wollte, den Tod des andern zu sehen, auch wenn sie selbst hätten darüber bestimmen können. Sie wetteiferten miteinander darum, den anderen zu schützen, sich selbst aber nicht. Im Heer der Inder gab es einen Riesen, der einen mächtigen Baum packte, der auf dem Feld lag, auf dem sie kämpften. Damit schlägt er auf beide Kameraden gleichzeitig ein, so daß sie keiner weiteren Hiebe mehr bedurften. Auf diese Weise gewährt er ihnen, was ihnen am wichtigsten zu sein schien, nämlich daß sie beide gleichzeitig in die Unterwelt fahren und an ihrer Kameradschaft festhalten, indem sie sich sogar noch im Tod umarmen.

König Porus ist sehr erfreut, als er seine Leute siegen sieht. Doch König Alexander gibt dennoch die Hoffnung auf den Sieg nicht auf, auch wenn ihm das Wasser jetzt bis zum Hals steht. Vielmehr überlegt er um so eifriger, wie er über den Fluß, der zwischen ihnen liegt, zu Porus gelangen könnte. Im griechischen Heer gab es einen Mann namens Attalus, der Alexander an Körpergröße und Aussehen sehr ähnlich war. Nun beschließt der König, diesen Mann ganz in königliche Gewänder kleiden zu lassen, und befiehlt ihm, sich am Fluß den Indern zu zeigen, damit Porus glaube, dort König Alexander zu sehen, und daß er glaube, daß sich Alexander, so wie er gekleidet ist, wahrscheinlich nur wenig Gedanken darüber mache, wie er über den Fluß gelangen solle. Attalus tut, wie man ihm aufgetragen hat, während der König mit einem kleinen Teil der Truppe das Heerlager verläßt. Als er außer Sichtweite gekommen ist, wendet er sich zum Fluß zurück, bleibt aber doch so weit vom Heerlager entfernt, daß die Inder nicht sehen können, wo er sich befindet. Das war nicht schwierig für ihn, weil das Glück wieder einmal nicht zögerte, ihm zu helfen: denn nun senkt sich so tiefe Dunkelheit herab, daß man kaum seine eigenen Zehen sehen kann. Gleich darauf kommt er dort an den Fluß, wo, wie er wußte, voraussichtlich einige Schiffe liegen würden. Wenn man den Weg nicht kennt, auf dem man fahren soll, würde manchem die Dunkelheit sicherlich ein ernsthaftes Reisehindernis dünken. Doch Alexander dünkte es nicht so, sondern er bezeichnete sie als sein Glück. Er befiehlt, daß man sofort die Schiffe zu Wasser lassen solle, denn er hatte auch bei schlechter Sicht keine Angst vor Schiffsreisen. Er läßt auch alle Pferde, die sie dabeihatten, auf die Schiffe führen, und so gelangt er schließlich mit dieser Truppe hinüber. Dann beginnen sie, ihre Rüstungen anzulegen, besteigen ihre Pferde und reiten so schnell sie können. Jetzt läßt die Dunkelheit nach. Sofort richtet Porus seinen Blick über den Fluß, denn er war neugierig, was Alexander vorhabe, und da sieht er immer noch den, von dem er glaubt, daß es Alexander sei. Jetzt heißt es nur kurze Zeit warten, bis einer der Inder angelaufen kommt und Porus die Nachricht überbringt, daß sich Alexander mit seiner Truppe auf ihn zubewegt. Auch wenn er dies kaum glaubt, bleibt es ihm nicht lange verborgen, denn bald erzählen vergoldete Schilde, auf die die Sonne scheint, wo die Griechen sich bewegen, auch wenn sie noch sehr weit vom Heerlager des Porus entfernt sind. Jetzt beschließt Porus, Alexander viertausend Reiter entgegenzuschicken und außerdem vierhundert Bogenschützen, die in Wagen befördert werden und die, sobald sie an die Griechen herankommen, ihre Pfeile so dicht auf sie niederhageln lassen, daß man kaum den blanken Himmel sehen kann.

Aus der Dunkelheit, die zuvor geherrscht hatte, war heftiger Regen gefallen, und die Erde war sehr naß geworden. Deshalb gruben sich die Wagenräder tief in die Erde, und diejenigen, die fuhren, bewegten sich nur langsam fort. Wie man sich denken kann, kamen auch die Pferde nur ziemlich langsam voran. Nun stoßen die Truppen aufeinander, und im griechischen Heer fehlt es nicht an Kriegsgeschrei und Anfeuerung durch Hörnerklang. Als Entgegnung schlagen die Inder ihre Trommeln. Wie gewohnt, reitet der König in vorderster Reihe auf seine Gegner zu. Die Griechen folgen ihm überaus tüchtig. Bald gibt es auf beiden Seiten große Verluste, deren Umfang so rasch zunimmt, daß zwei der drei Schwestern, die das Schicksal lenken, kaum noch so schnell einen Schicksalsfaden spinnen können, wie er reißt. Ein Mann namens Yulcon schickt sich als erster an, auf Alexander zuzureiten. Er hat einen Elefanten als Reittier. Ihre Begegnung endet damit, daß Alexander ihn mit einem Speer durchbohrt, was Yulcon vollauf genügt. Dann bricht König Alexander so heftig durch die Schlachtreihen des Porus, um mit diesem persönlich zusammenzutreffen, daß alle zur Seite springen müssen, die ihm in den Weg geraten. Als er dann Porus sieht, der – wie vorher erwähnt – auf dem riesigen Elefanten sitzt und wie ein hoher Turm über die ihn umgebenden Wehrmauern über das Heer hinausragt, spricht er: »Hier stoße ich endlich auf die Herausforderung, die man bewundern muß und die meiner Tatkraft entspricht. Denn jetzt heißt es, gleichzeitig gegen Halbtrolle und ruhmreiche Männer kämpfen.« So spricht er und wendet sich dann zum linken Flügel der Schlachtreihe, denn dort greift Porus stürmisch an. Als erste und überaus beherzt folgen dem König die Griechen namens Ariston und Polidamas. Ariston tötet einen Mann namens Rubicus. Polidamas hat einen Waffenwechsel mit einem Inder namens Candeceus. Als Candeceus gerade seinen Speer auf den Griechen schleudern will, reitet auf ihn ein Grieche namens Glaucus zu und läßt ihm zukommen, was jener einem anderen zugedacht hat: Er durchbohrt ihn und stößt ihn tot zu Boden. Dann sind die Griechen mitten in die Schlachtreihe des Porus eingedrungen, der, als er dies sieht, darauf drängt, daß man dem Reiterheer Alexanders alle vorhandenen Elefanten entgegenwerfen solle. Jetzt löst sich seine Truppe allmählich auf, denn diese Tiere bewegen sich viel langsamer fort als Pferde. Doch die Griechen geben kaum Fersengeld, sondern schießen bisweilen auf diejenigen, die auf den Elefanten sitzen, und bieten ihnen kaum Möglichkeit zu einem Gegenschlag. Bisweilen weichen sie zurück, um sich vor den Elefanten, die sich auf sie zubewegen, in Sicherheit zu bringen. Für die Inder, die Handbogen hatten, war die Lage überaus schwierig, denn die Erde war so naß, daß sich der Bogenhals, wenn man ihn spannen mußte, so tief in die Erde eingrub, daß es kaum zu schaffen war.

Jetzt kommt in der Mannschaft des Porus der Gedanke an Flucht auf, denn mancher wird mehr von der Angst als von Befehlen beherrscht. Einige drängen immer noch voll Eifer darauf, daß man die Schlachtreihe nicht auseinanderbrechen lassen solle. Doch der größere Teil des Heeres bestand darauf zu fliehen. Da kann Porus ihnen noch einmal Mut zusprechen, so daß seine Schlachtreihen wieder in Stellung kommen, obwohl sie sich schon ziemlich aufgelöst haben. Jetzt läßt er die Elefanten erneut der griechischen Truppe entgegenwerfen. Diese Tiere waren schrecklich anzusehen, und noch schrecklicher war es, sie zu hören. Nicht nur die griechischen Pferde erschraken bei ihrem scheußlichen Gebrüll, sondern auch viele Männer in der Mannschaft wurden von Furcht erfüllt. Sogar die Luft erzitterte deshalb vor Angst. Glaube dies, wer mag; aber auch wenn es für diese Geschichte ungewöhnlich sein mag, so muß man doch berichten, daß durch den Lärm, der entstand, als Porus die Elefanten vorantreiben ließ, und durch das schreckliche Gebrüll die Truppe Alexanders sich allmählich auflöst und bereit ist, die Flucht zu ergreifen.

Als der König das bemerkt, beginnt er einerseits, seine Leute anzufeuern, und wirft ihnen andererseits mangelnden Mut vor. Mit Hilfe von Anfeuerung und Vorwürfen kann er bald alle Furcht aus ihnen herausschütteln. Nun lassen sie auf die Elefanten und ihre Reiter Schußwaffen und Speere in dichter Folge hageln. Viele treibt die Kühnheit dazu, so unachtsam vorzugehen, daß die Elefanten sie zertrampeln, wodurch sie sterben und dadurch ihren Kameraden ein Beispiel geben, sich besser vorzusehen. Diese Schlacht dauert lange an, ohne daß sicher wäre, wer siegen würde. Auch wenn es Meister Galterus nicht in seinem Buch erwähnt, ist aus den Umständen zu schließen, daß die Mannschaft, die Alexander auf der anderen Seite des Flusses zurückgelassen hatte, vermutlich leicht dazustoßen konnte, denn nun waren nicht mehr nur Feinde da, um sie bei der Landung zu begrüßen. Dann beschließen die Griechen, daß ein Teil sich und die anderen schützen solle, ein anderer Teil aber mit Streitäxten vordringen und auf die Füße der Elefanten einschlagen solle, bis diese ebenso wie ihre Reiter fallen.

In der Truppe des Porus kommt es nun zu großen Verlusten. Seine Schlachtreihen werden stark ausgedünnt, und es heißt nur kurze Zeit warten, bis die Truppe die Flucht ergreift. Das Verhältnis der Inder zu ihrem Dienstherrn endet damit, daß Porus allein zwischen den Feinden auf seinem Elefanten sitzen bleibt. Nur noch der Elefantenführer blieb bei ihm zurück. Die Griechen lassen von allen Seiten Schußwaffen auf Porus niederhageln, aber er will durchaus nicht fliehen. Er gebärdet sich, als habe er das Leben von sieben Männern und schießt beidhändig auf die Griechen, wird aber nun doch schwer verletzt. Da erkennt der Elefantenführer, daß der König durch die Angriffe der Griechen wohl bald sterben werde, und er beschließt ohne die Zustimmung des Königs, den Elefanten zu wenden und so schnell wie möglich voranzutreiben. Als er vorwärtsstürmt, müssen die Griechen zur Seite springen, denn diejenigen scheinen im Vorteil zu sein, die ihm nicht in den Weg geraten. Jetzt reitet Alexander vor und verfolgt Porus so schnell er kann. Sobald sie aufeinandertreffen, schießt Porus oft und gezielt nach ihm. Seine Schüsse bringen das Pferd Bucifal unter Alexander zu Fall, worauf das Pferd, das als einziges würdig war, einen solchen Fürsten zu tragen, sein Leben verliert. Als Zeichen dafür, wie hoch der König dieses Pferd schätzte, verlieh er später seinen Namen einer Stadt, die er erbauen ließ.

Jetzt verschafft er sich ein anderes Pferd, und während er das Pferd wechselt, setzt sich Porus ein Stück weit ab. Sein Bruder namens Taxilus, der ebenfalls König war, war ein Gefolgsmann Alexanders geworden. Dieser Taxilus verfolgt Porus mit aller Kraft und bedrängt ihn sehr, sich in die Gewalt Alexanders zu ergeben. Er sagt, es werde sich für ihn wie für andere als günstig erweisen, an Alexanders Barmherzigkeit zu appellieren. Doch obwohl Porus durch den Blutverlust sehr geschwächt ist, erwacht er, als er die Stimme seines Bruders erkennt, blickt ihn recht ärgerlich an und spricht: »Bist du es, Bruder?« »Schändliches und verfängliches Vertrauen haben mich und mein Reich verraten. Sieh, ob ich deinem Rat folgen werde.« Dann läßt er den Speer, den er in der Hand hält, nach dem jungen Mann fliegen, der ihn verfolgt hat. Der Speer durchstößt ihn, was ihm vollauf genügt. Porus flieht weiter, aber dann stürzt sein Elefant unter ihm, denn er war tödlich verwundet. Auch Porus war so geschwächt, daß er sich nicht mehr auf den Beinen halten konnte. Es kommt so weit, daß Alexander, der ihn für tot hält, seinen Leuten befiehlt, ihn zu plündern. Doch der Elefant beginnt, ihn zu verteidigen und beißt diejenigen, die sich an ihm zu schaffen machen wollen. In diesem Moment schnappt er nach den Kleidern des Porus, schleudert ihn sich auf den Rücken und versucht aufzustehen. Doch die Eingeweide des Elefanten liegen frei, und als er sich bemüht aufzustehen, bläst er sein Leben aus. Sobald Alexander erkennen konnte, daß noch Leben in Porus war, siegte seine Güte über den Haß, den er gegen ihn gehegt hatte, und er sprach: »Warum warst du so wild und wütend, daß du es wagtest, eine Schlacht gegen uns zu schlagen, obwohl du doch wußtest, daß wir noch nie eine Niederlage erlitten haben?« »Weil du mich fragst«, sagt Porus, »werde ich dir aufrichtig antworten. Ehe ich versuchte, mich mit dir zu messen, glaubte ich, daß es niemanden unter der Sonne gebe, der mir ebenbürtig sei. Ich wußte, daß ich einiges vermochte, bis ich deine Kraft und dein Glück erfuhr. Doch so, wie unser Kampf nun geendet hat, ist zu ersehen, daß du viel mächtiger bist als ich. Dabei bin ich aber zufrieden, denn keiner hat dir beherzter Widerstand geleistet als ich. Ich will dir aber raten, Alexander, durch dieses zufällige Ereignis nicht zu überheblich zu werden. An mir kannst du dir ein Beispiel nehmen, wie schnell dich jemand in die Knie zwingen kann. Niemand darf glauben, er sei so groß, daß er nicht ebenso schnell schrumpfen könnte wie er gewachsen ist, wenn das Schicksal es will. Ein gieriger Mann grämt sich mehr, wenn er etwas verliert, als er sich zuvor freute, als er es erworben hat. Deshalb ist es klüger, nicht so hoch zu klettern, wie der Ehrgeiz es verlangt, und dafür weniger tief zu fallen. Bitte, Alexander, zügle deinen Ehrgeiz. Bedenke, daß er ein vergänglicher Freund ist, denn das Glück kann nicht beständig sein.« So spricht Porus, und Alexander ist höchst beeindruckt, daß der Mann, der in jeder Hinsicht besiegt war, seinen Mut nicht verloren hat und so kühn antwortet, als habe er in ihrem Kampf den Sieg davongetragen. Alexander handelt jetzt ganz anders als die meisten vermutet hätten, indem er Porus begnadigt und alle Mühe darauf verwenden läßt, ihn zu heilen. Als er wieder gesund ist, gibt er ihm sein Reich zurück und vergrößert es im Vergleich zu früher beträchtlich, so daß Porus sich hätte sogar dann kaum mehr der Ehre von ihm erwarten können, wenn er zuvor sein vertrauter Freund gewesen wäre.

Nachdem Alexander – wie eben berichtet wurde – Porus bezwungen hat, scheint ihm, als stünden ihm alle Grenzen des östlichen Reiches offen. Jetzt verlegt er sein Heer ans offene Meer, unterwirft sich die dort lebenden Völker und macht sich die dort herrschenden Fürsten tributpflichtig. Es ist zu berichten, daß ein Volksstamm namens Saudrache es dennoch wagt, Widerstand zu leisten und sich in einer stark befestigten Stadt einschließt, die Alexander angreift. Er hatte große Leitern bauen lassen, die so breit waren, daß viele Leute gleichzeitig hinaufsteigen konnten. Nachdem man sie an die Mauern angelegt hat, versuchen die Griechen hinaufzusteigen. Der König gelangt als erster auf die Mauer hinauf, worauf die Einwohner der Stadt aus den in den Mauern befindlichen Kastellen Schußwaffen in so dichter Folge auf ihn niederhageln lassen, daß er sich kaum dort halten kann, wo er sich befindet, und daß auch niemand anders hinaufgelangt. Als die Griechen sehen, daß der König dort, wo er sich nun befindet, sterben werde oder, wenn sie ihm nicht schnell zu Hilfe kommen, sich in die Gewalt seiner Feinde ergeben müsse, kümmern sie sich nicht mehr um die drohende Gefahr. Doch ihnen ergeht es leider so, daß sie um so langsamer werden, je schneller sie ihm zu Hilfe kommen wollen. So viele strömen gleichzeitig die Leitern hinauf, daß diese in Stücke krachen und jeder, der bereits hinaufgelangt war, wieder herabstürzt. Mit ihnen und Alexander endet es so, daß er allein oben auf der Mauer zurückbleibt. Da sie um sein Leben fürchten, falls er noch länger dort oben bleibt, rufen sie ihm zu und fordern ihn auf, in ihre Arme herunterzuspringen. Er trifft aber eine andere und zwar sehr überraschende Entscheidung. Als er sich nicht länger auf den Stadtmauern halten kann, stürmt er in die von seinen Feinden erfüllte Stadt hinein, denn er wollte nicht zulassen, was noch nie zuvor geschehen war, nämlich daß seine Gegner seinen Rücken sehen sollten. Es ist umstritten, ob König Alexander mit dieser Tat Tapferkeit oder bodenlosen Leichtsinn bewiesen hat. »Beides gleichermaßen«, meint Meister Galterus, der diese Geschichte in Verse gefaßt hat, »auch wenn man dies als widersprüchlich bezeichnen könnte.«

Doch das Glück beschützte wieder einmal seinen Ziehsohn Alexander, indem er aufrecht stehend in der Stadt anlangte. Er begann sofort zu kämpfen, so daß es nicht möglich war, Hand an ihn zu legen. Das Glück hat so für ihn vorgesorgt, daß in seiner Nähe ein großer Baum namens Laurus steht, dem er den Rücken zuwendet, weshalb man ihn nur von vorne angreifen kann, wo ihn der Schild schützt. Die Einwohner der Stadt greifen ihn nun mit so vielen Leuten an, wie nur an ihn herankommen können. Sie schießen nach ihm, weil sein Ruhm, der sich in der ganzen Welt verbreitet hat, so große Furcht auslöst, daß niemand es wagt, einen Schlagabtausch mit ihm einzugehen. Sie konnten auch feststellen, daß er sich darum bemühte, wenigstens so viele wie möglich zu treffen, wenn er schon nicht auf sein Entkommen hoffen konnte. Da sie sich eines guten Fanges sicher fühlten, wollten sie so vorsichtig wie möglich vorgehen. Sein Schild war inzwischen vollständig mit Schußwaffen gespickt und an vielen Stellen zerfurcht. Sein Helm ist von Steinen sehr zerbeult, und Alexander kann vor Erschöpfung nicht mehr aufrecht stehen. Die ihm am nächsten stehen, machen sich, als er gefallen ist, sofort an ihm zu schaffen und wollen ihn plündern. Doch als Lohn für ihre Mühen tötet er zwei von ihnen mit dem Schwert, das er noch immer in seiner Hand hält. Dann sind es die Einwohner der Stadt leid, ihm so nahe zu treten. Jetzt läßt die Erschöpfung des Königs nach, so daß er wieder auf die Knie kommt. Aber es heißt nur kurze Zeit warten, bis ein Pfeil auf ihn zufliegt und ihn in die rechte Seite trifft. Alexander wird schwer verwundet, und aus der Wunde fließt so viel Blut, daß er fast das Bewußtsein verliert. Er versucht, den Pfeil herauszureißen, schafft es aber nicht. Jetzt lehnt er sich an den großen Baum, der hinter ihm steht, und läßt die Waffen sinken. Der Inder, der das Geschoß geschickt hat, läuft sofort herbei und will, wie vorher die anderen, den König plündern. Als der König merkt, daß er Hand an ihn legt, spricht er: »Was für eine Schande, weißt du denn nicht, daß ich der griechische König bin?« Während er dies spricht, greift er neben sich nach dem Schwert, stößt damit nach dem, der sich über ihn beugt und bereitet ihm das gleiche Ende wie zuvor den anderen. Dann spricht er noch: »So gebührt es Alexander, sich auf seinen Abgang von der Welt vorzubereiten. Du sollst«, sagt er zu dem Toten, »mein Bote in der Unterwelt sein und dort meine Ankunft ankündigen.« Dann versucht er noch einmal aufzustehen, schafft es aber nicht. Doch er tut, was er vermag, und fordert einen der Einwohner der Stadt auf, noch einmal die Waffen mit ihm zu kreuzen und sich dadurch den Ruhm zu erwerben, daß er Alexander bezwungen habe.

Nun ist davon zu berichten, daß vier Griechen namens Pentestes, Timeus, Leuernacus und Aribolus auf die Stadtmauer hinaufgelangen. Nicht gerade rücksichtsvoll bahnen sie sich einen Weg und kommen schließlich dorthin, wo der König unter dem Baum hingesunken war. Sie wetteifern miteinander darum, ihren Dienstherrn bestmöglich zu verteidigen, wobei drei zu seinen Füßen sterben. Aribolus steht noch als einziger, ist aber schwer verwundet. Nun teilen die Einwohner der Stadt den Griechen von den Mauern herunter mit, daß ihr König gefallen sei. Doch die reagieren bei der Verlautbarung der Nachricht nicht so, wie es sonst häufig der Fall ist, wenn man seinen Anführer verliert, daß man furchterfüllt zurückschreckt, sondern sie bemühen sich noch mehr darum, die Stadtmauern schnellstmöglich niederzureißen, schlagen mit Breitäxten darauf ein und kümmern sich nicht um die Gefahr, die über ihren Häuptern schwebt. Dann gelingt es ihnen, die Mauern einzureißen und in die Stadt zu kommen. Nun ist es besser, ihnen nicht in den Weg zu geraten, denn die Griechen verdächtigen jeden, den sie treffen, Alexander Schmerz zugefügt zu haben, und sie sind so toll geworden, daß sie jedes menschliche Wesen im Ort töten. Sie finden ihren König zwar noch lebend vor, aber nach Ansicht der meisten tödlich verwundet. Dann bringen sie ihn zurück ins Heerlager.

Man holt einen berühmten Arzt namens Tritolobus, um seine Wunden zu heilen. Als er feststellt, daß in der Seitenwunde, die Alexander erhalten hat, ein Widerhaken steckt, wagt er es nicht, ihn zu operieren. Denn er erkennt, daß er den Haken nur dann entfernen kann, wenn er tief schneidet, und ihm scheint es ungewiß, ob er dem König damit helfen könne. Er glaubt, seines Todes sicher zu sein, wenn der König durch seine Operation stürbe. Als der König merkt, daß Tritolobus sich nicht traut, laut auszusprechen, was ihm auf dem Herzen liegt, spricht er: »Wenn du weißt, daß man diese Wunde nicht heilen kann, dann sollst du meine Schmerzen lindern und mir mit einem starken Mittel zu einem schnellen Tod verhelfen. Fürchte nicht um dein Leben. Man wird dich nicht zur Rechenschaft ziehen, denn du kommst nicht gegen mein Schicksal an.« Durch diese Worte des Königs schöpft der Arzt Tritolobus neuen Mut und erklärt, es sei gefährlich, den Pfeil herauszuschneiden; ob der König die Erlaubnis geben wolle, daß er währenddessen festgehalten werde. Er sagt, es sei nicht gut, wenn er sich während der Operation bewege. »Für einen König ist es nicht angenehm«, sagt Alexander zum Arzt, »sich binden oder festhalten zu lassen, denn er soll immer frei in seiner Hoheit sein.« Tritolobus entschließt sich dennoch zu schneiden und zieht dann den Pfeil heraus, wobei sich der König keinen Fingerbreit bewegt. Aus der Wunde fließt so viel Blut, daß es nicht lange dauert, bis ihn Bewußtlosigkeit überfällt. Alle seine Freunde, die um ihm herumstehen, glauben zu wissen, daß seine Geschichte ein rasches Ende nehmen werde, wenn der Blutverlust nicht aufgehalten werde. Schnell verbreitet sich im gesamten Heer die Nachricht, daß der König dem Tod nahe sei. Dadurch kommen in der Truppe große Furcht und das jämmerliche Gerücht auf, daß man ihn verlieren werde. Dies läßt erst nach, als der Arzt den Blutverlust aufhalten kann. Als die

Nachricht zur Gewißheit wird, daß er wahrscheinlich überleben werde, ist im gesamten Heer die Freude nun nicht weniger groß als es zuvor die Trauer gewesen war. Man teilt sich in Gruppen auf und feiert ein fröhliches Gelage im Gedenken daran, zu wissen und zu sehen, daß ihr Fürst, den sie zuvor tot geglaubt hatten, wieder gesund sei.

Als Alexander auf dem Weg der Besserung, seine Wunde aber noch nicht vollständig verheilt ist, will er nicht mehr länger stillsitzen. Er erklärt, daß man einen Kriegszug gegen die Völker führen solle, die unmittelbar am offenen Meer leben. Zum andern will er untersuchen, wo der Fluß Nil entspringt, denn die Heiden stellten zwar vielerlei Vermutungen darüber an, aber niemand wisse es genau. Die beiden Brüder, die indischen Könige Porus und Taxilus, sollen ihm für diese Unternehmung Schiffe zur Verfügung stellen. Nachdem die Heerführer von diesem Beschluß des Königs Kunde erhalten haben, begeben sie sich zu ihm. Ein Heerführer namens Craterus trägt mit Entschiedenheit vor, was allen auf dem Herzen liegt, indem er spricht: »Mein verehrter Herr, wir wüßten gerne, wo euer Ehrgeiz ein Ende nehmen soll, wenn es euch noch nicht genügt, diese Welt vollständig zu beherrschen. Auch wenn ihr euch nicht um eure Gesundheit sorgen wollt, die uns noch immer zu schwach zu sein scheint, so gehört es sich doch, daß ihr euch um eure Leute sorgt, die euretwegen die gesamte bewohnte Welt haßt. Wir möchten gerne, daß du uns noch einmal in so viele und fürchterliche Gefahren führst wie du willst, wenn du dich jetzt nur selbst schonen willst. Wer wird denn für uns sorgen, wenn wir dich verlieren? Keiner der Götter hat dir ein langes Leben verheißen. Willst du dich denn selbst in große Gefahr bringen, obwohl du nur wenig zu gewinnen hast, wenn du Krieg führst gegen fürchterliche Völker, die nur über wenig Hab und Gut zu verfügen haben? Es ist ungebührlich, daß der große Ruhm, den du dir erworben hast, dadurch zunichte wird, indem du durch Unwürdige stirbst, oder daß er auch dann nicht wächst, wenn du den Sieg erringst.« Genau das gleiche meinen Tholomeus und andere Heerführer und fordern hartnäckig, daß der König auf ihren Vorschlag eingehe. König Alexander ist seinen Leuten sehr dankbar, weil er bei ihnen ein solches Wohlwollen vorfindet, und antwortet auf ihre Rede folgendermaßen:

»Ich stehe«, sagt er, »tief in eurer Schuld. Nicht nur, weil ihr mir heute so deutlich eure Gunst bezeugt habt, indem ihr mein Leben höher als eures schätzen wollt, sondern auch deshalb, weil ihr vom Anbeginn meiner Herrschaft an alles getan habt, um mir unter die Arme zu greifen. Doch für mich stellt sich das, was ihr gesagt habt, anders dar, denn ich will nicht alles zur Seite schieben, was ich unternommen habe, um meine Herrschaft zu erweitern. Ich kümmere mich nicht um ein langes Leben. Außerdem glaube ich nicht, daß der Ruhm mit mir in die Erde sinkt. Für untätige und engherzige Männer ist nichts so wichtig wie lange zu leben. Doch ich finde es wichtiger, der höchste Herrscher der Welt zu sein, der so viele Siege wie möglich erringt, als auf das Alter und die Gebrechlichkeit zu warten. Wenn ich aufzähle, welche Gaben mir das Glück geschenkt hat, und welche Ruhmestaten wir vollbracht haben, dann gilt das sicher genausoviel, als hätte ich lange gelebt. Wir haben Asien erobert und sind jetzt fast bis ans Ende der Welt gelangt. Ich wünschte mir, daß mir die Götter nicht zürnen, auch wenn ich ausspreche, was mir auf dem Herzen liegt. Diese Welt ist für einen einzigen Herrn viel zu eng und zu klein. Es muß laut gesagt werden, wozu ich mich entschlossen habe: Sobald ich mir diese Welt vollständig unterworfen habe, soll ein Kriegszug gegen das Jenseits geführt werden, und ich will das Wesen dieser Welt erkunden. Auch wenn ihr mich nicht begleiten wollt, so werde ich genügend andere finden, die bereitwillig unter meinem Zeichen kämpfen werden. An Mannschaft wird es mir nie mangeln, wo immer ich auch meine Kriegszüge führen will. Wenn das Schicksal es will, dann wäre ich damit einverstanden, mein Leben ruhmreich bei solcher Tätigkeit zu beenden.« So spricht er, und dann befiehlt er seinen Leuten, die ihn begleiten wollen, sich schleunigst zu den bereitliegenden Kriegsschiffen zu begeben. Alle antworten wie aus einem Mund, daß ihn alle begleiten wollen, wohin er will. Dann wird zur Abfahrt geblasen.

Buch X

Nun steuert König Alexander mit seiner Flotte auf das offene Meer hinaus. Andererseits ist aber davon zu berichten, daß sich die Natur daran erinnert, wie Alexander ihrer Meinung nach sie und die Welt beleidigt hat, als er sagte, daß die Welt zu eng und zu klein sei, um von einem einzigen Herrn beherrscht zu werden. Weil er nun vorhat, Dinge zu erforschen, die die Natur verborgen halten will, und weil für sie die Schmach, die Alexander ihr angetan hat, großes Gewicht besitzt, verläßt sie jegliche Schöpfung, die sie zuvor zu schaffen begonnen hat, lenkt ihre Schritte in die Unterwelt und verbirgt sich in einer Wolke. Wohin sie auch kommt, erhebt sich die gesamte Schöpfung und huldigt ihr wie einer Mutter. Erde, Luft und Wasser ehren sie, wie es ihr gebührt, und bitten, daß sie alle Dinge, die sie jedem von ihnen anbefohlen hat, sich mehren und fruchtbar werden lassen solle. Darauf entgegnet sie ihnen freundlich und fordert, daß jedes Geschöpf sorgsam die Gesetze achten solle, die sie ihm gegeben hat. Denen, die danach fragen, teilt sie auch mit, wohin sie zu gehen beabsichtigt und aus welchem Grund: nämlich, um die Überheblichkeit des Königs zu Fall zu bringen, der die ganze Schöpfung, sowohl zur See als auch auf dem Land, erzittern läßt. Jetzt befiehlt sie, daß sich die Erde irgendwo öffnen solle, und dort steigt sie den Weg hinab, der in die Bezirke der Dunkelheit führt.

Draußen vor den Toren zur Unterwelt und außen am Fuß der Burgmauern wohnen die weiblichen Wesen, die hier auf der Erde große Macht haben, obwohl sie ihrer Herkunft nach in die Unterwelt gehören. Eine von ihnen ist Avaritia – das ist die Besitzgier –, die Mutter der anderen Laster. Sie ist damit beschäftigt, gewonnenes Geld dort zu verstecken, wo man es kaum finden kann. Je mehr sie bekommt, desto mehr dürstet sie nach Gold und anderen Reichtümern. Dort befindet sich auch Superbia – das ist die Hoffart. Sie befaßt sich damit, ständig andere zu verspotten, sich erhaben über alle anderen zu dünken, nicht ihresgleichen anerkennen zu wollen. Dort wohnt auch Libido – das ist die Wollust. Sie wälzt sich in wallendem Schlamm und brennt schmerzlich. Auch Ebrietas – das ist die Trunkenheit – hat dort ihren Wohnsitz. Sie schwankt beträchtlich und kann sich kaum auf den Füßen halten. Dort befindet sich auch Gula – das ist die Völlerei – mit lautem Rülpsen und stöhnenerregend gefülltem Wanst. Dort ist auch Ira, in unserer Sprache Wut genannt. Sie vergißt sich selbst, und rast, wohin auch immer sie das Ungestüm hetzt, schont sich ebensowenig wie andere. Dort fühlt sich auch der wohl, der mit List und Tücke herumspielt. Auch Detractio – das ist die Feindseligkeit – sitzt in dieser Schar. Sie hat ihre üble Gesinnung einer üblen Veranlagung zu verdanken, denn ihre Mutter ist die Scheelsucht, deren Geschäft darin besteht, das, von dem sie nicht leugnen kann, daß es anderen wohl gelingt, in ein falsches Licht zu rücken und solcherart mit ihren Reden das Lob zu schmälern, das man nicht verschweigen darf. Dort wohnt auch Adulatio – das ist die Unaufrichtigkeit –, die oft Herrscher heimsucht und in den heutigen Zeiten so große Gunst genießt, daß vielen nichts lieber ist. Sie träufelt ihnen schmierige Schmeicheleien in die Ohren und zerstört die Seele mit tödlichem Gift.

Es heißt, daß die Natur, als sie dort vorbeikommt, wo diese Frauenzimmer – wie bereits gesagt – außen am Fuß der Burgmauern sitzen, sich über die Schulter zu ihnen umgeblickt habe, und zwar ziemlich unfreundlich. Dann betritt sie die Burg und steuert auf den Kerker zu, den das ewige Feuer erfüllt, in dem die Seelen sündiger Menschen verbrennen, wenn auch nicht alle auf die gleiche Weise. Denn diese Glut quält um so mehr, je mehr man gegen Recht und Gesetz in dieser Welt verstoßen hat. Diejenigen aber, die wenig oder gar nichts Böses verbrochen haben und die allein deshalb dort sind, weil sie nicht von der Erbsünde befreit wurden, peinigt das Feuer wenig oder gar nicht, so wie die Sonnenhitze, die im Sommer sehr stark werden kann, einem gesunden Menschen nichts zuleide tut, für einen Kranken aber sehr qualvoll ist. Als der Fürst der Dunkelheit bemerkt, daß die Natur in seine Behausung gekommen ist, läßt er davon ab, wie üblich in den Höllenflammen herumzuhuschen und danach zu streben, die Qualen zu steigern. Er ändert sein Äußeres, weil er die Natur nicht erschrecken will, setzt den fürchterlichen Drachenkopf ab, den er zuvor getragen hat, und legt jetzt das lichte Aussehen eines Engels an, das ihm die Natur geschenkt und das er getragen hatte, bis ihn der Dünkel so toll werden ließ, daß er neben dem Schöpfer zu sitzen begehrte. Jetzt tritt er ihr entgegen, und sobald ihn die Natur erblickt, spricht sie zu ihm: »Höre, du Vater des Verbrechens, der du bestrafst, was du zuvor die Menschen zu tun drängst, dich zu treffen bin ich gekommen, ich, die Natur, die dir diesen finsteren Ort als Behausung gab, weil du ja schließlich irgendwo bleiben mußtest, nachdem du wegen deines Dünkels aus dem Himmel verstoßen wurdest. Mein Anliegen ist es, dir das gemeinsame Klagelied der Götter und Menschen vorzutragen. Weißt du denn, wie sich dieser große Alexander in seiner Überheblichkeit aufzuführen beginnt, nachdem er König Darius dreimal besiegt und sich ganz Asien und den berühmten König Porus mit seinem gesamten Reich unterworfen hat? Ihm scheint das jedoch immer noch nicht zu genügen, denn jetzt steuert er auf das offene Meer zu und beabsichtigt, falls er günstigen Wind bekommt, an die Quelle des Nils zu gelangen und dann das Paradies zu überfallen. Und wenn du nicht auf der Hut bist, wird er auch euch Bewohner der Unterwelt überfallen. Bitte, mach deshalb meinet- und deinetwegen seiner Überheblichkeit ein Ende und bestrafe ihn lieber früher als später. Was hätte denn dein Ruhm, den ersten Menschen aus dem Paradies vertrieben zu haben, zu bedeuten, du verschlagene Schlange, wenn du es zuließest, daß sich dieser Mensch gewaltsam diesen lieblichen und einzigartigen Ort aneignet?«

Nachdem die Natur dies gesagt und der Teufel bereitwillig versprochen hat, ihren Wunsch zu erfüllen, verläßt sie den Ort. Sofort brüllt der Teufel mit fürchterlicher Stimme, so daß es in der ganzen Hölle zu hören ist und die Burg erbebt, und er befiehlt, daß sich sein gesamtes Gefolge an einer Stelle versammeln solle, die so beschaffen war, daß es dort ein aus ewigem Eis erstarrtes Plateau gab, bedeckt von Schnee, der niemals schmilzt. Hier werden die Seelen schlechter Menschen gequält, wenn sie aus dem Feuer kommen, damit sie immer unter Frost oder Hitze zu leiden haben. Dazu gehört, daß wer immer nur Böses tun will, solange seine Seele im Körper wohnt, durch solche Qualen nicht sterben darf. Als die Fürsten der Dunkelheit an dieser eben erwähnten Stelle zusammengekommen sind, verschafft sich der alte Teufel Gehör und befiehlt, daß alle Seelen mit ihrem Gejammer, das sie dort gewöhnlich veranstalten, aufhören sollen. Dann berichtet er, welches Anliegen die Natur gehabt hat, und spricht anschließend folgendermaßen: »Was glaubt ihr, meine Kameraden, wo die Überheblichkeit dieses Königs, von dem die Natur erzählt hat, ein Ende nehmen wird, wenn er die Gelegenheit erhält, auf der Erde zu vollbringen, wonach ihn verlangt. Ich fürchte mich nicht davor, aber ich habe gehört, er beabsichtige sogar, uns anzugreifen und dann die Seelen, die wir als unser Eigentum betrachten, zu entführen. Doch ich habe auch erfahren, was mir noch mehr zusetzt, daß ein Mensch auf die Erde kommen wird, wundersamer gezeugt und wundersamer geboren, als ich es verstehen kann. Dieser Mensch wird mit einem einzigen Holz diese stark befestigte Burg zum Einsturz bringen und unser Reich vernichten, worauf eine bedeutsame Zeit folgen wird. Weil dieser Mensch stärker als stark sein wird, so fürchte ich, daß er unseren Händen reiche Beute entreißen wird. Doch dieses Mal geht es darum, daß ihr, die Fürsten des Todes euer Augenmerk darauf richtet, daß dieser Alexander euch nicht überwältigt. Treibt ihn in den Tod, damit er uns nicht besiege, auch wenn ein anderer es einmal tun wird.« Kaum hat der Teufel seine Ansprache zu Ende gebracht, so erhebt sich Proditio – das ist die Falschheit – und antwortet: »Es ist eine leichte Aufgabe«, sagt sie, »was du befiehlst. Ich habe ein Gift, das so stark ist, daß ihm außer einem Pferdehuf nichts standhalten kann. Das soll man mit Wein vermischt Alexander zu trinken geben. Außerdem trifft es sich günstig und geschickt, daß mein Ziehsohn namens Antipater – ein Fürst im Heer Alexanders mit einer Sinnesart nach meinem Gefallen, denn er kann schöne Worte machen, auch wenn er häßlich denkt – Alexander aufsuchen will. Denn der hat ihn zu sich nach Babylon bestellt und will ihn noch einmal auf einem Kriegszug dabeihaben. Antipater wird jedoch diese Arbeit leid, weil er allmählich alt wird. Dieser Mann wird meinen Auftrag willig und freudig erfüllen. Wenn es so ist, wie ich glaube, daß es unter den Göttinnen, die die Nacht gezeugt hat, keine mächtigere als mich gibt, so werde ich mich auf die Erde hinaufbegeben und diesen maßlosen Mann mit meinem Gift und der Hilfe meines Ziehsohnes in die Unterwelt befördern.« So sprach sie, und die ganze Versammlung dankt ihr und rühmt ihr Vorhaben, daß sie sich anschickt, mit einem Trank den zu besiegen, der noch nie in einem Kampf besiegt worden ist. Nun legt die Falschheit ein Federkleid an und fliegt davon. Es heißt, daß sie in Sizilien an die Oberfläche gekommen sei und überall, wo sie flog, sei Gift von ihren Flügeln getropft. Sie hält erst an, als sie ihren Zögling Antipater trifft. Nachdem er ihren Auftrag erhalten und sie ihm geraten hat, wie er vorgehen solle, damit es gelingen könne, kehrt sie zurück in die Hölle hinab.

Nun ist von Alexander zu berichten, daß er in stürmischen Gegenwind gerät, als er auf das offene Meer hinauskommt, so daß er mit seiner Flotte umkehren muß. Jetzt will er nach Babylon, um dort die Regierung zu regeln, und anschließend will er einen Kriegszug nach Westen, nach Afrika, unternehmen und sich so den westlichen Teil der Welt unterwerfen. Anschließend will er nach Norden, hierher nach Europa, und dann weiter über das Mundiagebirge, nachdem er die Römer gelehrt hat, den Griechen untertan zu sein. Er hat sich vorgenommen, erst dann nach Griechenland zurückzukehren, wenn er Alleinherrscher über die ganze Welt ist. Nun schickt er den Statthaltern in Syrien eine Botschaft, damit sie Wälder zum Schiffsbau abholzen lassen, und sie folgen dem Befehl des Königs.

Nun sind wir da angelangt, wo Meister Galterus, der diese Geschichte in Verse gefaßt hat, noch einiges über die Unternehmungen Alexanders anmerken will und sich folgendermaßen äußert: »Wo wird denn deine Besitzgier, du großer Alexander, ein Ende nehmen? Sie wird niemals befriedigt werden, auch wenn es dir gelingt, die ganze Welt zu unterwerfen. Jetzt bist du betrogen. Du bist für einen weiteren Kriegszug bereit, weißt aber nicht, daß für dich schon ein Trank bereit steht, der den Durst der großen Besitzgier, die dir zu eigen war, stillen wird. Denn der üble Verräter Antipater ist nun nach Babylon gekommen und schmiedet dort mit seinen Gesinnungsgenossen den Anschlag, der nach seinem Plan für dich verhängnisvoll sein soll.« Nun beginnt er, das Glück zu beschuldigen, macht sogar den Göttern Vorwürfe und spricht: »Warum seid ihr Götter so toll geworden, und warum willst du, Glück, deinen Zögling im Stich lassen und dulden, daß er verraten werde. Wenn du nicht verhindern kannst, was das Schicksal gebietet, nämlich daß Alexander bald sterben soll, so warne ihn doch vor dem Verrat und veranlasse, daß ihm statt Gift Waffen das Verderben bringen, denn mit ihnen hat er seine größten Untaten begangen, und dieser Tod wird als ehrenvoller gelten. Aber vielleicht können ihn die Götter ja nicht offen mit Waffen besiegen und müssen sich mit Gift an ihn heranschleichen. Dann wäre es ruhmreicher für ihn, doch durch Gift zu sterben, weil es dann scheint, als sähen sich die Götter nicht imstande, ihn ohne eine List zu besiegen.«

Nun heißt es zur Geschichte zurückkehren und davon berichten, daß das Glück und der Ruhm Alexander zum Alleinherrscher über die Welt machen, ehe er stirbt. Denn nachdem es sich im West- und Nordteil der Welt herumgesprochen hatte, daß er sich ganz Asien unterworfen hatte, erregte er unter allen Fürsten so große Furcht, daß sie ihm lieber untertan sein wollten als die Gefahr eingehen, ihm Widerstand zu leisten. Es heißt, daß alle westlichen Könige aus Afrika, Spanien, Sizilien und Italien und alle Könige nördlich des Gebirges, aus Frankreich und Saxland das gleiche beschließen und versuchen, den Kriegszug Alexanders aufzuhalten, indem sie ihre Leute zu ihm schikken, mit kostbaren Geschenken und mit Briefen, die bezeugen, daß sie ihm alle untertan sein wollen. Auch viele Fürsten, bei denen es verwundern mag, daß sie jemals den Namen Alexander gehört haben, so jung wie sein Reich noch ist, entsenden ihre Leute mit diesem Auftrag zu ihm. Die königlichen Gesandten haben Babylon zum Ziel, wo sie die Ankunft Alexanders abwarten wollen.

Als Alexander die Nachricht erhält, daß sich die ganze Welt vor ihm verneigen wolle und daß ihn in Babylon fürstliche Gesandte erwarten, eilt er mit seinem Heer dorthin. Nun reitet er mit großem Glanz in die Stadt ein, und die Einwohner der Stadt ziehen ihm mit freundlicher Miene und in ihrer besten Kleidung entgegen. Dann beruft er eine Versammlung ein und schenkt den Gesandten Gehör. Sie treten vor ihn und tragen ihm ihr Anliegen vor. Nachdem sie mit prächtigen Geschenken bekräftigt haben, was sie – die alle aufzuzählen lange dauern würde, weil die ganze Welt Alexander untertan sein will – vorgetragen haben, heißt es, daß er folgendermaßen geantwortet habe: »Dank sei den Göttern, die uns sogar den Sieg über die Städte und Reiche, die wir noch nicht gesehen haben, geschenkt haben. Euer Glück«, sagt er zu den Gesandten, »ist nicht geringer als unseres, weil ihr euch kampflos in unsere Gewalt ergeben habt. Hätte sich auch König Darius dazu entschlossen, so hätte ich ihm ein so großes Reich verschafft, wie er nur hätte fordern können. König Porus mag als gutes Beispiel dafür dienen, wie gütig ich denen gegenüber sein kann, die mir untertan sein wollen, auch wenn es ihnen widerstrebt. Diejenigen, die kampflos meine Gefolgsleute werden wollen, werden feststellen, daß ich ihnen für ihren guten Willen die Freiheit schenken werde, daß es für sie aber keiner Knechtschaft gleichkommt, Alexander untertan zu sein.«

Nachdem er so zu den Gesandten gesprochen hat, sagt er zu seinen Soldaten: »Ich schulde euch vielfachen Dank und habe euch viel Gutes zu vergelten, denn ihr habt mit eurer Tatkraft viel dazu beigetragen, daß die ganze Erde vor unserem Anblick verstummt. Ihr habt einen guten Herrscher verdient. Ich schätze, ich bin es auch es würdig, solche Soldaten zu haben. Manches Mal habt ihr meinetwegen Hitze und Frost ertragen. Ihr habt aber auch Großes vollbracht, denn es dauert lange, eure Heldentaten aufzuzählen, wie ihr Darius, Porus und sogar die Riesen bezwungen habt. Weil es nun fast nichts mehr in dieser Welt zu erobern gibt, wodurch unser Ruhm noch wachsen könnte, weil es sich aber auch nicht gehört, daß unsere Tatkraft durch Untätigkeit ermatte, so werden wir bitte diejenigen aufsuchen, die das Jenseits bewohnen, damit unsere Ehre und unsere Stärke nichts unversucht lassen, was zu unserem Ruhm beiträgt, und damit wir in alle Ewigkeit fortleben mögen in den rühmenden Erzählungen derer, die unsere Heldentaten aufschreiben wollen. In alten Büchern haben wir gelesen, daß es mehr als nur eine Welt gebe, und ich bin sicherlich unzufrieden, daß ich die eine noch nicht ganz bezwungen habe. Es ist bekannt, daß mir die Römer vor einiger Zeit durch einen Mann namens Emilius einen Brief überbringen ließen, in dem sie mich als ihren König bezeichneten. Doch jetzt habe ich erfahren, daß sie uns Widerstand leisten wollen. Da ich will, daß vollendet werde, was unseren Ruhm vermehrt, so wird man als nächstes gegen Rom ziehen, dieses vernichten und dann einen Kriegszug ins Jenseits unternehmen.« So spricht König Alexander und löst darauf die Versammlung auf.

Als es dann Abend wird, geschieht es zuerst, daß die Sterne später aufgehen und weniger Licht ausstrahlen als es ihre Natur ist. Und diejenigen Sterne, die gewöhnlich den Lotsen ihren Kurs auf dem Meer markieren, zeigen sich nicht in dieser Nacht. Deshalb wagte niemand zu segeln, wer sich auf dem Meer befand. So zeigte die Welt Alexanders Tod mit großer Trauer an, wie sie und die übrige Schöpfung auch auf seine Geburt mit großen Wundern vorausgedeutet hatten. Denn in der Zeit, als er geboren wurde, fielen Sterne vom Himmel, in Ägypten sprach ein Lamm, ein Huhn brütete einen Drachen aus, und während des ganzen Tages, an dem er im Palast seines Vaters geboren wurde, kämpften zwei Adler. »Was hat Alexander Macedo verbrochen«, sagt Meister Galterus, »daß ihm in der Zeit, in der sein ruhmreiches Leben am leichtesten ist, die Götter zürnen, die doch sein Leben mit großen und bedeutsamen Zeichen angekündigt hatten. Ich weiß«, sagt er, »hätte er nicht die menschliche Natur mit Verachtung gestraft, hätte er seine Erfolge in Demut errungen und hätte er die Süße des Glücks genauso angenommen wie seine Bitterkeit, so stünde eher zu erwarten, daß ihn die Götter nicht durch Waffen und noch weniger durch Gift, das grausamer ist als alle Waffen, zugrunde gehen lassen.«

Nun ist davon zu berichten, daß die Nacht vergeht und es zu tagen beginnt. An diesem Morgen fällt kein Tau auf das Gras, und die Vögel singen nicht, sondern sie trauern wegen der Ereignisse, die, wie sie wußten, an diesem Tag geschehen würden. Es heißt, daß der Morgenstern an diesem Tag als erster wieder vom Himmel verschwunden sei. Dann war es so weit, daß die Sonne aufging, auch wenn sie es nur widerstrebend tat. Sie ist erst kurze Zeit gezogen, als sie umkehren und untergehen will, um nicht die Ereignisse zu sehen, die nach dem Wunsch des Schicksals geschehen sollen, ehe sie weiterzieht. Schließlich zieht die Sonne doch wie gewohnt ihre Bahn. »Bleib stehen«, sagt Meister Galterus zur Sonne. »Wenn du deine Bahn an diesem Tag wie gewohnt ziehst, wird das Licht der Griechen erlöschen, ehe du untergehst.«

Nun sind die letzten Stunden Alexanders gekommen, und das Schicksal will um keinen Preis, daß das Verbrechen, das ausgeführt werden muß, noch länger aufgeschoben werde. Im Palast des Königs war ein üppiges Gastmahl bereitet, und der ganze Palast duftete nach den kostbarsten Kräutern. Dort kommt eine große Menschenmenge zusammen, Heerführer und Hofgefolge, dazu die Gesandten der Fürsten aus aller Welt. Dann führt der König einen großen Teil des Tages mit berühmten Männern Gespräche. Anschließend beschenkt er alle bedeutenden und weniger bedeutenden Leute, die er zu sich eingeladen hat. Danach läßt er Wein in der Halle auftragen, worauf man zu trinken beginnt. Sobald dem König eingeschenkt worden ist und er aus dem Gefäß getrunken hat, spürt er, daß Gift durch seinen ganzen Körper rinnt. Man muß ihm ein Lager bereiten, denn die Krankheit verläuft mit zu großer Heftigkeit, als daß er noch aufrecht sitzen könnte. In seiner Truppe kommt große Unruhe auf, aber doch hoffen viele, daß das Glück wieder einmal seinem Zögling helfen werde. Das lindert das Leid ein wenig. Doch als schießlich eine Ader namens Pulsus ein deutliches Zeichen gibt, daß der König nur noch kurze Zeit zu leben hat, läßt er sich mitten auf dem Boden der Halle ein Lager bereiten. Dorthin drängt das ganze Heer wie auch jeder, der hinzukommen kann. Der König blickt sich um, bemerkt, wie sein Gefolge von Trauer gezeichnet ihn umringt und spricht:

»Wenn ich die Welt verlasse, wo wird es dann einen Herrscher geben, wie ihn solche Burschen verdienen? Lange genug habe ich über die Erde geherrscht. Das Glück hat mir gegenüber nicht mit der Großartigkeit dieser Welt gegeizt. Ich bin es nun leid, daß meine Seele noch länger in einem sterblichen Körper eingesperrt ist, auch wenn ich bisher ein bedeutender Herrscher war. Denn von nun an werde ich über den Himmel herrschen, und es gehört sich nicht, diese Ehre von mir zu weisen, zu der ich berufen bin, wenn Herr Jupiter wünscht, daß ich mit ihm über geheime Dinge und die Schicksale der Menschen bestimme. Vielleicht wollen auch Tipheus und andere Riesen noch einmal einen Kriegszug gegen die Himmelsbewohner führen und glauben, Jupiters Reich sei jetzt, weil er vom Alter geschwächt ist, leichter zu erobern. Vielleicht fürchtet sich auch der Kriegsgott, Herr Mars, eine Schlacht gegen die Riesen ohne meine Hilfe zu schlagen, und vielleicht kümmern sich Jupiter und die anderen Himmelsgötter, die mich zu sich holen wollen, damit ich ihr Reich verteidige, mehr um ihre Bedürfnisse als um mein Begehren, daß ich mich nicht von euch, ihr guten Burschen, trennen will.« So spricht er, worauf die Heerführer und die übrigen Fürsten mit der tiefen Bewegtheit ihrer schmerzerfüllten Herzen fragen, wem er die Herrschaft über die Erde übertragen wolle. Er antwortet: »Der sei euer König, der am besten dazu geeignet und am würdigsten ist, ein so großes Reich zu regieren.« Nachdem er so gesprochen hat, versagt ihm die Stimme. Er zieht einen Ring von seinem Finger und gibt ihm einem Heerführer namens Perdicas. Daraus schließen viele, daß er ihn als seinen Nachfolger zum König wählen will. Gleich darauf geschieht das bedeutende Ereignis, daß König Alexander sein Leben läßt. Die Trauer, die viele verbergen konnten, solange sie noch auf das Leben des Königs hofften, zeigt sich nun unverhüllt. Denn man kann sich leicht vorstellen, wie ein solcher Fürst von seinen Leuten betrauert wurde.

Nach dem Tod des Königs äußert sich Meister Galterus in seinem Buch folgendermaßen: »Selig wäre das Menschengeschlecht, wenn es sich stets himmlische Dinge vor Augen führte und die Stunde seines Todes fürchtete, die, sowohl für Edle wie für Gemeine, häufig dann kommt, wenn es am geringsten zu erwarten steht. Doch unser Sinnen und Trachten ist häufiger darauf gerichtet, wodurch die Seele in große Gefahr gerät, nämlich um jeden Preis Reichtum und Ruhm zu erringen oder flüchtige Werte, die sich leicht für Geld feilgeboten finden. Um diese Dinge zu erlangen, kümmert es uns wenig, womit wir bezahlen. Manch einer setzt sein Leben ein und verliert es, ehe er findet, was er will. Vielleicht findet ja das gierige Verlangen all das, wonach es sucht, und der Mensch erfreut sich an Reichtum und Ruhm, Wohlleben und Würde, die er sich erworben hat. Sieh, dann kommt der plötzliche Tod und entreißt dem Menschen alles, wonach er sein Leben lang gestrebt hat. Ein solches Beispiel gibt der große Alexander, dem die ganze Welt zu klein zu sein schien, um sie zu beherrschen. Jetzt genügt ihm die Erde, wenn sie nur fünf Fuß lang ist, um darin zu liegen.«

Ein König namens Tholomeus, von dem man liest, daß er in der Nachfolge Alexanders Ägypten als Anteil erhalten habe, ließ später dessen Körper in eine Stadt namens Alexandria bringen, die nach ihm benannt wurde, und ließ ihn dort ehrenvoll bestatten. »Nun versinkt die Sonne im Meer«, sagt Meister Galterus, nachdem diese Ereignisse geschehen sind. Hiermit endet er damit, die Geschichte von Alexander Magnus zu erzählen, wie auch der, der die Geschichte in seine eigene Sprache übertragen hat.

Zusatz

Der Brief, den Alexander Magnus über die Wunder und Einzigartigkeiten Indiens an seinen Lehrer Aristoteles schreibt

König Alexander der Große, Beherrscher und Gebieter des ganzen Weltkreises, sendet seinem Lehrer Aristoteles seine Grüße und wünscht ihm alles Gute. Nebst meiner Mutter und meinen Schwestern stehst Du, liebster Lehrvater, mir am nächsten, und weil ich weiß, daß Du Dich der Wissenschaft widmest und Dich ihr verpflichtet fühlst, so schreibe ich Dir über das Reich des indischen Königs und über die unzähligen Arten von Menschen, Schlangen und Tieren, damit davon vielleicht etwas in Dein Studium einfließen kann. Auch wenn Du unsere Taten – die Du, wie ich weiß, wohlwollend beurteilst – bereits kennst, so will ich Dir doch über Dinge schreiben, die ich in Indien sah und hörte, weil sie der Erinnerung wert und in vielerlei Hinsicht erzählenswert sind. Denn ich sah selbst, was ich niemandem geglaubt hätte, der mir davon erzählt hätte, was es dort an unerhörten Merkwürdigkeiten gibt, und für wie vielerlei Erze, Früchte und Tiere die Erde eine Mutter ist. Kein Mensch ist so allwissend, daß er dies glauben würde, ohne es selbst gesehen zu haben. Dies verdanke ich der Tüchtigkeit und Beständigkeit unserer Landsleute, der mazedonischen Jünglinge, und unserem unbesiegten Heer, die geduldig gehorchten, wenn der König der Könige nach ihnen rief. Ich bitte Dich, liebster Lehrvater, Dich an meinem Lobpreis zu erfreuen, denn außer Dir und meiner Mutter Olympias werde ich keinem Menschen über die Befugnis meiner Herrschaft berichten. In einer ersten Aufzeichnung schrieb ich Dir vom Licht des Mondes und dem Gang der Sonne, über die Stellung der Sterne und die Helligkeit des Himmels. All dies sandte ich Dir schriftlich. Nun aber sende ich Dir einen wahren Bericht über meine Reise und meinen Ruhm.

Die Reisen König Alexanders und allerlei Völker

Nach dem Sieg im Monat Mai über den sarazenischen König Darius an einem Fluß namens Ganges setzte ich in sämtlichen Provinzen Fürsten ein. Die Dinge, die sich dort ereigneten, legte ich Dir in einem früheren Brief dar. Im Monat August gelangten wir nach Indien. Nach dem Sieg über König Porus erwarben wir großen Reichtum und labten uns an königlichen Leckerbissen. Doch was dessen unzählbares Heer angeht, so besaß er einundachtzigtausend Mann neben seinen Fußsoldaten, die doppelt so viele waren, achthundert Wagen und vierhundert Elefanten, die Türme trugen.

Als wir in in den Palast des Königs Porus kamen, so gab es dort vierhundert Säulen, die aus reinem Gold gefertigt waren. Die Wände waren mit fingerdicken Goldplatten bedeckt. Dort sah ich auch einen Weinstock, der auf höchst wundersame Weise aus reinem Gold gefertigt war. Er stand zwischen den Säulen, sein Laub war aus Gold, die Weintrauben waren aus einem Stein namens Sonnenträne, und einige waren aus einem Stein namens Smaragd. Alle Schlafgemächer waren aus Steinen namens Margarit und Karfunkel. Die Türen waren aus Elfenbein, und die Fenster aus Zypresse und einem Holz namens Erpe. Außen waren auf dem Gebäude unzählige Vögel unterschiedlicher Art und Farbe abgebildet, einige mit vergoldeten Klauen und Schnäbeln. Dort gab es auch Tischgefäße, die mit den kostbarsten Edelsteinen besetzt waren.

Von dort begab ich mich in einem Hafen namens Kaspias. Man hatte uns gesagt, daß uns dort Schlangen und wilde Tiere aus Tälern und Feldern angreifen würden. Dort nahm ich mir hundertfünfzig Führer, um König Porus zu verfolgen, der zuvor aus dem Kampf entkommen war. Wir zogen mit dem gesamten Heer durch Indiens brennendheiße Wüsten namens Bactacen. Die Führer hatten als Kleidung nur die Blätter der Bäume und Waldwolle. Sie brachten uns zu mancherlei gefährlichen Schlangen und Tieren. Da stellte ich fest, daß ich die Ratschläge meiner kaspiasanischen Freunde mißachtete, die uns gebeten hatten, vorsichtig zu sein, damit wir nicht betrogen würden. Wir besaßen eine so große Fülle an Gold, Silber und Edelsteinen, daß wir kaum damit vorwärts kamen und unser ganzes Heer vor Gold und Silber zu glänzen schien.

Es war wie immer, daß kaum etwas ohne Schwierigkeiten abgeht, und so bekam ich so großen Durst, daß ich ihn kaum ertragen konnte.

Zepirus, einer meiner Soldaten, fand in einer Erdhöhle ein wenig Wasser und brachte es mir in seinem Helm, denn er wollte lieber mich und mein Leben als seines retten. Ich nahm den Helm von meinem Kopf, rief meine Soldaten herbei und schüttete das Wasser aus, worauf wir wieder weiterzogen. Bald darauf erblickten wir ein fließendes Gewässer, und sechzig Faden vom Land entfernt sah ich Schilf, das so hoch wie Pinus gewachsen war. Das diente dort auch als Bauholz. Bei diesem Anblick machte das Heer halt und stellte sein Lager auf. Doch das Wasser war bitterer als ein Wasser namens Oleborum. Weder Mensch noch Tier konnte es genießen, ohne Schaden zu nehmen. Ich war sehr bekümmert, denn ich sah, daß stumme Kreaturen den Durst schlechter als Menschen ertragen können.

Ich hatte tausend große Elefanten, die das Gold trugen, vierhundert Wagen und tausend Arbeitskarren, zwanzigtausend Reiter und vierhunderttausend Fußsoldaten. Das gesamte Heer litt so großen Durst, daß die Leute beinahe starben. Die Soldaten leckten an ihren eisernen Gegenständen und machten sich über das Öl her, weil sie damit ihren Durst stillen wollten. Einige, die nahezu am Ende ihrer Kräfte waren, tranken sogar ihren Harn, und ihre Qualen machten mir mehr Sorgen als meine eigenen. Dann befahl ich, daß alle ihre Waffen anlegen sollten. Sie wunderten sich sehr, denn sie wußten, daß mit keinem Feind zu rechnen war. Wir folgten dem Wasserlauf und gelangten an eine Burg, die mitten im Wasser stand und aus dem oben erwähnten Schilf gebaut war. Dort sahen wir einige Inder und baten sie, uns ein Wasser zu zeigen, das trinkbar wäre, aber sie versteckten sich in ihren Häusern. Dann ließen wir einige Pfeile in die Burg abschießen, und ich schickte dreihundert leichtbewaffnete Soldaten aus, damit sie zur Burg hinüberschwömmen. Als sie ein Viertel des Wassers durchschwommen hatten, tauchten Nilpferde auf, so groß wie Elefanten, und verschlangen sie vor unseren Augen. Darauf ließ ich hundert unserer Führer ins Wasser werfen. Die Tiere kamen zusammen mit anderen, kleineren herbei und brachten den Männern den verdienten Tod. Dann brodelte das ganze Wasser vor Ameisen. Ich sah, daß es mir keinen Ruhm bringen würde, gegen diese Wassertiere zu kämpfen, und ich hieß die ganze Truppe aufbrechen.

Mitten am Abend sah ich Männer in einem runden Schiff, das aus Schilf gemacht war, auf dem Wasser fahren, und wir fragten sie nach trinkbarem Wasser. Und sie sagten, daß sich ziemlich weit von uns entfernt ein See mit gutem Wasser befinde. Wir nahmen uns sechzig

Führer und zogen die ganze Nacht hindurch, durstig und erschöpft von der Anstrengung. Uns griffen von allen Seiten Wölfe und Steinböcke an, Leoparden und Luchse, und da glaubte niemand mehr, daß ihn seine Waffen behinderten. Wir kämpften die ganz Nacht hindurch und einen großen Teil des nächsten Tages gegen diese Tierhorden, bis wir sie bezwingen konnten. Sehr erschöpft, gelangten wir zur Nonzeit an das Gewässer, das uns angezeigt worden war. Der See war von alten und großen Bäumen umgeben. Als das ganze Heer und das Vieh nach Verlangen getrunken hatten, waren wir erfrischt und stellten unser Heerlager auf, das sich fünfundzwanzig Meilen in jede Richtung erstreckte. Dann befahl ich, den Wald abzuholzen, so daß mehrere gleichzeitig trinken könnten, wenn sie wollten. Unsere Elefanten und Pferde befanden sich in der Mitte des Heeres. Dann ließen wir hundert Meilen weit große Feuer entfachen.

Während der Nacht, als der Mond aufging, kamen viele Tiere, die Scorpiones heißen, angelaufen. Dieses Tier hat einen Kopf wie eine Ziege, einen Körper wie ein Löwe und einen Schwanz wie eine Schlange, mit einem Stachel daran. Von ihnen kamen so viele, daß man sie kaum zählen konnte, und sie drohten, gewalttätig zu werden. Dann kamen Schlangen, die Cerastes heißen, und Wasserschlangen in verschiedenen Farben, rote, weiße, schwarze und gestreifte, und überall konnte man ihr Schnauben hören. Sie flößten vielen Leuten große Furcht ein, und wir töteten viele von den Schlangen. Das ging bis spät in die Nacht. Nachdem die kleineren Schlangen getrunken hatten, verschwanden sie. Die größeren Schlangen versteckten sich in unterirdischen Höhlen, worüber wir uns freuten.

Als es auf die dritte Nachtstunde zuging, glaubten wir, unsere Ruhe zu haben. Da kamen indische Schlangen hervor, groß und furchterregend, mit Mähnen wie Pferde und dick wie Steinsäulen, die mit ihren Mäulern die Erde aushöhlten. Sie streckten ihre Hälse vor, hatten eine dreifach gespaltene Zunge und giftflammende Augen. Gegen sie kämpften wir nachts eine Zeitlang und verloren dabei zwanzig Soldaten und dreißig Sklaven. Nach ihrem Verschwinden kamen Krebse, groß wie Ochsen, mit mächtigen Mäulern und einem filzigen Band um den Hals. Sie griffen uns an, aber wir töteten sie. Das Heer bekam allmählich Angst, und es herrschte sehr dunkle Nacht. Dann kamen Wildeber, riesengroß mit schäumenden Mäulern. Mit ihnen zusammen kamen gefleckte Steinböcke, furchterregende und kampfeslustige Luchse und zahlreiche taubengroße Fledermäuse, die

Gesichter, Augen und Nacken der Männer befielen. Ihre Zähne waren so hart, daß sie sogar die Waffen der Männer beschädigten. Dann tauchte vor uns noch ein Tier auf, größer als ein Elefant, mit der Gestalt eines Pferdes, von schwarzer Farbe und mit zwei Hörnern auf der Stirn; die Inder nennen es Tenderanus. Nachdem dieses Tier getrunken hatte, erblickte es unser Heerlager und stürmte auf uns los. Es war nicht durch Feuer aufzuhalten. Ich stellte ihm einen Zaun aus Menschen entgegen. Es tötete und erschlug dreißig meiner Soldaten, ehe es getötet wurde.

Vor Tagesanbruch brach ein Sturm vom Himmel, so daß alles weiß war und es aussah, als regnete es Frösche. Außerdem drangen in unser Heerlager indische Mäuse, so groß wie Füchse, die unser Schlachtvieh totbissen, die für Menschen aber nicht tödlich waren. Als es Tag geworden war, kamen eulenähnliche Vögel, mit gelben Klauen und Schnäbeln und von schwarzer Farbe. Sie bedeckten das ganze Ufer, fügten uns aber keinen Schaden zu, sondern zogen mit ihren Klauen Fische aus dem Wasser und fraßen sie. Diese Vögel ließen wir in Frieden, bis sie verschwanden. Doch den Führern, die uns in diese Lebensgefahr gebracht hatten, ließ ich Arme und Beine brechen, und wir ließen sie dort zurück, denn wenn die Schlangen dorthin kämen, sollten sie das bekommen, was die Führer uns zugedacht hatten.

Dann kamen wir darauf zu sprechen, was für hartgesottene Männer ich hatte, die auch in vielfältigen Schwierigkeiten nicht ermatteten. Darauf ließ ich das ganze Heer zur Abreise zusammenblasen und brach genau entgegengesetzt zur nördlichen Richtung auf. Dort sammelten sich Inder, um uns Widerstand zu leisten. Doch meine Soldaten hielten wieder einmal tüchtig dagegen, und wir errangen erneut Sieg und Ehre. Von dort zogen wir in das Reich der Bactrianer, an menschenverlassene Orte. Dort gab es eine Fülle an Gold, Schlangen und Geschmeide. Dort hielten sich auch bereits einige unserer Leute auf. Das lag in der Nähe von Serkland. Gesandte des Königs Porus kamen dorthin und sagten, daß er mich gerne in wahrer Freundschaft treffen wolle. Ich zog die Kleidung eines Soldaten an, legte das königliche Gewand ab und ging mit einigen wenigen Männern in die Stadt, in der er sich aufhielt. Zufällig rief er mich zu sich und fragte: »Was macht König Alexander? Wie alt ist er?« Ich antwortete ihm, ihn verspottend: »Alt ist er, unser Herrscher. Er sitzt drinnen am Feuer und wärmt sich.« Er freute sich, daß er gegen mich kämpfen solle, denn er selbst war noch jung, und er sagte: »Warum nimmt er denn keine

Rücksicht darauf, wie alt er ist und was er noch ausrichten kann?« Er gab mir einen Brief, der viele Drohungen enthielt, und befahl mir, ihn König Alexander zu überbringen. Aber ich sagte, daß er einmal viel dafür geben werde, daß dieser Brief nicht geschrieben worden wäre. Dann ging ich zu meiner Truppe.

Ich schicke Euch dieses Beispiel, damit es Euch daran erinnert, wie sein Hochmut gedämpft wurde, denn wenig später kämpften wir gegeneinander, und ich errang den von mir gewünschten Sieg. Nachdem ich König Porus bezwungen und ihn und sein ganzes Reich mir unterworfen hatte, gab ich ihm alles zusammen zurück, sein Leben und sein Hab und Gut. Darüber freute er sich so sehr, daß er mir mehr Gold und Geschmeide schenkte, als wir tragen konnten. Er zog mit mir in den östlichen Teil seines Reiches, wohin Herkules und Liber als erste vorgedrungen waren. Ich ließ ihnen ein Standbild aus gebranntem Gold errichten, wo zuvor Götterbilder gestanden hatten.

Capitulum

Von dort zogen wir über unbewohntes Hochland, wo es eine Fülle an Elefanten und Schlangen gab. Von dort zogen wir ans Meer, denn ich beabsichtigte, mit einem Heer von Schiffen um die ganze Welt zu fahren. Aber die dortige Bevölkerung behauptete, daß das Meer tief und dunkel sei, und daß niemand es wage, über die von Herkules und Liber hinterlassenen Spuren hinauszufahren, denn diese beiden kamen fast den Göttern gleich. Von dort zog ich in den südlichen und östlichen Teil Indiens, um die Gegebenheiten des Landes zu erforschen.

An einer Stelle entdeckte ich eine trockene und schilfbewachsene Landzunge, von der aus ein Tier auf uns zustürmte, dessen Rücken so hart war, als sei er mit Eisen beschlagen. Der Kamm war zwei Fuß hoch, auf dem Hals trug es einen Wolfskopf, und auf der Brust hatte es einen zweiten Kopf, der aussah wie der eines Nilpferds. Klauen hatte es wie ein Tier namens Ermedrelles, das große Zähne und einen langen Hals besitzt. Es griff uns sofort an und tötete hundert unserer Soldaten. Wir bekämpften es mit Hämmern und Schleudern, denn weder Spieße noch Wurfpfeile konnten ihm etwas anhaben. Von dort zogen wir in die äußersten Wälder Indiens und stellten unser Heerlager auf, das jeweils sechzig Meilen lang und breit war. Es hieß, wir müßten uns vor Elefanten in acht nehmen, worauf ich unseren Leuten befahl, sie mit Waffen zu verfolgen. Jeder führte ein grunzendes Schwein mit sich, und wir zogen mit Speeren und Bogen los, um diese Tiere zu töten. König Porus und ich sahen eine große Menge Elefanten in verschiedenen Farben, und König Porus behauptete, es sei möglich, diese Tiere zu zähmen und im Kampf einzusetzen, doch auf einigen könne man nicht reiten. Dann ließ ich die Schweine vor ihnen zum Grunzen bringen, und kurz darauf wurden die Elefanten rasend und rebellisch, weil unsere Soldaten neunhundert von ihnen töteten. Wir erbeuteten eine Fülle an Zähnen, Hörnern und Knochen.

Als es Tag wurde, zogen wir weiter in ein anderes Gebiet Indiens. Auf einer Hochebene sahen wir Männer und Frauen, zottig wie Tiere, unterschiedlich gefärbt, neun Fuß groß und vollkommen unbekleidet. Dieses Volk heißt Indianer und lebt von rohem Fisch und Wasser aus Seen. Nach ihrem Namen wurde Indien benannt. Als wir mit ihnen sprechen wollten, stürzten sie sich wie Seehunde ins Wasser. Dort gab es auch Menschen namens Cenocephales, die Hundsköpfe haben und bellen. Sie gingen auf uns los und wollten uns angreifen. Aber nach kurzer Zeit bekamen sie vor unseren Bogen so große Angst, daß sie nicht wußten, wo sie hinsollten. Von dort zogen wir in die große Wüste, die am Meer liegt. Dann kehrten wir wieder um und stellten unser Heerlager auf. Da brach ein so scharfer Wind gegen uns los, daß wir alle Angst bekamen. Ich befahl dem Heer sich zurückzuziehen, denn ich erkannte, daß uns der Zorn Gottes treffen würde, wenn wir noch länger dort blieben. Dann kamen wir in ein Tal, wo wir von gewaltigem Frost überrascht wurden, und von Schneeflocken, die so groß wie Wollvlies waren. Wir ließen große Feuer entfachen und den Schnee so weit wie möglich zertrampeln. Dann kam ein so heftiger Regen, daß der Schnee aufgelöst wurde. Danach kamen so mächtige Blitze, daß das ganze Hochland zu brennen schien, und da hatte ich die von Herkules und Liber hinterlassenen Spuren überschritten. Zum Schutz gegen die Blitze ließ ich geweihte Tücher verwenden. Dann beteten wir für uns, worauf wir eine ruhige Nacht bekamen. Anschließend schien wieder drei Tage lang die Sonne auf das Hochland, aber über uns hing eine schwarze Wolke. Ich ließ die fünfhundert Soldaten beerdigen, die im Schnee umgekommen waren.

Von dort zogen wir nach Westen nach Blauland, in eine Burg, in der sich auch Herkules und Liber aufgehalten und in die seither kein

Mensch lebend hineingekommen war. Ich machte die Erfahrung, daß alle meine Leute, die hineingingen, ohne ein Opfer zu bringen, sofort starben. Von dort zog ich nach Piciaces. Nachdem ich eine lange Strecke geritten war, traf ich zwei alte Männer und fragte, ob sie irgend etwas Bemerkenswertes in diesem Ort kannten. Sie sagten mir, daß es ein Weg von zehn Tagen sei »bis zu der Stelle, wo du Dinge sehen kannst, die dir bemerkenswert vorkommen werden, doch auf diesem Weg gibt es kein Wasser«. Dort könne ich zwei Bäume sehen, den des Mondes und den der Sonne, die indisch und griechisch sprächen; der Sonnenbaum mit männlicher Stimme, und der Mondbaum mit weiblicher. Als ich sie von so bemerkenswerten Dingen erzählen hörte, glaubte ich, sie würden mich verspotten, und wollte sie zu Tode quälen lassen. Doch sie blieben standhaft dabei, und deshalb rieten mir meine Leute aufzubrechen, um diese Dinge zu sehen. Darauf ritt ich mit dreißigtausend Soldaten los, König Porus schickte ich mit dem gesamten Heer nach Piciaces zurück. Auf dieser Reise gerieten wir wegen des Wassermangels und auch wegen der vielen Schlangen, Tiere und des Gewürms in große Lebensgefahr. Dann kamen wir in das Dorf, das man uns angekündigt hatte. Dort waren sowohl die Frauen als auch die Männer mit Luchsfellen und Steinbockleder bekleidet. Sie sprachen indisch. Dort gab es so reichlich Weihrauch, daß er von jedem Zweig herabhing, und davon ernährten sich die Dorfbewohner.

Als wir in den Wald kamen, in dem die vorher erwähnten Bäume standen, sahen wir einen schwarzen, alten Mann, mit Zähnen wie ein Hund und mehr als zehn Fuß groß. Er war der Bischof dieses Ortes. In den Ohren trug er goldene Ringe, aus denen Edelsteine herabhingen. Er begrüßt mich und fragte, warum ich gekommen sei. Ich sagte, daß ich den Sonnen- und den Mondbaum sehen wolle. Er befahl uns, Gürtel und Waffen abzulegen, auch Überkleider und Schuhe, und forderte diejenigen auf einzutreten, die keusch und unberührt von weiblicher Liebe und Wollust seien. Ich trat mit dreihundert Leuten hinter ihm ein. Er sagte, es sei erst erlaubt, sich dem Sonnenbaum zu nähern, wenn die Sonne aufgeht, und dem Mondbaum, wenn der Mond aufgeht. Darauf wanderte ich weit im Garten umher, in dem ein überaus süßer Duft herrschte. Jeder Baum trug reichlich Früchte und Balsam. Als ich die Rinde eines Baumes ablösen ließ, rann ein so süßer Trank heraus, wie ich bisher noch keinen süßeren getrunken hatte. Ich trank reichlich davon, wie auch alle diejenigen, die mich begleiteten. In der Mitte des Waldes standen die heiligen Bäume, Zypressen ähnlich und hundert Fuß hoch. Diese Bäume nennen die Inder Beblonas. Wie Schilf weisen sie keinerlei Krümmung auf. Ich wunderte mich darüber und sagte, es werde wohl nicht an Regen fehlen, so wie diese Bäume wuchsen. Doch der Priester sagte, in diesen Garten gelange niemals Regen, auch keine wilden Tiere, keine Schlangen oder Vögel und auch keine Adler. Er sagte auch, daß beide Bäume weinten, wenn Sonne und Mond ihre Bahn unterbrächen. Ich wollte ein Opfer bringen, aber der Priester verbot es und sagte, es sei nicht erlaubt, dort irgend etwas zu erwürgen oder zu erschlagen. Er befahl uns vielmehr, auf die Knie zu fallen, die Stämme zu küssen und zu Sonne und Mond zu beten, damit sie uns Antwort auf die Fragen gäben. Ich fragte, ob sie indisch oder griechisch antworten würden. Der Bischof antwortete: »Der Sonnenbaum antwortet in beiden Sprachen, und der Mondbaum beginnt auf griechisch und endet auf indisch.« Während wir uns hierüber unterhielten, sahen wir, daß ein Sonnenstrahl auf den Baumwipfel fiel. Da sprach der Bischof: »Betet nun und fragt dann, was ihr wollt.« Ich fragte und bat darum, daß ich die ganze Welt erobern und wohlbehalten zu meiner Mutter und meinen Schwestern zurückkehren sollte. Der Baum antwortet sofort mit Nachdruck auf indisch: »Du unbesiegter Alexander, du wirst der Alleinherrscher der ganzen Welt sein, aber du wirst nicht in deine Heimat zurückkehren.« Als die Übersetzer erklärt hatten, was der Baum gesagt hatte, weinten alle. Am Abend dieses Tages gingen wir zum Mondbaum, und Perdicas, Diomeas und Philotas begleiteten mich. Ich fragte den Baum, wo ich mein Leben verlieren sollte. Sobald der Mondschein auf den Baum fiel, antwortete er auf griechisch: »Du hast nun dein volles Alter erreicht, denn im nächsten Jahr im Monat März wirst du in Babylon sterben. Dich wird einer verraten, von dem du es am wenigsten erwartest.« Da weinten alle, die anwesend waren.

Dann gingen wir weg zu einem Gewässer, das nach Westen fließt und mehr als eine Meile breit ist. Von dort aus begaben wir uns ans Meer. Dort hielt sich ein indisches Volk auf, das mit Tierhäuten bekleidet war. Sie schenkten uns weiche Kittel, die aus der Haut der Kälber von Seetieren gefertigt waren. Wir angelten dort Würmer, die dicker als das Bein eines Mannes und besser als jedes andere Essen waren. Dort gab es auch unglaublich große Fische. Außerdem gab es dort Fische, die man in Bottichen fangen sollte, die aus Elfenbein gemacht waren, damit sie nicht von den Frauen, die sich im Wasser aufhalten und von rohen Fischen leben, zerbissen oder zerbrochen würden. Diese Frauen fangen gewöhnlich fremde Männer, die im See schwimmen, ziehen sie auf den Grund und halten sie dort fest, bis sie sterben. Oder sie ziehen sie hinauf ins Schilf und vergewaltigen sie, damit das aus ihnen fließende Gift mit dem Glied der Männer in Berührung komme, so daß diese sterben. Von diesen außerordentlich schön anzusehenden Mädchen fingen wir zwei.

In diesem See gab es auch viele bemerkenswerte Dinge, von denen ich nichts weiter erzählen will. In das Gewässer mündet ein Fluß namens Boreum flumen. So wie er fließt, entspringen aus den Ufern des Flusses der Westwind, der Südwind und der Nordwind. Von dort kehrten wir nach Serkland, nach Babylon, zurück. Doch es kümmert mich nicht, meinen Nachfolgern kundzutun, wie ich dort verraten und getötet wurde.

Herzliche Grüße an meine Mutter und meine Schwestern. Mein Meister, ich nehme an, daß dies das letzte ist, was ich Euch zu meinen Lebzeiten schreibe. Valete.

Als Alexander starb, war er dreiunddreißig Jahre und einen Monat alt.

Anmerkungen

Die Anmerkungen gehen nicht auf inhaltliche Fragen der lateinischen Vorlage ein, sondern sie kommentieren Charakteristika der isländischen Übersetzung. Eine vollständige Auflistung der Unterschiede zwischen Vorlagen und isländischer Übersetzung wird jedoch nicht angestrebt.

Die Saga von den Trojanern

S. 11: In den Tagen Josuas: Die folgende mythologische Einleitung, die in der lateinischen Vorlage keine Entsprechung hat, ist nur in einer einzigen Handschrift der Saga – der Hauksbók, die auch für die deutsche Übersetzung benutzt wurde – überliefert. Eine direkte Quelle für diese Einleitung konnte bisher noch nicht identifiziert werden. Ein Teil des Inhalts scheint auf Theoduls *Ecloga* zurückzuführen zu sein, andere Elemente stimmen mit eine Reihe weiterer europäischer Darstellungen der Trojanersage überein. Alle anderen Handschriften der *Trójumanna saga* setzen erst, entsprechend dem Text des Dares Phrygius, mit der Geschichte vom Goldenen Vlies ein.
Jorsalaland (»Jórsalaland«) bezeichnet im Isländischen das Land, in dem Jerusalem (Jórsalaborg) liegt, d. h. das Heilige Land, Judäa.
Freyr: Die Gleichsetzung zwischen dem römischen Gott Saturn und dem nordischen Gott Freyr ist sonst nicht bekannt. Die Gleichsetzung hat dennoch ihre Berechtigung, da es sich in beiden Fällen um Agrargottheiten handelt, die jeweils als Begründer bedeutender Herrscherdynastien angesehen wurden. Eine ähnliche Geschichte über Saturn enthält auch der Prolog im Codex Wormianus der *Snorra Edda* (»Die jüngere Edda«, ein Skaldenlehrbuch des Snorri Sturluson), der jedoch Saturn nicht mit dem nordischen Gott Freyr identifiziert.

S. 13: Kreta-Thor: Die *Trójumanna saga* setzt hier stillschweigend voraus, daß ihrem Publikum die Gleichsetzung von Thor bzw. Kreta-Thor und Jupiter bekannt ist. Bereits in der Antike hatten römische Schriftsteller den *Dies Jovis* mit dem germanischen *Þórsdagr* (Donarstag, Donnerstag) gleichgesetzt. Auch wenn die Übereinstimmungen zwischen den beiden Göttern nicht unbedingt überzeugend sind, so setzte sich ihre Gleichsetzung durch, und während des gesamten Mittelalters wurde im Norden in übersetzten Heiligenlegenden wie auch in der gelehrten Literatur Jupiter mit Thor identifiziert.

S. 14: Troll: Als Trolle werden übernatürliche, ungeheure Wesen bezeichnet oder auch Menschen mit dem Aussehen oder den Eigenschaften eines Trolls. In allen mittelalterlichen Quellen erscheinen die Trolle als gefährliche und schwer zu bekämpfende Feinde der menschlichen Welt; sie gehören dem Reich der Dunkelheit an und können die Gestalt wechseln. Während der Zeit der Missionierung war es üblich, Trolle und Teufel gleichzusetzen.

S. 16: PELEUS HIESS EIN BERÜHMTER UND MÄCHTIGER KÖNIG: Hier setzen – entsprechend dem Beginn der lateinischen Vorlage – auch die anderen Handschriften der *Trójumanna saga* ein.

FOLGENDE MÄNNER: Diese Aufzählung hat in der lateinischen Vorlage keine Entsprechung. Der isländische Text muß hierzu jedoch keine zusätzliche Quelle verwendet haben, sondern kann diese Angaben aus dem Kontext der nachfolgenden Kapitel ergänzt haben.

S. 17: LAMEDON: Die Familie des phrygischen Königs wird in der lateinischen Vorlage erst an späterer Stelle vorgestellt. Der isländische Text folgt hier einheimischen literarischen Gepflogenheiten, wo Informationen über Abstammung und familiäres Umfeld beim ersten Auftreten einer Person angeführt werden.

TYRKLAND: Die *Trójumanna saga* verwendet *Troja* und *Tyrkland* (eigentlich: »Türkei«) bzw. *Trojaner* und *Tyrkir* (eigentlich: »Türken«) als Synonyme. Tyrkland taucht in der isländischen Sagaliteratur in verschiedenen Zusammenhängen auf, so z. B. auch als Heimat von Burr, eines Vorfahren des Gottes Odin, und auch Odin selbst wird als *Tyrkjakonungr* (»Türkenkönig«) bezeichnet.

FREYJA, SIF UND GEFJON: Die drei nordischen Göttinnen stehen für Hera, Athene und Aphrodite. Wie aus einer späteren Stelle der *Trójumanna saga* hervorgeht, steht Freyja für Aphrodite bzw. Venus, die Mutter des Aeneas. Sif, die Gattin Thors, steht vermutlich für Hera, die Gattin des Zeus bzw. Jupiter, der in der nordischen Mythologie mit Thor identifiziert wird, und Gefjon muß dann mit Athene gleichgesetzt werden.

S. 18: SIF, FREYJA UND FRIGG: Statt der vorher erwähnten Gefjon wird hier Frigg als dritte Göttin angeführt. Die *Snorra Edda* führt in Kap. 35 des Abschnitts »Gylfaginning« eine Reihe nordischen Göttinnen an, die sonst in der nordischen Literatur nur eine untergeordnete Rolle spielen, von denen aber einige, unter anderen auch Gefjon, möglicherweise mit Frigg identifiziert werden können.

JASON: Die Geschichte von Jason und Medea ist in der Saga weitaus ausführlicher als im Text des Dares Phrygius beschrieben. Die zusätzlichen Details, die vermutlich auf die *Heroiden* Ovids zurückzuführen sind, waren möglicherweise bereits in der lateinischen Handschrift ergänzt, die der isländischen Übersetzung zugrunde liegt. Parallelen zum Bericht der Saga finden sich in verschiedenen anderen europäischen Übersetzungen der Geschichte des Trojanischen Krieges.

TEMPEL DES TYR: Der griechische Gott Ares wurde hier durch den nordischen Kriegsgott Tyr ersetzt.

DER KÖNIG SPRACH: Der Anteil der direkten Rede ist in der Saga weitaus größer als in der lateinischen Vorlage und entspricht dem auch sonst in der nordischen Literatur feststellbaren Bestreben nach lebendiger, szenischer Darstellung.

S. 22: Nörvasund: Gemeint ist die Straße von Gibraltar.

S. 23: eine viel stärker befestigte Stadt: Die Beschreibung Trojas, die keine Entsprechung im lateinischen Text hat, wurde aus den im Kontext verstreuten Informationen zusammengestellt.

S. 24: Traum: Der Traum, der im Text des Dares ausführlich referiert wird, wurde in der Fassung der Saga, die in der Hauksbók überliefert ist, bereits innerhalb der mythologischen Einleitung berichtet. In den anderen isländischen Versionen der Saga fehlt der Traum ganz, wodurch die folgende Antwort des Elenus unverständlich bleiben muß.

S. 25: ein Mann namens Pandus: Neue Personen werden entsprechend einheimischen literarischen Gepflogenheiten in den Text eingeführt.

Cassandra ... sagte: Cassandras Prophezeiung ist in der isländischen Saga ausführlicher als im lateinischen Original beschrieben. Der Inhalt der Vorhersage wurde aus dem Kontext erschlossen.

er sei zu seinem Vergnügen unterwegs: Diese im lateinischen Text nicht enthaltene Information stammt vermutlich aus Ovids *Heroiden*.

Alexander warf Elena einen goldenen Apfel in den Schoss: Diese Geschichte, die im lateinischen Text keine Entsprechung hat, stammt vermutlich aus Ovids *Heroiden*, wo sie jedoch über andere Personen erzählt wird.

S. 26: Elena war zunächst lange Zeit traurig: Hier, wie auch an anderen Stellen, ändert die *Trójumanna saga* die Reihenfolge der Ereignisse, um einen linearen Handlungsablauf sicherzustellen.

Nun ist davon zu berichten: Neue Erzählabschnitte werden häufig mit Floskeln eingeleitet, wie sie in der einheimischen literarischen Tradition üblich sind.

S. 31: diesen Vorschlag: Der Zweikampf zwischen Menelaos und Alexander, der im lateinischen Text nicht erwähnt wird, geht auf homerische Tradition zurück. Eine direkte Quelle für die isländische Version konnte bisher jedoch noch nicht nachgewiesen werden.

Freyja: In der längeren Redaktion der *Trójumanna saga* wird Freyja als Mutter des Aeneas bezeichnet; d. h. Freyja steht im isländischen Text für Aphrodite.

S. 34: alte Erzählungen: Der Hinweis auf zusätzliche Quellen fehlt im Text des Dares Phyrgius. Aus einem Vergleich mit anderen Versionen der *Trójumanna saga* wird deutlich, daß unter anderem Homer, d. h. die *Ilias latina*, gemeint ist.

S. 36: in das griechische Heerlager: Im Text des Dares geht Priamus nicht persönlich, sondern trojanische Gesandte holen die Leiche Hectors.

S. 44: was ihm übel anstand: Die isländische Saga bemüht sich darum, Aeneas in einem neutralen Licht erscheinen zu lassen. Sie unterscheidet sich hierin von der sonst im Mittelalter üblichen Darstellung des Aeneas als Verräter.

DIE RÖMISCHE GESCHICHTE: Die isländische Saga bezieht sich hier auf Vergils *Aeneis*.

Die Saga von den britischen Königen

S. 53: VON ENEAS DEM MILDEN IST ZU ERZÄHLEN: Die ersten fünf Paragraphen der *Historia Regum Britannie* mit Widmung, Prolog und der Beschreibung Britanniens haben in der isländischen Übersetzung keine Entsprechung. Statt dessen wurde hier der britischen Geschichte eine knappe Zusammenfassung von Vergils *Aeneis* vorangestellt, wodurch auch eine inhaltliche Verbindung mit der *Trójumanna saga* geschaffen wurde.

S. 54: FREYJA: Wie in der *Trójumanna saga*, so steht auch hier Freyja als Entsprechung für Venus bzw. Aphrodite, die Mutter des Aeneas.

S. 55: SIF: Wie in der *Trójumanna saga*, so steht auch hier die nordische Göttin Sif als Entsprechung zu Hera bzw. Juno.

S. 58: SAXEN: »Saxar« und »Saxland« übersetzen sowohl die lateinischen Begriffe »Germani« und »Germania« als auch »Saxones« und »Saxonia«. Um einer Verwechslung mit den heutigen Sachsen vorzubeugen, behält die deutsche Übersetzung die Schreibung mit -x- bei.

S. 59: SIGURD JORSALAFARI: Sigurðr Jórsalafari Magnússon (»Sigurd, der nach Jerusalem reiste«). Norwegischer König (1103-1130), der seinen Beinamen durch seine Beteiligung an den Kreuzzügen erhielt.

S. 61: NACH ENEAS ÜBERNAHM SEIN SOHN ASKANIUS DIE HERRSCHAFT: Hier beginnt die eigentliche Übersetzung der *Historia Regum Britannie*. Gleich in diesem ersten Abschnitt wird deutlich, daß der isländischen Übersetzung entweder zwei unterschiedliche Handschriften oder aber eine Mischhandschrift der *Historia* zugrunde liegen muß: Der Haupttext dieses Abschnitts stimmt mit der Vulgata-Version der *Historia* überein, während die Angaben über die Regierungszeiten aus der Ersten Variante der *Historia* stammen.

S. 62: ER BELAGERTE DIE BURG: Die Details der Belagerung fehlen in der isländischen Übersetzung ebenso wie auch kampftechnische Einzelheiten, wie z. B. die Schildkrötenformation, für die es keine nordischen Entsprechungen gibt.

UND SPRICHT: Das Gespräch zwischen Brutus und Anakletus ist in der *Historia Regum Britannie* nicht als Dialog gestaltet, sondern wird als indirekte Rede referiert. Die Saga enthält einen wesentlich höheren Anteil an direkter Rede und damit auch an szenischer Gestaltung als ihre lateinische Vorlage.

S. 63: PLAN: Die Saga läßt die Beschreibung von Plänen oder künftigem Geschehen grundsätzlich aus und berichtet nur tatsächlich ausgeführte Handlungen. Auf diese Weise werden zum einen alle Ereignisse in streng chronologischer Reihenfolge geschildert, und zum andern werden Wiederholungen – erst Beschreibung des Planes, dann Beschreibung der Ausführung des Planes – vermieden.

WURDE GETÖTET: Die Saga verzichtet auf die Wiedergabe der grausamen Einzelheiten.

VIELLEICHT WERDEN SOGAR EINMAL GESCHICHTEN ÜBER UNSERE BEZIEHUNGEN VERFASST WERDEN: Dieser ironische Hinweis fehlt in der lateinischen Vorlage.

S. 64: INNOGEN GING DIE ABREISE SO NAHE: In Übereinstimmung mit den einheimischen literarischen Gepflogenheiten schildert die Saga Gefühle der beteiligten Personen wesentlich weniger ausführlich als der lateinische Text.

SECHS TAGE: In der *Historia* ist Brutus mit seinen Leuten zwei Tage und eine Nacht unterwegs.

ODIN, THOR UND GEFJON: Wie aus dem vorhergehenden Satz deutlich wird, werden Odin und Thor mit Saturn und Jupiter identifiziert. Die Gleichsetzung von Thor und Jupiter war bereits seit der Antike üblich, während der Vergleich von Odin und Saturn ungewöhnlich ist. Im lateinischen Text bringt Brutus das Opfer Jupiter, Merkur und Diana dar. Da in der nordischen Literatur gewöhnlich Odin und Merkur gleichgesetzt werden, ist anzunehmen, daß der Name Saturn irrtümlich in den isländischen Text eingefügt wurde. Für die Diana der Vorlage wurde im isländischen Text Gefjon eingesetzt.

S. 65: ... SCHLÄGT NACH BEIDEN SEITEN: Die Kampfbeschreibungen der *Breta sögur* zeichnen sich durch ihren stereotypen Formelschatz aus. Sie orientierten sich offensichtlich weniger am lateinischen Original als vielmehr an einheimischen literarischen Mustern.

S. 66: EIN SEHR ERBITTERTER KAMPF: Die Saga enthält eine geringere Zahl ausführlicher Kampfbeschreibungen als ihre Vorlage und beschränkt sich häufig darauf, nur den Ausgang der Schlacht – Sieger, Zahl der Gefallenen und Verwundeten – zu berichten.

BRUTUS SPRACH: In der *Historia* werden die Gedanken des Brutus referiert. Da der scheinbar neutrale Erzählstil der isländischen Sagas weder die Beschreibung von Gefühlen noch von Gedanken zuließ, mußte sich Brutus hier laut äußern.

S. 67: DER NUN BRITUS HIESS: Die Angabe über die Namensänderung hat keine Entsprechung in der lateinischen Vorlage. Offensichtlich erschien dem isländischen Übersetzer die Ableitung des Namens Britannien von Brutus als etymologisch unglaubwürdig.

S. 68: DIESER TEIL: Die Teilung des Reiches entspricht *Merlins Prophezeiung* I, 5.

HUNALAND (»Húnaland«): Heimat der Huni (»Húnar«), die in der *Historia* in Albania, d. h. in Schottland angesiedelt sind. In der nordischen Literatur bezeichnet Hunaland das »Land der Hunnen«, ein nicht näher zu lokalisierendes Land in Osteuropa.

S. 69: HOCHZEIT MIT ESTRILDES: In der *Historia* setzt Locrinus Estrildes als Königin ein, ohne sie vorher zu heiraten.

S. 70: ÜBER IHN WURDE KEINE GESCHICHTE VERFASST: Hinweise dieser Art sind nicht in der lateinischen Vorlage enthalten.

S. 71: SEINE HERRSCHAFT HATTE MIT VERBRECHEN BEGONNEN ...: Diese Wertung der Herrschaft des Inpricius stammt nicht aus der *Historia*.
JORSALALAND (»Jórsalaland«) bezeichnet im Isländischen das Land, in dem Jerusalem (Jórsalaborg) liegt, d. h. das Heilige Land, Judäa.

S. 72: GATHNATHAN: Fehlerhaft für Gad und Nathan
FOLGENDE SEINER SÖHNE WERDEN NAMENTLICH ERWÄHNT: Die Namen der Kinder weichen zum Teil stark von denen der lateinischen Vorlage ab. Sicher waren diese Namen zumindest zum Teil bereits auch in der lateinischen Vorlage des isländischen Übersetzers verderbt gewesen. Im Lauf einer langen handschriftlichen Überlieferung ist es unvermeidlich, daß sich solche nur einmal auftretende Namensformen durch Verschreibungen oder Fehllesungen allmählich verändern.
BRUTUS HATTE EINEN SOHN NAMENS LEIL: Die Angaben über die Eigenschaften, Regierungszeiten und Taten der einzelnen Herrscher stimmen in der Saga und in der *Historia* überein. Die Reihenfolge der Informationen und ihre Positionierung innerhalb des betreffenden Abschnitts orientieren sich jedoch weniger an der lateinischen Vorlage als vielmehr an den Gepflogenheiten in norwegischen Königschroniken.

S. 73: SEIN SOHN NAMENS LEIR: Die isländische Version der Lear-Episode illustriert, wie die Übersetzung einerseits die Vorlage zuverlässig wiedergibt, sich andererseits aber hinsichtlich der sprachlichen Gestaltung nicht einengen läßt. Die Charakterisierung Lears, gleich zu Beginn des Abschnitts, fällt in der Saga ausführlicher aus, weil hier alle in der Vorlage über die gesamte Episode verstreuten Informationen zusammengefaßt sind. Auch Cordelia erfährt scheinbar eine ausführlichere Behandlung als in der *Historia*, denn in ihre Charakterisierung flossen auch aus der folgenden Handlung gezogene Schlußfolgerungen ein. Während der gesamten Episode herrscht in der Saga eine szenische Darstellung vor, da die in indirekter Rede formulierten Aussagen der Vorlage in direkte Rede umgesetzt wurden und die Beteiligten in lebhafter Wechselrede Gespräche führen. Obwohl die Fakten in der Saga exakt denen der *Historia* entsprechen, handelt es sich hier um eine eigenständige kleine Erzählung, in der alle Elemente in einem selbständigen kreativen Prozeß neu zusammengesetzt wurden.
JARL ist ein nordischer Fürstentitel, der etymologisch mit dem englischen Earl verwandt ist. Jarl steht hier für das lateinische Dux.

S. 78: DIE MUTTER DER BEIDEN BRÜDER: Die Vedo-Episode ist in der Saga lebendiger und ausführlicher gestaltet als in der lateinischen Vorlage.

S. 79: HORDALAND: Die südwestnorwegische Provinz Hordaland (Hauptstadt Bergen) steht hier statt der allgemeinen Angabe Norwegen in der lateinischen Vorlage.

S. 81: ÜBER DIE BERGE: Gemeint sind die Alpen.

S. 82: VIELE STÄDTE UND BURGEN: Die Saga verzichtet auf die Angabe von Details, die nur für ein englisches Publikum von Interesse sein konnten.

S. 84: VERSCHIEDENE KÖNIGE: Nicht alle Namen dieser Aufzählung haben eine

Entsprechung im Text der *Historia*. Auch innerhalb der lateinischen Überlieferung wurden diese Namen im Lauf der Zeit stark verändert und bisweilen bis zur Unkenntlichkeit entstellt.

S. 85: ÜBER DIE BERGE: Gemeint sind die Alpen.

JULIUS: In der nordischen Literatur wird Caesar häufig nur Julius oder Gajus genannt.

EINEN BRIEF SCHICKEN, DER LAUTETE: Der Inhalt des Briefes wird in der *Historia* nur in indirekter Form referiert.

S. 86: DER DÄNISCHE KÖNIG CRIDVOSUS: In der *Historia* stammt dieser König aus Albania, d. h. aus Schottland.

VALLAND ist die in der nordischen Literatur übliche Bezeichnung für Gallien.

S. 87: SUCHT DANN EILIG SCHUTZ: Dieser Satz, der in der *Historia* keine Entsprechung hat, zeigt, wie die Saga häufig Andeutungen durch eindeutige Aussagen ersetzt.

BELAGERTEN DEN BERG: Belagerung und Kampf werden in der Saga knapper beschrieben als in der *Historia*. Wie an vielen anderen Stellen auch, so fehlt hier das Lob auf die Briten, wodurch der Bericht der Saga weniger parteiisch als in der *Historia* erscheint.

S. 88: SAGA VON DEN RÖMERN (»RÓMVERJA SAGA«): Bei diesem ebenfalls zu den Antikensagas zählendem Werk handelt es sich um eine Kombination von isländischen Übersetzungen dreier lateinischer Werke: von Sallusts *Bellum Iugurthinum* und *Coniuratio Catilinae* sowie Lukans *Pharsalia*. Die *Rómverja saga* entstand Ende des 12. Jahrhunderts als erste der isländischen Antikensagas.

S. 92: REGIERTE ZEHN JAHRE LANG: In der Saga fehlt die Klage über den Niedergang der Briten und des Christentums. Subjektive Äußerungen der Vorlage werden in der isländischen Übersetzung nicht wiedergegeben. Dadurch unterscheiden sich die *Breta sögur*, die nirgends den Namen des Verfassers ihrer Vorlage nennen, von anderen Antikensagas, die solche Wertungen oder Kommentare deutlich als Meinung der lateinischen Autoren kennzeichnen.

S. 94: ÜBER ARMORICA: In der Saga fehlen diejenigen Abschnitte der *Historia*, die sich mit den Ereignissen auf dem Kontinent befassen. Die isländische Übersetzung konzentriert sich ausschließlich auf die britische Geschichte.

URSULA: Die *Historia* erwähnt zwar ebenfalls Ursula, erzählt aber die dazugehörige Legende nicht.

KRIEGSZÜGE VON WIKINGERN UND RÄUBERN: In der *Historia* ist von Kriegszügen der Schotten, Norweger und Dänen die Rede. Wie an anderen Stellen auch, so bemüht sich die Saga hier, kein negatives Licht auf die skandinavischen Länder fallen zu lassen.

EIN MÄCHTIGER JARL IN SCHOTTLAND HIESS VORTIGERN ...: Diesem Absatz entspricht *Merlins Prophezeiung* II, 1-3.

S. 95: THIDRIK (Þiðrikr): In der *Historia* werden nur Heingest und Horsus erwähnt. Innerhalb der Forschung gab der Name Thidrik Anlaß zu der Vermutung, daß die *Breta sögur* in Norwegen, genauer in Bergen, dem mutmaßlichen Entstehungsort der *Þiðriks saga* (»Saga von Dietrich von Bern«), übersetzt worden sein könnten. Diese These konnte sich allerdings nicht durchsetzen, da Thidrik nur in einer einzigen Handschrift der *Breta sögur* – der Hauksbók, die auch der deutschen Übersetzung zugrunde liegt – erwähnt wird.

S. 96: VORTIGERN ...: Den folgenden beiden Abschnitten entspricht *Merlins Prophezeiung* II, 6-18.

S. 98: ERZÄHLTE MERLIN: Merlin ist in der Saga die einzige Person, die sich zu Dingen der Vergangenheit und der Zukunft äußern darf. Sonst herrscht das Prinzip vor, daß nur tatsächlich Geschehenes in streng chronologischer Reihenfolge berichtet wird.

DER MÖNCH GUNNLAUG: Gunnlaugur Leifsson († 1218 oder 1219); Mönch im isländischen Benediktinerkloster Þingeyrar. Er verfaßte unter anderem auch eine lateinische Saga über den norwegischen König Olaf Tryggvason.

MERLINS PROPHEZEIUNG: In der isländischen Fassung sind die beiden Teile der lateinischen *Prophetie* vertauscht. In der deutschen Übersetzung stehen – entgegen den heutigen Gepflogenheiten – jeweils zwei Verse als Langzeile nebeneinander, um ein flüssigeres Lesen des Textes zu ermöglichen.

S. 102: STROPHE 32: MERLINS PROPHEZEIUNG I, 32-36 haben keine Entsprechung im lateinischen Text.

S. 104: STROPHE 45: In dieser Strophe ist der Text der Handschrift defekt. Der Wortlaut wurde vom Herausgeber des isländischen Textes mit Hilfe der lateinischen Vorlage rekonstruiert.

[VORBEIZIEHEN]: Das isländische Wort ist in der Handschrift nicht zu entziffern. Es wurde vom Herausgeber des isländischen Textes mit Hilfe der lateinischen Vorlage rekonstruiert.

STROPHE 49: *Merlins Prophezeiung* I, 49-68 entsprechen nur sehr vage dem Text der lateinischen Vorlage. Die in diesen Strophen enthaltenen Warnungen erinnern an das Eddalied *Völuspá* (»Der Seherin Gesicht«).

S. 106: STROPHE 67: Der christliche, optimistische Schluß dieses ersten Teils der Prophezeiungen entspricht nicht der pessimistischeren Darstellung der lateinischen Vorlage.

S. 107: STROPHE 1: *Merlins Prophezeiung* II, 1-14, zu der es keine Entsprechung im lateinischen Text gibt, wiederholt die Vorgeschichte des Turmbaus, wie sie auch in der Prosaeinleitung berichtet wird.

[VERSENGTE]: Das Wort ist in der Handschrift nicht zu entziffern. Es wurde vom Herausgeber des isländischen Textes mit Hilfe der lateinischen Vorlage rekonstruiert.

S. 110: [BISCHOFSSTUHL]: Das Wort ist in der Handschrift nicht zu entziffern. Es wurde vom Herausgeber des isländischen Textes mit Hilfe der lateinischen Vorlage rekonstruiert.

S. 113: DURCH ALLE MÜNZEN ZIEHT SICH EIN SPRUNG: Der isländische Übersetzer dachte hier vermutlich an das Bild von der zerbrochenen Münze, deren beide Hälften als Freundschaftszeichen aufbewahrt werden. Die entsprechende lateinische Stelle ist dunkel und läßt verschiedene Übersetzungsmöglichkeiten zu.

S. 115: STROPHEN 65-70: Die Beschreibung der Schlacht ist in der lateinischen Vorlage nicht enthalten.

S. 116: VAD-BATULI: Hier beruht der isländische Text auf einem Mißverständnis: im Lateinischen heißt es »de Vado Baculi« [= aus der Stadt Vadum Baculi].

S. 117: STROPHE 93: Ab dieser Strophe weist der lateinische Texte keine Entsprechung mehr auf.

S. 119: EIN WEITERES LIED: Diese Angabe bezieht sich vermutlich auf Teil II der lateinischen Prophetie, die jedoch in der einzig erhaltenen Handschrift der isländischen Übersetzung als Teil I steht.

S. 121: DIESE STEINE: Im Gegensatz zur *Historia* setzt die Saga die Steine in keinerlei religiösen Zusammenhang.

S. 122: MERLIN ANTWORTET: Die Auslegung des Traumes fällt in der Saga ausführlicher als in der *Historia* aus.

S. 125: ARTUR WIRD ZUM KÖNIG GEWÄHLT: Der Abschnitt über König Artur ist in der Saga besonders stark gekürzt. Dadurch nimmt Artur hier keine so stark herausgehobene Position wie in der *Historia* ein, sondern erscheint vielmehr nur als einer unter zahlreichen britischen Königen.

S. 126: VON SEINEN SCHWESTERSÖHNEN BEGLEITET: Die Artusritter Lancelot und Yvein werden in der *Historia* nicht genannt.

eroberte er auch die Orkneys, ...: Die Saga führt eine größere Zahl skandinavischer Länder als die *Historia* auf, erwähnt aber im Unterschied zu ihrer Vorlage Island nicht, das ja zu diesem Zeitpunkt noch nicht besiedelt war und das auch nie unter britischer Herrschaft stand. Im Unterschied zur *Historia* läßt die Saga keinen Zweifel daran, daß sich die skandinavischen Länder nicht freiwillig König Artur unterwarfen.

S. 127: TROLL: Als Trolle werden übernatürliche, ungeheure Wesen bezeichnet oder auch Menschen mit dem Aussehen oder den Eigenschaften eines Trolls. In allen mittelalterlichen Quellen erscheinen die Trolle als gefährliche und schwer zu bekämpfende Feinde der menschlichen Welt; sie gehören dem Reich der Dunkelheit an und können die Gestalt wechseln. Während der Zeit der Missionierung war es üblich, Trolle und Teufel gleichzusetzen.

ER VERHEIRATETE SEINE TOCHTER ...: Die *Historia* erwähnt keine Töchter König Arturs.

EIN KÄMPE NAMENS RIKION: In der *Historia*, die den Kampf gegen Rikion erst an einer späteren Stelle anführt, stimmen nur die Namen mit dem Bericht der Saga überein; die Einzelheiten des Kampfes weichen in beiden Texten stark voneinander ab.

S. 128: DIESES GASTMAHL: Der Bericht über das Pfingstfest an König Arturs Hof gehört zu den berühmtesten Abschnitten der *Historia*. Wie ein Vergleich mit der Handschrift AM 573, 4to zeigt, wurde die Schilderung dieses Gastmahls auch ins Isländische übersetzt, fehlt aber in der Fassung der Saga, wie sie in der Hauksbók überliefert ist.

S. 129: FOLGENDE FÜRSTEN BEGLEITETEN IHN: Die *Historia* zählt hier nur die Namen der Länder, nicht aber die der Fürsten auf.

S. 130: EIN RIESE NAMENS INNUIS: Der Riese hat in der *Historia* keinen Namen.

KAMPF GEGEN RIKION: Die *Historia* fügt den Kampf gegen Rikion erst hier als Rückblick ein, während ihn die Saga bereits an früherer Stelle berichtete und somit die chronologische Reihenfolge der Ereignisse beibehalten konnte.

S. 133: SAXON: Dieser Name wurde in den *Breta sögur* fälschlich als Eigenname aufgefaßt; in der *Historia* findet sich hier unter der Aufzählung auch die Kollektivbezeichnung »Saxones«.

ALS KÖNIG ARTUR STARB ...: Nach dem Tod Arturs enden in der Handschrift AM 573, 4to die *Breta sögur*, worauf dann hier der *Valvens þáttr* (»Die Erzählung von Gawein«) einsetzt.

S. 135: ENGLAND GENANNT: Diese Information fehlt in der *Historia* ebenso wie der folgende Hinweis auf die Könige Adalrad und Ella.

ER SANDTE DEN HEILIGEN AUGUSTINUS: Diese Stelle entspricht *Merlins Prophezeiung* II, 29.

S. 136: SEINE SCHWESTER NAMENS BRIAN: In der *Historia* ist Brian der Neffe des Königs, während in den *Breta sögur* zwei Personen dieses Namens – eine Frau und ein Mann – auftreten.

S. 138: NACH SEINEM TOD: Ab dieser Stelle enthalten die *Breta sögur* historische Informationen, die aus zusätzlichen Quellen stammen müssen.

S. 141: SÆBURG: Die Erwähnung dieser Königin ist ein weiterer Beleg dafür, daß die Frage der lateinischen Vorlage äußerst kompliziert ist: Eine Königin namens Sæburg erscheint nur in Handschriften der *Historia*, die entweder zur Vulgata-Version oder zur Zweiten Variante, nicht aber zur Ersten Variante zählen. Falls der isländische Übersetzer eine Handschrift der Ersten Variante als Grundlage benutzte, muß er diese – wie die zahlreichen Übereinstimmungen belegen – durch mindestens eine weitere Handschrift der Vulgata-Version ergänzt oder aber eine – bisher noch nicht entdeckte – Mischhandschrift verwendet haben. Eine Anspielung auf diese Königin findet sich auch in *Merlins Prophezeiung* II, 39.

IN DIE REIHEN DER HEILIGEN AUFGENOMMEN: Vergleiche hierzu auch *Merlins Prophezeiung* II, 37.

ES WIRD BERICHTET: Das Schlußkapitel der *Breta sögur* hat keine Entsprechung in der lateinischen Vorlage.

KEIN BRITISCHER KÖNIG MEHR: Vergleiche hierzu auch *Merlins Prophezeiung* II, 40.

S. 142: HAKON: Hákon Haraldsson Aðalsteinsfostri (»Ziehsohn Adalsteins«), norwegischer König (947-960)

HARALD HARFAGRI: Haraldr hárfagri (»Schönhaar«), der erste König eines geeinten Norwegen (871-930).

Die Saga von Alexander dem Großen

S. 145: BUCH I.: Die römischen Zahlen bezeichnen den Beginn eines neuen Buches in der lateinischen Vorlage. In der isländischen Übersetzung der *Alexandreis* fehlen der Prolog wie auch die einleitenden Kapitel zu den einzelnen Büchern.

SERKLAND: Der Name, der schon in Runeninschriften des 10. Jahrhunderts belegt ist, bedeutet eigentlich »Land der Sarazenen«, wird aber in der altnordischen Literatur für verschiedene Länder und Regionen verwendet, wie z. B. für Mesopotamien, Chaldäa, Afrika, oder – wie auch in der *Alexanders saga* – für Persien.

OLYMPIAS: In der *Alexandreis* wird der Name der Mutter Alexanders nicht angegeben. Diese Information ist – wie die meisten anderen in der *Alexanders saga* enthaltenen Zusätze – ein Beleg dafür, daß der isländische Übersetzer eine mit Scholien, d. h. mit Erklärungen, versehene Vorlage benutzt haben muß.

ALEXANDER: Die *Alexanders saga* nennt ihren Titelhelden stets mit seinem Namen, während er in der *Alexandreis* sehr häufig ersetzt wird durch Bezeichnungen wie »der Makedonier«, »Makedoniens Fürst«, »Bezwinger der Welt« etc.

S. 146: IN NORRÖNER SPRACHE: »norrön« bedeutet entweder ganz generell »zum Norden gehörend« oder aber auch speziell »norwegisch«; da in der Saga an einer späteren Stelle angegeben wird, wie ein bestimmter Begriff in »dänischer Sprache« genannt wird, so ist anzunehmen, daß »norrön« hier als Synonym zu »dänisch« aufzufassen ist, und daß somit beide Begriffe die nordische Sprache allgemein bezeichnen sollen. Die Verwendung des Wortes »norrön« kann sicherlich nicht als Beleg dafür dienen, daß es sich bei der *Alexanders saga* um eine norwegische Übersetzung handelt.

Thrætubok: Das isländische *þræta* bedeutet »Widerspruch«, »Uneinigkeit«, »Partei«; *þrætubók* bedeutet somit »Buch des Widerspruchs«.

S. 150: SAGA VON DEN TROJANERN: Gemeint ist die *Trójumanna saga*, die bereits vor der *Alexanders saga* übersetzt worden war und deren Kenntnis der Verfasser der *Alexanders saga* offensichtlich als bekannt voraussetzt.

ÖLDUNGA SVEIT: »die Schar der Alten«, »die Schar der Altehrwürdigen«

IN DEM MONAT NAMENS JUNIUS: Diese Stelle ist eines der vielen Beispiele dafür, daß in der isländischen Übersetzung nüchterne Zeitangaben den umfangreichen mythologischen Umschreibungen in der lateinischen Vorlage vorgezogen werden. Ganz generell nimmt die antike Mythologie in der *Alexanders saga* wesentlich weniger Raum als in der *Alexandreis* ein.

S. 152: PALLAS ...: Hier wie auch an vielen anderen Stellen enthält die isländische

Übersetzung Erklärungen, die einem Publikum ohne Kenntnisse der antiken Geschichte und Mythologie das Verständnis erleichtern.

WEIL SIE BESSER SCHRIFTEN AUSLEGEN ALS WAFFEN BEWEGEN KONNTEN: Diese Begründung, die in der *Alexandreis* fehlt, stammt vermutlich aus Scholien.

S. 153: HISTORIA THEBANA: Dieser Hinweis ist nicht unbedingt ein Beleg für die Benutzung einer zusätzlichen Quelle, sondern kann auch in Scholien enthalten gewesen sein.

HERKULES: In der *Alexandreis* wird Alexander als Nachfahre des »Alkiden« bezeichnet; da zum Verständnis dieser Angabe Kenntnisse der antiken Mythologie notwendig sind, wurde in der *Alexanders saga* statt der Umschreibung der Eigenname Herkules eingesetzt, der im Norden spätestens seit der *Trójumanna saga* bekannt war.

S. 154: 152 SCHIFFE: In der *Alexandreis* hat Alexander 182 Schiffe; die *Alexanders saga* gibt die Zahl der Schiffe mit der Umschreibung an: »zwei Schiffe mehr als die Hälfte des zweiten Hunderts«. Legt man bei dieser Angabe das Großhundert (=120) zugrunde, so kommt man ebenfalls auf 182 Schiffe.

BIS TIEF IN DIE NACHT HINEIN: Die in der *Alexandreis* folgende Beschreibung der Weltkarte fehlt in der *Alexanders saga* wie auch andere umfangreiche geographische Deskriptionen.

S. 155: SPUREN DER BEDEUTENDEN EREIGNISSE: Die *Alexanders saga* verzichtet auf die genaue Angabe dieser Ereignisse, da sie vermutlich deren Kenntnisse aus der *Trójumanna saga* voraussetzt.

IM TEMPEL DES SONNENGOTTES: Diese Angabe, die in der *Alexandreis* fehlt, war dem nordischen Publikum aus der *Trójumanna saga* bekannt.

S. 156: SCILICET TETRAGRAMATON: »scilicet«, das offensichtlich als Teil der Inschrift aufgefaßt wird, in diesem Zusammenhang aber keinen Sinn ergibt, beruht vermutlich auf der falschen Auflösung einer Abkürzung (für »sanctum«?) in der Vorlage.

S. 157: JORSALALAND (»JÓRSALALAND«): Bezeichnet im Isländischen das Land, in dem Jerusalem (Jórsalaborg) liegt, d. h. das Heilige Land, Judäa.

GERÜCHT: Die *Alexanders saga* verzichtet darauf, die Personifikationen ihrer Vorlage zu übernehmen. Die einzigen Ausnahmen stellen die Natur und das Glück bzw. Schicksal dar.

S. 159: SARDIS: Die *Alexanders saga* verzichtet auf detaillierte geographische Angaben, sofern es sich nicht um Orte oder Regionen handelt, die bei einem nordischen Publikum als bekannt vorausgesetzt werden konnten.

ER BEZEICHNET ES ALS GROSSEN UNSINN: Die *Alexanders saga* legt hier einen Kommentar Walters von Châtillon dem Helden der Saga in den Mund.

S. 160: IN UNSERER SPRACHE ABER THOR HEISST: Wie es in der nordischen Literatur üblich ist, so wird auch hier der antike Gott Jupiter mit dem nordischen Thor identifiziert. Bereits in der Antike hatten römische Schriftsteller den *Dies Jovis* mit dem germanischen *þórsdagr* (Donarstag, Donnerstag) gleichgesetzt. Auch wenn die Übereinstimmungen zwischen den beiden Göttern nicht unbedingt überzeugend sind, so setzte sich ihre Gleichsetzung durch, und während des gesamten Mittelalters wurde im Norden in übersetzten Heiligenlegenden wie auch in der gelehrten Literatur Jupiter mit Thor identifiziert.

S. 161: »Truppe der Wehrpflichtigen« (»leiðangrs lið«) Vermutlich seit dem Ende des 10. Jahrhunderts herrschte in Norwegen zwischen König und freien Bauern die Übereinkunft, daß bei Kriegszügen und zur Verteidigung des Landes Leute und Schiffe zur Verfügung gestellt werden mußten. Vermutlich Ende des 12. Jahrhunderts wurde diese Bestimmung durch eine jährlich zu entrichtende Steuer ersetzt. Die *Alexanders saga* muß sich hier speziell auf die norwegischen Verhältnisse beziehen, weil sich Island erst 1286 – also erst nach der Entstehung der Saga – zum leiðangr für den norwegischen König verpflichtete.

Liber Makkabäorum: Der Hinweis auf die Makkabäerbücher, die vermutlich vom selben Übersetzer wie die *Alexanders saga* ins Isländische übersetzt wurden (*Gyðinga saga* – »Die Saga von den Juden«), ist nicht in der *Alexandreis* enthalten.

S. 162: Eitelkeit: Diese Stelle zeigt exemplarisch, auf welche Weise die Saga ihre Vorlage kürzt, ohne wesentliche Teile des Inhaltes auszulassen: Eine lange moralische Erklärung der *Alexandreis* über das Verhalten Alexanders wird in einem einzigen, treffenden Wort zusammengefaßt.

Glück: Im Unterschied zur *Alexandreis*, die exakt zwischen Glück (*Fortuna*) und Schicksal (*Fatum*) unterscheidet, verwendet die Saga fast ausschließlich den Begriff *hamingja*, der Komponenten beider lateinischer Ausdrücke beinhaltet. Da im Deutschen ein ebenso umfassender Begriff fehlt, mußte – abhängig vom Kontext – wieder zwischen Glück und Schicksal differenziert werden.

S. 167: Stammbaum: Die *Alexanders saga* legt auf genealogische Informationen größeren Wert als ihre Vorlage und ergänzt deshalb fehlende Angaben.

S. 168: sagt Meister Galterus: Sofern in der *Alexanders saga* Kommentare oder Wertungen des Geschehens übernommen wurden, werden sie als persönliche Meinung Walters von Châtillon kenntlich gemacht.

S. 169: Nun heisst es, wieder zur eigentlichen Geschichte zurückkehren: Floskeln dieser Art, die häufig in Werken der nordischen Literatur zu finden sind, zeigen das Bestreben, sich auf den roten Faden einer Erzählung zu konzentrieren, eine lineare Erzählweise beizubehalten und jegliche Abweichung vom Haupterzählstrang deutlich zu kennzeichnen. Ähnlichen Zwecken dienen Verweise wie »wie eben berichtet wurde«, »wie bereits erzählt wurde« oder Floskeln wie »nun heißt es davon berichten«, etc.

S. 172: Diese bedeutenden Ereignisse waren dort alle abgebildet: Im Unterschied zur *Alexandreis* verzichtet die Saga darauf, auch diejenigen Ereignisse zu beschreiben, die <u>nicht</u> auf dem Schild abgebildet sind.

S. 174: EIN BERÜHMTER SARAZENISCHER HEERFÜHRER NAMENS MATHEUS: Die Saga bemüht sich um Eindeutigkeit: bei allen Personen ist sofort ersichtlich, welcher Partei sie zugehören.

S. 176: AMINCTAS: Der Amyntas der *Alexandreis* wird in der *Alexanders saga* in zwei Personen aufgeteilt, in Aminctas und später in Aminthas.

S. 178: SIEBEN KÜNSTE DER WEISHEIT (»sjö spekðar íþróttir«): gemeint sind die Septem Artes Liberales, die den gesamten nichttheologischen Lehrstoff des Mittelalters umfaßten und inhaltlich und formal den höheren Bildungsweg bestimmten.

S. 180: DEN DIE HEIDEN ALS HIMMELSGOTT BETRACHTETEN: die *Alexanders saga* distanziert sich von der heidnischen Mythologie, die etwas längst Vergangenes, durch die christliche Religion längst Überwundenes ist. Die in der *Alexandreis* zahlreich vorhandenenen Metaphern und Umschreibungen, die sich der antiken Mythologie bedienen, sind in der Saga zugunsten von präzisen Angaben aufgelöst. Antike Götter und Orte der antiken Mythologie werden nur beibehalten, sofern sie für den Handlungsverlauf unverzichtbar sind.

S. 183: EIN BUCH NAMENS OVIDIUS MAGNUS: In den scholiierten Handschriften der *Alexandreis* wird ständig auf Parallelstellen in den Werken Ovids verwiesen.

S. 184: TEMPLUM HAMONIS: Die Gleichsetzung von Hammon und Jupiter, der wiederum dem nordischen Thor entspricht, ist in Scholien zu finden.

S. 185: DER DORT IN GESTALT EINES WIDDERS VEREHRT WURDE: Diese Information stammt vermutlich aus Scholien.

BLAULAND (»Bláland«): wörtlich bedeutet diese Bezeichnung »das Land der Schwarzen«, da »blár« neben »blau« auch »schwarz« bedeuten kann. In der Sagaliteratur wird die Bezeichnung »Bláland« nicht nur generell für Schwarzafrika, sondern auch speziell für Äthiopien verwendet.

KÖNIG AGAMEMNON IN AULIS: Die Saga äußert sich ausführlicher als die lateinische Vorlage über König Agamemnon, der im Norden bereits durch die *Trójumanna saga* bekannt war.

S. 186: HERKULES: Die zusätzlichen Informationen über Herkules stammen vermutlich aus Scholien, werden zum Teil aber auch in der *Trójumanna saga* berichtet.

S. 187: BRUDER: Auch im Altnordischen steht »bróðir«, obwohl «sól« (»Sonne«) ein Femininum ist.

S. 188: ALLES MUSS SO GESCHEHEN, WIE ER ES VON ANFANG AN VORGESEHEN HAT: Die ausführliche Beschreibung der göttlichen Vorsehung stammt aus Scholien, die ebenso wie die *Alexanders saga* den christlichen Aspekt der Erzählung stärker als die *Alexandreis* hervortreten lassen.

S. 191: EIN ZUVERLÄSSIGES ZEICHEN DES FRIEDENS: Die Saga kann nicht voraussetzen, daß ihr Publikum die Bedeutung des »Palladis arbor« kennt.

S. 194: AUF DEM STEIN: Die Saga gibt die Beschreibung des Grabmals verkürzt wieder, konzentriert sich auf die abgebildeten Szenen und läßt die nicht abgebildeten Szenen aus. Zusätzliche Details stammen entweder aus den Scholien oder basieren auf der Bibelkenntnis des geistlichen Übersetzers.

S. 199: GROSSE FEUER: Dieser Ergänzungssatz zeigt exemplarisch, wie kritisch sich der isländische Übersetzer seiner Vorlage gegenüber verhielt: Die Waffen und Rüstungen im Heerlager können nur dann hell erstrahlen, wenn eine äußere Lichtquelle die Reflexion auslöst.

S. 200: EINE BERÜHMTE KÖNIGIN: Die Saga vermeidet es, so weit es geht, Figuren der antiken Mythologie explizit als Götter zu bezeichnen; in der *Alexandreis* wird Victoria als »Diva« bezeichnet.

S. 202: ER SELBST BEWAFFNET SICH JETZT AUCH: Die Saga übergeht die ausführliche Beschreibung der Waffen Alexanders und konzentriert sich statt dessen auf den Handlungsgang.

S. 204: ALS DIE GRIECHEN DIES BEMERKTEN: Ab hier folgt der Wortlaut der Handschrift AM 226 fol. Da diese Handschrift die *Alexanders saga* in einer gekürzten Fassung überliefert, ist hier der Vergleich zwischen lateinischem Original und isländischer Übersetzung schwierig.

S. 205: SANGA ... DAMASKUS: Der Sanga Damascenus der *Alexandreis* wurde hier irrtümlich für zwei Personen gehalten.

S. 209: ALS WEITERZUKÄMPFEN: ab hier Fortsetzung des Texts nach dem Wortlaut der Handschrift AM 519, 4to.

DORT HIELT SICH BEREITS KÖNIG DARIUS MIT DER TRUPPE AUF: Die Saga erinnert immer wieder kurz an die vorangegangenen Ereignisse, wodurch sie ihrem Publikum das Verständnis des Gesamtzusammenhangs erleichtert.

S. 213: 22 TAGE: In der *Alexandreis* hält sich Alexander 34 Tage in Babylon auf.

S. 218: KÖNIG XERXES: Der Hinweis auf König Xerxes stammt aus Scholien.

S. 223: EINIGE ZEIT AUS EINEM KLEINEREN BECHER TRINKT: An vielen Stellen enthält die Saga Sprichwörter und Redewendungen, die keine Entsprechungen in der lateinischen Vorlage haben und die zum Teil nur in der *Alexanders saga* belegt sind.

S. 225: SAGTE ER ZU IHM AUF GRIECHISCH: Diese Ergänzung zum Text der Vorlage ist ein erneutes Beispiel für das Bestreben der Saga nach logischer Kohärenz.

S. 226: ES ZEIGTE SICH AUCH HIER, WIE ES OFTMALS GESCHIEHT: Die *Alexandreis* enthält an dieser Stelle eine Anspielung auf die zeitgenössischen Verhältnisse in Frankreich, die einem nordischen Publikum unverständlich sein mußte und daher durch eine allgemeine moralische Aussage ersetzt wurde.

S. 232: SCHLACHTEN DAS GESAMTE VIEH: Hier beruht die isländische Übersetzung auf einem Mißverständnis, denn im lateinischen Text heißt es, man habe die Perser wie Schlachtvieh getrieben. Da man jedoch beim isländischen Übersetzer von sehr guten Lateinkenntnissen ausgehen muß, ist es durchaus möglich, daß die Stelle bereits in der von ihm benutzten lateinischen Handschrift verderbt war.

IN DIESEM TAL VERLIEF EIN KLEINER BACH: Die Saga beschränkt sich auf eine nüchterne, funktionale Beschreibung des Handlungsortes, während in der *Alexandreis* der Gegensatz zwischen der Idylle des Ortes und dem grausamen Tod des Darius als stilistisches Mittel eingesetzt wird.

S. 234: ÜBER DIESE EREIGNISSE ÄUSSERT SICH MEISTER GALTERUS: Nur an wenigen Stellen wie dieser gibt die Saga einen Kommentar Walters von Châtillon ausführlich wieder. Die nordischen Autoren, die meist anonym blieben, vermieden es, explizite Wertungen zum Geschehen abzugeben. Durch den Hinweis auf den Urheber des Kommentars schiebt der isländische Übersetzer die Verantwortung für den Inhalt allein Walter von Châtillon zu, auch wenn er diesem – wie die ausführliche Wiedergabe des Kommentars vermuten läßt – uneingeschränkt zustimmte.

DIE HEILIGEN BISCHÖFE ROBERT VON FLANDERN UND THOMAS VON ENGLAND: Der Hinweis auf die Ermordung der beiden Bischöfe stammt aus Scholien und dürfte auch für ein nordisches Publikum von Interesse gewesen sein, weil Thomas Becket schon sehr bald nach seinem Tod in ganz Skandinavien verehrt wurde.

S. 236: DIE GANZE WELT: Die Saga setzt bei ihrem Publikum offensichtlich kein breites geographisches Wissen voraus; so verzichtet sie auf die ausführliche Aufzählung aller Länder, die sich Alexander unterwerfen will, wie auch auf alle anderen detaillierten geographischen Angaben.

WAR DIE GANZE WELT ABGEBILDET: Die Beschreibung der Abbildung ist gegenüber der lateinischen Vorlage stark verkürzt.

DAS IST FOLGENDERMASSEN ZU VERSTEHEN: Die Erklärung stammt aus Scholien.

S. 239: DÄNISCHE SPRACHE (»dönsk tunga«): Die Saga verwendet – wie es in der nordischen Literatur häufig der Fall ist – die Begriffe »norrön« und »dänisch« synonym.

S. 240: GUT GEKLEIDET: Der isländischen Übersetzung muß entweder eine Fehllesung oder eine Verschreibung in der lateinischen Vorlage zugrunde liegen (»vetusta« statt »venusta«).

SAGT SIE: Die Unterhaltung zwischen Kalestris und Alexander, die in der *Alexandreis* nur indirekt referiert wird, ist eines der zahlreichen Beispiele dafür, daß die *Alexanders saga* in Übereinstimmung mit den einheimischen literarischen Gepflogenheiten die direkte Rede der indirekten Rede vorzieht.

S. 243: NUN STAND PHILOTAS IM KREIS DER MÄNNER: Der in der *Alexandreis* an dieser Stelle eingeschobene Vergleich mit dem flandrischen Grafen Burkhard fehlt in der Saga, weil er einem nordischen Publikum unverständlich sein mußte.

S. 244: AMINTHAS: Der Amyntas der *Alexandreis* wird in der *Alexanders saga* in zwei Personen aufgeteilt, zuerst in Aminctas und hier in Aminthas.

S. 246: ALS SIE IHN LANGE GEFOLTERT HATTEN: Die Saga verzichtet auf eine Wiedergabe der Details der Folterung und konzentriert sich statt dessen auf die Ergebnisse.

S. 247: Grossschweden: In der nordischen Literatur war es üblich, Skythien auch als Großschweden (»Svíþjóð in mikla«) zu bezeichnen; über die Lage dieses Landes scheint jedoch Unklarheit geherrscht zu haben, denn es wird verschiedentlich an der Grenze zwischen Europa und Asien, in Asien oder auch – entsprechend der lateinischen Tradition – in der Nähe Hircaniens lokalisiert.

S. 248: seine Rede: Die Rede des Skythen, die in der Saga ungekürzt wiedergegeben wird, bot im 13. Jahrhundert der isländischen Bevölkerung, die zur Anerkennung des norwegischen Königs gezwungen wurde, zahlreiche Identifikationsmöglichkeiten.

S. 251: Aber er spricht sich nicht deutlich darüber aus: Der isländische Übersetzer läßt sein Selbstbewußtsein als Autor erkennen und scheut sich nicht, Mängel seiner Vorlage zu kritisieren.

S. 254: Er lässt auch alle Pferde, die sie dabei hatten, auf die Schiffe führen: Die Saga fügt erneut eine logische Ergänzung zum Text der Vorlage hinzu, um plausibel zu machen, warum die Griechen später ihre Gegner zu Pferd angreifen konnten.

S. 255: Halbtrolle (»hálftröll«): Mit diesem Begriff, der auch in anderen Werken der Sagaliteratur auftaucht, wird das lateinische »monstra« übersetzt.

denn die Erde war so nass: Diese Erklärung für das Versagen der indischen Bogenschützen, für die sich in den edierten Scholienversionen kein Beleg findet, ist auch bei Curtius Rufus angegeben.

S. 256: auch wenn es für diese Geschichte ungewöhnlich sein mag: Der isländische Bearbeiter macht sich im Verlauf der Saga immer stärker durch eigene Kommentare bemerkbar.

S. 257: Sein Bruder namens Taxilus: In der *Alexandreis* heißt es, daß der Bruder des Taxiles Porus verfolgt habe. In Scholien wird jedoch angegeben, daß nach Aussage einiger Quellen dieser Taxiles der Bruder des Porus gewesen sei.

S. 265: das ewige Feuer: Die isländische Übersetzung paßt die Beschreibung der antiken Unterwelt den christlichen Vorstellungen vom Fegefeuer und der Hölle an.

Seelen (»sálar«): In der *Alexandreis* ist von Schatten (»umbrae«) die Rede.

S. 267: sei Gift von ihren Flügeln getropft: Diese Information ist weder in der *Alexandreis* noch in den edierten Scholien zu finden.

S. 267: Mundiagebirge (»Mundiofjall«): Gemeint sind die Alpen.

S. 268: nördlich des Gebirges: Gemeint sind die Alpen und die Pyrenäen.

aus Frankreich und Saxland: Gemeint sind die links- und rechtsrheinischen Gebiete.

S. 272: Hiermit endet er damit: Die abschließende Widmung an den Erzbischof von Reims fehlt in der isländischen Übersetzung.

S. 273: Der Brief: Der Brief Alexanders ist nur in Handschriften überliefert, die eine gekürzte Version der *Alexanders saga* enthalten. Der Text folgt dem Wortlaut der Handschrift Sth. Perg. 4° nr. 24.

König Alexander der Grosse: Der einleitende Satz fehlt in der lateinischen Vorlage.

S. 274: Sonnenträne (»sólartár«): Diese Übersetzung des lateinischen Namens »cristallinus« ist nur in der *Alexanders saga* belegt.

Erpe: Dieses – vermutlich verderbte – Wort für das lateinische »ebenus sacer« ist nur in der *Alexanders saga* belegt.

Waldwolle (»skógarull«): Diese Übersetzung für das lateinische »silvestre vellus« oder »lanugo ex silvestri« ist nur in der *Alexanders saga* belegt.

S. 275: sechzig Faden vom Land entfernt: In der lateinischen Vorlage heißt es, das Schilf sei sechzig Fuß hoch.

vor Ameisen: In der lateinischen Vorlage heißt es, daß Wasser brodelte wie lauter Ameisen.

S. 276: Nachdem die kleineren Schlangen: Im isländischen Text steht irrtümlich »Bevor« (»áðr«).

S. 279: Blauland (»Bláland«): Wörtlich bedeutet diese Bezeichnung »das Land der Schwarzen«, da »blár« neben »blau« auch »schwarz« bedeuten kann. In der Sagaliteratur wird die Bezeichnung »Bláland« nicht nur generell für Schwarzafrika, sondern auch speziell für Äthiopien verwendet.

Nachwort

Übersetzungen im isländischen Mittelalter

Alle drei im vorliegenden Band enthaltenen isländischen Sagas sind Übersetzungen lateinischer Vorlagen, die jedoch weit davon entfernt sind, eine einheitliche Gruppe von Texten zu bilden: Die Vorlage der *Trójumanna saga*, die zwischen dem 4. und dem 6. Jahrhundert verfaßt wurde, ist ein sehr knapper, in einem nüchternen Stil geschriebener Kriegsbericht; die Vorlage der *Breta sögur* ist die im 12. Jahrhundert verfaßte erste Nationalgeschichte des britischen Volkes, und die Vorlage der *Alexanders saga*, die Ende des 12. Jahrhunderts in Frankreich entstand, ist ein stilistisch ausgefeiltes höfisches Versepos. Da alle drei lateinischen Werke im Mittelalter in zahlreichen Kopien und Bearbeitungen verbreitet waren, können wir nicht davon ausgehen, daß der uns in Editionen vorliegende Wortlaut der Texte mit den von den isländischen Übersetzern tatsächlich verwendeten Vorlagen identisch ist. Vielmehr ist anzunehmen, daß die Übersetzer Handschriften benutzten, die einen kommentierten, durch zusätzliche Quellen ergänzten, bisweilen vielleicht auch gekürzten oder sonst veränderten Wortlaut der lateinischen Werke enthielten.

Im Mittelalter existierten lateinische und volkssprachige Literatur lange Zeit hindurch nebeneinander, wobei jede Sprache spezielle Funktionen zu erfüllen hatte. Latein war die Sprache der Geistlichkeit und der Gelehrten, und somit war Latein auch die für schriftliche Aufzeichnungen verwendete Sprache. Die Volkssprache wurde hingegen von der allgemeinen Bevölkerung verwendet, sowohl bei der täglichen Kommunikation, als auch für die Überlieferung literarischer Traditionen, die jedoch erst spät auch in schriftlicher Form aufgezeichnet wurden. Während die Volkssprache nur innerhalb eines begrenzten Gebietes verwendet wurde, war die lateinische Sprache im Mittelalter kein Träger einer bestimmten nationalen oder zeitgebundenen Kultur, sondern ein internationales Verständigungsmittel, das eine breitere Verständigung über die Landesgrenzen hinweg ermöglichte. Daher kann nicht jeder lateinische Text sofort einer bestimmten kulturellen Umgebung zugeordnet werden. Da im Mittelalter jeder, der lesen und schreiben konnte, auch Kenntnisse der lateinischen Sprache hatte, waren volkssprachige Übersetzungen fremdsprachiger Vorlagen keine Selbstverständlichkeit. Auf deutschem Sprachgebiet waren zwar bereits in althochdeutscher Zeit erste Übersetzungen aus dem Lateinischen entstanden, aber sie führten zu keiner kontinuierlichen volkssprachigen Literaturproduktion. Erst zwischen der Mitte des 11. und der Mitte des 12. Jahrhunderts etablierte sich in Deutschland die Volkssprache als Literatursprache, wobei jedoch die lateinische Literatur sowohl hinsichtlich der Zahl der Werke als auch hinsichtlich ihrer Bedeutung weiterhin eine wichtige Stellung einnahm.

Anders als in den Ländern des europäischen Kontinents waren dagegen in Island, das nach seiner Christianisierung im Jahr 1 000 erst relativ spät Anschluß an die kontinentale Literatur und Kultur gefunden hatte, bereits kurz nach Einführung der lateinischen Schrift Übersetzungen in die Volkssprache entstanden. Zwar wurden nach kontinentalem Vorbild auch in Island die ersten originalen Werke in lateinischer Sprache verfaßt, aber man übertrug sie meist unmittelbar nach ihrer Entstehung in die Volkssprache, die als eine dem Lateinischen gleichberechtigte Schrift- und Literatursprache in Island schneller Fuß faßte als in den Ländern des Kontinents. Die demographischen Gegebenheiten des Landes, in dem es weder eine politische Zentralgewalt noch eine ständische Hierarchie gab, lassen den Schluß zu, daß in Island – anders als in den Ländern des Kontinents – die Rezeption literarischer Werke nicht nach gesellschaftlichen Schichten differenziert war. Somit deckte in Island die volkssprachige Literatur von Anfang an auch die Bereiche ab, für die auf dem Kontinent noch lange Zeit die lateinische Literatur zuständig war, wie z. B. gelehrte Fachliteratur, Historiographie oder auch religiöse Werke. Die Gründe für die Dominanz der Volkssprache in Island sind zum einen im starken angelsächsischen Einfluß bei der Christianisierung und zum anderen in der bis zum 13. Jahrhundert nur wenig ausgeprägten Trennung zwischen Laien und Geistlichkeit zu suchen. Aber auch materielle Gründe scheinen die Verbreitung von Literatur in der Volkssprache, die ja ein wesentlich breiteres Publikum als lateinische Texte erreichen konnte, begünstigt zu haben. In Island war die Zahl der Lateinkundigen zu klein, um in der Gesellschaft einen klerikalen Stand mit einer eigenen lateinischen Literatur zu schaffen. Isländische Klöster zählten im Schnitt nur sechs bis acht Insassen, von denen sicher nicht alle problemlos lateinische Texte verstehen konnten. Eine der Oberschicht zugehörige Gruppe der Bevölkerung absolvierte einen Teil des gleichen Unterrichts wie die zukünftigen Priester und beteiligte sich auch nach Beendigung ihrer Ausbildung am kulturellen Leben und der literarischen Produktion. Da dieser Personenkreis zwar Grundkenntnisse des Lateinischen besaß, dieses Wissen aber nicht ausreichte, um längere Werke in der Originalsprache zu lesen, wurde die frühe Entstehung von Übersetzungen begünstigt. Da zumindest in der ersten Phase der isländischen Klostergründungen die der weltlichen Literatur gegenüber aufgeschlossenen Benediktiner vorherrschten, dürfte ein Aufschwung an volkssprachiger Literatur auch von seiten der Kirche durchaus Unterstützung gefunden haben.

Im Mittelalter waren die Unterschiede zwischen volkssprachiger Version und lateinischer Vorlage größer als dies heute Übersetzungen zugestanden wird. Die mittelalterlichen Übersetzer betrachteten sich den Verfassern als ebenbürtig und fühlten sich deshalb berechtigt, am kreativen Prozeß der literarischen Produktion teilzuhaben, indem sie ihre Vorlagen ihren eigenen Absichten und ihrem eigenen Geschmack anpaßten. Das Bestreben lag vor allem darin, den Inhalt der Vorlage zu bewahren; die getreue Wiedergabe der sprachlichen Darstellung war dagegen von untergeordneter Bedeutung. Aus diesem Grund stand es den mittelalterlichen Übersetzern auch offen, ihren Grundlagentext durch zusätzliche Quellen zu ergänzen und aus dem ihnen zur Verfügung stehenden Material eine subjektive Auswahl zu treffen, um dann aus diesen unterschiedlichen Elementen ein eigenständiges Werk zu schaffen. Im Hinblick auf die isländischen Antikensagas fällt auf, daß sich ihre Verfasser vor allem auf die historiographischen Aspekte ihrer Vorlagen konzentrierten, während sie moralisierende und generalisierende Aussagen weitgehend unberücksichtigt ließen.

Dieser Prozeß der Selektion setzte sich auch in der Art und Weise der Übersetzung – oder vielmehr in der sprachlichen Aneignung des Stoffes – fort. Die isländischen Übersetzer folgten zwar dem Handlungsgerüst ihrer lateinischen Vorlagen genau, setzten aber eigene Schwerpunkte und paßten die sprachliche Gestaltung den Gepflogenheiten der isländischen Sagaliteratur an. So sind die isländischen Antikensagas in Prosa verfaßt, obwohl sie zum Teil auch auf Versvorlagen basieren. Hinsichtlich Sprachstil und Ausdrucksmöglichkeit unterscheidet sich ein Versepos beträchtlich von einem Prosatext, der häufig als einfacher, leichter verständlich oder auch als weniger kunstvoll betrachtet wird. Trotz der vermeintlich »einfachen Sprache« der isländischen Antikensagas sollte man jedoch nicht von einer Trivialisierung der lateinischen Vorlagen ausgehen, denn auch den Prosaisierungen kann durchaus ein bewußtes künstlerisches Konzept zugrunde liegen.

Die isländischen Antikensagas weisen gegenüber ihren lateinischen Vorlagen eine Reihe von gemeinsamen Veränderungen auf, unter denen die Tendenz zur Verkürzung am auffälligsten ist. Zwar enthalten die Antikensagas gegenüber ihren Vorlagen durchaus einige Zusätze, meist in Form von Erklärungen oder Hintergrundinformation, aber diese überschreiten nie das zum Verständnis des Kontextes notwendige Maß. Solche Erklärungen nehmen nie die Form umfangreicher gelehrter Exkurse an, die der Darstellung des gelehrten Wissens der Autoren dienen sollen. Dagegen fielen vor allem ausführliche Beschreibungen, theoretische und moralische Überlegungen der lateinischen Autoren sowie verallgemeinernde Schlußfolgerungen der erzählerischen Ökonomie der Übersetzer zum Opfer. Auch Vorausdeutungen, Ahnungen oder die Pläne für zukünftige Taten fanden in den isländischen Texten keinen Raum. Die Antikensagas, die sich darauf konzentrieren, Fakten und tatsächlich Geschehenes zu berichten, zeichnen sich durch das Bestreben nach einem konsequent linearen Handlungsablauf und damit durch die Konzentration auf den »roten Faden« aus. Sofern die Übersetzer subjektive Kommentare ihrer lateinischen Vorlagen übernahmen, machten sie diese durch einleitende Floskeln, wie »so berichtet« oder »so meint«, als fremde Meinung kenntlich. Die Übersetzungen enthalten kaum Wertungen des Geschehens, sondern sie überlassen es dem Publikum, sich seine eigene Meinung darüber zu bilden. Auch Gefühle der beteiligten Personen werden in den Antikensagas nur dann erwähnt, wenn sie eine handlungstragende Funktion zu erfüllen haben.

Die isländischen Übersetzer bemühten sich, die Verwendung von Fremdwörtern zu vermeiden und lateinische Spezialtermini – zum Beispiel aus den Bereichen Militär oder Politik – in isländischen Worten wiederzugeben. Falls die Übertragung eines solchen Begriffes nicht möglich war, griffen sie auf Umschreibungen zurück oder erleichterten dem Publikum das Verständnis durch beigefügte Erklärungen. Detaillierte geographische Angaben der Vorlagen wurden in den isländischen Übersetzungen ausgelassen, und nur die bedeutendsten Orte, deren Kenntnis als bekannt vorausgesetzt werden konnte, wurden namentlich erwähnt. Andererseits bemühten sich die isländischen Übersetzer jedoch nicht, die Ereignisse zu »nordisieren«, d. h. in eine Szenerie des nordischen Mittelalters zu verlegen, sondern dem Publikum sollte die Distanz zwischen seiner eigenen Gegenwart und den erzählten Ereignissen durchaus bewußt werden. Durch dieses Bewußtsein, daß die in den Sagas geschilderten Ereignisse in einer zum Teil schon sehr lange zurückliegenden Vergangenheit stattfanden, unterscheiden sich die isländischen Antikensagas beträchtlich von den kontinentalen Antikenromanen, die das gesamte Geschehen als zeitgenössisch, d. h. in einer höfischen Umgebung des 12. Jahrhunderts, stattfinden lassen.

Da einem Publikum, das keine umfangreiche Ausbildung in lateinischer Literatur erhalten hatte, Anspielungen auf die antike Mythologie unverständlich bleiben mußten, wurden in den isländischen Texten die heidnischen Götter durch Namen der nordischen Mythologie ersetzt. Ganz allgemein wurde in den Übersetzungen der Götterapparat auf ein Minimum beschränkt, und den heidnischen Göttern wurde kein Einfluß auf den Fortgang der Handlung eingeräumt. Insgesamt gesehen hielten die Antikensagas strenger am Inhalt, der *materia*, als an der äußeren Form ihrer Vorlagen fest. Um einem nicht-gelehrten Publikum ein besseres Verständnis zu ermöglichen, paßten die Übersetzer ihre Vorlagen stilistisch den einheimischen Erzähltraditionen an. So wurden zum Beispiel die komplizierten Satzgefüge der lateinischen Vorlagen durch einfache, parataktische Satzkonstruktionen ersetzt. Daher wirken die isländischen Texte, mit Ausnahme der stilistisch ausgefeilten *Alexanders saga* – im Vergleich zu den lateinischen Werken weniger elegant und ein wenig bieder. Vor allem bei der Einführung neuer Personen oder am Anfang eines neuen Kapitels lösten sich die Übersetzer vom Wortlaut ihrer Vorlagen und griffen auf etablierte Muster aus der einheimischen Literatur zurück.

Wie die ältesten erhaltenen Werke in isländischer Sprache zeigen, muß in Island mit einer mündlichen Tradition gerechnet werden, die in stilistischer wie auch in narrativer Hinsicht die literarische Produktion beeinflußte. Die Literatur wurde zum größten Teil von einem zuhörenden Publikum rezipiert, wodurch sich auch in rein schriftlich konzipierten Werken die Existenz von Erzählelementen erklären läßt, die allgemein dem Bereich der mündlichen Überlieferung zugerechnet werden. Zu solchen »mündlichen« Erzählelementen zählen im allgemeinen u. a. ein linearer Handlungsablauf, ein hoher Anteil von direkter Rede, der fließende Übergang von indirekter zu direkter Rede oder auch die Neigung zu einfachen, parataktischen Satzkonstruktionen. Auch in den Antikensagas mischen sich Charakteristika einer mündlichen Erzählform mit solchen, die aus den lateinischen Vorlagen übernommen wurden.

Aus diesem Grund dürfen Eingriffe in Handlungsablauf und sprachliche Form der Vorlagen nicht auf ein vermeintliches sprachliches Unvermögen der isländischen Übersetzer zurückgeführt werden. Denn diese Änderungen sollten dazu dienen, einem einheimischen Publikum einen Stoff zugänglich zu machen, der aus einem sprachlich und kulturell fremden Umfeld stammte. So verlangen die sich auf Fakten und tatsächlich geschehene Ereignisse konzentrierenden Antikensagas von ihren Hörern oder Lesern eine weniger große Abstraktionsfähigkeit als die stark theoretisierenden lateinischen Vorlagen. Die stilistischen Charakteristika weisen darauf hin, daß die Antikensagas nicht in erster Linie für den Gebrauch im Schulunterricht bestimmt waren, sondern sich an ein Publikum wandten, das nicht unbedingt des Lesens und Schreibens kundig war und dem die Bekanntschaft mit Werken lateinischer Autoren durch Vorlesen ermöglicht werden sollte. Ein stringenter Handlungsablauf, einfacher Satzbau und einfaches Vokabular sowie der häufige Einsatz direkter Rede erleichterten es einem Publikum, das daran gewöhnt war, Literatur durch das Ohr aufzunehmen, sich auf die fremden Stoffe einzulassen.

In Island dienten die Antikensagas sowohl der Unterhaltung als auch als Medium der Belehrung, das einer Bevölkerung ohne oder mit nur geringen Lateinkenntnissen den Zugang zur zeitgenössischen Kultur und Gelehrsamkeit ermöglichen sollte. Anders als die kontinentalen höfischen Antikenromane konzentrieren sich die isländischen Antikensagas auf die Darstellung des Faktischen und legen damit größeren Wert auf das *prodesse* – die Belehrung – als auf das *delectare* – die Unterhaltung. Auch die Überlieferung der Antikensaga, in der eine Tendenz zur Kürzung der Texte und zu ihrer Eingliederung in historiographisch oder enzyklopädisch ausgerichtete Sammelhandschriften zu beobachten ist, deutet darauf hin, daß die Antikensagas als seriöse Geschichtswerke betrachtet wurden. Ob allerdings die isländischen Antikensagas ihr angestrebtes Publikum auch tatsächlich erreichten, muß aufgrund der schlechten Überlieferungslage offen bleiben.

Die Antikensagas und ihre lateinischen Vorlagen

a) Die Trójumanna saga

Aufgrund der im Mittelalter weitverbreiteten Tradition, die Abstammung einer Nation von Troja herzuleiten, genoß die Sage von den Trojanern große Popularität. Hauptquellen für die mittelalterlichen Bearbeitungen der Geschichte des Trojanischen Krieges waren die aus dem 4. Jahrhundert stammenden *Ephemeris belli Trojani* des Dictys Cretensis und das etwas später entstandene Werk des Dares Phrygius, *De excidio belli Troiani*. Da Dares im Ruf stand, für die Trojaner Partei zu ergreifen, erfreute er sich im trojanerfreundlichen Mittelalter größerer Beliebtheit als Dictys. Das als Lügendichtung verurteilte Werk Homers war dagegen im Mittelalter nur in einer gekürzten, lateinischen Fassung unter dem Titel *Ilias latina* bekannt, die im Lateinunterricht als Schulbuch verwendet wurde. Die bedeutendsten mittelalterlichen Versionen, die für die nordische Überlieferung allerdings keine Rolle spielen, waren der um 1165 entstandene *Roman de Troie* des Normannen Benoît de Sainte-Maure und die 1287 entstandene lateinische Bearbeitung des Benoît-Textes von Guido de Columnis. Beide Werke waren in ganz Europa verbreitet und riefen zahlreiche volkssprachige Bearbeitungen hervor.

Der trojanische Sagenstoff gelangte bereits sehr früh in den Norden. Spätestens Ende des 12. Jahrhunderts muß eine lateinische Version des Trojastoffes in Island und vermutlich auch in Norwegen bekannt gewesen sein, während in Schweden die Kenntnis der Trojanersage erst im 14. Jahrhundert nachweisbar ist.

Die Grundlage der isländischen *Trójumanna saga* bildet der Bericht des Dares Phrygius, eines angeblichen Augenzeugen des Trojanischen Krieges. *De excidio Trojae historia* entstand zwischen dem 4. und dem 6. Jahrhundert als Erwiderung auf die ebenfalls als Augenzeugenbericht ausgegebene Darstellung des Dictys Cretensis. Dares, der behauptete, auf seiten der Trojaner Teilnehmer des Kampfes gewesen zu sein, nutzte seine Perspektive als vorgeblicher Augenzeuge, um einschneidende Veränderungen an dem aus den antiken Traditionen bekannten Verlauf der Ereignisse vorzunehmen. Seine Darstellung, die von rationalistischen und entheroisierenden Tendenzen geprägt ist, läßt die Götter nicht persönlich in Erscheinung treten und reduziert die Taten der beteiligten Personen auf ein menschliches Maß. Dares erhebt den Anspruch, einen historisch zuverlässigen Bericht zu liefern, und tritt selbst bei der Schilderung der Ereignisse ganz hinter die Erzählung zurück. Der lapidare und einfache Stil des Werkes führte dazu, daß ihm von der Forschung jeglicher Anspruch auf literarischen Wert abgesprochen wurde, doch die knappe und stilistisch anspruchslose Darstellung beruht nicht auf dem Unvermögen des Verfassers, sondern gehörte zum Beglaubigungsapparat des als Kriegstagebuch gestalteten Berichtes. Durch die gesamte Daresforschung zieht sich die Streitfrage, ob dem *Excidium* eine griechische Urfassung zugrunde liegt oder ob dies nur eine Fiktion des lateinischen Verfassers der erhaltenen Version ist. In engem Zusammenhang mit der Frage nach dem potentiellen griechischen Original steht das Problem, ob es sich bei der heute erhaltenen Fassung des Dares-Textes um die Kurzfassung eines ausführlicheren lateinischen Textes handelt. Heute geht man davon aus, daß uns der lateinische Text nur in einer massiv bearbeiteten Version vorliegt.

Durch die Form des Kriegstagebuches war dem Werk des Dares eine chronologische Struktur vorgegeben, die der Autor jedoch der dramatischen Anordnung des Stoffes unterordnete. Das Ergebnis ist ein rein diachroner Bericht, dessen Handlung in kleinen Abschnitten voranschreitet und keinerlei zeitliche Überschneidungen aufweist. Die dramatische Gliederung ergibt sich in erster Linie aus den Waffenstillständen und Kampfpausen, die den Hintergrund und die Voraussetzungen für den Verlauf der anschließenden Kampfhandlungen schaffen. Die das ganze Werk durchziehenden akribischen Zeit- und Zahlenangaben dienen zur Erhöhung der Glaubwürdigkeit der Darstellung.

De excidio Troiae historia ist in einer großen Anzahl von Handschriften überliefert, aber die bisher einzige Edition basiert auf der vergleichenden Untersuchung von nur elf Handschriften. Da man davon ausgehen muß, daß der Text im Mittelalter in verschiedenen Bearbeitungen in Umlauf war, ist es aufgrund der schlechten Editionslage sehr schwierig, ein genaueres Bild vom Wortlaut der Vorlage der isländischen Übersetzung zu gewinnen. Eine exakte Bestimmung der lateinischen Vorlage wird darüber hinaus dadurch erschwert, daß die der ursprünglichen Übersetzung näherstehende Version der *Trójumanna saga* ihre lateinische Vorlage insgesamt kürzte und mehrere Abschnitte übersprang, gleichzeitig aber verschiedene

Zusätze und Ergänzungen enthält, die vermutlich auf die Verwendung zusätzlicher Quellen zurückzuführen sind, vielleicht zum Teil aber auch schon in der vom isländischen Übersetzer benutzten lateinischen Handschrift vorhanden waren.

In der isländischen Übersetzung fehlt der einleitende, fiktionale Brief des Cornelius Nepos an Sallust, mit Hilfe dessen der lateinische Autor erläutert, wie er die von ihm übersetzte Handschrift auffand, wer der griechische Verfasser war und daß er diesen Text dann ins Lateinische übersetzte. Trotz dieser Auslassung können aber im Vergleich mit anderen isländischen Übersetzungswerken die Veränderungen der *Trójumanna saga* gegenüber ihrer Vorlage nicht als drastisch bezeichnet werden. Der knappe und trockene Berichtstil des Dares-Textes kam dem isländischen Verlangen nach Konzentration auf den Handlungsverlauf, nach Vermeidung umfangreicher Deskriptionen oder Digressionen sowie der Zurückhaltung bei subjektiven Wertungen oder Kommentaren entgegen. Obwohl die isländische Übersetzung dem Handlungsgang ihrer lateinischen Vorlage sehr genau folgt, sind auch in der *Trójumanna saga* Abweichungen festzustellen, die den Text einheimischen literarischen Gepflogenheiten anpassen sollen. So fügt die *Trójumanna saga* die Aufzählung der Angehörigen Laomedons bereits beim ersten Auftreten des Königs ein und entspricht dadurch den Erwartungen des isländischen Publikums, das daran gewöhnt ist, genealogische Informationen sofort bei der ersten Erwähnung einer Person zu erhalten. Auch sonst löst sich die *Trójumanna saga* bei der Einführung neuer Personen vom Wortlaut der Vorlage und wählt stereotype Floskeln, die auch aus Königssagas oder Isländersagas bekannt sind: »Likaon hieß ein böser und mächtiger Mann in Kreta; viele bezeichneten ihn als Menschenfresser und als Troll.«

Verschiedene Ergänzungen im isländischen Text lassen sich als Schlußfolgerungen aus dem Kontext erklären, die entweder als Verständnishilfe für das Publikum gedacht waren oder die den wortkargen und trockenen Bericht des Dares erzählerisch aufbereiten sollten. So erschloß die *Trójumanna saga* die Angaben über die mangelhafte Befestigung Trojas offensichtlich aus einem späteren Abschnitt des Dares-Textes, in dem dieser die Befestigungsmaßnahmen des Priamus schildert. Auch die Aufzählung der Argonauten, die Jason auf seiner Fahrt nach Kolchis begleiten, stammt aus einem späteren Abschnitt bei Dares, wo dieser diejenigen Helden aufführt, die Herkules zur Vergeltungsaktion gegen Laomedon mobilisiert. Dem Wunsch, die Historizität der Darstellung zu unterstreichen, entstammen die verschiedentlich eingestreuten Hinweise auf »alte Bücher« als Quellen.

An zahlreichen Stellen wurde der Wortlaut der Vorlage verändert, indem sich die Personen der Saga selbst, in direkter Rede, äußern. So stachelt Herkules seine Leute zum Angriff gegen Laomedon an, weist dabei nochmals auf die Befestigungssituation Trojas hin und verspricht demjenigen, dem es als erstem gelingt, in die Stadt einzudringen, freie Wahl unter der zu erwartenden Beute. Für diese Rede wurden ausschließlich Informationen benutzt, die verstreut im Kontext der lateinischen Vorlage zu finden sind. So erhält in der Saga die nachfolgende Erzählung von der Entführung Hesiones durch das Versprechen des Herkules, die erfolgreiche Eroberung der Stadt zu belohnen, mehr Gewicht als im lateinischen

Text: Die Rede des Herkules bereitet das Publikum darauf vor, daß ein lang ersehnter Wunsch Telamons in Erfüllung geht. Da die *Trójumanna saga* im Unterschied zum lateinischen Text deutlich macht, daß zwischen Telamon und Hesion eine Liebesbeziehung bestand, entsteht hier eine Parallele zu der Verbindung zwischen Alexander und Helena, die später noch durch eine dritte Liebesaffäre, zwischen Achilles und Polyxena, zur erzähltechnisch bedeutsamen Dreizahl verstärkt wird. Jedes der drei Paare leitet einen entscheidenden Abschnitt im Verlauf der Saga ein: Die Entführung Hesiones löst den Rachezug der Trojaner aus, der mit der Entführung Helenas endet; der Raub Helenas stellt den Beginn der langwierigen bewaffneten Auseinandersetzungen zwischen Griechen und Trojanern dar; die Weigerung der Trojaner, Polyxena mit Achilles zu verheiraten, leitet den endgültigen Untergang der Stadt Troja ein. Dennoch handelt es sich bei der *Trójumanna saga* nicht um einen Liebesroman nach antikem oder nach kontinentalem, höfischem Vorbild. Indem die isländische Saga Alexander und Helena noch zwei weitere Paare an die Seite stellt, schwächt sie sogar die Bedeutung des in der Erzählung des Dares zentralen Liebespaares ab.

Die *Trójumanna saga* verliert nicht viele Worte, um Gefühle der beteiligten Personen zu beschreiben. Emotionen finden nur dann Erwähnung, sofern sie handlungstragende Bedeutung haben. Daher begründet die *Trójumanna saga* die Weigerung des Achilles, an der Schlacht teilzunehmen, damit, daß er Friedensverhandlungen einer Schlacht vorziehe, und übergeht den Hinweis auf seine Trauer um Polyxena. Sie verzichtet auch auf die Information, daß Helena bei ihrer Abreise aus Troja betrübter als bei ihrer Ankunft gewesen sei, da dies für den weiteren Verlauf der Handlung ohne Belang ist.

Die lateinische Quelle besaß keine uneingeschränkte Autorität, sondern bot durchaus Raum für gestalterische Freiheiten. Dies belegen sowohl die selbständige Strukturierung der Erzählung durch drei parallel angelegte Liebesbeziehungen wie auch verschiedene Zusätze und Ergänzungen. So arbeitet die isländische Saga den Zweikampf zwischen Alexander und Menelaos, den der Dares-Text nicht unter den übrigen Zweikämpfen der Schlacht heraushebt, zu einer dramatischen Szene aus, die durch ihre Plazierung in der Mitte der Saga den Höhepunkt und mit Alexanders Niederlage auch den Wendepunkt des Geschehens markiert. Da Menelaos in seiner einleitenden Rede erläutert, daß das Duell zwischen ihm und Alexander den Ausgang des Krieges entscheiden solle, den sie wegen einer Frau angezettelt hatten, bindet die *Trójumanna saga* die für ein isländisches historisches Werk befremdliche Liebesgeschichte stärker in die Handlung ein und ruft dem Publikum noch einmal den Anlaß des Krieges in Erinnerung.

Die isländische Saga scheut sich nicht, kritisch über die lateinische Vorlage zu urteilen, die immer dann abgeändert wird, wenn es die narrative Logik zu erfordern scheint. So meidet die Saga Rückblenden und zeitliche Sprünge ebenso wie einen abrupten Wechsel der Perspektive und strebt statt dessen einen linearen Handlungsverlauf mit übersichtlichen und klar abgegrenzten Erzählabschnitten an. Die geringe Zahl der Auslassungen betrifft vor allem Vorausdeutungen oder die Darlegung von Plänen oder zukünftigen Vorhaben, wodurch die *Trójumanna saga* Wiederholungen umgeht und ihren konsequent linearen Handlungsverlauf beibehalten kann. Allerdings geht der Verzicht solcher vorausdeutender Abschnitte bisweilen auf Kosten der Verständlichkeit des Zusammenhangs: Die *Trójumanna saga* erwähnt zwar den Traum Alexanders im Idawald, geht aber nicht auf den Inhalt des Traumes ein. Daher bleibt in der Saga die Antwort des Helenus, der die Entführung der schönsten Frau Griechenlands ablehnt, unverständlich. Anders als ihre lateinische Vorlage vermeidet es die isländische Übersetzung, Handlungen oder Personen explizit zu beurteilen, und es ist dieser isländischen Zurückhaltung zu verdanken, daß Aeneas in der isländischen Saga nicht die traditionelle Rolle des Verräters zugeschrieben wird.

Die *Trójumanna saga* will ihrem Publikum ausschließlich historische Informationen liefern und verfolgt darüber hinaus keine weiteren didaktischen Absichten. Sie setzt auch keinerlei Vorkenntnisse voraus. So differenziert die isländische Saga nicht zwischen den einzelnen Gruppen der Griechen, erwähnt auch nie die Herkunft der einzelnen griechischen Heerführer, sondern bezeichnet alle Beteiligten stereotyp als »Griechen«. Diese Tendenz zur vereinfachenden Darstellung ist jedoch nicht mit mangelnden Kenntnissen des Übersetzers gleichzusetzen, der äußerst belesen und innerhalb der literarischen Tradition über den Trojanischen Krieg bewandert gewesen sein muß. Dies belegt die nicht unerhebliche Zahl von ergänzenden Informationen, für die sich zwar zum großen Teil Parallelen, nur selten jedoch eine direkte Vorlage in anderen literarischen Werken finden lassen.

Sowohl die Entstehungszeit als auch der Entstehungsort der *Trójumanna saga* wurden in der Forschung lange Zeit diskutiert. Von norwegischer Seite wurde dafür plädiert, daß die Saga im 13. Jahrhundert im Auftrag des norwegischen Königs Hákon Hákonarson entstanden sei. In Norwegen gibt es jedoch außer der im 14. Jahrhundert entstandenen Hauksbók keinerlei Spuren einer handschriftlichen Überlieferung der *Trójumanna saga*. Wie hingegen die Behandlung der trojanischen Geschichte in der Ende des 12. Jahrhunderts entstandenen isländischen *Veraldar saga* (»Weltgeschichte«) belegt, muß die Geschichte vom Trojanischen Krieg spätestens zu dieser Zeit in Island bekannt gewesen sein. Da sich auch Snorri Sturluson, dessen Lateinkenntnisse umstritten sind, in seiner *Snorra Edda* (»Jüngere Edda«; Skaldenlehrbuch des Snorri Sturluson) auf Ereignisse des Trojanischen Krieges bezieht, muß es spätestens zu Beginn des 13. Jahrhunderts eine isländische Fassung der Trojanersage gegeben haben.

b) Die Breta sögur

Der Haupttext der *Breta sögur* basiert auf der *Historia regum Britannie* des Geoffrey of Monmouth. Über den Autor der *Historia* gibt es nur spärliche Informationen, die zum größten Teil aus seinen eigenen Werken stammen. Geoffrey, lat. Galfredus, dessen Geburtsdatum nicht bekannt ist, nennt sich selbst dreimal unter der Bezeichnung »Monumutensis«, was auf eine enge Beziehung zu Monmouth und dessen Umgebung schließen läßt. Ab 1129 läßt sich Geoffrey in Oxford nachweisen, wo er bis zum Jahr 1151 eine Anzahl Urkunden unterzeichnete. 1151 wurde Geoffrey zum Bischof von St. Asaph im Nordosten von Wales gewählt und ein

Jahr später auch geweiht, doch bis zu seinem Tod im Jahr 1155 besuchte er sein Bistum kein einziges Mal.

Geoffreys literarische Aktivität läßt sich in die Oxforder Zeit von 1129–1151 datieren. Sein frühestes bekanntes Werk sind die *Prophetie Merlini*, eine Sammlung anspielungsreicher politischer Prophezeiungen, wie sie im Mittelalter weit verbreitet waren. Da die *Prophetie* keinen Hinweis auf den Tod König Heinrichs I. enthalten, müssen sie noch vor 1135 verfaßt worden sein. Später arbeitete Geoffrey die *Prophetie* in sein Hauptwerk, die *Historia regum Britannie*, ein. Die Arbeit an diesem umfangreichen Werk dauerte mehrere Jahre, und nach Geoffreys eigenen Angaben hatte er bereits damit begonnen, als er die *Prophetie* verfaßte. Der Abschluß des Werkes muß spätestens 1139 erfolgt sein, da der englische Historiograph Henry von Huntingdon in diesem Jahr eine Kopie von Geoffreys *Historia* zur Einsicht erhielt.

Geoffrey, der sein Werk nur ca. zwei Generationen nach der normannischen Eroberung Britanniens schrieb, schuf mit seiner *Historia* einen einzigartigen Bericht über den Zeitraum zwischen der Eroberung Albions durch Brutus und dem Untergang Britanniens nach dem Tod Arturs und wies in einer Zeit, in der England vom Bürgerkrieg bedroht war, auf die Effektivität eines starken und geeinten Königshauses hin. Den historischen Darstellungen seiner Zeitgenossen, die Geschichte aus einer englischen oder anglonormannischen Perspektive betrachteten, stellte Geoffrey ein Werk gegenüber, das auch die keltische Vorgeschichte Britanniens behandelt. Mit dem Tod des großen Königs Arthur schien Geoffrey's Interesse an der britischen Geschichte erloschen zu sein, denn die folgenden Könige handelt er sehr kurz, zum Teil nur noch summarisch, ab.

Die *Historia regum Britannie* belegt, daß alle Untertanen des britischen Königs, ungeachtet ihrer Abstammung, miteinander verwandt sind, da sowohl Kelten wie auch Franken ihre Herkunft letztendlich auf die Trojaner zurückführen können. Es gelang Geoffrey, die Briten den Römern ebenbürtig und diesen manchmal sogar überlegen erscheinen zu lassen. Auch die neuen normannischen Herrscher konnten stolz auf die Vergangenheit der von ihnen eroberten Insel sein. Schließlich schuf er mit der Gestalt des mächtigen Königs Artur einen Nationalhelden für die Britischen Inseln.

Der Stellenwert von Geoffreys Werk war bereits unter seinen Zeitgenossen umstritten, denn ziemlich gleichzeitig mit der *Historia* entstanden auch die als glaubhafter betrachteten Geschichtswerke von Henry of Huntingdon und William of Malmesbury. Trotz der Skepsis, die dem historischen Wahrheitsgehalt der *Historia* entgegengebracht wurde, war sie im ganzen Mittelalter ein weitverbreitetes und beliebtes Werk, das auch bald in verschiedene Volkssprachen übersetzt wurde. Als erster übertrug sie Gaimar ins Französische, von dessen *Estoire de Bretons* allerdings nur die Fortsetzung erhalten ist. Mitte des 12. Jahrhunderts schuf Wace auf der Grundlage der *Historia regum Britannie* seinen *Roman de Brut*, eine der Hauptquellen für die Artusromane Chrétiens.

Heute liegt der Wert der *Historia* als historische Quelle weniger in ihrer Darstellung der britischen Vorgeschichte, sondern vielmehr in dem Spiegelbild, das sie von der Zeit Geoffreys liefert: Geoffrey zeichnet ein positives Bild weiblicher Herrscher, er zeigt die fatalen Folgen von Meineid auf und er basiert seine Beschreibung von Arturs Krönungszeremonie auf anglonormannischen Gewohnheiten. Darüber hinaus spiegelt die *Historia* die imperialistischen Bestrebungen der anglonormannischen Herrscher, wobei ein guter und erfolgreicher König vor allem drei Ziele zu verfolgen hat: Gesetze zu erlassen, bedeutende Gebäude zu errichten sowie Straßen zu bauen. Trotz des historischen und zeitgeschichtlichen Inhalts seines Werkes verfolgte Geoffrey durchaus auch das Ziel, sein Publikum zu unterhalten. Aus diesem Grund arbeitete er etliche Liebesszenen sowie Schilderungen von heldenhaften Kämpfen gegen Riesen oder unüberwindlich scheinende Gegner in seine Darstellung ein.

Die *Historia regum Britannie* ist in einer unglaublich großen Zahl von Handschriften erhalten. Neben der sogenannten »Vulgata-Version«, von der mehr als 200 Handschriften bekannt sind, wurden bisher drei Variantenversionen identifiziert. Die »Erste Variante« zeichnet sich gegenüber der Vulgata-Version durch verschiedene Zusätze und eine Fülle an biblischen und klassischen Zitaten aus. Darüber hinaus neigt sie zu moralisierenden Einschüben und glättet den bisweilen etwas derben Stil der Vulgata-Version. Die »Zweite Variante«, die bisher noch nicht ediert ist, weicht weniger stark als die »Erste Variante« vom Text der Vulgata-Version ab und stellt eher eine generelle Verkürzung als eine selbständige Bearbeitung der *Historia* dar. Auch die »Dritte Variante«, die sich von den anderen Versionen der *Historia* durch die Form des Prologs und die Widmung der *Prophetie* unterscheidet, ist bisher noch nicht ediert.

Aufgrund dieser komplizierten Überlieferungssituation der *Historia* ist es schwierig, die genaue Vorlage der isländischen Übersetzung zu ermitteln. Auf den ersten Blick scheint es, als basierten die *Breta sögur* auf einer Handschrift der »Ersten Variante«, weil sie mit ihr in einigen charakteristischen Zusätzen übereinstimmen. Ein Kontrollvergleich mit dem Text der Vulgata-Version zeigt jedoch, daß die *Breta sögur* auch Informationen enthalten, die nur der Vulgata-Version entnommen sein können. Darüber hinaus erwähnen die *Breta sögur* auch eine Königin namens Sæburg, die nur in Handschriften der *Historia* auftaucht, die entweder zur Vulgata-Version oder zur »Zweiten Variante«, nicht aber zur »Ersten Variante« zählen. Somit basiert die isländische Übersetzung entweder auf zwei parallel verwendeten Handschriften oder aber auf einer Mischhandschrift, in der die verschiedenen Versionen der *Historia* zusammengearbeitet wurden.

Anlaß zu einer isländischen Übersetzung der *Historia regum Britannie* boten zum einen die in ihr enthaltenen Informationen über die isländische Vorzeit: Die *Historia* berichtet, daß der König von Thule an der Seite des britischen Königs Arthur kämpfte und daß die Orkneys, Norwegen, Gotland und Dänemark König Arthur tributpflichtig waren. Zum andern gab die *Historia* die Möglichkeit, eine Verbindung zwischen dem trojanischen Königsgeschlecht und den norwegischen Herrschern, und damit auch mit den führenden isländischen Familien herzustellen: Einer der ersten norwegischen Könige, Hákon, Sohn des Reichseinigers Haraldr hárfagri, wurde beim englischen König Aethelstan aufgezogen.

In der isländischen Übersetzung fehlen die ersten fünf Paragraphen der *Historia*, die Widmung, Prolog und eine geographische Beschreibung der Britischen Inseln enthalten. Als Einleitung geben die *Breta sögur* statt dessen eine knappe Zusammenfassung aus Vergils *Aeneis*, die die Ereignisse nach dem Ende des Trojanischen Krieges bis zur Ankunft des Aeneas in Italien schildert und die zeitliche Lücke zwischen dem Ende des Trojanischen Krieges und der Besiedelung Britanniens schließt. Mittels dieser Überleitung wurden die β-Version der *Trójumanna saga* und die *Breta sögur* zu einem fortlaufenden Geschichtswerk verbunden, das in seiner einzigen vollständig erhaltenen Fassung, der Hauksbók, den Zeitraum von den göttlichen Vorfahren des Königs Priamus in Troja bis zum norwegischen König Hákon Haraldsson umfaßt.

Hinsichtlich des Handlungsablaufes und der inneren Gliederung schließen sich die *Breta sögur* eng an die *Historia* an, weisen jedoch generell eine Tendenz zu Kürzungen auf. Nahezu wörtlich übersetzte Abschnitte wechseln sich mit zusammengefaßten, frei wiedergegebenen Passagen ab. Im Vergleich zum lateinischen Werk wirkt der Bericht der *Breta sögur* weitaus ausgeglichener. Die Kürzungen, die im Verlauf der Saga immer umfangreicher werden, zeigen das Bestreben, allen dargestellten Herrschern gleich viel Raum zuzumessen. Da Arthur, dessen Geschichte in der *Historia* ein Viertel des gesamten Textes einnimmt, für ein isländisches Publikum nur einer in einer ganzen Reihe britischer Könige war, konnte der zweite Teil der lateinischen Vorlage besonders stark gerafft werden. Eindeutig erkennbar wird dieses Prinzip des Ausgleichs im Schlußteil der Saga, der die Zeitspanne nach dem Tod Arthurs behandelt: Er enthält mehrere Abschnitte, die wieder nahezu wörtlich mit der nun sehr wortkarg erzählenden *Historia* übereinstimmen, während die Kürzungen hier kaum ins Gewicht fallen. Dies bedeutet, daß der isländischen Übersetzung ein klares, eigenständiges Konzept für die Bearbeitung der lateinischen Vorlage zugrunde liegt.

Offensichtlich führten in den *Breta sögur* auch Überlegungen zu Verständlichkeit und logischem Zusammenhang der Darstellung zu Eingriffen in den Wortlaut der Vorlage. So nennt in der *Historia* Brutus die neubesiedelte Insel Britannien und seine Genossen Britones. Da den Übersetzer der *Breta sögur* – oder vielleicht auch erst einen späteren Bearbeiter? – die sprachliche Verbindung zwischen Brutus und Britannien nicht zu überzeugen schien, ließ er Brutus zuerst seinen Namen in Brito ändern und ihn erst dann die Benennung des Landes und seiner Einwohner vornehmen.

Der Aufbau der Abschnitte über die einzelnen Könige weist Ähnlichkeit mit entsprechenden Passagen in norwegischen historiographischen Werken, wie *Ágrip af Nóregs konunga sögum* [»Abriß der Geschichte der norwegischen Könige«], *Historia Norwegiæ* oder der *Historia de antiquitate regum Norvagensium* des Theodricus monachus auf. Diese norwegischen Königschroniken, die schon bald nach ihrer Entstehung in Island rezipiert wurden, bildeten vermutlich das Vorbild für die Präsentation der britischen Könige in den *Breta sögur*. Die Herrscher werden gleich bei ihrem ersten Auftreten genau beschrieben; die Darstellungen sind einerseits stereotyp in der Aufreihung der einzelnen Eigenschaften, bemühen sich andererseits darum, die für die Laufbahn des Herrschers wesentlichen Charakteristika knapp und präzise darzustellen. Die Einzelheiten der Beschreibung und Charakterisierung sowie Angaben über die Regierungszeiten der behandelten Könige stimmen in den *Breta sögur* mit der *Historia* überein, stehen aber häufig in abgeänderter Reihenfolge und folgen einem durchgehend eingehaltenen Schema: Zuerst wird der Name des Königs genannt, worauf die Charakterisierung der Person, eine Aufzählung der von ihm errichteten Bauwerke und seiner weiteren bedeutenden Taten sowie schließlich die Umstände seines Todes folgen. Diesem Schema folgt auch die Beschreibung Arthurs, die nur aus einer Aufzählung seiner Eigenschaften besteht, diese aber – im Unterschied zur *Historia* – nicht durch Episoden illustriert.

Die Parallelen zu den norwegischen Königschroniken unterstützen die Annahme, daß die *Breta sögur* in erster Linie als Geschichtswerk beabsichtigt waren. Dies erklärt auch die Abneigung der *Breta sögur* gegenüber Wertungen und die Bemühung um eine ausgeglichene Darstellung in denjenigen Passagen, in denen sich die *Historia* negativ über Skandinavien oder dessen Einwohner äußert. Die ab *Historia* § 82 zunehmenden Kürzungen in den *Breta sögur* betreffen nicht zuletzt die verstärkt auftretenden nationalistischen Äußerungen und zeitgenössischen Anspielungen, womit die *Historia* auf die Zustände in England aufmerksam machen wollte, die jedoch für ein isländisches Publikum gegen Ende des 12. oder Anfang des 13. Jahrhunderts ohne Belang waren. Die *Historia* beschreibt die Einwohner Skandinaviens als raubende und plündernde Barbaren, d. h. sie übertrug die Eindrücke, welche die Raubzüge der Wikinger im 8. bis 11. Jahrhundert hinterlassen hatten, auf die Verhältnisse des 5. Jahrhunderts. In den *Breta sögur* wird dieses brutale Erscheinungsbild der Skandinavier jedoch weitgehend getilgt.

Die *Breta sögur* vermeiden es auch sonst, Partei zu ergreifen. Generell konzentrieren sie sich ausschließlich auf eine möglichst neutrale Berichterstattung der historischen Ereignisse, während die Problematik der Fremdherrschaft in Britannien sowie der Gegensatz zwischen Rom und Britannien nicht thematisiert wird. In den *Breta sögur* beschränkt sich der Abschnitt über die römische Regierungszeit auf eine Aufzählung der einzelnen Herrscher, deren Charakterisierung positiver als in der *Historia* ausfällt. Der isländische Text konzentriert sich auf die Geschichte Britanniens, während die Ereignisse in Gallien, aber auch in Schottland von untergeordneter Bedeutung sind und deshalb reduziert werden. Daher erwähnen die *Breta sögur* lediglich, daß Gallien erobert wurde, geben jedoch keine Details der Eroberung und übergehen den Abschnitt über die britische Siedlungspolitik in Gallien. Aber in den *Breta sögur* fehlen auch alle Angaben der *Historia*, die nur für ein mit den englischen Verhältnissen vertrautes Publikum von Interesse sein konnten, wie Einzelheiten des Straßenbaus oder Parallelen zwischen den dargestellten Ereignissen und zeitgenössischer englischer Geschichte. Von britischen Städten und Ortschaften werden nur solche erwähnt, die auch einem nicht weitgereisten Publikum zumindest dem Namen nach bekannt sein konnten.

Nicht nur strukturell, sondern auch stilistisch orientieren sich die *Breta sögur* an der einheimischen literarischen Tradition. So folgen Kampfschilderungen stereotypen nordischen Mustern, ohne auf die Vorgaben der Vorlage Rücksicht zu nehmen und verwenden Floskeln, wie sie auch aus vielen anderen isländischen Texten bekannt sind. Im allgemeinen nehmen jedoch Kampfbeschreibungen in den *Breta sögur* keinen großen Raum ein. Es wird auch nicht versucht, exakte nordische Entsprechungen für militärische oder politische Spezialtermini zu finden oder fremde Strategien und Techniken zu erklären, sondern die Übersetzung beschränkt sich meist darauf, das Faktum einer bewaffneten Auseinandersetzung zu konstatieren und das Endergebnis, d. h. Angaben über Sieger, Zahl der Gefallenen, Flucht der Geschlagenen, etc. bekanntzugeben. Häufig wird eine ausführliche Kampfbeschreibung der Vorlage auf eine lapidare Aussage reduziert: »und es kam zu einer erbitterten Schlacht, bei der auf beiden Seiten zahlreiche Leute fielen.« Aufgrund der Konzentration auf die wichtigsten Fakten und aufgrund des Bestrebens nach einer strikt chronologischen Reihenfolge der Ereignisse wirkt die isländische Darstellung konziser und stringenter als die ihrer Vorlage.

Trotz der generellen Tendenz zur Kürzung weisen die *Breta sögur* auch Plusstellen gegenüber ihrer Vorlage auf. Das Porträt Arthurs nimmt mehr Raum als in der *Historia* ein, ohne jedoch Material zu enthalten, das nicht auch aus anderen mittelalterlichen Texten bekannt wäre. Die meisten Zusätze lassen sich auf den Kontext der Vorlage zurückführen, ohne daß eine zusätzliche Quelle vorausgesetzt werden müßte: die *Breta sögur* sprechen häufig explizit aus, was in der *Historia* nur zwischen den Zeilen angedeutet ist. Da im Mittelalter auch zahlreiche kommentierte Handschriften der *Historia* im Umlauf waren, ist es nicht ausgeschlossen, daß einige der Plusstellen auf Glossen zurückzuführen sind.

Die isländische Übersetzung der Lear-Episode illustriert einerseits die zuverlässige inhaltliche Wiedergabe, andererseits die Freude an sprachlicher Gestaltung und die Kreativität des Übersetzers. Die Charakterisierung Lears, gleich zu Beginn des Abschnitts, fällt in den *Breta sögur* ausführlicher aus, da der isländische Übersetzer alle in der Vorlage über die gesamte Episode verstreuten Informationen zusammenfaßt. Auch Cordelia erfährt in den *Breta sögur* scheinbar eine ausführlichere Behandlung als in der *Historia*, weil in die Charakterisierung der Tochter Lears Schlußfolgerungen einflossen, die aus der folgenden Handlung gezogen werden konnten. Während der gesamten Episode herrscht in den *Breta sögur* eine szenische Darstellung vor, da die in indirekter Rede formulierten Aussagen der Vorlage in direkte Rede umgesetzt wurden und die Beteiligten in lebhafter Wechselrede Gespräche führen. Obwohl sich die *Breta sögur* hinsichtlich der Fakten exakt an die Vorgaben der *Historia* halten, entstand mit der Lear-Episode eine eigenständige kleine Erzählung, indem alle bereits in der Vorlage enthaltenen Informationen in einem selbständigen kreativen Prozeß neu zusammengesetzt wurden. Auch an anderen Stellen wird die Vorliebe der *Breta sögur* für eine szenische Darstellung deutlich. So wurde indirekte Rede häufig in direkte Rede umgesetzt, und einzelne Szenen erhielten eine eigenständige Ausgestaltung, indem Details ergänzt und das Material der *Historia* sehr frei verwendet wurden.

Der Vergleich zwischen lateinischer Vorlage und isländischer Übersetzung läßt erkennen, daß die *Breta sögur* ein selbständiges Werk darstellen, das von einem kundigen Übersetzer nach eigenen Vorstellungen gestaltet wurde. Das Hauptinteresse liegt auf der historischen Information, wobei sich der Bearbeiter sämtlicher Wertungen enthält und es seinem Publikum überläßt, Schlüsse aus der Darstellung zu ziehen. Inhaltlich folgen die *Breta sögur* ihrer lateinischen Vorlage sehr genau, stilistisch orientieren sie sich dagegen an der einheimischen Literatur.

Die *Merlínusspá* [»Merlins Prophezeiung«], die isländische Übersetzung der in der *Historia* Merlin in den Mund gelegten *Prophetie*, ist nur in einer einzigen Handschrift, der im 14. Jahrhundert entstandenen Hauksbók, überliefert. Aus diesem Grund ist es vollkommen unsicher, welche Beziehung zwischen dem Gedicht und der Saga vor der Niederschrift dieser Handschrift bestand. Im Vergleich zu den lateinischen *Prophetie* sind in der Hauksbók die beiden Teile der Weissagungen in ihrer Reihenfolge vertauscht: Die Strophen 5–68 der *Merlínusspá* entsprechen den Strophen 31–74 der *Prophetie*, und die Strophen 69–92 der *Merlínusspá* entsprechen den Strophen 1–30 der *Prophetie*. Aufgrund mangelnder Vergleichsmöglichkeiten ist nicht zu entscheiden, ob dies bereits in der ursprünglichen Fassung des Gedichtes der Fall gewesen war oder ob dies eine Entscheidung eines späteren Bearbeiters war. Zu den in der Hauksbók überlieferten Texten zählt auch die *Völuspá* [»Der Seherin Gesicht«], ein eddisches Gedicht im gleichen Metrum wie die *Merlínusspá*, das ebenfalls in Form einer Prophezeiung die Geschicke der Welt interpretiert. Daher besteht die Möglichkeit, daß erst in der Hauksbók durch die Umstellung der einzelnen Teile der *Merlínusspá* und die dadurch resultierende chronologische Reihenfolge der Prophezeiungen eine inhaltliche Parallele zwischen beiden Gedichten hergestellt werden sollte.

Anstelle des Prologes der *Prophetie* enthält die *Merlínusspá* vier einführende Strophen, die über Entstehung und Übersetzer der Prophezeiung Auskunft geben. Auch der Schluß des isländischen Gedichtes weicht von der lateinischen Vorlage ab: Die Strophen 93–103 der *Merlínusspá* bilden einen Kommentar über den Akt des Dichtens sowie eine Anleitung zur christlichen Interpretation des Werkes. Mit Hilfe von Beispielen, die dem Traum Davids in der Bibel entnommen sind, wird erläutert, wie die oft komplizierten Metaphern aufzulösen sind. Die *Merlínusspá* folgt ihrer lateinischen Vorlage sehr genau, verwendet jedoch Bilder und Umschreibungen, die aus der einheimischen Poesie stammen und die der isländischen Prophezeiung den Charakter eines eddischen Liedes verleihen.

Immer wieder wurde von der Forschung, vor allem der norwegischen, die Vermutung geäußert, daß die *Breta sögur* zu den im 13. Jahrhundert am Hof des norwegischen Königs Hákon Hákonarson entstandenen Übersetzungen kontinentaler Literatur zählten. Aufgrund der auffallenden stilistischen, aber auch inhaltlichen Unterschiede zwischen den *Breta sögur* und den nach anglonormannischen Vorlagen angefertigten Übersetzungen höfischer Romane am Hof Hákon Hákonarsons wurden jedoch immer wieder Zweifel laut, ob die *Breta sögur* wirklich zu den vom norwegischen König in Auftrag gegebenen Werken zu rechnen seien.

Über Zeit und Ort der Entstehung der *Breta sögur* sind kaum Informationen enthalten. Da alle Handschriften der *Breta sögur* die *Merlínusspá* übereinstimmend Gunnlaugur Leifsson († 1218 oder 1219) zuschreiben, wird bisweilen vermutet, daß Gunnlaugur, ein Mönch im isländischen Kloster Þingeyrar, auch der Autor der gesamten *Breta sögur* gewesen sei. Bisher scheint jedoch nur festzustehen, daß die *Prophetie* unabhängig vom Kontext der *Historia regum Britannie* ins Isländische übersetzt wurden. Aufgrund der Lebensdaten Gunnlaugur Leifssons kann die *Merlínusspá* auf das Ende des 12. oder den Anfang des 13. Jahrhunderts datiert werden. Verschiedene Stellen in der *Skjöldunga saga* [»Saga von den Skjöldungen«] lassen den Schluß zu, daß zumindest der lateinische Text der *Historia regum Britannie* bereits gegen Ende des 12. Jahrhunderts in Island bekannt gewesen sein muß. Es ist daher anzunehmen, daß gleichzeitig mit den *Prophetie* auch ihr Kontext ins Isländische übertragen wurde. In Anbetracht der zahlreichen historiographischen Werke, die von Angehörigen des Klosters Þingeyrar verfaßt wurden, liegt es nahe, wenn nicht Gunnlaugur selbst, so doch einen seiner Mitbrüder für die Übersetzung der *Historia* verantwortlich zu machen.

c) Die Alexanders saga

Seit dem ausgehenden Altertum regte die Gestalt des Welteroberers Alexander die Phantasie der Schriftsteller an. Die verschiedenartigen Überlieferungen, die im Lauf der Zeit ineinandergearbeitet und durch neue Erzählungen bereichert wurden, erlangten im Mittelalter in Gestalt eines *Alexanderromans* große Popularität, nicht nur im lateinischsprachigen Westen, sondern auch im byzantinischen Bereich und im ganzen Orient. Der größte Teil der weitverzweigten Überlieferung über den König der Makedonier geht auf eine spätgriechische, romanhafte Darstellung seines Lebens zurück, die fälschlicherweise dem griechischen Historiker Kallisthenes zugeschrieben wurde und heute als *Pseudo-Kallisthenes* oder schlicht als *Der Alexanderroman* bezeichnet wird.

Der griechische *Alexanderroman* stattete seinen Protagonisten mit vielen hervorragenden Charaktereigenschaften aus: Alexander erhält von Aristoteles eine sorgfältige Erziehung und bleibt seinem Lehrer sein ganzes Leben treu verbunden. Schon als Kind erweist sich der spätere König allen anderen körperlich und geistig überlegen, beweist Mut, Selbstbeherrschung und Gerechtigkeit. Alexander wird zum überlegenen Heerführer, der als unbesiegbarer Held von seinen Soldaten verehrt wird. Gegenüber den Besiegten zeigt Alexander Großmut und Milde und erkennt auch die Tapferkeit seiner Gegner an. Der *Alexanderroman* deutet an, daß Alexander nicht mit menschlichen Maßstäben gemessen werden konnte: Seine Zeugung und Geburt waren magisch beeinflußt; Alexanders Äußeres deutet auf dämonischen Einfluß hin; seine Weltherrschaft ist von Magie und Astrologie bestimmt und von Wunderzeichen begleitet; seine Geburt und sein Tod erschüttern die Welt. Der faszinierendste Zug Alexanders war seine Rolle als Weltherrscher und Eroberer. Im Laufe der Überlieferung kamen immer neue Eroberungen und Abenteuer hinzu, bis Alexander schließlich an das Ende der Welt gelangte und sogar das Paradies erobern wollte.

Im 4. Jahrhundert übersetzte Julius Valerius den griechischen *Alexanderroman* ins Lateinische, und im 10. Jahrhundert entstand die lateinische Übersetzung des Archipresbyters Leo von Neapel, die später in erweiterter Form als *Historia de pre-*

liis zahlreiche volkssprachige Bearbeitungen hervorrief. Im späten 14. Jahrhundert wurde sie auch ins Schwedische übersetzt. Wurde zu Beginn der Überlieferung Alexander fast durchweg als positive Figur betrachtet, so differenzierten sich im Laufe des Mittelalters die Anschauungen. Das Alexanderbild der meisten mittelalterlichen Autoren basierte zum größten Teil nicht auf umfangreichen Texten, sondern auf anekdotischem Material über Alexander. Ausführliche biographische Darstellungen waren in erster Linie für diejenigen interessant, die selbst ein größeres Werk schreiben wollten. Die etablierten Anekdoten wurden in Sammelwerken, wie dem *Speculum Historiale* des Vinzenz von Beauvais, weitergegeben. Sie vermehrten sich während des gesamten Mittelalters und ergänzten das historische Material über Alexander den Großen.

Die gesamte weltliche Alexanderliteratur enthält sowohl moralische wie auch didaktische Elemente, wobei neben dem Hauptziel, Unterhaltung zu bieten, durchaus auch der Wunsch nach historischer Information befriedigt werden soll. Im 12. Jahrhundert wurden in die zunächst vornehmlich historische Darstellung Alexanders wunderbare Elemente eingeführt, indem Alexander zum Bezwinger unbekannter und dem mystischen und mythologischen Bereich entstammender Gegner, wie Fabeltiere oder Wesen des Himmels und der Unterwelt, wurde. Auch die höfischen Konventionen und das Konzept der Ritterlichkeit hinterließen ihre Spuren in der mittelalterlichen Alexanderliteratur.

Die zwischen 1262 und 1264 von dem isländischen Bischof Brandur Jónsson übersetzte *Alexanders saga* basiert auf der um 1180 in Reims entstandenen *Alexandreis* des Walter von Châtillon. Walter, lat. Gualterus, wurde vor 1135 in der Nähe von Lille geboren und erhielt seinen Beinamen »de Castellione« nach seinem späteren Wirkungsort Châtillon. Er studierte in Paris und Reims, leitete die Schule in Laon und reiste 1166 im Auftrag König Heinrichs II. von Frankreich nach England, um in kirchenpolitischen Fragen zu verhandeln. Dann studierte er in Bologna kanonisches Recht und wurde nach seiner Rückkehr Notar und offizieller Sprecher des Erzbischofs Wilhelm von Reims. Das Todesjahr Walters wird auf die Zeit um 1185 datiert. Walter von Châtillon war ein sehr gelehrter Mann, der sich auch mit literatur- und wissenschaftstheoretischen Fragen befaßte. Den spielerischen Umgang mit seinem gelehrten Wissen und seinen umfassenden literarischen und hermeneutischen Kenntnissen belegt sein umfangreiches Epos über Alexander den Großen.

Walter selbst gibt den Titel seines Werkes im Prolog mit *Alexandreis* an, während in der handschriftlichen Überlieferung das Gedicht häufig auch unter seinen Anfangsworten zitiert wird: »Gesta ducis Macedum«. Die exakte Datierung der *Alexandreis* war bereits seit dem 13. Jahrhundert umstritten, obwohl einige Daten unumstößlich feststehen. Walter widmete sein Werk dem Erzbischof von Reims, dessen Name in der lateinischen Form Guillermus als Akrostichon in den Anfangsbuchstaben der zehn Bücher der *Alexandreis* erscheint und außerdem am Anfang, in der Mitte und am Schluß des Werkes genannt wird. Da Wilhelm im Jahr 1176 zum Erzbischof ernannt wurde und Walter im Prolog angibt, fünf Jahre für die Abfassung der *Alexandreis* gebraucht zu haben [V. 15], läßt sich die Abfassung auf den Zeitraum 1178-1182 eingrenzen. Das Epos, das neben der nur fragmentarisch erhaltenen Dichtung des Albéric de Pisançon (um 1130) die erste Versdichtung über Alexander den Großen darstellt, erlangte bald große Verbreitung und wurde häufig nachgeahmt. Im 13. Jahrhundert wurde die *Alexandreis* im Lateinunterricht verwendet, häufig als Ersatz für Vergils *Aeneis*.

Als Hauptquelle verwendete Walter vor allem die *Gesta* oder *Historiae Alexandri magni* des Quintus Curtius Rufus (1. Jahrhundert), von deren Verbreitung zahlreiche Handschriften zeugen und die neben der *Historia de preliis* die Quelle für viele mittelalterliche lateinische und volkssprachige Texte über Alexander den Großen waren. Obwohl sich Walter in der Reihenfolge der darzustellenden Ereignisse eng an seine Vorlage anschloß, verfolgte er in seiner Versbearbeitung ein anderes Ziel: Er intendierte statt einer historischen Darstellung die bewußt poetisch gestaltete Biographie eines großen Königs, der schicksalsbestimmt handelt und an seiner Hybris zugrunde geht. Alexander steht als Mensch, König und Feldherr im Mittelpunkt, während Walter die unmittelbar auf Alexanders Tod folgenden Auseinandersetzungen, die für jede historiographische Darstellung von Bedeutung sind, nicht berücksichtigte. Walter machte Alexander zu einem göttergleichen Helden, den sein ruheloser Geist durch die Welt trieb. Der uns in seiner Maßlosigkeit negativ erscheinende Ehrgeiz war die Voraussetzung für Alexanders Großartigkeit, weil er die in Alexanders Gedanken allgegenwärtige Gier nach Ruhm hervorrief.

Walter war bestrebt, seine persönliche Anschauung über Alexander deutlich zu machen, und hob deshalb vor allem dessen Liebe zur Tugend, Milde, Maßhalten und Ehrenhaftigkeit hervor. Das Alexanderbild Walters wurde durch die Überzeugung bestimmt, daß das Geschick des Königs vom Schicksal geleitet werde. Dies zeigt sich zum einen in den zahlreichen Beinamen Alexanders, die zum Teil sogar aus der Bibel entnommen sind, zum anderen spricht Walter die Schicksalsbestimmtheit des Königs auch explizit aus: »Quem dederat mundo regem Fortuna« [IX, 272].

Sowohl hinsichtlich des Wortschatzes wie auch der Grammatik orientierte sich Walter an der Sprache antiker Autoren und schloß sich ihnen auch in der Art der Darstellung an. Im Prolog ruft Walter zuerst die Muse an, gibt dann über seinen Stoff Auskunft und nennt anschließend seinen Gönner und den Titel des Werkes. Die von Walter häufig zur Belebung des Stoffes angeführten Vergleiche erinnern an die von antiken Autoren verwendeten Bilder. Als Anlehnung an klassische Vorbilder läßt sich auch der umfangreiche Götterapparat erklären. Ausführlichen Gebrauch von Göttergestalten machte Walter vor allem bei der Angabe von Tageszeiten, während er sie – mit Ausnahme der Fortuna – auf die eigentliche Handlung kaum Einfluß nehmen läßt. Von klassischen Autoren übernahm Walter auch Bezeichnungen für die Makedonier, und er übertrug technische Bezeichnungen des römischen Altertums auf die Zeit Alexanders des Großen.

Aber es flossen auch immer wieder Charakteristika aus Walters eigener Zeit ein. So beschrieb er Aristoteles als mönchischen Stubengelehrten, und hinsichtlich der ritterlichen Tugenden Alexanders orientierte er sich offensichtlich an mittelalterlichen Fürstenspiegeln. Trotz des durch den mythologischen Götterapparats hervorgerufenen »heidnischen« Kolorits weist Walter auf kirchliche Ereignisse und Mißstände seiner eigenen Zeit hin. Mittels der zeitgenössischen Anspielungen aktualisiert Walter die Darstellung und verstärkt den exemplarischen Charakter des Werkes, das die Unzuverlässigkeit des Schicksals illustriert und zur Demut gegenüber der göttlichen Gewalt aufruft. Die *Alexandreis* ist ein höfisches Epos nach klassischem Vorbild, das sich an ein höfisches, gebildetes Publikum richtet.

Die isländische *Alexanders saga* ist eine freie Bearbeitung der *Alexandreis*, die die Verse ihrer Vorlage in Prosa auflöst. Ihr Übersetzer, der isländische Bischof Brandur Jónsson, bemühte sich, den der lateinischen Klassik nachempfundenen Stil dem der einheimischen Sagaliteratur anzupassen, wie sich gleich zu Beginn des Werkes zeigt: Brandur übersprang die Prosavorrede Walters mit den Informationen über Entstehung und der Widmung an den Erzbischof von Reims und leitete statt dessen seine Übersetzung in dem Stil ein, wie er aus den Sagas über die norwegischen Könige bekannt ist: »Über Serkland herrschte ein König namens Darius, der in einem Weltteil namens Asien ein angesehener König war.« Entsprechend den Gepflogenheiten der volkssprachigen Literatur Islands versuchte Brandur, das Pathos Walters zurückzudrängen, indem er Stimmungen, Gefühle oder seelische Regungen durch Handlungen oder Aussagen der Betroffenen zum Ausdruck kommen ließ. Insgesamt bemühte er sich, seiner Übersetzung den Anschein größerer Neutralität zu verleihen und eine größere Distanz als Walter zum Geschehen zu wahren.

An verschiedenen Stellen, wo Brandur auf Veränderungen, z. B. auf eigenmächtige Auslassungen oder Verkürzungen, des ihm vorliegenden Textes hinwies, wird deutlich, daß er sich als selbständig arbeitender Autor und nicht nur als Diener seiner Vorlage fühlte. Wie intensiv sich Brandur mit seiner lateinischen Vorlage auseinandersetzte, zeigt nicht nur die wiederholte Klage über unklare oder undeutliche Formulierungen Walters, sondern auch ein Hinweis auf die Abfassungszeit seiner Vorlage: »Aus diesen Worten ist leicht zu erkennen, in welcher Zeit Meister Galterus lebte.«

Nicht alle Bücher der *Alexandreis* werden in der Übersetzung gleich ausführlich behandelt, vor allem ab Buch VII nehmen die Kürzungen sehr stark zu. Doch trotz der zahlreichen Kürzungen und Auslassungen ist der isländische Text wortreicher als seine lateinische Vorlage und insgesamt genauso umfangreich. Dies ist nicht zuletzt sprachlich bedingt: Verschiedene lateinische Konstruktionen, wie z. B. Partizipialkonstruktionen, sind im Isländischen nur durch Auflösung in Nebensätze und damit als relativ umständliche Formulierungen wiederzugeben. Ein Überblick über die Auslassungen und Zusammenfassungen gegenüber der *Alexandreis* belegt, daß Brandur eine ausgezeichnete Übersicht über seine Vorlage hatte. Er zeigt ein starkes Gefühl für den »roten Faden« und setzt Digressionen Walters deutlich von der eigentlichen Handlung ab. Er verweist auf bereits erwähnte Ereignisse, sobald deren Kenntnis an späterer Stelle erforderlich ist, eliminiert umfangreiche Beschreibungen oder faßt Digressionen Walters in wenigen Worten zusammen. Dieser Tendenz zur nüchternen Darstellung fallen in der isländischen Übersetzung auch zahlreiche Deskriptionen – in erster Linie Natur-

und Landschaftsbeschreibungen – zum Opfer, die im lateinischen Text eine Stimmung zum Ausdruck bringen sollen. Auch andere stark rhetorisch gefärbte Abschnitte Walters werden in der isländischen Übersetzung in einem nüchterneren Stil wiedergegeben. Brandur Jónsson war ständig bestrebt, die oft langatmige Erzählung Walters zu straffen und den Fortgang der Handlung zu beschleunigen. Deshalb tauchen in seiner Übersetzung auch zahlreiche Personen, die bei Walter lediglich eine Statistenrolle in Kämpfen oder anderen Massenszenen erfüllen, gar nicht auf. Ebenso verzichtete er darauf, bei der Beschreibung des berühmten Schildes des Darius die nicht abgebildeten Szenen zu erwähnen.

Offensichtlich hatte Brandur bei verschiedenen Kürzungen sein Publikum und dessen Kenntnisse im Blick, wenn er solche Passagen stark zusammenfaßte, die ein umfangreiches, vor allem geographisches Hintergrundwissen voraussetzten. So fehlen in der *Alexanders saga* die Beschreibung der Länder Asiens ebenso wie eine detaillierte Aufzählung der Länder, die Alexander zu erobern beabsichtigt. Sehr auffällig sind diese Kürzungen bei den Beschreibungen der Grabmäler des Darius und seiner Frau, wo sich Brandur Jónsson darauf beschränkt, nur ganz allgemeine geographische Angaben oder die Namen der Kontinente zu übernehmen.

Bis auf Jupiter, der mit dem nordischen Gott Thor gleichgesetzt wird, behalten alle anderen Götter ihre klassischen Namen, wobei jeweils ihre Funktion im mythologischen System erklärt wird. Vor allem in Buch X, bei der Beschreibung der Unterwelt, wird deutlich, auf welche Weise Brandur versuchte, seinem nordischen Publikum die klassische Mythologie näherzubringen. Er übersetzte die Namen der einzelnen Laster und fügte ihnen Erklärungen über deren schädliche Auswirkungen hinzu, wodurch der ganze Abschnitt innerhalb der *Alexanders saga* einen belehrenden statt des bei Walter vorherrschenden allegorischen Charakters erhielt. Von den zahlreichen Personifikationen der *Alexandreis* behielt Brandur nur diejenigen bei, die für das Verständnis der Handlung unbedingt erforderlich waren. Der isländische Übersetzer scheint nicht nur eine erbauliche Heldenbiographie als Exempel für zukünftige Herrscher intendiert zu haben, sondern war an der Vermittlung historischer Informationen interessiert, wobei die von ihm angeführten Autoritäten die Authentizität seiner Darstellung unterstreichen sollen.

Im Hinblick auf Brandurs Neigung zur Kürzung und Zusammenfassung seiner Vorlage erhalten Abschnitte, die genauso ausführlich wie in der Vorlage wiedergegeben werden, für die Interpretation besonderes Gewicht. Ungekürzt wiedergegeben wurden unter anderem die Rede des Darius an sein Heer sowie die Verteidigungsrede der Skythen, als Alexander sich zur Eroberung ihres Gebietes anschickt. Beide Reden bieten Identifikationsmöglichkeiten für eine Nation, die durch Angriff und Unterdrückung bedroht ist, so wie es in Island im 13. Jahrhundert während der Kämpfe der Sturlungenzeit und der drohenden Annexion durch den norwegischen König der Fall war. Allerdings unterscheiden sich die beiden Reden in ihrem jeweiligen Konzept, das sie als Lösung für das Problem der Bedrohung anbieten: Der Perserkönig verweist auf die vornehme Abstammung seines Volkes und lehnt es deshalb ab, sich einem griechischen Bastard zu unterwerfen. Er appelliert an den Stolz seiner Leute und hetzt sie zum Kampf gegen das feindliche Heer auf. Ganz anders verhält sich dagegen der skythische Anführer, der fragt, warum Alexander gewaltsam ihr Gebiet erobern wolle, da sie sich doch nie gegen ihn erhoben hätten und er somit keinen Grund für eine Feindschaft gegen sie habe. Die Skythen seien bescheiden und begnügten sich mit den Dingen, die ihnen die Natur zugestehe und begehrten weder Gold noch andere Schätze. Ein Leben in Freiheit und in bescheidenen Verhältnissen sei ihnen genug, solange sie damit ihr Auskommen haben. Am Ende seiner langen Rede weist der Gesandte Alexander auf die Menschenrechte hin und meint, es sei klüger, sich durch Freundschaft sichere Verbündete zu schaffen als durch gewaltsames Vorgehen gegen zahllose Feinde:

»Bist du jedoch ein Mensch wie wir, so vergiß nie, was du bist. Denn es ist unklug, den Sinn so fest an etwas anderes zu heften, daß man sich nicht mehr daran erinnert, wer man ist. Wenn du uns in Frieden leben läßt, werden wir deine Freunde sein. Wir sind der Ansicht, daß Freundschaft dann am verläßlichsten ist, wenn diejenigen sie schließen, die einander zuvor nicht bezwingen konnten.«

In Anbetracht der unruhigen politischen Situation der Isländer zu Anfang und in der Mitte des 13. Jahrhunderts blieben vermutlich diese Abschnitte, die von den Isländern sowohl als Ermahnung zum Frieden untereinander wie auch als Appell an den norwegischen König gelesen werden konnten, nicht ohne Wirkung. Man kann sich gut vorstellen, daß dem Publikum der *Alexanders saga* Parallelen auffielen zwischen Alexander und den imperialistischen Bestrebungen des norwegischen Königs Hákon Hákonarson, der zum größten Grundbesitzer in Europa geworden war, nachdem sich ihm 1261 Grönland unterworfen hatte.

Als Angehöriger einer der führenden isländischen Familien, der Svínfellingar, war Brandur Jónsson in die Auseinandersetzungen während der Sturlungenzeit verwickelt und wurde in mindestens zehn Fällen als Schlichter angerufen. Die machtpolitischen Auseinandersetzungen der größten isländischen Familien führten schließlich dazu, daß der norwegische König die streitenden Parteien gegeneinander ausspielte, dadurch immer größeren Einfluß in Island gewann und schließlich das Land unter seine Herrschaft brachte. Die Hybris der isländischen Führer wurde wie die Hybris Alexanders letztendlich mit ihrem Fall bestraft. Die von Brandur aus der *Alexandreis* übernommenen zeitgenössischen Angaben, wie z. B. die Ermordung des Thomas Becket und des Robert von Flandern, sowie die ausgelassenen Anspielungen auf den französischen König und französische Verhältnisse, die nur einem französischen Publikum verständlich sein konnten, belegen, daß Brandur seine Vorlage als ein zeitgenössisches Werk las, das ihm die Möglichkeit bot, auch seine eigene Zeit und Geschichte einzuarbeiten.

Die spielerische und oft auch rätselhafte Ausdrucksweise Walters mußte einem eindeutigeren und direkteren, dadurch auch nüchtern wirkenden Stil in der isländischen Übersetzung weichen. Dazu gehört auch die Auflösung der bei Walter aus rhetorischen Gründen sehr zahlreich auftretenden Metaphern und Umschreibungen. Vermutlich entschloß sich Brandur nicht nur aus stilistischen Gründen, die

Metaphern und Metonymien Walters aufzulösen, da zu ihrer Entschlüsselung gute Kenntnisse der klassischen Mythologie erforderlich sind, die er nicht ohne weiteres bei seinem nordischen Publikum voraussetzen konnte. Brandur umging sogar Anspielungen und Umschreibungen biblischen Inhalts und nannte Alexander nur bei seinem Namen, während ihn Walter meist umschreibt.

Der Verzicht Brandur Jónssons auf eine Nachahmung der auf die lateinischen Klassiker zurückzuführenden stilistischen Charakteristika seiner Vorlage bedeutet keineswegs, daß seine Übersetzung trocken und ohne jeglichen rhetorischen Schmuck wäre. Insgesamt tendiert die Übersetzung zu einer schlichten, aber dennoch eleganten Sprache, die frei ist vom rhetorischen Prunk der lateinischen Vorlage und die sich in erster Linie an den einheimischen Sagastil anlehnt, diesen jedoch mit gelehrten Elementen anreichert. Zur Hervorhebung bedeutsamer Stellen, zum Beispiel in Reden, Reflexionen oder bei der Charakterisierung von Personen, setzte Brandur die Alliteration ein, die seiner Sprache eine rhythmische Eleganz verleiht. Ein ebenfalls häufig verwendetes Stilmittel ist die Antithese, deren Gebrauch nicht immer durch die lateinische Vorlage vorgegeben ist. Durch die höhere Zahl der verwendeten Adjektive sowie auch durch die Beibehaltung einiger vom Lateinischen geprägter syntaktischer Formen unterscheidet sich die *Alexanders saga* deutlich von den anderen Antikensagas, aber auch von den Isländersagas, die einen weniger wortreichen Stil bevorzugen.

Brandurs Sprache läßt sich als rhythmische Prosa charakterisieren, wie sie auch in den norwegischen Übersetzungen französischer höfischer Romane verwendet wird. Die Sprache der *Alexanders saga* ist aber stärker klerikal und didaktisch geprägt und enthält weniger stereotype Wendungen, wie sie für die Rittersagas typisch sind. Statt dessen schob Brandur häufig isländische Redewendungen oder Sprichwörter ein, um idiomatischen Ausdrücken oder Wortspielen Walters gerecht zu werden. Die *Alexanders saga* wendet sich somit an ein zwar politisch und historisch aufgeschlossenes und interessiertes, aber in bezug auf klassische Mythologie, Geographie oder Lateinkenntnisse keinesfalls außerordentlich gebildetes Publikum. Brandur bemühte sich, den teilweise recht exotischen Inhalt seiner Vorlage für den Horizont eines Auditoriums, das aus dem nordischen Raum bisher noch nicht hinausgekommen war, allgemein verständlich aufzubereiten. Das Fremde der Vorlage sollte einem einheimischen Publikum leichter zugänglich gemacht werden, wobei Auslassungen und Änderungen als absichtliche Mittel die Anpassung an die volkssprachige Literatur erleichterten, gleichzeitig jedoch auch den persönlichen Stil des Übersetzers ausdrückten.

Nur in Handschriften der jüngeren und gekürzten Version der *Alexanders saga* ist der Brief Alexanders an Aristoteles überliefert. Die ursprüngliche Übersetzung des Briefes kann nicht mehr rekonstruiert werden, aber aus einem Vergleich aller erhaltenen Handschriften ist ersichtlich, daß sie von einem späteren Redaktor bearbeitet worden sein muß.

In der isländischen Übersetzung des Briefes wurde der historische Rahmen, der sich auf bereits in der *Alexanders saga* berichtete Ereignisse – wie die Schlacht gegen Porus, die Ausrüstung und die Schätze des indischen Königs oder den Kriegszug gegen Darius – bezieht, stark zusammengefaßt. Details des Heereszuges sowie die Beschreibungen kriegerischer Auseinandersetzungen wurden auf ein Minimum reduziert, wodurch nicht Alexander und sein Heer im Mittelpunkt stehen, sondern die Tiere und sonderbaren Wesen, mit denen sich die Griechen auseinanderzusetzen haben. Gegenüber der überschwenglich wirkenden lateinischen Vorlage verwendet der isländische Text eine weniger wortreiche Sprache und bevorzugt eine nüchterne, »wissenschaftlich« anmutende Darstellung. Wie die Antikensagas verzichtet die isländische Fassung des Briefes auf die Schilderung von Träumen oder noch nicht ausgeführter Pläne, sondern gibt ausschließlich tatsächlich stattgefundene Ereignisse wieder. Das Publikum, das sein eigenes Urteil fällen soll, erhält keinerlei Wertungen oder moralische Reflexionen als Hilfestellung.

Die umfangreichsten Auslassungen der isländischen Übersetzung betreffen diejenigen Abschnitte der lateinischen Vorlage, in denen die Gefühle und Reaktionen beschrieben werden, die die Auskunft der Orakelbäume bei Alexander auslösen. Nach dieser Lücke setzt der isländische Text erneut ein, strebt aber sehr schnell und mit großzügigen Auslassungen und Zusammenfassungen der Vorlage dem Schluß zu. Im Kontext der *Alexanders saga* erfüllt der Brief eine andere Funktion als im lateinischen *Alexanderroman*, wo er vor allem das Bedürfnis des Publikums nach exotischen Darstellungen und wunderbaren Erscheinungen befriedigte. In der isländischen Übersetzung sollte der Brief hingegen der wissenschaftlichen Belehrung dienen, als enzyklopädische Ergänzung zum historiographischen Bericht der Saga.

Die handschriftliche Überlieferung der Texte; Grundlage der deutschen Übersetzung

Die *Saga von den Trojanern* [*Trójumanna saga*] ist heute in zwei Versionen erhalten, die beide auf die gleiche Übersetzung des *Excidium Troiae historia* von Dares Phrygius zurückgehen. Während die Version α, die der ursprünglichen Übersetzung der *Trójumanna saga* näher steht, nur in relativ jungen Handschriften aus dem 17. und 18. Jahrhundert vorliegt, stammen alle Manuskripte der stärker bearbeiteten und durch Zusätze aus der *Ilias Latina* und der *Aeneis* erweiterten Version β aus dem 14. Jahrhundert. Diese längere, interpolierte Version β ist uns heute in drei Handschriften überliefert, von denen allerdings zwei nur unvollständig erhalten sind. Da die Existenz der Version α erst seit den 60er Jahren dieses Jahrhunderts bekannt ist, bildete bis dahin der Text der einzigen vollständig erhaltenen Handschrift, der Hauksbók, die Grundlage für jegliche Beschäftigung mit der *Trójumanna saga*.

Die Hauksbók entstand zwischen 1301 und 1314 im Auftrag des in Norwegen lebenden Isländers Haukur Erlendsson, der selbst auch einen Teil der Texte schrieb. Es handelt sich um eine umfangreiche Sammelhandschrift, die mit zwei historischen isländischen Texten, der *Landnámabók* [»Landnahmebuch«] und der *Kristni saga* [»Saga von der Christianisierung«], beginnt, worauf Auszüge aus enzyklopädischen Werken mit geographischem, historischem oder theologischem Inhalt folgen. Daran schließen sich die isländische Übersetzung des *Elucidarium*, das Eddalied *Völuspá* [»Der Seherin Gesicht«] und Kalenderberechnungen an. Außerdem enthält die Handschrift verschiedene Sagas, unter anderen die *Fóstbræðrasaga* [»Saga von den Schwurbrüdern«], die *Hervararsaga ok Heiðreks konungs* [»Saga von Hervör und König Heidrek«], die *Eiríks saga rauða* [»Saga von Erik dem Roten«] sowie die *Trójumanna saga* und die *Breta sögur* [»Saga von den britischen Königen«].

Die heute als Einheit betrachtete Handschrift setzt sich aus drei Codices – mit den Signaturen AM 371, 4to; 544, 4to und 675, 4to – zusammen, die alle defekt sind. In der heute noch maßgeblichen Edition vom Ende des 19. Jahrhunderts wurden die Lakunen – soweit dies möglich war – nach Papierabschriften ergänzt, die im 17. Jahrhundert, als die Handschrift noch vollständiger war, angefertigt wurden.

Obwohl die Hauksbók eine stark verkürzten Text der interpolierten Version α der *Trójumanna saga* enthält, wurde er dennoch als Grundlage für die hier vorliegende deutsche Übersetzung benutzt. Denn nur in dieser Handschrift sind sowohl die *Trójumanna saga* als auch die *Breta sögur*, die in Island als zusammengehörig betrachtet und gemeinsam überliefert wurden, vollständig erhalten. Auch wenn die beiden Sagas heute in der Hauksbók durch zwei nachträglich eingeschobene Pergamentblätter getrennt sind, bilden sie dennoch eine Einheit: Die *Trójumanna saga* verweist auf die nachfolgenden *Breta sögur*, die mit dem Bericht von der Gründung Roms durch Aeneas, einen der letzten überlebenden Trojaner, inhaltlich an die *Trójumanna saga* anschließen.

Die *Saga von den britischen Königen* (*Breta sögur*) sind in philologischer Hinsicht ein sehr problematisches Werk, weil sie nur in der späteren Bearbeitung einer älteren Übersetzung überliefert sind. Genau wie die β-Version der *Trójumanna saga*, mit der sie in allen erhaltenen Handschriften eine Überlieferungsgemeinschaft bilden, sind die *Breta sögur* in einer längeren und in einer gekürzten Fassung erhalten. Die längere Fassung wird von zwei Handschriften repräsentiert, die jedoch beide unvollständig und bisher noch nicht in Editionen zugänglich sind. Vollständig erhalten ist nur die gekürzte Version der *Breta sögur* in der Hauksbók. Dieser Text wurde der vorliegenden deutschen Übersetzung zugrunde gelegt.

Auch die *Saga von Alexander dem Großen* (*Alexanders saga*) ist in zwei Versionen überliefert. In ihrer längeren und der ursprünglichen Übersetzung näherstehenden Redaktion ist die *Alexanders saga* nahezu vollständig in der Handschrift AM 519a, 4to überliefert. Der Wortlaut dieser Handschrift liegt der Edition des Textes zugrunde, wobei die in Buch V vorhandene Lakune nach einer Handschrift der gekürzten Version (AM 226fol.) ergänzt wurde. Auf dieser Ausgabe basiert auch die deutsche Übersetzung der *Alexanders saga*. Nur in den Handschriften der gekürzten Version ist der Brief Alexanders an Aristoteles überliefert, der im vorliegenden Band als Anhang zur Saga nach dem Wortlaut der Handschrift Stockh. Perg. 4to, Nr. 24 übersetzt wurde.

Auswahlbibliographie

Textausgaben und Übersetzungen

a) Trójumanna saga

Daretis Phrygii de Excidio Troiae Historia hg. v. Ferdinand MEISTER. Lipsiae 1873.

Hauksbók udgiven efter de arnamagnæanske håndskrifter no. 371, 544 og 675, 4° samt forskellige papirshåndskrifter hg. v. Finnur und Eiríkur JÓNSSON. København 1892–96, S. 193–226.

[Trójumanna saga] »Trójumanna saga ok Breta sögur, efter Hauksbók med dansk Oversættelse« hg. v. Jón SIGURÐSSON in: *Annaler for nordisk Oldkyndighed og Historie*, Kjöbenhavn 1848, S. 4–101.

Trójumanna saga hg. v. Jonna LOUIS-JENSEN. Copenhagen 1963 (=*Editiones Arnamagnæanæ, Series A* 8).

Trójumanna saga. The Dares Phrygius Version hg. v. Jonna LOUIS-JENSEN. Copenhagen 1981 (=*Editones Arnamagnæanæ, Series A* 9).

b) Breta sögur

»Trójumanna saga ok Breta sögur, efter Hauksbók med dansk Oversættelse« hg. v. Jón SIGURÐSSON in: *Annaler for nordisk Oldkyndighed og Historie*, Kjöbenhavn 1848, S. 102–215 und 1849, S. 3–145.

Geoffroy de Monmouth. Historia Regum Britanniae hg. v. Edmond FARAL. Paris 1929.

Geoffrey of Monmouth. Historia regum Britanniae. A Variant Version hg. v. Jacob HAMMER. Cambridge Mass. 1951.

Hauksbók udgiven efter de arnamagnæanske håndskrifter no. 371, 544 og 675, 4° samt forskellige papirshåndskrifter hg. v. Finnur und Eiríkur JÓNSSON. København 1892–96, S. 231–302.

The Historia Regum Britanniæ of Geoffrey of Monmouth. With contributions to the study of its place in early British history hg. v. Acton GRISCOM. London/Toronto/New York 1929.

The Historia regum Britannie of Geoffrey of Monmouth I: Bern, Burgerbibliothek, MS. 568 hg. v. Neil WRIGHT. Cambridge 1984.

The Historia regum Britannie of Geoffrey of Monmouth II: The First Variant Version: a critical edition hg. v. Neil WRIGHT. Cambridge 1988.

The Historia Regum Britannie of Geoffrey of Monmouth V: Gesta Regum Britannie hg. v. Neil WRIGHT. Cambridge 1991.

c) Alexanders saga

Alexanders saga. Norsk bearbeidelse fra trettende Aarhundrede af Philip Gautiers latinske digt Alexandreis hg. v. Chr[istian] UNGER. Christiania 1848.

Alexanders saga. Islandsk oversættelse ved Brandr Jónsson (Biskop til Hólar 1263-64) hg. v. Finnur JÓNSSON. København 1925.
[Alexandreis] *Galteri de Castillione Alexandreis* hg. v. Marvin L. COLKER. Padova 1978.
Walter von Châtillon. Alexandreis. Das Lied von Alexander dem Großen. Übersetzt, kommentiert und mit einem Nachwort versehen von Gerhard Streckenbach unter Mitwirkung von Otto Klingner. Mit einer Einführung von Walter Berschin. Heidelberg 1990.
»Bréf Alexandri Magni. Den norrøne oversættelse af Epistola Alexandri Magni ad Aristotelem.« hg. v. Povl SKÅRUP in: *Opuscula* 9 (1991), S. 19–99 (=*Bibliotheca Arnamagnæana* 39).

Faksimile-Ausgaben

Alexanders saga. The Arna-Magnæan Manuscript 519A, 4to hg. v. Jón HELGASON. Copenhagen 1966 (=*Manuscripta Islandica* 7).
[Hauksbók] *The Arna-Magnæan Manuscripts 371, 4to; 544, 4to; and 675, 4to* hg. v. Jón HELGASON. Copenhagen 1960 (=*Manuscripta Islandica* 5).

Untersuchungen zur Übersetzung im Mittelalter

BARNES, Geraldine: »The Riddarasögur: A Medieval Exercise in Translation.« in: *Saga-Book* 19 (1977), S. 403–441.
BEER, Jeanette (Hg.): *Medieval Translators and Their Craft.* Kalamazoo Michigan 1989.
BURNETT, Charles S.F.: »Translation and Translators, Western Europe.« in: *Dictionary of the Middle Ages*, Bd. 12 (1989), S. 136–142.
ELLIS, Roger (Hg.): *The Medieval Translator. Theory and Practice of Translation in the Middle Ages.* Cambridge 1989.
HALVORSEN, Eyvind Fjeld: »Translation – Adaptation – Imitation.« in: *Mediaeval Scandinavia* 7 (1974), S. 56–60.
VERMEER, Hans: »Übersetzen als kultureller Transfer.« in: *Übersetzungswissenschaft – eine Neuorientierung* hg. v. Mary SNELL-HORNBY. Tübingen 1986, S. 30–53.
WÜRTH, Stefanie: *Der »Antikenroman« in der isländischen Literatur des Mittelalters. Eine Untersuchung zu Übersetzung und Rezeption lateinischer Literatur im Norden.* [im Druck; erscheint 1997 als Band 27 der *Beiträge zur Nordischen Literatur*]

Untersuchungen zur Trójumanna saga und zum Excidium Troiae historia

ATWOOD, Bagby E.: »The Rawlinson Excidium Troie – a Study of Source Problems in Mediaeval Troy Literature.« in: *Speculum* 9 (1934), S. 379–404.
BESCHORNER, Andreas: *Untersuchungen zu Dares Phrygius.* Tübingen 1992 [=*Classica Monacensia. Münchener Studien zur Klassischen Philologie* hg. v. Hellmut FLASHAR und Niklas HOLZBERG, Bd. 4].

BLUMENFELD-KOSINSKI, Renate: »Troy Story.« in: *DicMA*, Bd. 12 (1989), S. 219–221.
DUNGER, Hermann: *Die Sage vom trojanischen Kriege*. Dresden 1869.
EISENHUT, Werner: »Spätantike Trojaerzählungen – mit einem Ausblick auf die mittellateinische Trojaliteratur.« in: *Mittellateinisches Jahrbuch* 18 (1983), S. 1–28.
ELDEVIK, Randi: »Trójumanna saga.« in: *Medieval Scandinavia. An Encyclopedia* hg. v. Phillip PULSIANO. New York und London 1993, S. 658–659.
FROMM, Hans: »Eneas der Verräter.« in: *Festschrift für Walter Haug und Burghart Wachinger*. Tübingen 1992, S. 139–163.
GREIF, Wilhelm: *Die mittelalterlichen Bearbeitungen der Trojanersage*. Marburg 1886.
LÖNNROTH, Lars: »Trójumanna saga.« in: *Dictionary of the Middle Ages*, Bd. 12 (1989), S. 207.
MERKLE, Stefan: »Trojani belli verior textus. Die Trojaberichte des Dictys und Dares.« in: *Die deutsche Trojaliteratur des Mittelalters und der frühen Neuzeit. Materialien und Untersuchungen* hg. v. Horst BRUNNER. Wiesbaden 1990, S. 491–522.
PINKERNELL, Gert: »Französischer Einfluß auf die altnordische Trójumanna Saga?« in: *Archiv für das Studium der neueren Sprachen und Literaturen*, 123. Jg./208. Bd., S. 113–119.
RONGE, Hans H.: »Trojasagan.« in: *KLNM*, Bd. 18 (1974), Sp. 645–647.
SCHETTER, Willy: »Beobachtungen zum Dares Latinus.« in: *Hermes* 116 (1988), S. 94–109.
SCHISSEL von FLESCHENBURG, Otmar: *Dares-Studien*. Halle a. S. 1908.
WÜRTH, Stefanie: »Intention oder Inkompetenz: Die Bearbeitungen der Trójumannasaga.« in: *skandinavistik* 22 (1992), S. 1–26.

Untersuchungen zu den Breta sögur und zur Historia regum Britannie

CRICK, Julia C.: *The Historia Regum Britannie of Geoffrey of Monmouth, III. A Summary Catalogue of the Manuscripts*. Cambridge 1989.
CRICK, Julia C.: *The Historia Regum Britannie of Geoffrey of Monmouth, IV. Dissemination and Reception in the Middle Ages*. Cambridge 1991.
FARAL, Edmond: »Geoffroy de Monmouth; les faits et les dates de sa biographie.« in: *Romania* 53 (1927), S. 1–42.
FLINT, Valery: »The Historia regum Britanniae of Geoffrey of Monmouth: Parody and its Purpose. A Suggestion.« in: *Speculum* 54 (1979), S. 447–468.
GEROULD, Gordon Hall: »A Text of Merlin's Prophecies.« in: *Speculum* 23 (1948), S. 102–103.
HALVORSEN, Eyvind Fjeld: »Breta sögur.« in: *KLNM*, Bd. 2 (1957), Sp. 220–223.
van HAMEL, A.: »The Old Norse Version of the Historia Regum Britanniae and the Text of Geoffrey of Monmouth.« in: *Études Celtiques* 1 (1936), S. 197–247.
HAMMER, Jacob: »Remarks on the Sources and Textual History of Geoffrey of Monmouth's Historia Regum Britanniae.« in: *Bulletin of the Polish Institute of Arts and Sciences in America* II,2 (1944), S. 501–564.

KELLER, Hans-Erich: »Geoffrey of Monmouth.« in: *Dictionary of the Middle Ages*, Bd. 5 (1985), S. 387–390.

KNIRK, James E.: »Breta sögur.« in: *Dictionary of the Middle Ages*, Bd. 2 (1983), S. 365–366.

PÄHLER, Heinrich: *Strukturuntersuchungen zur Historia Regum Britanniae des Geoffrey of Monmouth*. Dissertation Bonn 1958.

PARRY, John/Robert A. CALDWELL: »Geoffrey of Monmouth.« in: *Arthurian Literature in the Middle Ages* hg. v. Roger Sherman LOOMIS. Oxford 1959, S. 72–93.

TATLOCK, J[ohn] S[trong] P[erry]: *The Legendary History of Britain. Geoffrey of Monmouth's Historia Regum Britanniae and its early vernacular versions.* Berkeley 1950 [unveränderter Nachdruck New York 1974].

Untersuchungen zur Alexanders saga und zur Alexandreis

»Alexander der Große in Kunst und Literatur.« (Sammelartikel) in: *Lexikon des Mittelalters*, Bd. 1 (1978), Sp. 354-366.

»Alexanderdichtung.« (Sammelartikel) in: *Lexikon des Mittelalters*, Bd. 1 (1978), Sp. 355–366.

»Alexanderroman.« (Sammelartikel) in: *Kindlers Neues Literaturlexikon*, Bd. 20, München 1992 S. 79–97.

CARY, George: *The Medieval Alexander*. Cambridge 1954.

CHRISTENSEN, Heinrich: *Das Alexanderlied Walters von Châtillon*. Halle 1905.

EHLERT, Trude: *Deutschsprachige Alexanderdichtung des Mittelalters. Zum Verhältnis von Literatur und Geschichte.* Frankfurt et al. 1989.

HALLBERG, Peter: »Några språkdrag i Alexanders saga och Gyðinga saga – med en utblick på Stjórn.« in: *Sjötíu ritgerðir helgaðar Jakobi Benediktssyni 20. júlí 1977.* Reykjavík 1977, Bd. 1, S. 234–250 (=Stofnun Árna Magnússonar Rit 11).

Einar Ólafur SVEINSSON: »Alexandreis et la Saga d'Alexandre.« in: *IASS Actes du 7e Congrès international d'histoire des littératures scandinaves*. [Paris 1972]

WOLF, Kirsten: »Gyðinga saga, Alexanderssaga, and Bishop Brandr Jónsson.« in: *Scandinavian Studies* 60 (1988), S. 371–400.

WÜRTH, Stefanie: »*Alexanders saga*: Literarische und kulturelle Adaptation einer lateinischen Vorlage.« In: *Hansische Literaturbeziehungen. Das Beispiel der Þiðreks saga und verwandter Literatur* hg. von Susanne Kramarz-Bein. Berlin/New York 1996, S. 290–315.

Register

(Die Varianten der einzelnen Formen in der altisländischen Vorlage wurden vereinheitlicht; soweit die lateinischen Entsprechungen identifiziert werden konnten und sofern sie nicht mit den isländischen identisch sind, wurden sie kursiv angeführt)

a) Die Saga von den Trojanern

b) Die Saga von den britischen Königen

c) Die Saga von Alexander dem Großen